Strafprozessuale Umfangsverfahren

Europäische Hochschulschriften Recht

European University Studies in Law

Publications Universitaires Européennes de Droit

Band/ Volume **6280**

Nicole Wartenphul

Strafprozessuale Umfangsverfahren

Eine Analyse mit rechtsvergleichenden Perspektiven unter Berücksichtigung des US-amerikanischen Rechts

PETER LANG

Bibliografische Information der Deutschen Nationalbibliothek
Die Deutsche Nationalbibliothek verzeichnet diese Publikation in der Deutschen Nationalbibliografie; detaillierte bibliografische Daten sind im Internet über http://dnb.d-nb.de abrufbar.

Zugl.: Saarbrücken, Univ., Diss., 2021

Gedruckt auf alterungsbeständigem, säurefreiem Papier.

D 291
ISSN 0531-7312
ISBN 978-3-631-85691-8 (Print)
E-ISBN 978-3-631-87234-5 (E-PDF)
E-ISBN 978-3-631-87235-2 (EPUB)
DOI 10.3726/b19482

Diese Publikation wurde begutachtet.

www.peterlang.com

Vorwort

Die vorliegende Arbeit wurde im Wintersemester 2020/2021 von der Rechtswissenschaftlichen Fakultät der Universität des Saarlandes als Dissertation angenommen. Das Manuskript wurde im Januar 2019 abgeschlossen und für die Drucklegung überarbeitet und aktualisiert. Gesetzgeberische Entwicklungen sowie jüngere Rechtsprechung wurden für die Drucklegung noch bis Mai 2021 berücksichtigt, jüngere Literatur bis Mai 2021 punktuell ergänzt.

Mein besonderer Dank gilt meinem Doktorvater und Mentor Herrn Prof. Dr. Guido Britz für seine wohlwollende Förderung. Auch über die Fertigung meiner Dissertation hinaus konnte ich in vielfältiger Weise von seiner Art des wissenschaftlichen und praktischen Denkens und Arbeitens profitieren. Durch die Einbindung in die praktische Tätigkeit der Strafverteidigung wurde die Arbeit entscheidend mitgeprägt. Herrn Prof. Dr. Koriath danke ich für die zeitnahe Erstellung des Zweitgutachtens.

Da meine wissenschaftliche Entwicklung auch durch meine Tätigkeit im Deutsch Europäischen Juridicum (Universität des Saarlandes) beeinflusst wurde und ich fortan immer mit Rat und Tat von dortiger Seite rechnen durfte, möchte ich mich bei den ehemaligen und aktuellen Mitarbeiter des DEJ sowie Frau Ass. iur. Jacqueline Krohn M.A. LIS. und Frau Gepp bedanken.

Dank schulde ich des Weiteren den ehemaligen und aktuellen Mitarbeitern der Lehrstühle für Strafrecht an der Universität des Saarlandes für Anregungen inhaltlicher Art, organisatorische und technische Unterstützung, insbesondere bei der – coronabedingten – besonderen Ausgestaltung der Disputation, sowie für den ein oder anderen Kaffee an meinen „Dissertations"-Tagen an der Uni. Namentlich besonders hervorheben möchte ich an dieser Stelle Kai-Daniel Weil – danke für alles.

Besonderer Dank gilt auch GradUS, welche meinen Auslandsaufenthalt in den USA unterstützt und damit die Entstehung des rechtsvergleichenden Teils der Arbeit gefördert hat.

Herzlich bedanken möchte ich mich überdies bei meinen Eltern Petra und Wolfgang Kleinbauer, die in meiner gesamten Ausbildung und bisherigen praktischen Tätigkeit – wie auch sonst – hinter mir gestanden und mich vor allem auch beim Abschluss der Dissertation, nicht zuletzt durch engagiertes Korrekturlesen, stark unterstützt haben. Ihre Liebe und Unterstützung haben mir den Weg bereitet.

Zuletzt danke ich dem Verlag für die Aufnahme in die Schriftenreihe Europäische Hochschulschriften sowie für die verlegerische Betreuung.

Die Arbeit widme ich meiner Tochter Emilia Wartenphul und meinem Ehemann Tim Wartenphul, der mir durch seinen liebevollen Zuspruch Rückhalt gegeben und mich immer angespornt hat, diese Herausforderung zu meistern. Seine Unterstützung in jeglicher Hinsicht und sein Verständnis für viele durchgearbeitete Abende und Wochenenden, für eine mehrmonatige räumliche Trennung sowie einige zurückgelegte Meilen bis in die USA haben entscheidend zum Erfolg meiner Promotion beigetragen.

St.Ingbert, November 2021
Die Verfasserin

Inhaltsverzeichnis

Einleitung

Im Sommer 2018 wurde der NSU-Prozess zum Abschluss gebracht, der vielen in seinen maßgeblichen Ausprägungen in Erinnerung bleiben dürfte. Denn im Rahmen einer fünfjährigen Hauptverhandlung und 438 Verhandlungstagen[1] wurde aufgrund einer Anklageschrift von 488 Seiten[2] über einen Sachverhalt prozessiert, der auf ca. 300.000 Seiten Ermittlungsakte[3] enthalten war. Hierzu wurden 541 Zeugen und 56 Sachverständige[4] vernommen. Insgesamt wurden 264 Beweisanträge gestellt.[5] Es waren 95 Nebenkläger und 60 Nebenklagevertreter involviert.[6] Insbesondere in Zeiten, in denen sich solche Verfahren zu häufen scheinen[7] – der aktuelle Diesel-Skandal[8] dürfte voraussichtlich bei strafrechtlicher Aufarbeitung unter vergleichbaren Vorzeichen stehen, – und (nicht zuletzt deshalb)[9] der Begriff der Überlastung der Justiz allgegenwärtig ist,[10] drängt sich

---

1 Hierzu: *Valerius*, „438 Tage, 93 Wochen, ein Monat - Unterschiedliche Fristen für Urteilsabsetzung und Revisionsbegründung im Strafprozess“, NJW 2018, 3429 ff.

2 Hierzu auch: *Wierig*, Nazis Inside- 401 Tage NSU-Prozess, 2018, S. 261.

3 https://www.handelsblatt.com/politik/deutschland/nsu-prozess-noch-keine-entscheidung-ueber-zschaepes-anwaelte/10231252.html?ticket=ST-4143857-cNo6KRomnbWfH7Sf3d4m-ap3; letzter Abruf: 11.09.2021.

4 https://de.statista.com/statistik/daten/studie/879257/umfrage/nsu-prozess-in-zahlen/; letzter Abruf: 17.05.2021.

5 https://de.statista.com/statistik/daten/studie/879257/umfrage/nsu-prozess-in-zahlen/; letzter Abruf: 17.05.2021, wobei darauf hingewiesen wird, dass diese Zahl nur eine Näherung darstellt, da deutlich mehr Beweis- und Beweisermittlungsanträge gestellt wurden. So wurde z. B. die Beantragung der Vernehmung verschiedener Zeugen nur als ein Beweisantrag, Beiziehungs- oder Verlesungsanträge, die Teil des Antrags auf Zeugenvernehmung waren, in der Regel nicht extra gezählt.

6 https://de.statista.com/statistik/daten/studie/879257/umfrage/nsu-prozess-in-zahlen/; letzter Abruf: 17.05.2021.

7 In diese Richtung auch: *ter Veen*, Strukturanalyse strafrechtlicher Großverfahren am Landgericht Hamburg, 1. Auflage 1998, S. 16; vgl. auch den NSU-Prozess.

8 Hierzu z. B. *Brand/Hotz*, „Der VW-Skandal“ unter wirtschaftsstrafrechtlichen Vorzeichen“, NZG 2017, 976 ff.

9 Ebenso: *ter Veen*, 1998, S. 16; hierzu sehr zynisch: *Fischer*, "Regelung der Urteilsabsprache - ein Appell zum Innehalten", NStZ 2007, 433.

10 Vgl. hierzu auch: *Erhard*, "Sind aus Sicht der Praxis nach dem Verständigungsurteil des BVerfG Reformen des Strafprozesses erforderlich? - Anmerkungen eines Tatrichters", StV 2013, 655 f. mit seinem anschaulichen Vergleich des Tatrichters mit einem „Hamster in einem Laufrad mit stetig überhöhter Geschwindigkeit“; ebenso: *Koch*,

die Frage auf, wie solche voluminösen Verfahren zukünftig zu bewältigen sein sollen und wie viel „Recht“ in diesen Strafverfahren tatsächlich noch zu finden ist. Großverfahren hat es zwar schon immer gegeben,[11] allerdings scheinen sie in qualitativer und quantitativer Hinsicht angestiegen zu sein.[12] Festzustellen ist hierbei, dass es sich nicht um ein rein deutsches Problem handelt; Umfangsverfahren stellen ein weltweites Phänomen dar.[13] Bei einem weiteren Abbau von Justizressourcen ist sogar der Kollaps des (Straf-)Justizsystems daher für viele[14] vorprogrammiert. Ob diese umgekehrte Proportionalität von steigendem Verfahrensaufwand zu reduzierten (Personal-)Ressourcen tatsächlich diesen zunächst folgerichtig anmutenden Schluss zulässt, soll hier gerade mit Blick auf Großverfahren untersucht werden; ebenso wie die Frage, wie einem Kollaps vorgebeugt werden könnte – gerade auch in Anbetracht leerer Haushaltskassen. Die vielfach geforderte „effizientere Vorgehensweise“ scheint auf den ersten Blick logisch, aber es besteht die Gefahr, im Wege der „Eilkrankheit“[15] hierbei

"Das Zwischenverfahren im Strafprozeß - Mauerblümchen oder verborgener Schatz?, Zugleich ein Beitrag zum Diskussionspapier der Regierungskoalition zur Reform des Strafverfahrens", StV 2002, 222, 223; ebenso: Entwurf eines Gesetzes zur Beschleunigung von Strafverfahren, (Strafverfahrensbeschleunigungsgesetz), BT-Drucks. 14/1714, S. 1.

11 So: *Wesemann*, „Umfangsverfahren - das Ende der Unschuldsvermutung!“, in: Arbeitsgemeinschaft Strafrecht des Deutschen Anwaltvereins, Strafverteidigung im Rechtsstaat, 2009, S. 891.

12 *Wesemann*, in: Arbeitsgemeinschaft Strafrecht des Deutschen Anwaltvereins, Strafverteidigung im Rechtsstaat, 2009, S. 891.

13 *Maier*, „Ist das Strafverfahren noch praktikabel?“, in: *Hirsch* , Krise des Strafrechts und der Kriminalwissenschaften?, 2001, S. 245; im Hinblick auf Österreich: *Sittenthaler*, „Zur Abwicklung von Großverfahren“, in: Richterwoche, Global business und Justiz: Vorträge gehalten bei der Richterwoche 2000 vom 22. Mai bis 26. Mai 2000 am Semmering, 2000, S. 109; im Hinblick auf Kanada: *Code*, Law reform initiatives relating to the mega trial phenomenon.

14 Vgl. nur: *Wolter*, "Strafverfahrensrecht und Strafprozeßreform", GA 132 (1985), 49, 63; *Kintzi*, "Möglichkeiten der Vereinfachung und Beschleunigung von Strafverfahren de lege ferenda", DRiZ 1994, 325; *Petermann*, Strafverteidigung in Wirtschaftsstrafverfahren zwischen Rechtsmissbrauch, Konflikt und Konsens, 2014, S. 2 m.w.N.

15 *Kudlich*, Erfordert das Beschleunigungsgebot eine Umgestaltung des Strafverfahrens?, Verständigung im Strafverfahren; Fristsetzung für Beweisanträge; Beschränkung der Geltendmachung von Verfahrensgarantien, 2010, C9.

wichtige rechtsstaatliche Grundsätze auf der Strecke zu lassen.[16] Dennoch darf eine Effektivierung des Strafprozesses nicht a priori abgelehnt werden. Denn wie Kudlich festgestellt hat, gehören „Moderne und Beschleunigung [...] zusammen."[17] Es gilt also, einen Mittelweg zu finden. Wünschenswert wäre ein solcher, bei dem zumindest die über die Jahre gewissermaßen aus Verzweiflung über die Schwierigkeit der Bewältigung solcher Verfahren entstandenen außergesetzlichen Methoden weitgehend dadurch eliminiert werden, dass zum einen die Attraktivität der Anwendung und Einhaltung des Straf(prozess-)rechts durch die Einführung wirksamer Mechanismen gesteigert und zum anderen effektive Kontrollmechanismen etabliert werden.[18]

Ziel der Untersuchung muss zunächst sein, als ersten Schritt eine handhabbare Definition für Umfangsverfahren zu entwickeln sowie sodann mit Hilfe eines Blickes in das US-amerikanische Recht, das sich ebenfalls der Problematik der Umfangsverfahren gegenübersieht, Perspektiven für eine Bewältigung von Umfangsverfahren zu finden.

Bevor indessen konkrete Möglichkeiten der Entwicklung von Bewältigungsstrategien eruiert werden können – wobei die Arbeit hier weniger auf konkrete Formulierungsvorschläge, als vielmehr auf die Konturierung von Instrumentarien zur Bewältigung ausgerichtet sein soll – ist es erforderlich, diese Großverfahren, oftmals auch als Umfangsverfahren bezeichnet, genauer zu untersuchen. Damit überhaupt deutlich wird, warum der Bewältigung von Umfangsverfahren so viel Gewicht zukommt, soll auf die negativen Auswirkungen dieser besonderen Verfahrensausprägung eingegangen werden. Sodann sollen in einem weiteren Schritt die Gründe für deren Entstehung beleuchtet werden. Die bei Umfangsverfahren zuerst ins Auge stechende Besonderheit ist die immense Dauer, die zum einen von Beginn des Ermittlungsverfahrens bis zum Abschluss des Verfahrens, zum anderen allein bezogen auf die Hauptverhandlung in Anspruch genommen wird. Dies wirkt sich für die Beteiligten und indirekt auch auf die Allgemeinheit negativ aus, da Ziel und rechtsstaatsichernde Grenzen des

---

16 Dies auch betonend: *Expertenkommission*, Bericht der Expertenkommission zur effektiveren und praxistauglicheren Ausgestaltung des allgemeinen Strafverfahrens und des jugendgerichtlichen Verfahrens, 2015, S. 2.

17 *Kudlich*, Erfordert das Beschleunigungsgebot eine Umgestaltung des Strafverfahrens?, 2010, C10.

18 In diese Richtung auch: *Lindemann*, Voraussetzungen und Grenzen legitimen Wirtschaftsstrafrechts, 2012, S. 511.

Strafprozesses tangiert werden. Das Ausmaß dessen sowie weitere Auswirkungen sollen näher beleuchtet werden.

Die Gründe, die zur Entstehung von Umfangsverfahren führen, sind ebenso vielfältig wie die negativen Auswirkungen: Der scheinbar offensichtlichste Grund der mangelnden Personalausstattung wird in der einschlägigen Literatur rege diskutiert; es ist evident, dass eine bestimmte Mindestressourcenzahl verfügbar bleiben muss, da andernfalls jegliche Reform von Beginn an zum Scheitern verurteilt ist.

Allerdings ist es nicht Ziel der Arbeit, eine Personalaufwands- oder Kostenberechnung aufzustellen; gleiches gilt für den Komplex „Personalmanagement". Vielmehr soll untersucht werden, wie bei gegebenem Personal ein rechtsstaatlichen Grundsätzen genügendes Verfahren gewährleistet werden kann. Daneben sollen auch eher dem Bereich Personalmanagement zuzuordnende Erwägungen nicht weiter vertieft werden.

Flankierend kommen jedoch weitere organisatorisch bedingte Aspekte, wie z. B. die Ladungspraxis der Gerichte, die vorrangig an Quantität orientierte richterliche und staatsanwaltliche Tätigkeit sowie eine teilweise erfolgende Doppelbearbeitung durch Staatsanwaltschaft und Gerichte als (Mit-)Ursachen für die Entstehung von Umfangsverfahren in Betracht.

Die wachsende Komplexität des Verfahrensrechts sowie der damit zusammenhängende erforderliche Sachverstand und die daraus folgende unterschiedlich starke Spezialisierung der Verfahrensbeteiligten, welche auch zu dem Phänomen der Konfliktverteidigung führen können, sollen in diesem Rahmen näher betrachtet werden. Auch formelle Regelungen, wie z. B. die Existenz der Verjährungsfrist nach § 78 Abs. 3 StGB und die Anforderungen an die Urteilsbegründung sowie letztlich eben auch die Ausgestaltung des materiellen Strafrechts sollen auf ihre Ursächlichkeit für die Entstehung von Umfangsverfahren untersucht werden. Hierbei soll der letztgenannte Punkt angesichts seiner enormen Bedeutung zwar aufgegriffen, jedoch sodann hierauf nicht näher eingegangen werden, da das Thema der Arbeit nicht das materielle Recht sein soll.

Deutlich wird schon an dieser Stelle, dass mit einem „Ursachenbündel" zu rechnen ist, was insofern herausfordernd erscheint, da ein Tätigwerden an mehreren Stellen zur Bewältigung der Problematik erforderlich sein wird.

Nachdem Auswirkungen und Ursachen von Umfangsverfahren diskutiert wurden, wird der Versuch unternommen, dem bisher nicht einheitlich definierten Begriff der Umfangsverfahren eine eigene Definition zugrunde zu legen. Das ist der Ausgangspunkt für die Herauspräparierung von Bewältigungsstrategien für diese besondere Verfahrenskonstellation.

Untersucht werden die vom Gesetzgeber im Hinblick auf den Versuch einer Bewältigung der angesprochenen Problematik bereits eingeführten Mechanismen auf ihre Tauglichkeit und Vereinbarkeit mit unserem Verfassungsrecht. Hierbei spielt vor allem der in § 257c StPO geregelte strafprozessuale Deal eine zentrale Rolle; insbesondere nach der Rechtsprechung des BVerfG[19] und der darin enthaltenen Kritik. Diesbezüglich soll aber nur ein Überblick über die Problematik verschafft werden, da angesichts der Fülle der hierzu erschienenen Literatur eine umfassende Darstellung den Rahmen dieser Arbeit sprengen würde. Da die bereits kodifizierten sowie durch die Rechtsprechung entwickelten und praktizierten Mechanismen augenscheinlich nicht ausreichen, ist die Notwendigkeit gegeben, weitere prozessuale Lösungen zu sondieren.

Daher ist auf die bereits in der Literatur rege geführte Diskussion[20] über die Bewältigung von Umfangsverfahren einzugehen. Ein spezielles, gesetzlich niedergelegtes „Umfangsverfahren"-Prozessrecht gibt es nicht.[21] Dennoch kann konstatiert werden, dass die Rechtspraxis die spezielle Dynamik dieser besonderen Verfahrensart durch eine kreative Anwendung des geltenden Prozessrechts zu kontrollieren versucht,[22] da de lege lata eine spezifische Bewältigung dieser Verfahren derzeit nicht möglich ist.[23] Eine natürliche Reaktion hierauf ist es aber auch, dass der Ruf nach einem Tätigwerden des Gesetzgebers laut wird. Wie ein solches allerdings aussehen könnte, darüber ist man sich nicht einig: Während die einen die aktuelle Gesetzeslage als ausreichend bewerten, nur lediglich nicht zufriedenstellend in der Praxis umgesetzt sehen, fordern andere eine Gesamtreform des deutschen Strafverfahrens oder doch zumindest die Anpassung einzelner Elemente an heutige Gegebenheiten. Hierbei soll kein vollständiges Bild des Diskussionsstandes gezeichnet werden. Vielmehr wird sich die Arbeit auf die Reformvorschläge konzentrieren, welche sich auf Ermittlungs-, Zwischen- und Hauptverfahren beziehen. Vernachlässigt werden hingegen die Ansätze, welche

---

19 *BVerfG*, Urteil vom 19.03.2013 – 2 BvR 2628/10, 2 BvR 2883/10, 2 BvR 2155/11, NJW 2013, 1058, 1060.

20 Ausführliche Darstellung des Streitstandes bei *Kühne* in: LR-StPO, 27. Auflage 2016, Einleitung Abschnitt F, Rn. 221 ff.

21 *Krause*, in: *Wabnitz/Janovsky/Schmitt*, Handbuch des Wirtschafts- und Steuerstrafrechts, 5. Auflage 2020, 27. Kapitel, Rn. 1.

22 *Krause*, in: *Wabnitz/Janovsky/Schmitt*, Handbuch des Wirtschafts- und Steuerstrafrechts, 5. Auflage 2020, 27. Kapitel, Rn. 1.

23 Ähnlich auch: *Stuckenberg in:* LR-StPO, 27. Auflage 2021, § 257c StPO, Rn. 2 ; *Engelhard*, „Ist eine große Strafprozeßreform notwendig?", in: *Eyrich*, Festschrift für Kurt Rebmann zum 65. Geburtstag, 1989, S. 45, 60.

sich mit einer Reform des Rechtsmittelrechts auseinandersetzen,[24] sowie solche, die eine verstärkte (Re-)Privatisierung der (wirtschafts-)strafrechtlichen Sachverhalte, z. B. auch im Rahmen einer Mediation,[25] fordern.[26] Auch die Diskussion – gerade mit Blick auf den NSU-Prozess, in dem dieses Problem durchaus virulent war – über die Ausgestaltung der Nebenklage soll, da sich die Arbeit überwiegend mit Wirtschaftsstrafprozessen auseinandersetzt, in vorliegendem Kontext nicht behandelt werden.[27]

Neben der Betrachtung der spezifisch im Rahmen des deutschen Rechtssystems diskutierten Lösungsansätze wird ein Blick in die USA, die sich mit derselben Problematik konfrontiert sehen, geworfen, um herauszuarbeiten, ob und wie diese Rechtsordnung sich der Herausforderung der Umfangsverfahren zu stellen versucht. Hierbei begegnet man insbesondere einer – im Vergleich zur deutschen Rechtsordnung – stärkeren Ausgestaltung des Opportunitätsprinzips, einem ausgeprägtem „Legal Case Management", einem verstärkten Parteiensystem mit einer anderen Ausgestaltung des Richterinstituts, hieraus resultierenden, viel diskutierten diversen Konsenslösungen, einem anderen Umgang mit Laienrichtern und pre trial-hearings, um nur einige Besonderheiten zu nennen.

In diesem Zusammenhang ergibt sich die Frage, ob denn – sofern dort potenzielle Bewältigungsstrategien gefunden werden – diese nicht in die deutsche Rechtsordnung integrierbar wären. Es werden maßgebliche Vorschläge im Hinblick auf das konkrete verfahrensrechtliche Geschehen im Ermittlungs-, Zwischen- und Hauptverfahren sowie Case Management-Ansätze näher aufgegriffen. Eine Integration ausländischer Rechtsinstitute käme allerdings nur in Betracht bei einer Vereinbarkeit mit den deutschen strafprozessualen Grundsätzen sowie – soweit diese nicht ohnehin grundgesetzlich verankert sind – mit dem deutschen Verfassungsrecht.

Trotz der gleichen Zielrichtung der strafprozessualen Grundsätze, unabhängig davon, ob man diese nun in Verwirklichung von Gerechtigkeit[28] oder

---

24 Vgl. hierzu aber z. B. *Valerius*, NJW 2018, 3429 ff.

25 Hierzu näher: *Jung*, „Mediation im Strafverfahren": ein Widerspruch in sich?", in: *Stern/Grupp*, Gedächtnisschrift für Joachim Burmeister, 2005, S. 171 ff.

26 *Eser*, „Funktionswandel strafrechtlicher Prozeßmaximen: Auf dem Weg zur 'Reprivatisierung' des Strafverfahrens?", ZStW 104, (1992), 361 ff.

27 Näher hierzu aber – auch mit Bezug auf den NSU-Prozess – *Pues*, „Gruppenvertretung der Nebenklage im Strafprozess – Eine rechtsvergleichende Studie zum prozessualen Umgang mit einer besonderen Verfahrenssituation", StV 2014, 304 ff.

28 In diese Richtung argumentierend: *Gollwitzer*, „Gerechtigkeit und Prozeßwirtschaftlichkeit, einige Gedanken zum knappen Gut der Rechtsgewährung", in: *Gössel/Kauffmann*, Strafverfahren im Rechtsstaat, 1985, S. 141, 150 f.

vielmehr in der Wahrung des Rechtsstaats sehen möchte, ist evident, dass nicht alle in ihrer vollen Breite zu realisieren sind, da immer mindestens zwei sich gegenüberstehende, sich aber auch gegenseitig bedingende,[29] Schutzrichtungen zu berücksichtigen sind:[30] Zum einen die Beschuldigtenrechte in ihren Ausprägungen, zum anderen die „Aufrechterhaltung einer funktionsfähigen Strafrechtspflege",[31] welche meist (auch) im Kontext steht mit dem in der Konzentrationsmaxime verankerten Beschleunigungsgebot. Nur bei ihrer jeweils größtmöglichen Berücksichtigung im Wege einer praktischen Konkordanz kann das Fundament eines rechtsstaatlichen Verfahrens gewahrt werden.[32]

Wie eine solche Lösung aussehen könnte, insbesondere ob eine umfassende Reform für alle Strafverfahren notwendig ist, oder ob vielmehr ein Sonderverfahrensrecht[33] für Umfangsverfahren eingeführt werden kann, ist Gegenstand der Untersuchung. Hierbei ist besonderes Augenmerk darauf zu richten, welche Folgen eine solche Neuregelung möglicherweise haben könnte, da die Interpendenz der strafprozessualen Regeln zu berücksichtigen ist.[34] Da eine ähnlich wucherartige Entwicklung wie bei der Einführung des § 257c StPO vermieden werden soll, soll versucht werden, die Konsequenzen in der Praxis abzuschätzen.

29 Hierzu: *Lindemann*, „Das Gemeinwohl als ambivalente Zielvorgabe für ein funktionstüchtiges Verfahren in Wirtschaftsstrafsachen", in: *Kempf*, Gemeinwohl im Wirtschaftsstrafrecht, 2013, S. 279, 280.

30 Ähnlich auch: *Kudlich*, in: MüKo StPO, 1. Auflage 2014, Einleitung, Rn. 83.

31 *Rosenau*, „Plea bargaining in deutschen Strafgerichtssälen, Die Rechtsvergleichung als Auslegungshilfe am Beispiel der Absprachen im Strafverfahren betrachtet", in: *Paeffgen*, Strafrechtswissenschaft als Analyse und Konstruktion: Festschrift für Ingeborg Puppe zum 70. Geburtstag, 2011, S. 1597, 1611 mit Verweis auf Chief Justice Burger 1970 in: Santobello v. New York, 404 U.S. 257 (1971), 260.

32 In diesem Sinne auch: *Möstl*, „Grundrechtliche Garantien im Strafverfahren", in: *Breuer/Isensee/Kirchhof*, Grundrechte, 2010, S. 587, 592.

33 Zu Sonderverfahren in der Weimarer Republik: *Kühne* in: LR-StPO, 27. Auflage 2016, Einleitung Abschnitt F, Rn. 35.

34 Ebenso einen in diese Richtung gehenden Vergleich anstellend: *Gössel*, „Empfehlen sich Änderungen des Strafverfahrensrechts mit dem Ziel, ohne Preisgabe rechtsstaatlicher Grundsätze den Strafprozeß, insbesondere die Hauptverhandlung zu beschleunigen?", in: Ständige Deputation des Deutschen Juristentages, Gutachten, 1994, C 1, C 7.

Kapitel 1 – Die Problematik von sog. Umfangsverfahren

Das verfahrensrechtliche Instrument, um Kriminalität zu bearbeiten, ist die Strafprozessordnung. Sie ist weder auf den Umfang oder die Eigenarten eines Wirtschaftsstrafverfahrens, noch auf die technischen Möglichkeiten der Täter zugeschnitten.[35]

Dieser von *Hey*[36] vertretene Standpunkt, dem trotz einiger – noch darzustellender – bereits eingeführter Maßnahmen zur Bewältigung von Umfangsverfahren im Grundsatz zuzustimmen ist, soll als Ausgangspunkt für das erste Kapitel dienen. Er wirft nämlich einige im Folgenden zu beantwortenden Fragen auf: Haben Wirtschaftsstrafverfahren Eigenarten, die sie von „Normal"-Verfahren unterscheiden? Wenn ja, worin bestehen diese, und welche Ursachen führen zu etwaigen besonderen Auswirkungen? Inwiefern weisen Wirtschaftsstrafverfahren einen besonderen Umfang auf? Inwiefern hat der Beschuldigte hier besondere technische Möglichkeiten, wie *Hey* meint, bzw. allgemeiner: besondere spezielle Kenntnisse? Und daraus resultierend: Stellen Umfangsverfahren im Allgemeinen eine abgrenzbare Verfahrensart dar und – wenn dies der Fall ist – wie sind solche Umfangsverfahren dann zu definieren?

Bezüglich der Frage nach den Eigenarten von Wirtschaftsstrafverfahren, welche oftmals gleichgesetzt werden mit dem Begriff „Umfangsverfahren"[37], bietet sich zunächst eine „grammatische" Vorgehensweise an. Nimmt man eine Zerlegung des Begriffs „Umfangsverfahren" in seine Bestandteile vor, so kann hieraus der Schluss gezogen werden, dass es sich um Verfahren handelt, die einen besonderen Umfang aufweisen; wobei Umfang hier zum einen in temporaler Hinsicht, zum anderen aber auch bezüglich des zu untersuchenden Materials gemeint sein kann. Neben der Dauer und der Komplexität stellt sich auch die Frage, ob, wenn es sich um eine besondere Verfahrensart mit besonderen Eigenschaften handelt, diese die ansonsten geltenden verfassungsrechtlichen

---

35 *Hey*, Die ökonomische Analyse ausgewählter Wirtschaftsstraftaten im historischen Normenkontext, 2001, S. 63.

36 *Hey*, 2001, S. 63.

37 Im weiteren Verlauf der Arbeit wird aufgezeigt werden, dass insoweit keineswegs Deckungsgleichheit besteht, wenngleich Wirtschaftsstrafverfahren in vielen Fällen als Umfangsverfahren zu charakterisieren sind.

Grundsätze, Prozessmaximen oder das Prozessmodell tangiert. Inwieweit diese Ausgangsthesen zutreffend sind, bedarf der Erörterung.

A. Auswirkungen

I. Exorbitante Verfahrenskosten

Eine besondere Charakteristik von Umfangsverfahren stellen die exorbitanten Verfahrenskosten dar,[38] welche durch die oftmals große Zahl von Verhandlungstagen, aufwändige Beweisaufnahmen und durch den aufgrund der komplexen Materie erforderlich werdenden Einsatz von Sachverständigen verursacht werden. Die Kosten scheinen dann zu explodieren, wenn am Ende des Verfahrens kein „Erfolg" im Sinne einer gerechten materiellen Entscheidung, sei es nun eine Verurteilung oder ein Freispruch, steht, sondern z. B. wegen der überlangen Verfahrensdauer[39] oder der Verhandlungsunfähigkeit des Angeklagten[40] eine lediglich „formelle" Beendigung des Verfahrens erfolgt, da die aufgewendeten Kosten sowie der Zeit- und Arbeitsaufwand dann jedenfalls auf den ersten Blick nicht zweckdienlich waren. Inwieweit dennoch einzelne Strafzwecke zumindest teilweise verwirklicht werden können, wird sogleich noch dargestellt werden.[41]

Insbesondere im Hinblick auf die haushalterischen Bedingungen stellt der immense Kostenaufwand eine beachtliche negative Auswirkung von Umfangsverfahren dar, die aber lediglich als „Nebenfolge" „mitbekämpft" werden kann, da ein rechtsstaatliches Verfahren sich grundsätzlich nicht nach den Kosten desselben richten darf.[42]

---

38 Ebenso *ter Veen*, 1998, S. 15.

39 Welche grundsätzlich zu einer Berücksichtigung in der Strafzumessung, in schwerwiegenden Fällen aber auch zur Einstellung des Verfahrens, zu einem Verfahrenshindernis oder zum Absehen von Strafe führen kann: *BVerfG*, Beschluss vom 24.11.1983 – 2 BvR 121/83, NJW 1984, 967 f. ; *BVerfG*, Beschluss vom 21.06.2006 – 2 BvR 750, 752 und 761/06, NStZ 2006, 680, 681; *BGH*, Beschluss vom 04.05.2004 – 5 StR 588/03, StV 2004, 420, 421; *BGH*, Urteil vom 13.03.2008 – 4 StR 511/07, StV 2008, 299 , 300; *Waßmer*, "Rechtsstaatswidrige Verfahrensverzögerungen im Strafverfahren", ZStW 108 (2006), 159, 184 ff.

40 Vgl. hierzu auch *Grauhan*, "Bewältigung von Großverfahren durch Beschränkung des Prozeßstoffs", GA 1976, 225, 227.

41 Vgl. hierzu die Ausführungen in Kapitel 1 A III.

42 Diesbezüglich ebenfalls kritisch: *Thielmann*, "Richter als Hüter der Staatskasse", ZRP 2005, 123, 124.

II. Die Verfahrensdauer

Eine äußerst charakteristische, sich negativ auswirkende Eigenschaft von Umfangsverfahren ist tatsächlich die sich von Normalverfahren deutlich abhebende Dauer des Verfahrens.[43] So bietet eine entsprechende empirische Studie von *ter Veen*, in der Abläufe am Landgericht Hamburg untersucht wurden, zwar insofern keine für die Bundesrepublik Deutschland allgemeingültige Aussage, aber doch einen Anhaltspunkt: So dauerte ein Umfangsverfahren etwa ein halbes Jahr länger als ein „Normalverfahren."[44] Angesichts Art. 6 Abs. 1 EMRK, der ein Verfahren „in angemessener Zeit" anordnet, erscheint dies bedenklich. Dennoch ist es nicht die verlängerte Dauer als solche, sondern es sind vielmehr die damit verbundenen (Fern-)Wirkungen für die Beteiligten und das Verfahren selbst, die besorgniserregend erscheinen und auf die deshalb näher einzugehen ist.

1. *Belastung der Beteiligten*

Evident ist die durch die verlängerte Dauer verstärkte Belastung der Beteiligten eines Verfahrens:[45] Am härtesten trifft es wohl den Beschuldigten, der unter Umständen mehrere Monate in Untersuchungshaft sitzt oder sich einer ungewissen Zukunft gegenübersieht, was insbesondere bei Unternehmen existenzielle Folgen haben kann.[46] Oftmals droht hier, entgegen der rechtlich geltenden Unschuldsvermutung, tatsächlich ein Ansehensverlust, sodass eine Beeinträchtigung des Persönlichkeitsrechts im Raum steht.[47] Auch die im Rahmen einer Hauptverhandlung oftmals vorliegende hohe Frequenz an Verhandlungstagen kann die weitere Berufsausübung stark behindern. Hinzukommt, dass nach mehrjährigen Ermittlungen bestehende Sachverhaltslücken, welche

---

43 Auf die besondere Dauer hinweisend auch: *Albrecht*, Rechtstatsachenforschung zum Strafverfahren, 2005, S. 199; ebenfalls auf mehrwöchige oder mehrmonatige Verhandlungen hinweisend: *Dahs*, "Bewältigung großer Strafprozesse - um welchen Preis?", NJW 1974, 1538, 1540.

44 Hierzu: *ter Veen*, 1998, S. 304.

45 Hierzu auch: *Lindemann*, 2012, S. 215; so auch: *Kintzi*, DRiZ 1994, 325, 328; anschaulich auch: *Kohlmann*, „"Überlange Strafverfahren"- bekannt, bedenklich, aber nicht zu vermeiden?", in: *Gamm/Raisch/Tiedemann*, Strafrecht, Unternehmensrecht, Anwaltsrecht, Festschrift für Gerd Pfeiffer zum Abschied aus dem Amt als Präsident des Bundesgerichtshofes, Köln 1988, S. 203, 205.

46 Unter Verweis auf die Exklusionswirkung auch: *Lindemann*, in: *Kempf*, Gemeinwohl im Wirtschaftsstrafrecht, 2013, S. 279, 285.

47 Hierzu: *Möstl*, in: *Breuer/Isensee/Kirchhof*, Grundrechte, 2010, S. 587, 596.

bei zeitnahem Prozess vom Beschuldigten zu seinen Gunsten hätten aufgeklärt werden können, wegen Erinnerungslücken jedoch nicht mehr geschlossen werden können. Wenn die Beweislage im Übrigen ungünstig ist, kann dies – im schlimmsten Fall – zu einer Verurteilung des insoweit unschuldigen Angeklagten führen, aus der bloßen Tatsache heraus, dass er ein Alibi oder eine als sich sehr unwahrscheinlich darstellende Situation, die ihn entlasten würde, schlicht nicht mehr detaillierter schildern bzw. aufarbeiten kann.

Daneben sind aber auch die Folgen für die Berufsjuristen, die nur schwerlich andere Verfahren bedienen können[48] und an die hohe Anforderungen im Hinblick auf das Management des Falls gestellt werden müssen,[49] sowie für die Laienrichter, für die sich die Prozesse in der Regel noch weniger mit ihrem eigenen beruflichen Alltag vereinen lassen,[50] nicht zu vernachlässigen.

2. *Das "Platzen des Prozesses"*

Da der Gesetzgeber ausufernden Verfahrensverzögerungen einen Riegel vorschieben wollte, kann es durch die Vorschrift des § 229 Abs. 4 Satz 1 StPO[51] zu der Konsequenz kommen, dass ein Prozess wegen übermäßiger Dauer „platzt", also nochmals neu aufgerollt werden muss, nicht zuletzt deshalb, weil die Wahrscheinlichkeit, dass z. B. ein Richter ausfällt, mit zunehmender Dauer steigt.[52] Deswegen ist es in Fällen, in denen sich schon von Anfang an abzeichnet, dass

48 So auch: *Grünwald*, „Empfiehlt es sich, besondere strafprozessuale Vorschriften für Großverfahren einzuführen?", in: Verhandlungen des fünfzigsten Deutschen Juristentages, Hamburg 1974, C 1, C 14; die besondere Belastung des Verteidigers betonend: *Bussmann/Lüdemann,* Klassenjustiz oder Verfahrensökonomie?, Aushandlungsprozesse in Wirtschafts- und allgemeinen Strafverfahren, 1995, S. 75.

49 *Judge,* "No Easy Solutions to the Problem of Criminal Mega-trials", 66 Notre Dame L. Rev. 1990-1991, 211, 216.

50 Ebenso: *Kintzi*, DRiZ 1994, 325, 328.

51 Überschreitung der Höchstdauer einer Unterbrechung der Hauptverhandlung.

52 Vgl. z. B. Stuttgarter Neonazi-Prozess (*LG Stuttgart*, Staatsschutzkammer, Verfahren ab 05.02.1991); zu diesem Verfahren auch: *Wassermann*, "Stuttgarter Extremistenprozeß geplatzt", NJW 1994, 1708 f.; zu der Problematik allgemein: *Fromm*, „Strafverteidigung in Umfangsverfahren", NJW 2013, 982; *Code*, Law reform initiatives relating to the mega trial phenomenon, ebenso: *OLG Koblenz*, Beschluss vom 04.12.2017 - 2 Ws 406-419/17, zur Einstellungsmöglichkeit nach § 206a StPO bei rechtsstaatswidriger Verzögerung; hierzu auch: *Britz*, „Rechtsverweigerung und „Rambazamba": die Folgen (über-)langer Strafverfahren", JM 2018, 301 ff.

ein Umfangsverfahren entstehen könnte, besonders angeraten, dass Ergänzungsrichter gem. § 192 Abs. 2, 3 GVG hinzugezogen werden.

Daneben kann es zu der Annahme eines Verfahrenshindernisses oder zur Einstellung des Verfahrens wegen überlanger Dauer kommen.[53] Eine Beendigung des Prozesses wegen Eintritts der Verjährung spielt hier hingegen angesichts der insbesondere für wirtschaftsstrafrechtlich geprägte Großverfahren geschaffenen immensen Extension der Verfolgungsmöglichkeit[54] in den Vorschriften der § 78b Abs. 3, 4, § 78c StGB allerdings eine geringere Rolle,[55] wenngleich diese Möglichkeit auch nicht völlig aus den Augen verloren werden darf.[56]

3. *Beeinträchtigung der Prozessmaximen durch die Dauer*

Die unter Berücksichtigung des Schwerpunkts dieser Arbeit maßgebliche negative Konsequenz einer langen Verfahrensdauer ist indes in der Beeinträchtigung von Prozessmaximen zu sehen, vor allem im Hinblick auf die Wahrheitsermittlung und das Unmittelbarkeitsprinzip. Mit zunehmender Dauer des Verfahrens wird nämlich die Wahrheitsermittlung erschwert, da Erinnerungen bei Zeugen verloren gehen oder sogar verfälscht werden können,[57] oder aber ihre unmittelbare Wirkung, die sie aufgrund ihrer Aussage in der Hauptverhandlung beim Richter hinterlassen sollen, nach unzähligen Verhandlungstagen nicht mehr präsent ist.[58] Die unmittelbare Wirkung der Aussage eines Zeugen dient jedoch gerade in besonderem Maße der Wahrheitsfindung. Der faktische Bedeutungsverlust des Unmittelbarkeitsprinzips wird durch eine große Stofffülle, komplexe Sachverhalte und den durch die Dauer des Verfahrens abfallenden Spannungsbogen,[59] noch begünstigt.[60]

---

53 *BVerfG*, Beschluss vom 24.11.1983 – 2 BvR 121/83, NJW 1984, 967; *BGH*, Urteil vom 13.03.2008 – 4 StR 511/07, StV 2008, 299, 300; *Waßmer*, ZStW 108 (2006), 159, 184 ff.

54 *Dallmeyer* in: BeckOK StGB, Stand: 01.05.2021, § 78b Rn. 10.

55 Anders: BT-Drucks. 17 /13087, S.16, Antrag der Opposition: „Wirtschaftskriminalität effektiv bekämpfen".

56 *Graf/Reichling*, in: Münchener Anwaltshandbuch Verteidigung in Wirtschafts- und Steuerstrafsachen, 3. Auflage 2020, § 6 Rn. 1 ff.

57 *BVerfG*, Beschluss vom 15.01.2009 – 2 BvR 2044/07, NJW 2009, 1469, 1474; *BVerfG*, Urteil vom 19.03.2013 – 2 BvR 2628/10, 2 BvR 2883/10, 2 BvR 2155/11, NJW 2013, 1058 1061; darauf ebenfalls hinweisend bereits: *Dahs*, NJW 1974, 1538, 1540 unter Betonung des Erfordernisses eines Protokolls oder von Tonbandaufnahmen.

58 So auch *ter Veen*, 1998, S. 15; *Kudlich*, „Erfordert das Beschleunigungsgebot eine Umgestaltung des Strafverfahrens?", 2010, C16; ebenso: *Kintzi*, DRiZ 1994, 325, 328.

59 *Grauhan*, GA 1976, 225, 226 f.

60 *Grauhan*, GA 1976, 225, 226 f.; zu der Annahme, dass keine angemessene Beweiswürdigung gewährleistet werde: *Judge*, 66 Notre Dame L. Rev. 1990-1991, 211, 214.

Eng damit verbunden ist auch die Erwägung, dass möglicherweise auch eine Beeinträchtigung des fair-trial-Grundsatzes im Raum stehen könnte, wenn wirtschaftlich potente Beschuldigte, wie sie gerade im Wirtschaftsstrafrecht meist vorkommen, vor einem sich auf Jahre abzeichnenden Prozess abgeschreckt werden, und sich daher auf konsensuale Lösungen einlassen, beispielsweise um ihr Unternehmen zu retten, obwohl sie unschuldig sind.

4. *Kurzfazit*

Insgesamt beeinflusst die steigende Dauer von Verfahren die prozessuale Bewältigung von Fällen allgemein in bedenklicher Weise. Hierdurch werden letztlich die mit Verfassungsrang ausgestatten Prinzipien der „Funktionstüchtigkeit der Strafrechtspflege“[61] und sogar das Prozessmodell selbst durch die Dauer der Umfangsverfahren beeinträchtigt.[62]

III. Beeinträchtigung der Strafzwecke

Nicht nur, aber auch durch die lange Dauer von Verfahren steht ebenfalls eine Beeinträchtigung der Strafzwecke zu befürchten:[63] Nach der herrschenden Vereinigungsformel soll Strafe zum einen der Generalprävention, zum anderen der Spezialprävention dienen können.[64] Vor dem Hintergrund der Zielsetzung einer positiven Generalprävention ist herauszustellen, dass eine wachsende Dauer und schlimmstenfalls das „Platzen“ des Prozesses bewirken (können), dass die Bevölkerung das Vertrauen in die Rechtsordnung verliert.[65] Hierdurch wird nicht nur der Zweck der positiven Generalprävention verfehlt, sondern dieser wird sogar in sein Gegenteil verkehrt. Des Weiteren sind bei einer zu langen Dauer Strafe und Straftat nicht mehr unmittelbar aufeinander beziehbar, sodass die Gefahr besteht, dass der kriminalpolitisch nicht wünschenswerte Eindruck in der Bevölkerung entstehen kann, die Justiz werde nicht ausreichend tätig.[66] Strafe

61 *BVerfG*, Beschluss vom 15.01.2009 – 2 BvR 2044/07, NJW 2009, 1469, 1474.

62 Hierauf wird gleich noch näher einzugehen sein: Kapitel 1 A IV.

63 Hierzu auch: *ter Veen*, 1998, S. 15; zu einer der Grundursachen – der Hypertrophie des Wirtschaftsstrafrechts – und den entsprechenden Konsequenzen für die Erreichung der Strafzwecke auch unter: Kapitel I B III 2. a).

64 Vgl. hierzu *Maier* in: MüKo StGB, 4.Auflage 2020, § 46 Rn. 46 ff.

65 *Code*, Law reform initiatives relating to the mega trial phenomenon.

66 So in etwa auch: *Rebmann*, "Strafprozessuale Bewältigung von Großverfahren", NStZ 1984, 241, 244; ähnlich auch: *Sittenthaler*, in: Richterwoche, Global business und Justiz: Vorträge gehalten bei der Richterwoche 2000 vom 22. Mai bis 26. Mai 2000 am Semmering, 2000, S. 109, der davon ausgeht, dass "das Bild der Justiz in

büßt dadurch viel von ihrer abschreckenden Wirkung ein.[67] Hinzu kommt, dass aufgrund der im Rahmen der Strafzumessung zu beachtenden langen Verfahrensdauer auf den ersten Blick vergleichsweise niedrige Strafen verhängt werden (müssen),[68] welche wiederum das Gerechtigkeitsgefühl beeinträchtigen können. Dies gilt nicht zuletzt auch für die im Rahmen einer zu verhängenden Freiheitsstrafe abzugebenden Bewährungsprognose, welche sich – verfahrensdauerbedingt – zugunsten des Beschuldigten verändern kann. Pointiert formuliert: Die Durchführung eines Umfangsverfahrens kann bewirken, dass negative und positive Generalprävention Schaden nehmen.

Entsprechendes gilt für die Spezialprävention: Der einzelne Täter ist durch Strafe nur dann effektiv erreichbar, wenn sie zeitlich in einem Zusammenhang mit der Tat steht. Psychologisch gesehen verliert nämlich das Lernmoment, das aus der auf eine unerwünschte Verhaltensweise folgenden Sanktion resultiert, mit wachsendem Zeitablauf an Vehemenz,[69] sodass der Täter die Strafe eher als ungerecht empfindet und so keine Konsequenzen daraus zieht.[70] Außerdem besteht die Gefahr, dass der Beschuldigte, sofern er sich auf freiem Fuß befindet, in der Zwischenzeit vor Aburteilung der ersten Tat ein weiteres Mal straffällig wird,[71] was im Hinblick auf die Aufgabe des Strafrechts Rechtsgüterschutz zu gewährleisten,[72] unbedingt zu vermeiden ist. Im Übrigen steht zu befürchten, dass der Beschuldigte im Hinblick auf die Dauer des Verfahrens eher geneigt sein könnte, im Rahmen eines sog. Deals ein Geständnis abzulegen, um so das Verfahren abzukürzen.[73] Oder es stellt sich der umgekehrte Befund ein, dass die Strafzwecke deshalb nicht erreicht werden, weil eine Tat abgeurteilt wird, die in

---

der Öffentlichkeit [...] großteils durch die Berichterstattung über die schleunige oder zögerliche Abwicklung von Großverfahren [...] geprägt [wird]."

67 Ähnlich auch: *Schumann*, Der Handel mit Gerechtigkeit, 1. Auflage 1977, S. 184; so auch speziell bezogen auf Wirtschaftsstrafsachen: *Tiedemann*, „Welche strafrechtlichen Mittel empfehlen sich für eine wirksamere Bekämpfung der Wirtschaftskriminalität?", Gutachten für den 49. Deutschen Juristentag, München 1972, C 91; ebenso *ter Veen*, 1998, S. 15.

68 Vgl. hierzu in Kapitel A IV 5. a).

69 *Meindl/Miller*, Delayed Punishment, An overview and future directions, in: *Castro*, Psychology of punishment, S. 82.

70 Ähnlich auch: *Grünwald*, in: Verhandlungen des fünfzigsten Deutschen Juristentages, Hamburg 1974, C 1, C 14; ebenso: *Schumann*, 1977, S. 184.

71 So auch *Schumann*, 1977, S. 184.

72 So auch *Radtke* in: MüKo StGB, 4. Auflage 2020, Vorbemerkung zu § 38 Rn. 2.

73 Ähnlich: *Judge*, 66 Notre Dame L. Rev. 1990-1991, 211, 217.

dieser Art und Weise nicht begangen wurde; die Wahrscheinlichkeit, dass ein „ungerechtes" Urteil gefällt wird, wodurch letztlich die Strafzwecke beeinträchtigt werden, ist proportional zur steigenden Komplexität des Verfahrens, da die Fehleranfälligkeit wächst.[74]

Werden aber alle Strafzwecke durch die überlange Verfahrensdauer zumindest gefährdet, erhebt sich die Frage, ob die Verhängung von Strafe überhaupt noch verhältnismäßig ist, da sie nicht geeignet erscheint, den damit intendierten Zweck zu fördern. Eine unverhältnismäßige Strafe ist indes verfassungswidrig (Art. 20 Abs. 3 GG), sodass sich die Frage anschließt, ob strafrechtliche Umfangsverfahren nicht schon per se außerhalb zentraler Elemente der Rechtsordnung stehen. Da dem Gesetzgeber im Hinblick auf die Geeignetheit einer Maßnahme eine Einschätzungsprärogative zukommt[75] und nach dem BVerfG nur bei einer offensichtlichen Ungeeignetheit einer Maßnahme eine Unverhältnismäßigkeit anzunehmen ist,[76] lässt sich diese Problematik nicht ohne Weiteres beantworten. Da eine Strafe nämlich auch bei langer Verfahrensdauer nicht jegliche Wirkung einbüßt,[77] ist eine offensichtliche Ungeeignetheit und eine damit einhergehende Unverhältnismäßigkeit nicht per se anzunehmen. Allerdings akzentuiert sich in Kombination mit der exzessiven Anwendung von „konsensualen" Erledigungsformen die Brisanz der Problematik, sodass jedenfalls eine besondere Notwendigkeit besteht, eine höhere Verfahrensrechtskonformität bei der Behandlung von Umfangsverfahren zu erreichen.

IV. Missachtung des geltenden Prozessmodells

Mit Blick auf das geltende deutsche Strafprozessmodell steht zu befürchten, dass durch die Selektivität der Strafverfolgung generell sowie im Besonderen durch die Anwendung neuer Mechanismen[78] die Kohärenz der Prozessmaximen gefährdet wird,[79] wodurch des Weiteren die Gefahr eines Bedeutungsverlust des kompletten Prozessmodells droht. Denn jede einzelne Prozessmaxime

74 Zu letzterem auch: *Judge*, Notre Dame L. Rev. 1990-1991, 211, 214 mit Verweis auf: *U.S. vs. Casamento*, 887 F.2d 1141 (1989) 1149 f.

75 *BVerfG*, Beschluss vom 19.07.2000 – 1 BvR 539/96, NVwZ 2001, 790, 794.

76 *BVerfG*, Beschluss vom 19.07.2000 – 1 BvR 539/96, NVwZ 2001, 790, 794.

77 Z. B. weil bereits durch die Einleitung des Verfahrens gezeigt wird, dass eine Strafe bei Bejahung des angeklagten Sachverhalts erfolgen wird; vgl. zu diesem psychologischen Aspekt: *Meindl/Miller*, in: *Castro*, Psychology of punishment, S. 87.

78 Wie z. B. des strafprozessualen Deals, der sich außerhalb des Gesetzes entwickelt hatte.

79 Hierzu: *Stuckenberg* in: LR-StPO, 27. Auflage 2021, § 257c StPO, Rn. 3.

für sich gesehen gewinnt erst im Zusammenhang mit den übrigen Prozessmaximen sowie bezogen auf eine konkrete Verfahrensart und Organisationsstruktur, ihren relevanten, jedoch eigenständigen Gehalt.[80] Hinzu kommt, dass eine bestimmte Verfahrensweise erst dann als Prozessgrundsatz bezeichnet werden kann, wenn er für das Gesamtverfahren prägend ist.[81] Ein Prozessmodell ohne Prozessmaximen stellt daher eine contradictio in adiecto dar. Ein stringentes und kohärentes Prozessmodell ist daher unerlässlich. Ob es zwingend das de lege lata gegebene sein muss, ist eine andere Frage, die im Laufe der Arbeit noch behandelt werden soll.

Die Missachtung des Prozessmodells geht auf mehrere Ursachen zurück, die es näher zu untersuchen gilt.

1. *Beeinträchtigung des Prozessmodells durch Selektivität der Strafverfolgung*

Gerade in Zeiten haushalterisch restriktiver Vorgaben entsteht durch das bereits angesprochene Kostendilemma und die Überlastung der Justiz das Bedürfnis nach „mehr Effizienz", wodurch alternativen Lösungsmöglichkeiten - wie der Erledigung durch Absprachen oder Einstellungen - gewissermaßen Vorschub geleistet wird. Diese Entwicklung bedarf einer kritischen Beleuchtung, da sich die Frage aufdrängt, ob diese Verfahrensweise mit dem gesetzlichen vorgegebenen Prozessmodell vereinbar ist.[82] Kritisiert wird in diesem Zusammenhang vor allem die scheinbare „Selektivität der Strafverfolgung"[83], die vor allem im Wirtschaftsstrafrecht daraus resultieren soll, dass ein Screening von Systemen mit den Mitteln des Strafrechts erfolgt, welche gänzlich anderen Mustern folgen, als es in privaten, nicht- wirtschaftlichen Bereichen, der Fall sei. Hierdurch erscheine ein „Paradigmenwechsel" im Verfahrensrecht – zumindest in diesen

---

80 Hierzu auch: *Krauß*, „Zur Funktion der Prozeßdogmatik" in: *Kielwein/Jung/Müller-Dietz*, Dogmatik und Praxis des Strafverfahrens, Beiträge anlässlich des Colloquiums zum 65. Geburtstag von Gerhard Kielwein, 1989, S. 1 f.

81 *Kudlich*, in: MüKo StPO, 1. Auflage 2014, Einleitung, Rn. 123.

82 *Trüg*, Lösungskonvergenzen trotz Systemdivergenzen im deutschen und US-amerikanischen Strafverfahren, S. 85, 86; ähnlich auch: *Schünemann*, in: *Gamm/Raisch u. a.*, Strafrecht, Unternehmensrecht, Anwaltsrecht, 1988, S. 461, 462.

83 *Viering*, Absprachen als verfahrensökonomische Lösung des Schuldnachweisproblems im Strafverfahren, 1. Auflage 2009, S. 48, 49; dieses Problem anhand Rechtstatsachen beschreibend: *Albrecht*, 2005, S. 46.

Bereichen – unvermeidbar.[84] In diesem Kontext ist die wachsende Komplexität der Umfangsverfahren zu berücksichtigen, die eine erhöhte Einstellungswahrscheinlichkeit zur Folge hat,[85] wobei insbesondere bei der Anwendung der §§ 153 ff. StPO oftmals der Anwendungsbereich über den Gesetzeswortlaut hinaus ausgedehnt wird.[86] Überhaupt lässt sich gerade bei den Schwerpunktstaatsanwaltschaften eine erhöhte Einstellungsquote nachweisen,[87] da eine Einengung auf die wesentlichen Taten wegen der hier ebenfalls vorliegenden Überlastung unumgänglich ist.[88] Aufgrund der seit 1984 vorgenommenen Registrierung der Wirtschaftsdelikte lässt sich zusammenfassend herausstellen, dass in Umfangsverfahren ein jedenfalls abgeändertes Prozessmodell vorherrscht.[89] Es kommt – insbesondere aufgrund langer Verfahrensdauer – auch vermehrt zu konsensualen Lösungen im Sinne des § 257c StPO.[90] Es wird die These vertreten, dass die Ablösung des ursprünglichen Vergeltungsmodells durch den Präventionsgedanken in Wirtschaftsstrafsachen darin begründet sei, dass letzterer eine Art Selektionsprinzip zulasse:[91] Der Präventionsgedanke soll demnach nicht erfordern, dass alle erkannten Straftäter gleichermaßen verurteilt werden, um so zur Prävention beizutragen, sondern lediglich dass jedenfalls einige[92],

---

84 *Bussmann*, „Absprachen in Wirtschaftsstrafprozessen: die Berücksichtigung von Systemlogik und Komplexität durch Verfahren“, in: *Dose/Voigt*, Kooperatives Recht, S. 185, 200.

85 *Berckhauer*, "Die Erledigung von Wirtschaftsstraftaten durch Staatsanwaltschaften und Gerichte", ZStW 89 (1977), 1015, 1031 f.

86 Hierzu auch: *Kühne* in: LR-StPO, 27. Auflage 2016, Einleitung Abschnitt B, Rn. 62.

87 Hierzu ausführlicher mit statistischen Belegen: *Dannecker/Bülte* in: *Wabnitz/Janovsky/Schmitt,* Handbuch des Wirtschafts- und Steuerstrafrechts, 5. Auflage 2020, 1. Kapitel, Rn. 46.

88 Zum „ungeschriebenen Einstellungsgrund der fehlenden Verfolgungskapazität“ kritisch, aber dennoch befürwortend: *Berckhauer*, ZStW 89 (1977), 1015, 1040 f.

89 *Gyroff*, „Wirtschaftsstrafverfahren: Entstehung eines neuartigen Verfahrenstyps?“, NK 2005, 142 mit Verweis auf: *Boers*, „Wirtschaftskriminologie – Vom Versuch, mit einem blinden Fleck umzugehen“, Monatsschrift für Kriminologie und Strafrechtsreform, S. 335, 337 u.w.N.

90 *Müller-Jacobsen* in: Beck'sches Formularbuch für den Strafverteidiger, 6. Auflage 2018, XIII. C. 1.

91 In diese Richtung auch: *Schünemann*, „Die informellen Absprachen als Überlebenskrise des deutschen Strafverfahrens“, in: *Arzt*, Festschrift für Jürgen Baumann zum 70. Geburtstag: 22. Juni 1992, 1992, 361, 367.

92 Z. B. jeder Zweite.

strafrechtlich verfolgt werden, um so ein relevantes Verfolgungsrisiko aufrechtzuerhalten.[93] Von Seiten der Staatsanwaltschaft wird faktisch insoweit allerdings nicht nur eine Selektivität in personeller Hinsicht, sondern auch in sachlicher Hinsicht an den Tag gelegt: So wird nach dem Motto „Mut zur Lücke“ unter Aufopferung der Akribie mit Verweis auf ein „Prinzip der Hoffnung“ und unter Verlass auf Andere eine mehr oder weniger kursorische Sachverhaltsaufklärung betrieben.[94]

Weiterhin soll im deutschen Strafprozess jede verhängte Strafe gem. Art. 1, 20 Abs. 3 GG, §§ 46, 20 StGB tat- und schuldangemessen sein.[95] Im Zusammenhang mit Umfangsverfahren kann man hieran wegen der bereits angesprochenen exzessiv angewendeten Einstellungspraxis und der damit einhergehenden Auswirkungen auf die jeweilige Sanktion bereits zweifeln; darüber hinaus wird aber auch kritisiert, dass die tatsächlich verhängten Strafen aus Angst vor „Gegenwehr“[96] besonders niedrig gehalten würden.[97]

2. *Beeinträchtigung des Prozessmodells durch außerhalb des Gesetzes entstandene Mechanismen*

Daneben wird durch außerhalb des Gesetzes entstandene Mechanismen das Prozessmodell tangiert. Gerade bei der Vorschrift des § 257c StPO, die im Nachhinein in die StPO, auch zur Bewältigung von Umfangsverfahren,[98] eingefügt wurde, nachdem die Absprachenpraxis vorher jahrzehntelang faktisch ohne gesetzliche Grundlage gelebt wurde,[99] stellt sich die Frage, ob sie sich denn normativ in das Gesamtgefüge einfindet.[100] Ein Indiz dafür, dass dies nicht der Fall sein könnte, geben hier die vielen in der Norm enthaltenen Einzelregelungen, die notwendig

---

93 Hierzu ausführlich: *Gyroff*, NK 2005, 142, 143; insgesamt eher kritisch zu den mit der Einführung des Präventionsgedankens im Strafrecht verbundenen Konsequenzen: *Schünemann*, „Wohin treibt der deutsche Strafprozess?“, ZStW 114 (2002), 1, 26; *Weigend*, „Abgesprochene Gerechtigkeit - Effizienz durch Kooperation im Strafverfahren?“, JZ 1990, 774, 780 f.

94 *Gyroff*, NK 2005, 142, 143 m.w.N.

95 *BVerfG*, Urteil vom 05.02.2003 – 2 BvR 2029/01, BVerfGE 109, 133, 171; *BVerfG*, Beschluss vom 14.01.2004 – 2 BvR 564/95, BVerfGE 110, 1,13.

96 *Viering*, 2009, S. 48, 49.

97 *Viering*, 2009, S. 48, 49.

98 BT-Drucks. 16/12310, S. 7 (linke Spalte).

99 Vgl. nur die vom BGH aufgestellten Leitlinien: *BGH*, Beschluss vom 15.06. 2004 - 3 StR 368/02, StR 415/02, JuS 2005, 84 f.

100 Hierzu kritisch auch *Kudlich*, in: MüKo StPO, 1. Auflage 2014, Einleitung Rn. 123.

wurden, da eben gerade nicht auf schon bestehende Regelungen für Einzelfragen rekurriert werden konnte. Daraus ließe sich schließen, dass die – wie sich bereits aus einem Umkehrschluss zu § 199 StPO ergibt – die Hauptverhandlung als Regelfall ansehende StPO gerade einen Ausgleich der Prozessmaximen hierfür vorgesehen hat, aber, da das Phänomen der Absprachen damals noch nicht bekannt war, noch nicht für letztere. Auch die das komplette deutsche strafprozessuale Verfahren prägenden Grundsätze wie die Inquisitionsmaxime und die Prämisse der Erforschung der materiellen Wahrheit werden insbesondere durch die „konsensualen" Erledigungsformen in Frage gestellt.[101] Oftmals wird hier eine Einzelfallgerechtigkeit erzielt, die nicht mehr nachvollziehbar ist,[102] was gerade im Hinblick auf das Vertrauen der Bürger in den Staat wieder bedenklich erscheint.[103] Nachdem nun auch das BVerfG sich sehr kritisch zur nicht im Einklang mit der – mittlerweile kodifizierten – Absprachereglung erfolgenden Praxis geäußert hat,[104] bleibt schließlich die verbleibende Lebensdauer des § 257c StPO mit Spannung zu verfolgen.

3. *Beeinträchtigung des Prozessmodells durch Verstoß gegen den Öffentlichkeitsgrundsatz*

Ein weiteres charakteristisches Problem entsteht bei Umfangsverfahren dadurch, dass es sich hierbei oftmals um sehr medienwirksame Prozesse[105], denen ein besonderes Öffentlichkeitsinteresse anhaftet, handelt, was mit der besonderen Beschuldigtentypologie, die insbesondere in Wirtschaftsstrafsachen besonders deutlich wird,[106] zusammenhängt. Da zum einen die Platzverfügbarkeit in Gerichtssälen nicht unbegrenzt ist, der Angeklagte aber zum anderen nicht – auch nicht nachträglich – zum „Schauobjekt" degradiert werden darf[107], entsteht das Dilemma, dass es eben gerade nicht jedem, der dem Verfahren folgen

101 Auf diese Problematik soll aber im Rahmen der „Bewältigungsstrategien de lege lata" später näher eingegangen werden – vgl. hierzu die Ausführungen im Kapitel 2.

102 *Trüg*, 2003, S. 85 f.

103 Hierzu bereits oben unter Kapitel 1 A III.

104 *BVerfG*, Urteil vom 19.03.2013 – 2 BvR 2628/10, 2 BvR 2883/10, 2 BvR 2155/11, NJW 2013, 1058, 1069.

105 Vgl. hierzu nur den Akkreditierungsstreit im NSU-Prozess; hierzu auch: *Wierig*, 2018, S. 9 ff.

106 Hierzu etwas ausführlicher: *Viering*, 2009, S. 153 f.

107 Ausführlich zur diesbezüglichen Grundrechtsabwägung das „Lebach"-Urteil des BVerfG vom 05.06.1973 - 1 BvR 536/72 -, BVerfGE 35, 202.

möchte, ermöglicht werden kann, dem Prozess beizuwohnen.[108] Zieht man die ratio legis des Öffentlichkeitsprinzips zu Rate, ergibt sich aber, dass diese einerseits in der Kontrolle der Justiz und in der damit verbundenen Stärkung des Vertrauens der Bevölkerung in die Justiz[109] sowie im Schutz des Beschuldigten vor unberechtigten Grundrechtseingriffen,[110] andererseits aber auch allgemein in der Information der Bevölkerung und dadurch bedingt auch in der Prävention besteht.[111] Alle diese Zwecke werden auch gewahrt, wenn nur eine begrenzte Anzahl von Mitgliedern der Bevölkerung dem Prozess beiwohnen kann, und dies erst recht, wenn Medienvertreter in der Verhandlung zugegen waren, die die Verhandlung durch Veröffentlichung einem noch weitaus größeren Bevölkerungskreis zugänglich machen. Auch nach der Rechtsprechung ist das Öffentlichkeitsprinzip in diesen Fällen grundsätzlich gewahrt, da ein Anspruch auf Beiwohnung des Prozesses nur im Rahmen der gegebenen räumlichen Möglichkeiten zuzugestehen ist.[112]

Allerdings kommt eine Beeinträchtigung des Öffentlichkeitsprinzips aus einem anderen Gesichtspunkt in Betracht: Das Verfolgen von Umfangsverfahren, und damit auch die Verwirklichung der ratio legis des Öffentlichkeitsprinzips wird nämlich in zweifacher Hinsicht erschwert. Die Anklageschrift ist hier oftmals so umfangreich, dass das Verlesen des Anklagesatzes gem. § 243 Abs. 3 Satz 1 StPO mehrere Stunden dauern kann, mit der Folge, dass potenzielle Zuhörer meist nicht mehr folgen können.[113] Zum anderen ist eine besondere Urkundenfülle für Umfangsverfahren charakteristisch, da hier oftmals Bereiche betroffen sind, die eine besondere Dokumentationsdichte aufweisen. Hierdurch wird es im Rahmen der Beweisaufnahme entweder aufgrund der für den Prozessbeobachter kaum nachvollziehbaren Verlesung der Urkunden oder aber aufgrund der oftmals erfolgenden Einführung der Dokumente durch das Selbstleseverfahren für den Prozessbeobachter wiederum erschwert, dem Prozessgeschehen zu folgen, sodass er gerade nicht seine Kontrollfunktion ausüben kann. Eine Betroffenheit des Öffentlichkeitsgrundsatzes kann somit nicht von der Hand gewiesen werden.[114]

---

108 Siehe hierzu im Hinblick auf Medienvertreter im NSU-Prozess: *BVerfG*, Beschluss vom 12.04.2013 – 1 BvR 990/13, NJW 2013, 1293, 1294.

109 *RG*, Urteil vom 14.02.1936 g. Sch. 1 D 63/36, RGSt 70, 109, 112.

110 Ähnlich auch: *Haas*, Strafbegriff, Staatsverständnis und Prozessstruktur, 2008, S. 165.

111 *Diemer* in: KK-StPO, 8. Auflage 2019, § 169 GVG Rn. 1a.

112 *BVerfG*, Beschluss vom 01.05.2013– 1 BvQ 13/13–, BayVBl 2013, 498.

113 *Hey*, 2001, S. 66.

114 Vgl. hierzu auch die Ausführungen in Kapitel 2 J. I.

4. *Beeinträchtigung des Prozessmodells durch Vermischung von Justiz und Verteidigung*

Als Konsequenz der zunehmenden Komplexität der Verfahren[115] und der geringen Zeit, die pro Fall eingeplant werden kann, wird das Justizpersonal, sofern keine Spezialisierung vorangetrieben wird, auf den „Sachverstand des eigentlich zu kontrollierenden Systems“[116] rekurrieren müssen, wenn es nicht für jede Einzelheit Sachverständige heranziehen will. Dies bewirkt eine „Vermischung von Justiz und Verteidigung“, was jedoch – zumindest beim vorliegenden Prozessmodell unter Geltung der Inquisitionsmaxime – nicht wünschenswert erscheint. Denn danach obliegt es gerade dem Gericht, den Sachverhalt komplett aufzuklären. Dies darf wegen des Grundsatzes der freien Beweiswürdigung gerade nicht dadurch ersetzt werden, dass die Würdigung des Sachverhalts von der Beschuldigtenseite her erfolgt. Dadurch würde auch eine weitere negative Auswirkung mitbedungen, nämlich der Vorwurf des „Zwei-Klassen-Systems“.[117]

5. *Beeinträchtigung des Prozessmodells durch die Existenz eines Zwei-Klassen-Strafrechts*

Eine weiterhin, vor allem im Hinblick auf die Generalprävention im Allgemeinen und die Wahrnehmung der Justiz in der Öffentlichkeit im Besonderen, stark kritisierte Auswirkung von Umfangsverfahren ist die scheinbare Ungleichbehandlung der Beschuldigten eines Umfangsverfahrens gegenüber denjenigen in einem „Normalverfahren“ sowie die teilweise Ungleichbehandlung der Beschuldigten in unterschiedlichen Umfangsverfahren[118], was insbesondere mit Blick auf Art. 3 Abs. 1 GG bedenklich erscheint. Teilweise wird in diesem Zusammenhang schon die Existenz einer Art „Paralleluniversum“[119] zu den Verfahren nach der StPO skizziert.

Entgegen des in der Öffentlichkeit oftmals einseitig wahrgenommenen Effekts, dass man „die Kleinen hängt und die Großen laufen lässt“[120], lohnt sich

---

115 Hierzu noch sogleich unter Kapitel 1 B. III.

116 *Bussmann*, in: *Dose/Voigt*, Kooperatives Recht, S. 185, 200.

117 Hierzu ausführlicher unter dem Punkt „Zwei-Klassen-Strafrecht“ (Kapitel 1 A IV. 5.).

118 Hierzu auch: *Gyroff*, NK 2005, 142, 143.

119 So: *Park*, "Wirtschaftsstrafverfahren in der Praxis", NK 2005, 147, 150; ähnlich auch: *Bussmann*, in: *Dose/Voigt*, Kooperatives Recht, S. 185, 187, 192.

120 Ähnlich auch: *Sittenthaler*, in: Richterwoche, Global business und Justiz: Vorträge gehalten bei der Richterwoche 2000 vom 22. Mai bis 26. Mai 2000 am Semmering, 2000, S. 109, 110 f.; so auch: *Michaelsen*, "Möglichkeiten der Beschleunigung und Kosteneinsparung", Kriminalistik 1982, 498, 500.

hier ein zweiter Blick auf die vermeintlich bessergestellten Wirtschaftsstraftäter, sodass im Folgenden zu differenzieren sein wird.

a) Privilegierung der Beschuldigten in Umfangsverfahren gegenüber Beschuldigten im "Normalverfahren"

Wie bereits angedeutet, herrscht die allgemeine Wahrnehmung vor, dass, wer Straftaten statt mit Gewalt, mit dem Kopfe begehe, durch die Überlastung der Justiz am meisten begünstigt werde.[121] Verzögerungen gerade in Wirtschaftsstrafsachen, in denen oftmals bekannte Persönlichkeiten bzw. finanziell starke Personen auf der Anklagebank sitzen, werden nicht als Überlastungsproblem der Justiz, sondern als Machtproblem wahrgenommen: Die staatliche Macht wird in den Augen der Öffentlichkeit nur gegenüber den „Kleinen", nicht aber gegenüber den Mächtigen durchgesetzt.[122] Hierbei wird oftmals übersehen, dass das Problem häufig bereits im materiellen Strafrecht angelegt ist. So werden Wirtschaftsdelikte teilweise auch als „beweisresistent" und „privilegiert" bezeichnet.[123] Dieser Schluss wird unter anderem daraus gezogen, dass eine Bestrafung wegen einer nicht vollendeten Tat wegen des schwierigen Nachweises, wann unmittelbar zur Tat angesetzt wurde, regelmäßig ausscheidet, sowie ferner eine häufigere Anwendung eines Verbotsirrtums geboten erscheine als im Kernstrafrecht.[124] Letzteres soll daraus resultieren, dass – anders als im Kernstrafrecht – die Delikte des Wirtschaftsstrafrechts nicht aus der natürlichen Moralvorstellung folgen, sondern „künstliche" Gebilde darstellen, die nur deswegen als verwerflich gelten, weil sie verboten sind.[125] Die wahrgenommenen „milden" Strafen in diesen Verfahren hängen oftmals auch damit zusammen, dass es bei überlanger

---

121 So: *Erhard*, StV 2013, 655, 656 mit Verweis auf: *Kaiser/Meinberg*, """Tuschelverfahren" und "Millionärsschutzparagraph"? Empirische Erkenntnisse zur Einstellung nach § 153a I StPO am Beispiel Wirtschaftskriminalität", NStZ 1984, 343 ff.

122 *Sittenthaler*, in: Richterwoche, Global business und Justiz: Vorträge gehalten bei der Richterwoche 2000 vom 22. Mai bis 26. Mai 2000 am Semmering, 2000, S. 109, 110 f.; so auch *Michaelsen*, Kriminalistik 1982, 498, 500.

123 So: *Dannecker/Bülte*, in: *Wabnitz/Janovsky/Schmitt*, Handbuch des Wirtschafts- und Steuerstrafrechts, 5. Auflage 2020, 1. Kapitel, Rn. 26.

124 So: *Dannecker/Bülte*, in: *Wabnitz/Janovsky/Schmitt*, Handbuch des Wirtschafts- und Steuerstrafrechts, 5. Auflage 2020, 1. Kapitel, Rn. 26

125 Hierzu: *Dannecker/Bülte*, in: *Wabnitz/Janovsky/Schmitt*, Handbuch des Wirtschafts- und Steuerstrafrechts, 5. Auflage 2020, 1. Kapitel, Rn. 26; näher zu den Kriminalitätsbegriffen „delicta mala per se" und „delicta mala quia prohibita" auch: *Meier*, Kriminologie, 6. Auflage 2021, § 1 Rn 16.

Verfahrensdauer zu einer Berücksichtigung der Verfahrensdauer und der damit einhergehenden Belastungen des Beschuldigten im Rahmen der Strafzumessung kommt,[126] wobei jedenfalls bei rechtsstaatswidriger Verfahrensverzögerung die Entwicklung hier von einer Strafmaßreduktion hin zu einer Berücksichtigung im Rahmen der Vollstreckung – ggf. neben einer Berücksichtigung im Rahmen der Strafzumessung – ging.[127]

Ein Indiz für dieses Phänomen der scheinbaren Privilegierung des Beschuldigten in einem Umfangsverfahren ist auch die aus der ungleichen Spezialisierung der Justiz im Vergleich zur Verteidigung bzw. dem Beschuldigten selbst resultierende niedrigere Anzahl von Revisionen der Staatsanwaltschaft gegenüber der der Verteidigung, die wohl darauf zurückzuführen ist, dass der Vertreter der Staatsanwaltschaft neben dem sowieso schon kaum noch zu bewältigenden Arbeitsanfall nur schwerlich noch Zeit findet, sich so tief in die spezifische Materie einzuarbeiten, dass eine Revisionsbegründung erfolgsversprechend sein könnte.[128] Hieraus folgt, dass „akzeptiert wird, was gerade noch vertretbar erscheint."[129] Eben dies stellt sich auch in dem gerade behandelten Komplex der durch die steigende Komplexität der Verfahren bedingten „Vermischung der Justiz mit der Verteidigung“ dar: Darf der Beschuldigte bzw. sein Verteidiger in Umfangsverfahren wie z. B. in Wirtschaftsstrafsachen stärker an der Sachverhaltsaufklärung mitwirken als derjenige in einem „Normalverfahren“, liegt hier eine augenscheinliche Schlechterbehandlung des letzteren vor. Gerade die vermehrte Anwendung von „konsensualen Erledigungsformen“ in Umfangsverfahren, vor allem durch die Regelung des Deals, führt schon aus ihrer Natur heraus zu einer Ungleichbehandlung.[130] Andererseits kann mit den vorhandenen Ressourcen nicht jedes Umfangsverfahren gleichermaßen minutiös ausermittelt und ausgeurteilt werden. *Gyroff*[131] zitiert insoweit treffend einen Interviewpartner im

---

126 *Lindemann*, 2012, 291 Fußnote 430 mit Verweis auf: *Hoffmann*, "Die Untätigkeitsbeschwerde der Staatsanwaltschaft bei Nichtentscheidung über die Eröffnung des Hauptverfahrens - Versuch einer neuen Grenzziehung", NStZ 2006, 256, der dem kritisch gegenübersteht; *BGH*, Beschluss vom 26.10.2017 – 1 StR 359/17.

127 *BGH*, Beschluss vom 17.01.2008 - GSSt 1/07, NJW 2008, 860; *BGH*, Beschluss vom 26.10.2017 – 1 StR 359/17.

128 So *Trück*, "Strafprozessuale Verständigungen auf dem Prüfstand des BVerfG - mehr Fragen als Antworten", ZWH 2013, 169, 177.

129 So *Trück*, ZWH 2013, 169, 177.

130 So auch: *Trück*, ZWH 2013, 169, 178; zu diesem Problem auch: *Satzger*, „Chancen und Risiken einer Reform des strafrechtlichen Ermittlungsverfahrens“, in: Gutachten C zum 65. Deutschen Juristentag, 2004, C 32, C 102 f..

131 *Gyroff*, NK 2005, 142, 143.

Rahmen eines Münsteraner Forschungsprojekts zur Verbreitung und Kontrolle der Wirtschaftskriminalität im Zusammenhang mit der Privatisierung ehemals volkseigener Betriebe durch die Treuhandanstalt[132]:

> *Als Wirtschaftsstaatsanwalt muss man wissen, dass man für jeden intensiv verfolgten Täter einen anderen straflos oder mit einer unverdient milden Bewährungsstrafe davon kommen lässt.*

Auf tatsächlicher Ebene kann sich der Beschuldigte in einem Wirtschaftsstrafverfahren, der eben gerade in den meisten Fällen kultivierter auftritt als der „typische" Beschuldigte in einem Normalverfahren, oftmals auch einer respektvolleren Behandlung durch die Polizeibeamten ausgesetzt sehen, was teils mit dem verletzten Rechtsgut, das oftmals „nur" im Zusammenhang mit dem emotional weniger aufgeladenen Vermögen steht, zu tun hat.[133]

b) Benachteiligung der Beschuldigten in Umfangsverfahren gegenüber Beschuldigten im "Normalverfahren"

Gerade aufgrund der allgemeinen Wahrnehmung, nach der eine Bevorzugung des Beschuldigten in einem Umfangsverfahren betont wird, ist es dringend geboten, die Kehrseite der Medaille näher zu beleuchten. Wie bereits angesprochen, ist der Beschuldigte mit zunehmender Dauer verstärkten Belastungen ausgesetzt.[134] Außerdem kann es durch die vermehrte Anwendung „konsensualer" Lösungen hier (faktisch) zu einer Drucksituation und zu einer Einschränkung der Wahrheitserforschung kommen, da es z. B. für den Beschuldigten von besonderer Bedeutung sein kann, das Verfahren möglichst schnell zu beenden,[135] bevor beispielsweise die Presse davon erfährt, was sowohl den "Goodwill" eines Unternehmens als auch seine eigene gesellschaftliche Stellung enorm beeinträchtigen könnte.[136] Teilweise wird auch auf die mögliche Entstehung eines pro inertia-Effektes hingewiesen, der daraus resultiere, dass aus dem – in diesen Verfahren typischerweise vorliegenden – umfangreichen Ermittlungsmaterial auf besonders sorgfältiges Vorgehen der Ermittlungspersonen geschlossen

132 Hierzu auch: *Boers*, MSchrK 2001, 335, 343 ff.

133 *Park*, NK 2005, 147 f.

134 Hierzu auch: *Lindemann*, 2012, S. 215; so auch: *Kintzi*, DRiZ 1994, 325, 328; anschaulich auch: *Kohlmann*, in: *Gamm/Raisch/Tiedemann*, Strafrecht, Unternehmensrecht, Anwaltsrecht, 1988, S. 203, 212 f.

135 Hierzu auch: *Judge*, 66 Notre Dame L. Rev. 1990-1991, 211, 217.

136 *Park*, NK 2005, 147, 149.

werde.[137] Letzteres kann angesichts der aufgrund der erforderlichen umfangreichen Ermittlungen in erhöhter Zahl erfolgenden Verfahrenseinstellungen, die eine Verurteilung gerade vermeiden, allerdings nicht überzeugen.

Ein nicht von der Hand zu weisendes Problem ist auch in der – mit zunehmender Dauer des Prozesses verstärkt – schwindenden Erinnerung der Prozessbeteiligten zu sehen. Auf der einen Seite kann dies dazu führen, dass bestimmte Vorgänge, die eigentlich der Entlastung des Beschuldigten dienen würden, nicht mehr vollständig aufgeklärt werden können, sodass die Glaubhaftigkeit des Vortrags abgeschwächt werden kann. Auf der anderen Seite können auch „Boni", die grundsätzlich durch eine Kooperation mit den Behörden im Sinne einer umfassenden Aufklärung verdient werden können, unerreichbar sein, da wegen größerer Erinnerungslücken eine umfassende Aufklärung nicht mehr möglich ist. Schließlich ist zu befürchten, dass, wie bereits oben angesprochen, aufgrund der Komplexität des Prozesses die Fehleranfälligkeit aufgrund von Missinterpretationen durch Staatsanwaltschaft und Gericht steigt.

Demgegenüber könnte man aber eine gegenüber dem Beschuldigten im „Normalverfahren" abgeschwächte Waffengleichheit rügen, die sich u. a. aus einer der Verteidigung im Wirtschaftsstrafverfahren gegenüber einem Normalverfahren trotz des erhöhten Arbeitsaufwandes nicht verlängerten Revisionsbegründungsfrist ergibt.[138] Dem kann auch nicht der Beschleunigungsgedanke als Rechtfertigung entgegengehalten werden, da dem Richter gerade Verlängerungsmöglichkeiten eingeräumt werden[139], sodass hier tatsächlich ein Verstoß gegen Art. 3 Abs.1 GG vorzuliegen scheint. Da in vorliegender Arbeit jedoch lediglich das erstinstanzliche Verfahren untersucht werden soll, ist hierauf in diesem Zusammenhang nicht näher einzugehen.

All dies ergibt, dass auch die für Umfangsverfahren typischen „White collar"[140]-Beschuldigten mit Unannehmlichkeiten zu rechnen haben, die teilweise sogar aus den als „Privilegierung" angesehenen Aspekten resultieren.

---

137 *Wesemann*, in: Arbeitsgemeinschaft Strafrecht des Deutschen Anwaltvereins, Strafverteidigung im Rechtsstaat, 2009, S. 891, 898 f.

138 Vgl. § 345 Abs. 1 StPO; dies ebenfalls rügend: *Trück*, ZWH 2013, 169, 177; eine Ausnahme hat die Rspr. vereinzelt lediglich für so umfangsreiche/schwierige Verfahren vorgesehen, die eine notstandsähnliche Situation begründen: *BGH*, Beschluss vom 12.01.1993 – 5 StR 568/92, NJW 1994, 3112 f.

139 Vgl. § 275 Abs. 1 Satz 2 2. Hs. StPO.

140 *Tiedemann*, Wirtschaftsstrafrecht, Einführung und Allgemeiner Teil mit wichtigen Rechtstexten, 5. Auflage 2017, Rn. 78 unter Verweis auf *Sutherland*, der diesen Begriff prägte.

Die Existenz eines Zwei-Klassen-Strafrechts kann demnach nicht geleugnet werden; sie liegt aber in einer facettenreicheren Form vor, als es nach außen hin zunächst der Fall zu sein scheint. Die Glaubwürdigkeit des Strafrechtssystems[141] setzt allerdings voraus, dass Strafe nicht lediglich zu einem „symbolischen Akt" verkommt[142] – sie muss vielmehr in der überwiegenden Zahl der Fälle ernst genommen werden können, um noch ihren Zweck erfüllen zu können, sodass hier dringender Handlungsbedarf gesehen wird.[143]

6. Beeinträchtigung des Justizgewährleistungsanspruchs

Neben den vorerwähnten Aspekten wird durch eine nicht effektive Strafjustiz auch der Justizgewährleistungsanspruch eines potenziellen Opfers aus Art.19 Abs. 4 GG beeinträchtigt. Als Ausgleich für das Gewaltmonopol des Staats steht dem Bürger ein individuelles Recht auf Zugang zu den Gerichten und Strafrechtsschutz zu.[144] Sofern die Effektivität des Strafrechtsschutzes wegen der mit Umfangsverfahren einhergehenden Auswirkungen nicht aufrechterhalten werden kann, geht damit auch eine Beeinträchtigung des Justizgewährleistungsanspruchs des Opfers einher.

7. Fazit

Zu konstatieren bleibt, dass Umfangsverfahren sowohl rein faktische Unterschiede zu „Normal"-Verfahren wie z. B. eine längere Dauer, höhere Verfahrenskosten, andere Beschuldigtentypen und – als Konsequenz daraus – andere Erledigungsformen aufweisen als auch in rechtlicher Sicht vom Normalverfahren abweichen. So werden in bedenklicher Weise tragende Grundsätze des Rechtsstaats tangiert: Insbesondere Strafzwecke und das Prozessmodell erscheinen, nicht zuletzt durch die Existenz des strafprozessualen Deals[145], stark gefährdet, sodass hier dringender Handlungsbedarf bescheinigt werden kann. Denn hierdurch wird nicht zuletzt das Funktionieren des Sanktionensystems insgesamt bedroht. Gerade Wirtschaftsstrafprozesse sind oft sehr medienwirksam und werden von der Bevölkerung mit verstärktem Interesse beobachtet. Insgesamt

---

141 Ähnlich: *Lindemann*, 2012, S. 25 mit dem Hinweis darauf, dass nur eine gerechte Strafe der Generalprävention dienlich sein könne.

142 *Schünemann* in: *Gamm/Tiedemann*, Strafrecht, Unternehmensrecht, Anwaltsrecht, 1988, S. 461, 468.

143 Vgl. hierzu auch bereits: Kapitel 1 A III.

144 *Schmidt-Aßmann* in: Maunz/Dürig, GG, 94. EL 2021, Art. 19 Abs. 4 Rn. 16.

145 Hierzu ausführlicher noch in Kapitel 2 I; Kapitel 3 M I., II.

„ungerechte" Ergebnisse des Strafverfahrens beeinträchtigen auf Dauer das Vertrauen der Bevölkerung in den Rechtsstaat. Neben dieser schwerwiegenden langfristigen Folge ist auch zu konstatieren, dass Verfassungsrechte der jeweiligen Beschuldigten durch die durch Umfangsverfahren eintretenden Beeinträchtigungen des Strafprozesses verletzt werden können. Aufgrund der Anzahl und des Ausmaßes von Umfangsverfahren käme dies auf Dauer einer vom Rechtsstaat geduldeten partiellen Erosion des Grundgesetzes gleich, was es unbedingt zu verhindern gilt. Nichtsdestotrotz ist darauf hinzuweisen, dass grundsätzlich jedes Strafverfahren geeignet ist, jedenfalls einige der beschriebenen Auswirkungen hervorzurufen, unabhängig davon, ob es sich um Wirtschaftsstrafprozesse oder andere Strafverfahren handelt. Außerdem ist der besondere Umfang eines Strafverfahrens nicht als Ausschließlichkeitskriterium anzusehen, ohne welchen die beschriebenen unerwünschten Folgen gänzlich zu vermeiden sind. Bei den hier näher betrachteten Verfahren stellen sich die Auswirkungen jedoch besonders gravierend dar und die Wahrscheinlichkeit des Eintritts der unerwünschten Folgen ist gegenüber „Normalverfahren" erhöht. Bevor aber darauf eingegangen werden soll, wie man diesen Problemen begegnen könnte, sind die Ursachen, die zur Entstehung von Umfangsverfahren – soweit diese nicht bereits inzident im Rahmen der bisherigen Ausführungen angetastet wurden – beitragen, zu erörtern. Das ist die Basis dafür, zunächst eine Definition dieser besonderen Verfahrenscharakteristik und sodann Lösungsansätze zu entwickeln, die potenziell geeignet sind, das Problem grundlegend anzupacken.

B. Gründe für die Entstehung von Umfangsverfahren

Trotz mehrerer empirischer Studien[146] kann bis heute kein hinreichend sicheres Bild gezeichnet werden, das die Gründe für die Entstehung von Umfangsverfahren eindeutig belegen kann.[147] Lediglich die Existenz eines „Ursachenbündels" kann als nahezu sicher angesehen werden. Teils wird insoweit vertreten, dass die Effizienz des Strafverfahrens steige, je größer die Diskrepanz zwischen dem Prozessmodell und der „courtroom reality" sei, da der Zusammenbruch des Verfahrens vorprogrammiert sei, wenn einer der Prozessbeteiligten seine vollen

---

146 Vgl. nur *ter Veen*, 1998, S. 15; *Albrecht*, 2005, S. 199; *Nehm/Senge*, "Ursachen langer Hauptverhandlungen - dargestellt am Beispiel von 3 Strafverfahren", NStZ 1998, 377, 389.

147 Ähnlich auch: *Kohlmann*, in: *Gamm/Raisch/Tiedemann*, Strafrecht, Unternehmensrecht, Anwaltsrecht, 1988, S. 203, 212 f.

prozeduralen Rechte ausschöpfe.[148] Als sehr pessimistisch, jedoch von nicht von der Hand zu weisender Realitätsnähe, ist die Ansicht einzustufen, nach der die Bewältigung von Strafverfahren lediglich deshalb noch möglich sei, weil die öffentliche Hauptverhandlung für den Richter lediglich dazu diene, sich seine aufgrund der Aktenlage vorgefasste Meinung bestätigen zu lassen, und weil die Prozessbeteiligten ihre prozessualen Rechte nicht voll ausschöpfen würden.[149] Es wird sogar der Vorwurf erhoben, dass es unwahrscheinlich sei, dass eine Gruppe von Juristen, welche in einem Gerichtssaal eingesperrt werde mit dem Auftrag, einen effizienten Strafprozess zu entwickeln, zu einem Ergebnis käme, das dem deutschen Strafprozess in seiner jetzigen Ausprägung auch nur ähnele.[150]

Welche Aspekte in diesem Kontext zu berücksichtigen sind und vor allem, ob die Entstehung von Umfangsverfahren im Sinne von ineffizienten „Chaos"-Verfahren sozusagen im gesetzlichen Rahmen des deutschen Strafprozesses angelegt ist,[151] soll im Folgenden untersucht werden. Hierbei wird ein besonderes Augenmerk auf organisatorische und verfahrensrechtliche wie auch auf solche Gründe gelenkt, die mit der wachsenden Komplexität der Verfahrensgegenstände im weiteren Sinne im Zusammenhang stehen.

I. Organisatorische Gründe

1. Personalausstattung

Ein offensichtlicher Grund für die Entstehung von Umfangsverfahren durch Überlastung scheint demnach eine mangelnde Personalausstattung zu sein: Denn die Schlussfolgerung, dass bei erhöhter Personalzahl die Pro-Kopf-Rate an zu bearbeitenden Fällen und damit auch die Arbeitsbelastung geringer sein muss, erscheint logisch zwingend. Die hieraus gefolgerte Annahme, dass bei geringerer Personalausstattung automatisch eine Überforderung der Justiz und das Kollabieren des Systems eintreten müsse, wird rege diskutiert.[152] Zudem schließt sich

---

148 *Dubber*, "American Plea Bargains, German Lay Judges, and the Crisis of Criminal Procedure", 49 Stan. L. Rev. 547, 555 ff.

149 *Dubber*, 49 Stan. L. Rev. 547, 555 ff.

150 *Dubber*, 49 Stan. L. Rev. 547, 556 f.

151 *Dubber*, 49 Stan. L. Rev. 547, 555 f.

152 So: *Viering*, 2009, S. 51 ff.; ebenso: *Dahs*, NJW 1974, 1538, 1542; ebenso: *Gössel*, "Quo vadis, Strafverfahren?, Zweckmäßigkeit versus Gerechtigkeit: Vom rechtsstaatlichen Strafprozess zum geheimen Willkürverfahren in der babylonischen Gefangenschaft der Justiz", in: *Weßlau/Wohlers*, Festschrift für Gerhard Fezer zum 70. Geburtstag am 29. Oktober 2008, 2008, S. 495, 500, der aber die daraus resultierende

eine weitere Hypothese an: Mit zunehmender Überforderung dürfte die Qualität der Bearbeitung sinken. Entsprechende Untersuchungen in den USA sind indes zu dem Ergebnis gekommen, dass dies gerade nicht der Fall sei; vielmehr seien Verzögerungen, die eben ein Indiz für Umfangsverfahren sind, lediglich auf Schwächen im System selbst zurückzuführen.[153] Unbestreitbar ist allerdings, dass eine Mindestmenge an Justizpersonal fortbestehen muss, um das System zu erhalten. Insofern dürfte eine gewisse Konnexität zwischen Personalausstattung und Überlastung der Justiz nicht von der Hand zu weisen sein. Da es aber Ziel der vorliegenden Arbeit ist, mit gegebenen äußeren Mitteln eine Lösung zu finden, soll im Folgenden versucht werden, etwaige Schwächen des Systems zu eruieren und „stützende Maßnahmen" zu finden.

2. *Ladungspraxis der Gerichte*

Als eine weitere Ursache für die Entstehung von Umfangsverfahren durch unnötige Verzögerung des Verfahrens wird teilweise die Ladungspraxis der Gerichte angeprangert.[154] Durch eine Nichtabstimmung von Terminen mit den Verfahrensbeteiligten kommt es hier oftmals zu Verzögerungen, die daraus resultieren, dass die vom Vorsitzenden des Gerichts gesetzten,[155] vorher indessen nicht abgesprochenen Termine, nicht eingehalten werden können. In seltenen Fällen kann dies auch einem Machtmissbrauch des Gerichts geschuldet sein, indem Verzögerungen zur Machtdemonstration durch fehlerhafte Anwendung der „Regeln über Terminierung, Pflichtverteidigerstellung, Akteneinsichtsgewährung oder Unterbrechung der Hauptverhandlung" herbeigeführt werden.[156] In den meisten Fällen wird eine Nichtabsprache der Termine zwischen Gericht und den übrigen Beteiligten aber keine Bösartigkeit, sondern lediglich ein Produkt

---

Absprachenpraxis kritisiert; dagegen: *Bussmann*, in: *Dose/Voigt*, Kooperatives Recht, S. 185, 188; ebenfalls dagegen: *Department of Justice Canada*, Trial within a reasonable time, A working paper prepared for the Law Commission of Canada 1994, 11 f.

153 Vgl. hierzu: *Department of Justice Canada*, Trial within a reasonable time, S. 11 f.

154 Für eine bessere terminliche Abstimmung zwischen den Beteiligten plädierend: *Dahs*, NJW 1974, 1538, 1542.

155 Zwar wurde durch die Einfügung des Absatzes 2 bei § 213 StPO durch das Gesetz v. 17.08.2017, BGBl. I S. 3202 eine „Soll"-Bestimmung dahingehend eingeführt, dass in Umfangsverfahren die Termine mit den Berufs-Verfahrensbeteiligten abzustimmen sind; dies gilt zum einen jedoch nicht für Verfahren vor dem Amtsgericht und wird zum anderen aufgrund des nicht obligatorischen Inhalts nicht durchgängig umgesetzt; vgl. hierzu noch Kapitel 2 E.

156 *Fischer*, "Rechtsmißbrauch und Überforderung der Strafjustiz", NStZ 1997, 212, 215.

der erwähnten Überlastung sein; es scheint ein Teufelskreis zu sein: Hierdurch entsteht eine Ineffizienz der Justiz, die wiederum die Überlastung fördert.

3. *Orientierung der staatsanwaltlichen und richterlichen Tätigkeit vorrangig an Quantität*

Als weiteren Grund könnte man die vermehrte Ausrichtung der Justiz- und Gerichtsbeteiligten an der Quantität ihrer Arbeit nennen,[157] da sie faktisch hauptsächlich anhand dieser, weniger an der Qualität derselbigen, gemessen werden. Vertiefte Ausführungen zu dieser eher das öffentliche Dienstrecht bzw. Personalmanagement berührenden Besonderheit würden in der vorliegenden verfahrensrechtlich ausgerichteten Arbeit jedoch den Rahmen sprengen, sodass hierauf nicht eingegangen werden soll. Freilich liegt ein Faktor vor, der nicht als völlig nebensächlich qualifiziert werden kann. Da indessen die Qualität gerichtlicher Entscheidungen auch innerhalb des Strafprozesses überwacht wird, kann der Aspekt ausgeblendet bleiben.

4. *Belastung der Hauptverhandlung mit organisatorischen Fragestellungen*

Zudem kann als Grund für eine außergewöhnliche Länge der Hauptverhandlung und damit für die – aus ex post-Sicht beurteilte – Entstehung eines Umfangsverfahrens die Belastung der Hauptverhandlung mit Fragestellungen organisatorischer Art sowie die Bescheidung von „sonstigen" Verfahrensanträgen, welche außerhalb der Hauptverhandlung zu beantworten gewesen wären, angeführt werden.

Dies betrifft zum einen organisatorische Aspekte wie z.B. die Abstimmung weiterer Hauptverhandlungstermine, zum anderen die Entscheidung über außerhalb der Hauptverhandlung gestellte Verfahrensanträge. Beispielsweise kann hier auf Aussetzungsanträge verwiesen werden. [158]

157 *Busch-Gervasoni*, „Nach dem Urteil des Bundesverfassungsgerichts zur Verständigung im Strafprozess: Auswirkungen und praktischer Reformbedarf für das Strafverfahren aus staatsanwaltlicher Sicht", in: *Lüderssen/Volk/Wahle*, Festschrift für Wolf Schiller zum 65. Geburtstag am 12. Januar 2014, 2014, S. 109, 117.

158 *Nehm/Senge*, NStZ 1998, 377, 389.

5. *Unterschiedlich starke Spezialisierung von Verteidigung und Justiz*

Die bereits angesprochene fehlende Spezialisierung führt dazu, dass Gericht und Staatsanwaltschaft oftmals den Beschuldigten, über die sie eigentlich urteilen sollen, fachlich unterlegen und dadurch überfordert sind.[159] Eine Verschärfung der Problematik tritt gerade in Wirtschaftsstrafsachen dadurch ein, dass neben der Kenntnis des speziellen Wirtschaftsstrafrechts auch noch ausreichende Kenntnisse im betreffenden Wirtschaftsbereich notwendig werden.[160] In Verbindung mit einem spezialisierten Verteidiger oder einem hinzugezogenen Spezialisten können hier womöglich Graubereiche im Rechtssystem ausgelotet werden, denen sich das Gericht und die Staatsanwaltschaft gar nicht bewusst sind.[161] Gerade Unsicherheit führt hier wiederum zu Verzögerungen.

Insbesondere in Verfahren, in denen Schöffen hinzugezogen werden müssen, stellt sich die Frage, ob die ratio legis der Laienbeteiligung, nämlich aus moderner Sicht „Erweiterung des Beratungshorizonts" und „Plausibilitätskontrolle fachjuristischen Denkens"[162] tatsächlich noch bedient wird, oder ob man vielmehr das Gegenteil - unerwünschte Verfahrensverzögerungen - erreicht. Denn selbst für spezialisierte Fachleute stellt insbesondere das Wirtschaftsstrafrecht immer noch eine Herausforderung dar, sodass es für einen Laien, der oftmals selbst in den, für das Verständnis der Grundzüge des Verfahrens unerlässlichen, Bereichen z. B. der Buchführung und Bilanzierung keine Kenntnisse hat, eine nicht zu bewältigende Aufgabe ist, in diesen Bereichen einen Gesamtüberblick zu behalten.[163] Auch in ökonomischer Hinsicht erscheint es fraglich, ob denn tatsächlich „5 Richter erforderlich sind, um die Wahrheit zu finden, um das nachzuvollziehen, was in der Regel ein Staatsanwalt zusammen mit einem Wirtschaftsreferenten ermittelt hat".[164] Die Überlastung resultiert hier daraus, dass der Vorsitzende Richter eben nicht Entscheidungen selbst treffen kann, sondern jeweils eine Unterbrechung für die Fällung einer Kammerentscheidung

---

159 *Viering*, 2009, S. 51 ff.; zum selben Ergebnis kamen auch *Bussmann/Lüdemann*, 1995, S. 59.

160 Hierzu auch *Tsambikakis/Rübenstahl*, in: *Böttger*, Wirtschaftsstrafrecht in der Praxis, Kapitel 15 Rn. 1.

161 Hierzu ausführlich: *Park*, NK 2005, 147, 149.

162 *Degener* in: SK-STPO, 5. Auflage 2016, § 28 GVG, Rn. 6.

163 Hierzu ausführlich: *Michaelsen*, Kriminalistik 1982, 498, 499; vgl. hierzu anhand einer Rechtstatsachenforschung: *Albrecht*, 2005, S. 45.

164 So *Michaelsen*, Kriminalistik 1982, 498, 499.

erforderlich ist, was, angesichts des bereits angesprochenen, oftmals vorliegenden Unverständnisses der Laienrichter, als „Farce" erscheint.

II. Verfahrensrechtliche Gründe

1. Fehlerhafte Weichenstellung durch die Ermittlungsbehörden im Ermittlungsverfahren und späte Berücksichtigung von Verfahrensfehlern,-hindernissen und falschen Grundannahmen

Ein maßgeblicher Grund für die Entstehung bzw. die negativen Auswirkungen eines Umfangsverfahrens dürfte bereits in dem frühen Verfahrensstadium des Ermittlungsverfahrens zu suchen sein. Dort werden frühzeitig die Weichen dadurch gestellt, dass ein bestimmter Straftatbestand in einem bestimmten Umfang als gegeben angesehen wird. Insbesondere nach aufwändigen Ermittlungsmaßnahmen besteht nur wenig Bereitschaft von Strafverfolgungsbehörden, eine möglicherweise nicht haltbare Grundannahme zu verwerfen und Vorwürfe zu beschränken oder das Verfahren sogar in Gänze einzustellen. Zudem wird oftmals im Rahmen von Durchsuchungen in viel zu großem Umfang für das Strafverfahren nicht relevantes Material sichergestellt bzw. beschlagnahmt, dessen Auswertung anschließend bisweilen mehrere Jahre in Anspruch nimmt.[165] Mitunter werden zu wenig entlastende Ermittlungen angestellt, wodurch im späteren Verlauf des Strafverfahrens – vor allem in der Hauptverhandlung – eine Vielzahl von Beweisanträgen gestellt wird. Dies führt letztlich zu einer (vermeidbaren) Verzögerung des Verfahrens, da etwaige Ermittlungen effektiver außerhalb des Hauptverfahrens hätten geführt werden können, wodurch mehrmalige Unterbrechungen zur Entscheidung über den jeweiligen Beweisantrag in der Hauptverhandlung zu vermeiden gewesen wären. Diesem Punkt kommt besondere Bedeutung zu, wenn eine Vielzahl von Beweisanträgen gestellt wird, wie es im NSU-Prozess mit etwa 264 Beweisanträgen der Fall war.[166] Teils gehen Beweismittel mit zunehmender Dauer auch gänzlich verloren. Auch dies war im NSU-Prozess der Fall: Die im Rahmen der Brandstiftungsdelikte dort zu klärende Frage, ob vor der Brandlegung bei einer Zeugin geklingelt wurde, ließ sich nicht mehr klären, weil hierzu keine Ermittlungen geführt worden waren und diesem Aspekt erst im Rahmen der Hauptverhandlung nachgegangen wurde. Allerdings war die Zeugin zu diesem Zeitpunkt bereits an Demenz erkrankt und

---

165 Hierzu auch: *Müller-Jacobsen* in: Beck'sches Formularbuch für den Strafverteidiger, 6. Auflage 2018, XIII C.1.

166 Siehe hierzu bereits in der Einleitung mit entsprechender Anmerkung.

dementsprechend nicht mehr aussagefähig.[167] Dies untermauert bildlich, wie wichtig es sein kann, die relevante Sach- und Rechtslage frühzeitig zu bestimmen.

Verfahrensfehler werden oftmals zu kaschieren versucht und zuweilen werden die Ermittlungen nicht mehr mit der insbesondere in Wirtschaftsstrafsachen notwendigen Präzision geführt. Dies führt dazu, dass ein entsprechendes „Hinterfragen“ der Vorwürfe meist erst im Zwischen- oder gar erst im Hauptverfahren unter Beteiligung eines Strafverteidigers erfolgt. In psychologischer Hinsicht geht dies meist mit einer Verhärtung der Fronten einher, da die Staatsanwaltschaft oftmals versucht, die Ermittlungen zu „retten“, während die Verteidigung sozusagen fröhlich den Finger in ermittlungstechnische „Wunden“ legt. Die notwendige Objektivität ist häufig zu vermissen. Durch die damit einhergehende bestehende Einseitigkeit unter dem Blickwinkel der Aktenlage im Zwischenverfahren kann auch eine gewisse Beeinflussung des Gerichts nicht vermieden werden, sodass entsprechenden Anträgen der Strafverteidigung in vielen Fällen erst im Hauptverfahren Gehör geschenkt wird. Zu diesem Zeitpunkt sind allerdings die unerwünschten negativen Auswirkungen bereits eingetreten oder deren Eintritt nicht mehr zu verhindern.

2. *Doppelbearbeitung durch Staatsanwaltschaft, Polizei und Gerichte/ Existenz des Zwischenverfahrens*

Eine Quelle der Überlastung, Verzögerung und damit eine Mitursache für Umfangsverfahren könnte auch in der sich bei vielen Akten wiederholenden „Doppelprüfung“ durch Gericht, Staatsanwaltschaft und Polizei zu suchen sein.[168] So muss nach der Ausgestaltung des Zwischenverfahrens das Gericht jedenfalls insoweit die Tätigkeit der Staatsanwaltschaft im Ermittlungsverfahren überprüfen, ob ausweislich der Aktenlage der von der Staatsanwaltschaft angeklagte Tatvorwurf eine überwiegende Verurteilungswahrscheinlichkeit begründet. Andererseits muss jedoch die Tatsache berücksichtigt werden, dass – zumindest bei einer sorgfältigen richterlichen Prüfung – möglicherweise eine Beschleunigung durch die doppelte Begutachtung erreicht werden kann, da hierdurch im Hinblick auf §§153-154 c StPO eine weitere Eingrenzung des Schwerpunktes erreicht werden könnte[169] und die Kontrolle der Staatsanwaltschaft möglicherweise zu sorgfältige(re)n Ermittlungen anhält, was wiederum

---

167 Hierzu auch: *Wierig*, 2018, S. 61 f.

168 *Michaelsen*, Kriminalistik 1982, 498.

169 *Huber*, "Möglichkeiten der Beschleunigung von Wirtschaftsstrafverfahren", NStZ 1996, 530, 532.

verfahrensförderlich sein dürfte.[170] Zudem wird hierdurch ein – im späteren Verlauf dieser Arbeit noch darzustellendes – System der „Checks and Balances“ verwirklicht, welches bewirken soll, dass teils gravierend in das Leben des Beschuldigten eingreifende Entscheidungen erst nach einer Vier-Augen-Kontrolle erfolgen. Hierdurch wird nicht zuletzt darauf hingewirkt, dass das Prinzip der materiellen Wahrheit so weit als möglich verwirklicht und damit auch den Strafzwecken gedient wird. Demnach kann der Aspekt einer „Doppelprüfung“, insbesondere der ordnungsgemäßen Durchführung des Zwischenverfahrens, zwar prinzipiell zur anfänglichen Verzögerung des Verfahrens, im Endeffekt aber nicht zu einer Ineffizienz beitragen; denn soweit Strafzwecke und das Ziel des Strafverfahrens hierdurch verwirklicht werden können, lässt sich dieser Aufwand nicht sinnvoll vermeiden. Zudem kann die spätere Hauptverhandlung hierdurch gefördert werden, wenn beispielsweise von Seiten des Richters auf eine von der Staatsanwaltschaft noch nicht vorgenommene Konzentration der Vorwürfe durch eine partielle Anwendung der §§ 153 ff. StPO hingewirkt wird. Auf diese Erwägungen wird im Rahmen einer möglichen Reform des Zwischenverfahrens noch näher einzugehen sein.[171]

3. *Zu hohe Begründungsanforderungen an das Urteil*

Als letzte mögliche Ursache für die Entstehung von Umfangsverfahren sollen noch die hohen Begründungsanforderungen, die an ein Urteil gestellt werden, genannt werden, die teilweise von der Rechtsprechung im Hinblick auf die Revisibilität selbst aufgestellt wurden.[172] Da insbesondere das Rechtsmittelverfahren nicht im Rahmen dieser Arbeit thematisiert werden soll, soll in der vorliegenden Arbeit diese These jedoch nicht näher untersucht und hierauf auch im weiteren Verlauf nicht weiter eingegangen werden.

4. *(Zu) Weitgehende Rechte der Prozessbeteiligten*

Es wird vertreten, dass die Ineffizienz des deutschen Strafprozesses auch darauf beruhe, dass die Prozessbeteiligten zu weitgehende Rechte hätten:[173] Obwohl die StPO Regelungen enthalte, die das Gericht bzw. den Vorsitzenden Richter zum

---

170 Ähnlich auch: *Stuckenberg* in: LR-StPO, 27. Auflage 2018, Vor § 198, Rn. 10 ff.

171 Vgl. hierzu: Kapitel 3 F.

172 *Meyer*, "Zurück zur gesetzlichen Beweistheorie?, Beobachtungen zu den Legitimationsanforderungen an ein künftiges Abspracheverfahren", ZStW 119 (2007), 633, 644 f.

173 *Dubber*, 49 Stan. L. Rev. 547, 555 f.

dominanten Part des Prozesses bestimmen und damit Möglichkeiten biete, den Prozess zu beschleunigen, statte sie die anderen Beteiligten mit einem Spektrum an prozessualen Privilegien aus, deren beträchtliches Potenzial im Hinblick auf Ineffektivität leicht jeden Vorteil, den die Ausgestaltung der Dominanz der Richterrolle mit sich bringt, relativiere.[174] So falle es aufgrund des Untersuchungs"monopols" des Gerichts und dem als Gegengewicht hierzu bestehenden Beweisantragsrecht des Beschuldigten schwer, letzteres zu beschränken, sodass Beweisanträge jederzeit vor oder während des Gerichtsverfahrens eingereicht werden dürfen.[175] Unterstellt man diese These als wahr, so kann sie in ihrer Allgemeinheit durchaus zur Untermauerung für die Probleme, die mit Umfangsverfahren einhergehen, herangezogen werden. Die Inanspruchnahme von Rechten – insbesondere des Beweisantragsrechts – führt in allen Strafverfahren gerade unweigerlich zu Unterbrechungen, da das Gericht sich hierfür zurückziehen muss, um über den Antrag zu beraten und zu entscheiden, und damit zu Verzögerungen. Es ist naheliegend, dass Probleme, die bereits bei kleineren Strafverfahren auftreten können, sich summieren, je komplexer und umfangreicher das Verfahren wird.

Fraglich ist aber, ob man dem deutschen Strafprozess tatsächlich den Vorwurf machen kann, dass er aufgrund der Gewährung einer Vielzahl von Rechten, insbesondere Beschuldigtenrechten, generell ineffizient ist. Dies setzt nämlich voraus, dass Strafverfahren in Deutschland im Hinblick auf die mit dem Strafverfahren verfolgten Zwecke zu lange dauern. Ohne dass hierauf vertieft eingegangen werden soll, da dies den Umfang der hiesigen Arbeit sprengen würde, soll bereits an dieser Stelle angemerkt werden, dass es jedenfalls naheliegt, dass die Gewährung von Rechten im Hinblick auf die mit dem Strafverfahren verfolgten Zwecke grundsätzlich nicht geeignet sein kann, ein Verfahren ineffizient zu gestalten. Denn gerade durch die Gewährung der Rechte wird in vielen Fällen dafür gesorgt, dass das Ziel des Strafverfahrens – die Ermittlung der materiellen Wahrheit und die Feststellung der Schuld oder Unschuld – und damit einhergehend die Strafzwecke überhaupt erreicht werden können. Würde man z. B. generell keine Beweisanträge des Beschuldigten zulassen, so hätte dies – unabhängig vom verfahrensrechtlichen Eigenwert der Partizipation – ggf. zur Konsequenz, dass das Verfahren zwar schneller formal abgeschlossen wäre, mitunter aber die Wahrheit nicht ermittelt wurde, sodass das Ziel des Strafverfahrens und letztlich im Falle einer verhängten Strafe der damit verfolgte Strafzweck verfehlt

---

174 *Dubber*, 49 Stan. L. Rev. 547, 556 f.
175 *Dubber*, 49 Stan. L. Rev. 547, 555 f.

worden wäre. Dann wäre aber das Strafverfahren per se, da damit immer die Beschäftigung mehrerer Personen (Polizei, Staatsanwaltschaft, Gericht sowie Hilfspersonen) einhergeht, als ineffizient anzusehen, da diese Ressourcen eingesetzt wurden, allerdings ohne dass am Ende des Verfahrens das angestrebte Ziel erreicht wurde. Deswegen werden einige Reformvorschläge, bei denen gerade eine Beschneidung der Rechte der Prozessbeteiligten angedacht ist, aufgegriffen, allerdings soll hierbei nicht das mit dem Strafverfahren auch in Umfangsverfahren verfolgte Ziel der Ermittlung der materiellen Wahrheit[176] aus den Augen verloren werden.

5. *Konfliktverteidigung*

In diesen Kontext passt auch die viel bescholtene Konfliktverteidigung,[177] die von einigen[178] auch gleichgesetzt wird mit „Rechtsmissbrauch".[179] Ein solcher

> *liegt stets dann vor, wenn Verfahrensrechte mit einem unmittelbaren oder mittelbaren Ziel in Anspruch genommen werden, das zum sachlichen Inhalt des Verfahrens keine Beziehung hat oder das der Ermittlung des wahren Sachverhalts oder seiner unvoreingenommenen Beurteilung nicht dienen kann und das deshalb der Förderung dessen, was der jeweils Verfahrensbeteiligte von Rechts wegen mit diesem Recht durchsetzen darf, nicht förderlich sein kann.*[180]

Dieses Phänomen, das sich vermehrt in Wirtschaftsstrafsachen zeigt,[181] steht in Konnexität mit einer etwaigen Unsicherheit des Richters, die oftmals zur Folge hat, dass er keine rechtlichen Hinweise gibt, um eine Konfrontation mit weiteren aufwändigen Anträgen der Verteidigung zu vermeiden.[182] Als

---

176 Hierzu noch unter Kapitel 4 E. II. 3. a).

177 Dies bejahend: *Viering*, 2009, S. 51 ff.; ausführlich hierzu: *Albrecht*, 2005, S. 202 f.; dieses Problem zwar sehend, aber etwas relativierend: *Kintzi*, DRiZ 1994, 325, allerdings vor einer „Sogwirkung" warnend; ablehnend gegenüber der Annahme dieses Phänomens: *Meyer-Goßner/Ströber*, "Reform des Rechtsmittelsystems in Strafsachen", ZRP 1996, 354.

178 *Senge*, "Missbräuchliche Inanspruchnahme verfahrensrechtlicher Gestaltungsmöglichkeiten - wesentliches Merkmal der Konfliktverteidigung? Abwehr der Konfliktverteidigung", NStZ 2002, 225, 227; *Nehm/Senge*, NStZ 1998, 377, 383.

179 Eine differenzierende Betrachtung anstellend: *Petermann*, 2014, S. 62 ff.

180 *Fischer*, NStZ 1997, 212, 215.

181 *Barton*, "Strafverteidigungs-Aktivitäten im Justizalltag", StV 1984, 394, 400.

182 *Satzger*, in: Gutachten C zum 65. Deutschen Juristentag, 2004, C 32, C 98 mit Verweis auf das Eckpunktepapier der Regierungskoalition zur Reform des Strafverfahrens; in diese Richtung auch: *Petermann*, 2014, S. 138 f.

Folge kann eine Überlegenheit der Verteidigung eintreten, die in der Regel dazu führt – das „Gewinnen" vor Augen – alle rechtlichen Möglichkeiten auszuschöpfen. Dazu gehören beispielsweise das rege Inanspruchnehmen von Unterbrechungen, das Stellen einer hohen Anzahl von Beweisanträgen[183] und von offensichtlich nicht begründeten Befangenheitsanträgen,[184] was zu einer Verlängerung des Prozesses beiträgt. Letztlich birgt eine so erreichte Verlängerung des Prozesses die Gefahr des „Platzens" des Prozesses[185] gem. § 229 Abs. 4 StPO. Angesichts der Verteidiger-Macht wird das gefühlte Macht-Ungleichgewicht[186] der Justiz in Wirtschaftsstrafsachen noch verstärkt. Andererseits ist aber auch zu berücksichtigen, dass durch die Einrichtung spezieller Wirtschaftsstrafkammern jedenfalls die Sachkompetenz auf der Seite der Justiz vorhanden sein muss. Zudem darf nicht übersehen werden, dass dieses Macht-Ungleichgewicht im Strafprozess von jeher vice versa besteht, da die Strafverfolgungsorgane zuweilen einen Informationsvorsprung durch die Anwendung strafprozessualer Maßnahmen besitzen und letztlich sie den Akteninhalt maßgeblich beeinflussen. Oftmals wird das Stellen von Anträgen jedoch weniger aus „Konfliktverteidigungserwägungen" heraus, als vielmehr dazu verwendet, die bisherige Einschätzung der Sachlage durch den Richter zu eruieren.[187] Als eine Möglichkeit, dieses Dilemma zu lösen, wird daher oftmals der Deal angesehen,[188] auf den später ausführlicher eingegangen werden soll.[189]

---

183 So in dem Fall des *BGH*, Beschluss vom 14.06.2005 – 5 StR 129/05, NJW 2005, 2466, 2467, in dem sukzessive 320 Beweisanträge der Verteidigung nach Abschluss des Beweisprogramms der Kammer gestellt wurden.

184 *Nehm/Senge*, NStZ 1998, 377, 383.

185 Zu dieser Problematik bereits in Kapitel 1 A. II. 2.

186 Hierzu auch *Bussmann/Lüdemann*, 1995, S. 59.

187 So auch *Dencker*, "Beschleunigung des Strafprozesses - Vereinfachte Feststellung von Sachverhalten, die von den Verfahrensbeteiligten als »unstreitig« bezeichnet werden", StV 1994, 503.

188 Hierzu: *Kintzi*, DRiZ 1994, 325.

189 *Bussmann*, Ausbau und Legitimierung des Strafjustizsystems durch prozedurale Anpassung - Absprachen im Strafrecht, in: Privatisierung staatlicher Kontrolle: Befunde, Konzepte, Tendenzen, S. 303, 307, 311 f.

6. *Wachsende Differenzierung und Komplizierung des Strafprozessrechts*

Als ein weiterer Grund für die Überlastung der Justiz und damit auch für die Entstehung von Umfangsverfahren wird auch die (angebliche) Komplizierung des Strafprozessrechts angeführt.[190] Da hier allerdings – insbesondere vom Gesetzgeber – vielmehr flexible Instrumente eingeführt wurden[191] (z. B. das Selbstleseverfahren gem. § 249 Abs. 2 StPO), die es lediglich erfordern, dass die Beteiligten diese teils neuen Vorschriften kennen und anwenden können, ist dieser Vorwurf aber entkräftet; im Gegenteil: diese später noch darzustellenden Mechanismen beinhalten konstruktive Instrumentarien.

7. *Verjährungsunterbrechung und Ruhen der Verjährung*

Vereinzelt wird das Ruhen des Verjährung gemäß § 78b Abs. 3 StGB als (Mit-) Ursache für die wachsende Dauer der Verfahren benannt:[192] Hierdurch würden die Justizbeteiligten dazu verführt, kurz vor dem Eintreten der absoluten Verjährung „noch schnell" ein Urteil zu erwirken, um so ans „rettende Ufer" des Ruhens der Verjährung im Sinne des § 78b Abs. 3 StGB zu gelangen.[193] Gleiches gilt für die Verjährungsunterbrechung gem. § 78c Abs. 3 StGB, für deren Aktivierung – unabhängig von der Sinnhaftigkeit einer entsprechenden Maßnahme zum betreffenden Zeitpunkt – verjährungsunterbrechende Maßnahmen ergriffen werden.[194] Hier sei die Effizienz in zweifacher Hinsicht bedroht: Zum einen sei es rechtsstaatlich nicht tragbar, dass die Justiz erst zu einem späten Zeitpunkt „Druck" verspüre, tätig zu werden, insbesondere wegen der vielen negativen Auswirkungen, die ein lang andauerndes Verfahren mit sich bringe. Zum anderen stehe zu befürchten, dass die Effizienz im Sinne eines „richtigen"

190 *Busch-Gervasoni*, in: *Lüderssen/Volk/Wahle*, Festschrift für Wolf Schiller, 2014, S. 109, 117.

191 Vgl. hierzu ausführlich in Kapitel 2.

192 *Kohlmann*, in: *Gamm/Raisch/Tiedemann*, Strafrecht, Unternehmensrecht, Anwaltsrecht, 1988, S. 203, 212 f.

193 *Kohlmann*, in: *Gamm/Raisch/Tiedemann*, Strafrecht, Unternehmensrecht, Anwaltsrecht, 1988, S. 203, 212 f.

194 Dies folgt insofern sogar aus den RiStBV: Nr. 22 RistBV; hierzu auch: *Gertler* in: BeckOK StPO mit RiStBV und MiStra, Stand: 01.07.2021, RistBV Nr. 22 Rn. 1.

Urteils dadurch gefährdet werde, dass man, in Kenntnis der notfalls noch möglichen Korrektur in nächster Instanz, eben nur schnell die Verjährung verhindern wolle.[195]

Dieser für die Überlastung der Gerichte (mit)verantwortlich gemachte Aspekt wirft einen zu negativen Blick auf die Justiz. Gerade wegen der Vielzahl der zu bewältigenden Verfahren erscheint es äußerst zweifelhaft, dass Richter und Staatsanwälte grundsätzlich ein Verfahren erst betreiben sollen, wenn es kurz vor Verjährungseintritt steht. Nicht geleugnet werden kann, dass dies in einigen Fällen so gehandhabt wird, doch werden dies Ausnahmen sein. Generell kann jedoch konstatiert werden, dass – wie bereits dargestellt – die größten Fehler im Ermittlungsverfahren gemacht werden. Vielmehr erscheinen die Vorschriften der § 78b Abs. 3, § 78c Abs. 3 StGB als ein Mittel, mit dem der Gesetzgeber versucht, die bereits in ein Verfahren investierten Mühen, insbesondere des Ermittlungsverfahrens, nicht ineffizient werden zu lassen, indem das Verfahren wegen Verjährungseintritts eingestellt werden muss. Damit sind die Ruhens- und Unterbrechungsvorschrift weniger Ursache, sondern vielmehr Ventil für eine Überlastung.

III. Wachsende Komplexität der Verfahren aufgrund „dritt"-bestimmter Faktoren bzw. bereichsspezifischer Besonderheiten in Wirtschaftsstrafsachen

Als eine weitere Ursache für die Entstehung von Umfangsverfahren ist die steigende Komplexität[196] und die gleichzeitig zunehmende Zahl der komplexen Verfahren zu nennen.[197] Ersteres lässt sich auch bzgl. Umweltstrafsachen aus der Statistik des Statistischen Bundesamtes aus dem Jahr 2012 ableiten, da im Gegensatz zu „Allgemeindelikten" wie z. B. Tötungs- und Körperverletzungsdelikten, bei denen die Aufklärungsquote bei 79-96% lag, letztere im Bereich

---

195 *Kohlmann*, in: *Gamm/Raisch/Tiedemann*, Strafrecht, Unternehmensrecht, Anwaltsrecht, 1988, S. 203, 212 f.

196 So auch *Hamm*, "Wie kann das Strafverfahren jenseits der Verständigung künftig praxisgerechter gestaltet werden - sind Reformen des Strafprozesses erforderlich?, Vorgeschichte und Folgen der BVerfG-Entscheidung zu §257c StPO", StV 2013, 652, 653 mit Verweis auf die bereits beim Contergan-Fall (*LG Aachen*, Entscheidung vom 18. Dezember 1970 – 4 KMs 1/68, 15 115/67, JZ 1971, 507) auftretenden Probleme; ebenso: *Viering*, 2009, S. 51 ff.; ebenso auch im Hinblick auf Wirtschaftsstrafsachen: *Bussmann*, in: *Dose/Voigt*, Kooperatives Recht, S. 185, 189 ff.; 200.

197 Ähnlich auch: *Meyer-Goßner/Ströber*, ZRP 1996, 354.

der Umweltdelikte auf 62 % sank.[198] Die Ursache der wachsenden Komplexität der Verfahren steht auch in engem Zusammenhang mit der Zunahme umfangreicher Verfahrensgegenstände, welche ebenfalls zu außergewöhnlichen langen Hauptverhandlungen führen.[199]

Diese zunehmende Komplexität der Verfahren hat ihrerseits mehrere – „drittbestimmte" – Ursachen, wobei als Dritte alle nicht unmittelbar am Verfahren Beteiligte zu verstehen sind.

1. Besondere Deliktsqualität

Gerade bei Wirtschaftsstraftaten spielt die „Unsichtbarkeit" der Tat eine Rolle, die sich gerade deutlich von den offensichtlichen Folgen der typischen Delikte aus dem Kernstrafrecht wie z. B. Totschlag, Körperverletzung und Sachbeschädigung unterscheidet.[200] Neben der, im vorliegenden Kontext keine Rolle spielenden, hohen Dunkelziffer jener Taten sind darunter die oftmals nur schwer erkennbare Erfüllung des Tatbestandes[201] sowie die in vielen Fällen schwierig zu ermittelnden Beschuldigten[202] und Opfer[203] zu verstehen. Hieraus resultieren auch erhöhte Anforderungen an die Beweisführung, da es weniger „körperliche" Beweismittel[204] gibt und diese schwieriger aufzufinden sind. Um diesen Beweisschwierigkeiten vorzubeugen, werden in der Regel eine Unmenge an tatsächlich unnötigen Dokumenten zur Akte genommen,[205] welche dann im späteren Verfahren (erneut) gesichtet werden müssen. Beweisschwierigkeiten gibt es regelmäßig auch im Hinblick auf den subjektiven Tatbestand der Wirtschaftsdelikte, was die Verfahren stark in die Länge zieht.[206]

---

198 Statistisches Jahrbuch Deutschland 2014, 1. Auflage 2014, Kapitel 11: Justiz, S. 8.

199 *Nehm/Senge*, NStZ 1998, 377, 389.

200 *Hey*, 2001, S. 39.

201 *Dannecker/Bülte*, in: *Wabnitz/Janovsky/Schmitt*, Handbuch des Wirtschafts- und Steuerstrafrechts, 5. Auflage 2020, 1. Kapitel, Rn. 22.

202 *Dannecker/Bülte*, in: *Wabnitz/Janovsky/Schmitt*, Handbuch des Wirtschafts- und Steuerstrafrechts, 5. Auflage 2020, 1. Kapitel, Rn. 23.

203 *Dannecker/Bülte*, in: *Wabnitz/Janovsky/Schmitt*, Handbuch des Wirtschafts- und Steuerstrafrechts, 5. Auflage 2020, 1. Kapitel, Rn. 20.

204 Hierzu auch: *Perri*, "Defending White Collar Crime in State Court, Challenges and Solutions", The Champion 2008, 18, 19.

205 Hierzu auch: *Perri*, The Champion 2008, 18.

206 *Dessecker/Geissler-Frank*, Empirische Forschungsarbeiten zum Strafverfahren und Strafverfahrensrecht, 1995, S. 92 f.

Auch die typischerweise vorliegende Vielzahl von angeklagten Straftaten durch wiederholte Begehung kann hier vor allem bei der Verlesung der Anklageschrift zur Dauer und Komplexität des Verfahrens beitragen.[207]

2. Ausgestaltung des materiellen Rechts

Einen nicht zu unterschätzenden Beitrag zur Entstehung von Umfangsverfahren leistet der Gesetzgeber selbst durch die Ausgestaltung des materiellen Strafrechts. Der Staat „schaufelt sich sein Grab" gewissermaßen selbst, indem er immer mehr und immer weitreichender sanktionieren möchte. Dies soll im Folgenden kurz angerissen, dann aber im Weiteren nicht näher behandelt werden, da eine „Entkriminalisierung" in absehbarer Zeit nicht zu erwarten ist.

a) Hypertrophie des Wirtschaftsstrafrechts

Viel bescholten als stark die Komplexität des Verfahrens steigernd wird die mehr an kriminalpolitischen als an hergebrachten Strafzwecken ausgerichtete[208] „Hypertrophie" des (Wirtschafts-) Strafrechts.[209] Sie ist unter anderem auf die Bemühungen des Gesetzgebers zurückzuführen, wegen der in der Praxis auftretenden Probleme der oftmals nicht (eindeutig) nachweisbaren Kausalität eine Vorverlagerung der Strafbarkeit in Form der Gefährdungsdelikte zu schaffen.[210] Sie führt zu dem teufelskreisartigen Ergebnis, dass zwar immer mehr Straftatbestände bestehen, das Vollzugsdefizit aber immer größer wird und somit die

---

207 *Hey*, 2001, S. 66.

208 Ähnlich auch: *Hesel*, Untersuchungen zur Dogmatik und den Erscheinungsformen "modernen" Strafrechts, 2004, S. 340 f. mit Verweis auf *Hassemer*, "Symbolisches Strafrecht und Rechtsgüterschutz", NStZ 1989, 553, 554.

209 Dies kritisierend auch: *Schünemann* in: *Gamm/Raisch/Tiedemann*, Strafrecht, Unternehmensrecht, Anwaltsrecht, 1988, S. 461, 472; als „Inflation des Strafrechts" bezeichnend: *Maier*, in: *Hirsch*, Krise des Strafrechts und der Kriminalwissenschaften?, 2001, S. 245, 246 ff.; so auch *Hamm*, StV 2013, 652, 655, der mit einem anschaulichen Vergleich der Justiz mit Wasser, das sich den Weg des geringsten Widerstandes sucht, einen naturgesetzlichen Zusammenhang zwischen der Hypertrophie des Strafrechts und möglichen Bewältigungsstrategien zu begründen sucht; aA: *Lindemann*, 2012, S. 21, der darauf verweist, dass die meisten „wirtschaftsstrafrechtlichen" Straftaten auf Tatbestände des Kernstrafrechts zurückgehen; die Hypertrophie ebenfalls als Grund für die Überlastung ablehnend: *Gössel*, in: Ständige Deputation des Deutschen Juristentages, Gutachten, 1994, C 1, C 14.

210 So auch: *Dannecker/Bülte*, in: *Wabnitz/Janovsky/Schmitt*, Handbuch des Wirtschafts- und Steuerstrafrechts, 5. Auflage 2020, 1. Kapitel, Rn. 2.

intendierten Wirkungen im Sinne der (General-) Prävention womöglich abnehmen, sodass vom Gesetz lediglich ein symbolischer Fingerzeig übrig bleibt.[211] Denn, wie Schünemann konstatierte

> *erfordert [die Generalprävention] eine einigermaßen eindrucksvolle Sanktionierungsquote*[212].

Ob die, auch im Hinblick auf die Wahrung der Strafzwecke, rege in Anspruch genommenen Möglichkeiten der Einstellung von Strafverfahren und der strafprozessualen Absprachen der Generalprävention dienlich sind, dürfte aber bezweifelt werden: Hier wird der Bevölkerung viel eher der Eindruck vermittelt, dass man ab einer bestimmten Machtposition sogar mit dem Staat „verhandeln" kann, was gerade nicht wünschenswert erscheint.[213]

b) Besonders schwierige Tatbestandsmerkmale

Wie bereits angesprochen, versuchte der Gesetzgeber der schnellen Weiterentwicklung in den hauptsächlich durch das Nebenstrafrecht erfassten Bereichen durch die Schaffung „offener" bzw. unbestimmterer Tatbestände in Form von Generalklauseln[214] und Blanketttatbestandsmerkmalen[215] zu begegnen.[216] Bei den Blanketttatbeständen wird gerade nicht aus der Norm selbst ersichtlich, welche Handlungen mit Strafe bedroht sind, sondern dies lässt sich erst durch ein Zusammenlesen mit der ausfüllenden Norm herausfinden.[217] Dies kann sich selbst für einen Juristen schwierig gestalten, sodass sich, selbst wenn die Normen noch dem Bestimmtheitsgebot genügen, in der Praxis für den Richter gerade in

---

211 Dies ebenfalls kritisierend: *Hassemer*, NStZ 1989, 553, 558 f.; zur Problematik der Beeinträchtigung der Strafzwecke bereits in Kapitel 1 A. III.

212 *Schünemann*, in: *Gamm/Raisch/Tiedemann*, Strafrecht, Unternehmensrecht, Anwaltsrecht, 1988, S. 461, 472.

213 So auch *Weßlau*, Das Konsensprinzip im Strafverfahren - Leitidee für eine Gesamtreform?, 1. Auflage 2002, S. 106 ff.;115 ff.; siehe zu diesem Problem des „Zwei-Klassen-Strafrechts" auch bereits: Kapitel 1 A. IV. 5.

214 Vgl. z. B. „Unlauterkeit" in § 299 Abs. 1 Nr.1, Abs. 2 Nr. 1 StGB; „ordnungsgemäßes Wirtschaften" in § 283 Abs. 1 Nr. 1 StGB.

215 Vgl. z. B. „steuerlich erheblich" in § 370 Abs. 1 Nr. 1 AO, „subventionserheblich" in § 264 StGB.

216 Zu diesem „Trend" der ungenauen Gesetzgebung auch: *Hesel*, 2004, S. 364 mit Verweis auf *Naucke*, Tendenzen in der Strafrechtsentwicklung, 1975, S. 50; wegen der Schwierigkeit der Ausfüllung für eine „Prozeduralisierung" votierend: *Francuski*, Prozeduralisierung im Wirtschaftsstrafrecht, 1. Auflage 2014, S. 502 f.

217 *Tiedemann*, 2017, Rn. 198 ff.

diesen komplexen Bereichen die Herausforderung der Auslegung stellt, was sehr zeitaufwändig sein kann und eben auch wieder tiefe Einarbeitung in die fachliche Materie erfordert.[218] Ähnliches gilt für das als sehr unscharf und im Hinblick auf Art. 103 Abs. 2 GG als bedenklich gerügte[219] Merkmal des Treueverhältnisses in § 266 StGB, für subjektive Tatbestandsmerkmale wie z. B. in § 266 Abs. 1 StGB[220], insbesondere bei fremdnützigen Handlungen und bei Risikogeschäften, da sich die innere Tatseite hier nur schwer nachweisen lässt,[221] sowie bei § 263 Abs.1 StGB, für den sogar mit § 264 StGB für den Subventionsbereich ein Auffangtatbestand geschaffen wurde, um Beweisprobleme zu umgehen.[222] Als weiteres Beispiel könnte man den faktischen Geschäftsführer i. S. d. § 14 StGB anführen, den es erst einmal festzustellen gilt.[223]

Da es grundsätzlich für die Annahme eines Vorsatzes keiner abschließenden juristischen Beurteilung durch den Täter bedarf,[224] genügt es bei der Verwirklichung eines Blankettatbestandes, wenn der Täter hinsichtlich der objektiven Tatbestandsmerkmale der originär strafrechtlichen Norm vorsätzlich handelt; Unkenntnis der den Blankett-Tatbestand ausfüllenden Norm ist unschädlich.[225] Hierdurch wird der Bereich strafbarer Handlungen sehr weit ausgedehnt, wobei zugleich die Anwendbarkeit der entsprechenden Normen erschwert wird.

c) Kriminalisierung von Schein- und Umgehungshandlungen

In dem Bestreben, (vermeintliche) Gesetzeslücken zu schließen, hat der Gesetzgeber darüber hinaus Schein- und Umgehungshandlungen sanktioniert[226]

---

218 Siehe bereits oben im Hinblick auf das Erfordernis von Sachverständigen: Kapitel 1 A. I.; ähnlich auch: *Hamm*, StV 2013, 652; ebenso: *Wehnert*, "Die tatsächliche Ausgestaltung der Absprachepraxis in staatsanwaltschaftlichen Wirtschaftsermittlungsverfahren aus anwaltlicher Sicht", StV 2002, 219, 220.

219 So *Dierlamm* in: MüKo StGB, 3. Auflage 2019, § 266 Rn. 3.

220 *Perron* in: *Schönke/Schröder*, StGB, 30. Auflage 2019, § 266, Rn. 50.

221 Ausführlicher hierzu: *Raum*, in: *Wabnitz/Janovsky/Schmitt*, Handbuch des Wirtschafts- und Steuerstrafrechts, 5. Auflage 2020, Kapitel 4, Rn. 81 ff.; zu den Schwierigkeiten des Beweises der inneren Tatseite im Allgemeinen auch: *Jung*, Die Bekämpfung der Wirtschaftskriminalität als Prüfstein des Strafrechtssystems, 1979, S. 19.

222 *Hellmann* in: *Kindhäuser/Neumann/Paeffgen*, StGB, 5. Auflage 2017, § 264, Rn. 5.

223 Zu den Anwendungsproblemen der Norm: *Böse* in: *Kindhäuser/Neumann/Paeffgen*, StGB, 5. Auflage 2017, § 14 Rn. 4 f.

224 Hierzu auch: *Joecks/Kulhanek* in: MüKo StGB, 4. Auflage 2020, § 16 Rn. 8.

225 *Dannecker/Bülte*, in: *Wabnitz/Janovsky/Schmitt*, Handbuch des Wirtschafts- und Steuerstrafrechts, 4. Auflage 2014, 1. Kapitel, Rn. 39.

226 Vgl. z. B. § 4 Abs. 1 SubvG, § 42 Abs. 1 AO, § 330d Nr. 5 StGB.

wodurch die Komplexität der Subsumtion eines angeklagten Verhaltens unter eine Norm stark gesteigert wurde, da hier bereits an der Grenze zum „Nulla poena sine lege"-Grundsatz gekratzt wird.[227] In tatsächlicher Hinsicht besteht hier bereits die Schwierigkeit darin, überhaupt einen strafrechtlich relevanten Sachverhalt zu erkennen.[228]

3. Besonderheiten im Hinblick auf Beteiligte

In vielen Fällen sind eine gegenüber Normalverfahren erhöhte Zahl an Beteiligten, seien es mehrere Beschuldigte[229], Zeugen[230] oder Opfer[231] vorhanden, was wiederum deren Vernehmung erforderlich macht. Daneben kann eine steigende Opferzahl eine steigende Anzahl von Nebenklägern zur Folge haben, wodurch das Verfahren wiederum unübersichtlicher wird. Die Konsequenz hieraus ist eine Vielzahl von Einstellungen.[232] Hinzukommt, dass bei einer großen Anzahl an Beschuldigten, die sich nicht in Haft befinden, oftmals einige nicht zur Hauptverhandlung erscheinen, was zu einer Verzögerung des Prozesses insgesamt führt.[233]

Schließlich können, da vor allem im Umwelt- und Wirtschaftsstrafrecht eine Beteiligung von Unternehmen an der Tagesordnung ist, Komplexitätssteigerungen u. a. durch das arbeitsteilige Zusammenwirken[234] in und durch die Existenz von komplexen Unternehmensformen wie z. B. der GmbH & Co.KG[235] eintreten.

Wirtschaftlich agierende betroffene Unternehmen sind regelmäßig weniger an der Moral als ökonomisch[236] ausgerichtet, sodass für jedes Agieren eine „Kosten-Nutzen-Rechnung"[237] angestellt wird, gerade auch im Hinblick auf die Durchführung von Risikogeschäften. Hier ergibt sich die Problematik, dass ein Bereich mit den Mitteln des Strafrechts kontrolliert werden soll, der eigentlich

227 Ähnlich auch: *Lindemann*, in: *Kempf*, Gemeinwohl im Wirtschaftsstrafrecht, 2013, S. 279, 283.

228 *Dannecker/Bülte*, in: *Wabnitz/Janovsky/Schmitt*, Handbuch des Wirtschafts- und Steuerstrafrechts, 5. Auflage 2020, 1. Kapitel, Rn. 22.

229 Vgl. hierfür z. B. nur die sehr weitgehende Zurechnungsnorm des § 14 Abs. 2 StGB.

230 *ter Veen*, 1998, S. 319.

231 Vgl. z. B. den NSU-Prozess.

232 Ähnlich auch: *Berckhauer*, ZStW 89 (1977), 1015, 1031 f.

233 *Greacen*, "Issues in Criminal Case-Flow Measurement", 45 Judges J. 38 2006, S. 38.

234 Hierzu etwas ausführlicher: *Jung*, 1979, S. 4.

235 So auch: *Berckhauer*, ZStW 89 (1977), 1015, 1031 f.

236 Ähnlich auch: *Tiedemann*, 2017, Rn. 41 ff.

237 *Bussmann*, in: *Dose/Voigt*, Kooperatives Recht, S. 185, 196 f.

völlig anderen Regeln folgt[238] als es im Kernstrafrecht der Fall ist, wodurch sich im Vergleich zu „Normalverfahren" besondere Probleme sowohl in rechtlicher als auch tatsächlicher Hinsicht ergeben.[239] In rechtlicher Hinsicht resultiert dies vor allem daraus, dass es in den angesprochenen Bereichen, z. B. in Konstellationen wie der Untreue gem. § 266 StGB, gerade nicht nur um die Bejahung oder Verneinung des Vorliegens einer bestimmten strafbarkeitsbegründenden Handlung sowie weiterer tatsächlich relativ offensichtlicher Tatbestandsmerkmale geht, sondern sich eine Strafbarkeit hier erst nach detaillierter Wertung eines umfassenden Lebenssachverhalts ergibt, „[dessen] Sinn überhaupt erst durch komplexe Interaktionen und Kommunikationen konstituiert wird".[240] Die Feststellung und rechtliche Würdigung dieser „scheinbar legale[n] Handlungen"[241] im gerichtlichen Verfahren erfordert eine immense Arbeitskraft.[242]

Eine weitere Besonderheit in Wirtschaftsstrafsachen ist der hier agierende, sich vom Beschuldigten im Kernstrafrecht eklatant unterscheidende, White Collar-Beschuldigte.[243] Gerade die Tatsache, dass er überhaupt die Möglichkeit hatte, die jeweilige Wirtschaftsstraftat zu begehen, zeigt seine besondere Stellung im Unternehmen,[244] die oftmals auch spezifische Kenntnisse erforderlich macht. Seine Fachkenntnisse und seine Intelligenz sind damit sein bestes Verteidigungsmittel.[245] Außerdem werden die Ermittlungen dadurch erschwert, dass

---

238 *Bussmann*, in: *Dose/Voigt*, Kooperatives Recht, S. 185, 196 f.

239 Vgl. hierzu die auf einer Diskriminanzanalyse basierenden Erkenntnisse bei *Bussmann/Lüdemann,* 1995, S. 56 f.; 94 ff.; kritisch hierzu anhand des Beispiels der Marktpreismanipulation: *Kudlich*, Erfordert das Beschleunigungsgebot eine Umgestaltung des Strafverfahrens?, 2010, C21.

240 So auch *Schünemann*, in: *Gamm/Raisch/Tiedemann*, Strafrecht, Unternehmensrecht, Anwaltsrecht, 1988, S. 461, 473, der dieses Problem als „hermeneutische Unschärferelation" bezeichnet.; ebenso zur Problematik der Grenzziehung zwischen legalen und illegalen wirtschaftlichen Verhaltensweisen: *Lindemann*, 2012, S. 22.

241 *Dannecker/Bülte*, in: *Wabnitz/Janovsky/Schmitt*, Handbuch des Wirtschafts- und Steuerstrafrechts, 5. Auflage 2020, 1. Kapitel, Rn. 22; auf das Verschwinden des strafrechtlichen Unwerturteils in diesem Bereich hinweisend: *Tiedemann*, Wirtschaftskriminalität und Wirtschaftsstrafrecht in den USA und in der Bundesrepublik Deutschland, 1978, S. 10.

242 So auch *Dannecker/Bülte*, in: *Wabnitz/Janovsky/Schmitt*, Handbuch des Wirtschafts- und Steuerstrafrechts, 5. Auflage 2020, 1. Kapitel, Rn. 22; ebenso und daher für eine „Prozeduralisierung" votierend: *Francuski*, 2014, S. 502 f.

243 *Tiedemann*, 2017, Rn. 78.

244 So auch: *Brettel/Schneider*, Wirtschaftsstrafrecht, 3. Auflage 2021, § 1 Rn. 13.

245 Hierzu auch bereits Kapitel 1 B I. 5.

die sonst mögliche Orientierung an kriminalistischen Erkenntnissen hier gerade nicht weiterhilft, da der Beschuldigte regelmäßig sozial integriert ist und legale berufliche Einkünfte hat.[246]

Als eine weitere rechtliche Hürde, die zur Komplexität des Verfahrens beitragen kann, kommen vermehrt Verbotsirrtümer gem. § 17 StGB in Betracht, da der wirtschaftlich denkende Täter möglicherweise zwar ein riskantes Geschäft eingehen wollte, sich einer Strafbarkeit seiner Handlung aber nicht bewusst war.[247] Dieses im Gegensatz zum allgemeinen Strafrecht abgeschwächte Unrechtsbewusstsein wird stark kritisiert.[248]

In tatsächlicher Hinsicht stellt sich in Unternehmen das Problem des Auffindens der verantwortlichen Person:[249] Oftmals fallen hier ausführende und anweisende Person auseinander,[250] wobei in vielen Fällen nur letzterer der Überblick über das Gesamtgeschehen angelastet werden kann.[251] Dieses Problem der „organisierten Unverantwortlichkeit“[252] erfordert meist „top-down“-Ermittlungen,[253] die sehr viel Zeit in Anspruch nehmen und nicht unbedingt von Erfolg gekrönt sind.

Etwas Abhilfe könnte hier die sich derzeit in der Diskussion befindende Einführung einer Verbandsstrafbarkeit[254] und die seit einigen Jahren forcierte, zumindest faktisch zwingende, Obliegenheit zur Einführung einer Compliance-Struktur bringen: Bestehen solche Compliance-Abteilungen ist auch zu erwarten, dass die einzelnen Personen besser geschult werden und das angesprochene

---

246 Hierzu auch: *Brettel/Schneider*, 2021, § 1 Rn. 13.

247 Hierzu auch: *Dannecker/Bülte*, in: *Wabnitz/Janovsky/Schmitt*, Handbuch des Wirtschafts- und Steuerstrafrechts, 5. Auflage 2020, 1. Kapitel, Rn. 26 mit dem Verweis auf die Wirtschaftsdelikte als „delicta mere prohibita“.

248 *Volk/Beukelmann*, in: Münchener Anwaltshandbuch Verteidigung in Wirtschafts- und Steuerstrafsachen, 3. Auflage 2020, § 1 Rn. 64.

249 Hierzu auch: *Brinkmann*, Das Kollektiv als Täter, Diskussion um das Verbandsstrafrecht, 1. Auflage 2013, S. 96.

250 Zu diesem komplexitätssteigernden Aspekt: *Lindemann*, in: *Kempf*, Gemeinwohl im Wirtschaftsstrafrecht, 2013, S. 279, 282.

251 Ähnlich auch: *Dannecker/Bülte*, in: *Wabnitz/Janovsky/Schmitt*, Handbuch des Wirtschafts- und Steuerstrafrechts, 5. Auflage 2020, 1. Kapitel, Rn. 23.

252 Hierzu auch: *Mansdörfer*, Zur Theorie des Wirtschaftsstrafrechts, Zugleich eine Untersuchung zu funktionalen Steuerungs- und Verantwortlichkeitsstrukturen bei ökonomischem Handeln, 1. Auflage 2011, S. 303 m. w. N.

253 Dieses Phänomen kritisch betrachtend: *Mansdörfer*, 2011, S. 461 f.

254 Hierzu: *Britz* in: Münchener Anwaltshandbuch Verteidigung in Wirtschafts- und Steuerstrafsachen, 3. Auflage 2020, § 5 Rn. 1 ff., *Brinkmann*, 2013, S. 96.

Rechtsbewusstsein gefördert wird. Hinsichtlich der Verbandsstrafbarkeit könnte man die These vertreten, dass hierdurch möglicherweise die top-down-Ermittlungen überflüssig werden,[255] da sich die Ermittlungen dann eher gegen das Unternehmen selbst richten würden, womit gerade im Hinblick auf die wachsende Komplexität der Verfahren ein beweisrechtlicher Entlastungseffekt eintreten könnte. Wie sich das Szenario in der Praxis gestalten und ob überhaupt eine Verbandsstrafbarkeit eingeführt wird, bleibt aber mit Spannung abzuwarten.

4. *Zunehmende Technisierung / Spezialisierung*

Gerade die zunehmende und sich rapide fortentwickelnde Technisierung[256] – vor allem das Internet stellt eine Herausforderung noch nicht abzusehenden Ausmaßes dar – [257] sowie eine verstärkte Spezialisierung führen zu einer enormen Komplexitätssteigerung der Verfahren. Nicht spezialisierte Juristen sind dieser nicht gewachsen, wodurch es zu der von *Fischer* bezeichneten „Hilflosigkeit“[258] kommt. Soll ein dem Anspruch der materiellen Wahrheit genügendes Urteil gefällt werden, kommt der Richter wegen der Vorschrift des § 261 StPO nicht umhin, sich selbst in die zugrunde liegende Materie einzuarbeiten und sich mit Meinungen von Sachverständigen auseinanderzusetzen. Dies nimmt Zeit in Anspruch. Hierdurch stauen sich die Fälle, bis die Arbeit nicht mehr zu bewältigen erscheint.[259] Dies wird auch dadurch bedingt, dass gerade, um mit der schnellen Veränderung in diesem Bereich mithalten zu können, in materieller Hinsicht „offene“ Tatbestände bevorzugt werden, die, zumindest solange noch keine gefestigte Rechtsprechung besteht, eine Anwendung wiederum erschweren.[260] Außerdem gibt es in diesen komplexen Bereichen meist eine „Unzahl“ an zu untersuchendem Urkundenmaterial, sodass es hier überdurchschnittlich oft

---

255 Ähnlich auch *Dannecker/Bülte* in: *Wabnitz/Janovsky/Schmitt*, Handbuch des Wirtschafts- und Steuerstrafrechts, 5. Auflage 2020, 1. Kapitel, Rn. 134.

256 *Bussmann* in: *Dose/Voigt*, Kooperatives Recht, S. 185, 198; ebenso: *Maier* in: *Hirsch*, Krise des Strafrechts und der Kriminalwissenschaften?, 2001, S. 245, 246.

257 Ausführlicher hierzu: *Dannecker/Bülte* in: *Wabnitz/Janovsky/Schmitt*, Handbuch des Wirtschafts- und Steuerstrafrechts, 5. Auflage 2020, 1. Kapitel, Rn. 1.

258 *Fischer*, NStZ 1997, 212, 213.

259 Ähnlich auch: *ter Veen*, 1998, S. 317.

260 So: *Weßlau*, 2002, S. 105; sehr ausführlich hierzu auch: *Hamm*, "Absprachen im Strafverfahren?, Grundlagen, Gegenstände und Grenzen", ZRP 1990, 337, 341.

zu Durchsuchungen und Beschlagnahmen kommt,[261] was zusammen mit der anschließenden Auswertung, auch wegen der oftmals großen Mengen, bereits eine immense Zeit in Anspruch nimmt.[262]

Trotz der meist aufwändigen Ermittlungsarbeit bleibt es schließlich oftmals nicht aus, dass eine abschließende Kausalität nicht festgestellt werden kann, was man auch an den etwas hilflos anmutenden Versuchen in der Rechtsprechung[263] erkennen kann. Der Gesetzgeber hat hierauf zwar in gewissen Bereichen mit der Schaffung von Gefährdungsdelikten geantwortet, aber ob dies der richtige Weg war, erscheint zweifelhaft. Gerade beim Einsatz von Sachverständigen, der teilweise bereits im Ermittlungsverfahren erfolgt, muss berücksichtigt werden, dass deren Einsatz das Verfahren nicht nur merklich in die Länge zieht, sondern auch die Kosten direkt in die Höhe katapultiert.[264]

5. *Vermehrte Globalisierung/Vernetzung*

Weiterhin birgt auch die insbesondere seit dem Ende des 20. Jahrhunderts verstärkt vorkommende Globalisierung gewisse Probleme bezüglich der Durchführung von Strafverfahren:[265] So entsteht durch das teilweise über Kontinente hinweg erfolgende arbeitsteilige Zusammenwirken die Notwendigkeit, in bestimmten Sachverhalten ausländische Zeugen sowie sonstige ausländische Beweismittel heranzuziehen, was wiederum nur über die Amts- und Rechtshilfe möglich ist. Oftmals ist zudem die Hinzuziehung von Dolmetschern gem. § 185 Abs. 1 GVG erforderlich. Durch diese zusätzlichen Anforderungen werden Verzögerungen des Verfahrens forciert.[266] Weiterhin wird die Komplexität einer zu

---

261 *Tsambikakis/Rübenstahl* in: *Böttger*, Wirtschaftsstrafrecht in der Praxis, 2014, Kapitel 15, Rn. 93.

262 *Hey*, 2001, S. 64.

263 So auch *Hamm*, StV 2013, 652, 653 mit Verweis auf den Contergan-Fall (*LG Aachen*, Entscheidung vom 18. Dezember 1970– 4 KMs 1/68, 15 115/67).

264 *Hey*, 2001, S. 65.

265 Hierzu auch: *Theile*, Wirtschaftskriminalität und Strafverfahren, Systemtheoretische Überlegungen zum Regulierungspotential des Strafrechts, 1. Auflage 2009, 263 f.

266 *Dannecker/Bülte* in: *Wabnitz/Janovsky/Schmitt*, Handbuch des Wirtschafts- und Steuerstrafrechts, 5. Auflage 2020, 1. Kapitel, Rn. 24; ähnlich: *Habenicht*, Wirtschaftskriminalität- Erscheinungsformen und Bekämpfung, in: *Mehrings*, Wirtschaftsrechtliche Vorträge, 1986, 155, 170 mit dem anschaulichen Vergleich: „der Straftäter reist zeitgemäß mit dem Düsenflugzeug, die Strafverfolgung aber noch immer mit der Postkutsche, die an jedem souveränen Schlagbaum halten muss."; im Hinblick auf den Dolmetscher vgl. bei: *ter Veen*, 1998, S. 317.

ahndenden Wirtschaftshandlung dadurch gesteigert, dass eine Handlung, die vor der Globalisierung einen kleinen Teil der Bevölkerung geschädigt hat, plötzlich durch die weltweite Vernetzung, teilweise auch über die Börse, zu einer globalen wirtschaftlichen Katastrophe führen kann.

IV. Ergebnis hinsichtlich der Ursachen für Umfangsverfahren

Wie erörtert spielen also viele Faktoren zusammen, die eine Überlastung der Strafrechtsjustiz und damit einhergehend unerwünschte Folgen zum einen für alle am Strafprozess Beteiligten, zum anderen aber auch für das Funktionieren des staatlichen Strafapparates als solches bewirken. Dies gilt umso mehr im wirtschaftsstrafrechtlichen Bereich. Zugegebenermaßen dürfte die Darstellung von Ursachen für Umfangsverfahren insbesondere unter jeweils isolierter Betrachtung der angeführten Aspekte in weiten Teilen auch Geltung für „Normalverfahren" beanspruchen. Bei einem Umfangsverfahren dürften meist Ursachenbündel vorhanden sein. Während ein Teil der Aspekte aus tatsächlichen oder rechtspolitischen Gründen jedenfalls in dieser Arbeit als unabänderlich – sog. „harte" Faktoren – anzusehen sind[267] und daher trotz der erkannten negativen Auswirkungen an die bestehende Situation angeknüpft werden muss, wenn über eine Verbesserung der Rahmenbedingungen von (Wirtschafts-)Strafprozessen nachgedacht wird, kann einem Teil der als problematisch erachteten Umstände durchaus Entwicklungspotenzial zugestanden werden, sog. „weiche Faktoren". So könnte u.a. dem Problem der fehlenden Sachkompetenz und der damit zusammenhängenden Aspekte, der exzessiven bis missbräuchlichen Inanspruchnahme von Prozessrechten, dem teils unkoordinierten Handeln der Akteure sowie der Ladungspraxis der Gerichte entgegengewirkt werden. Da sich der weitere Verlauf dieser Arbeit ausschließlich mit möglichen Lösungsansätzen zur Bewältigung von Umfangsverfahren und gerade nicht zur Vereinfachung von „Normalverfahren" beschäftigen soll, bedarf es zunächst einer Konkretisierung, was unter dem Begriff Umfangsverfahren zu verstehen ist und inwiefern diese von sog. Normalverfahren abzugrenzen sind, bevor in einem weiteren Schritt eine Auseinandersetzung mit Möglichkeiten der Bewältigung dieser Verfahren erfolgen kann.

---

267 Vgl. z. B. die Ausgestaltung des materiellen Strafrechts, die Personalausstattung in der Justiz, die besonderen Beteiligten im Wirtschaftsstrafverfahren, die Ausgestaltung des materiellen Strafrechts.

C. Die Definition für Umfangsverfahren

I. Bisherige Ansätze

Nachdem besondere Eigenschaften, Auswirkungen und Ursachen von Umfangsverfahren herausgearbeitet wurden, stellt sich die Frage, ob nicht anhand dessen eine Definition gefunden werden könnte. Eine allgemein anerkannte Definition für diese Verfahrensausprägung, der dennoch derzeit nicht das Gewicht einer eigenen Verfahrensart[268] zukommt, gibt es tatsächlich nicht.[269] Die teilweise mit gleichbleibender Bedeutung als Großverfahren,[270] Monster-[271]/ Monstre-[272] Verfahren, Mega-trial[273] oder eben als Umfangsverfahren[274], bzw. bereichsspezifischer, aber auch weniger die Problematik ausdrückend, als Wirtschaftsstrafverfahren,[275] bezeichneten Prozessen weisen jedenfalls eine gewisse „Entartungstendenz"[276] auf. Teilweise wird auf die Komplexität, welche oftmals daraus resultiert, dass die Sachverhalte in einer rechtlichen „Grauzone" spielen und dadurch Auslegungsprobleme auftreten,[277] sowie auf umfangreiche Akten[278] und das arbeitsteilige Zusammenwirken mehrerer hochqualifizierter

---

268 Hierfür bedürfte es – vergleichbar dem Strafbefehlsverfahren – eigener Prozessregeln.

269 So: *Rebmann*, NStZ 1984, 241, 244; ebenso: *Dahs*, NJW 1974, 1538 f.; hierzu auch: *Kasten*, „Die Terminshoheit" des Gerichts und das Recht auf Verteidigung, 2017, S. 327; einen Versuch hat allerdings das Land Niedersachsen gewagt: Runderlass über die Zusammenarbeit von Staatsanwaltschaft und Polizei; Beschleunigung der Verfahrensabläufe insbesondere in sog. Umfangsverfahren, RdErl. d. MI v. 8. 11. 2013 – 23.11-01447/5, (Nds. MBl. S. 875) (abrufbar über beck-online.de).

270 So: z. B. *Kühne* in: LR-StPO, 27. Auflage 2016, Einleitung Abschnitt F, Rn. 159; *Sittenthaler* in: Richterwoche, Global business und Justiz: Vorträge gehalten bei der Richterwoche 2000 vom 22. Mai bis 26. Mai 2000 am Semmering, 2000, S. 109; *Dahs*, NJW 1974, 1538 f.

271 *Terhorst*, "Informelle Absprachen im Strafprozeß", DRiZ 1988, 296, 297.

272 *Thoste*, Der Monstreprozeß, Seine Mängel und ihre Beseitigung, 1936.

273 *Judge*, 66 Notre Dame L. Rev. 1990-1991, 211.

274 *Wesemann* in: Arbeitsgemeinschaft Strafrecht des Deutschen Anwaltvereins, Strafverteidigung im Rechtsstaat, 2009, S. 891; *Fromm*, NJW 2013, 982.

275 *Michaelsen*, Kriminalistik 1982, 498, 499; *Wehnert*, StV 2002, 219, 222.

276 So: *Rebmann*, NStZ 1984, 241, 244; zum Begriff der Entartungstendenz vgl. auch *Bruns*, Empfiehlt es sich, besondere strafprozessuale Vorschriften für Großverfahren einzuführen?, in: Verhandlungen des fünfzigsten Deutschen Juristentages, Hamburg 1974, K 7, K 68, der diese Formel allerdings in einem anderen Sinne gebraucht.

277 Vgl. hierzu bereits Kapitel 1 B III. 2. b).

278 Hierzu auch: *Judge*, 66 Notre Dame L. Rev. 1990-1991, 211 ff.

Personen, die in vielen Fällen überregional agieren, abgestellt.[279] Andere wollen auf Merkmale wie eine besonders hohe Anzahl von Hauptverhandlungstagen[280], eine insgesamt längere Dauer des Ermittlungsverfahrens[281] oder auf die längere Freistellung eines Richters und Staatsanwalts bzgl. sonstiger Aufgaben[282] abstellen. Das Vorliegen der meisten dieser Merkmale lässt sich indes erst im Nachhinein feststellen. Die Definition der Umfangsverfahren soll aber gerade kein Selbstzweck sein. Sie soll vielmehr dazu dienen, dass einzelnen Ursachen von Umfangsverfahren frühzeitig präventiv begegnet werden soll. So könnte z. B. versucht werden, die dargestellten organisatorischen Gründe, die eine Verzögerung des Verfahrens bewirken, ab Erkennen des Vorliegens eines Umfangsverfahrens zu vermeiden. Fehlende Sachkompetenz könnte frühzeitig im Ermittlungsverfahren durch Hinzuziehung sachverständiger Personen kompensiert und hierdurch das Stellen fehlerhafter Weichen verhindert werden. Das Eingreifen besonderer Mechanismen, die auf die Vermeidung bzw. verfahrensrechtskonforme Durchführung eines Umfangsverfahrens abzielen, setzt damit jedoch die frühzeitige Einstufung als Umfangsverfahren voraus, [283] sodass alle objektiv erst ex-post feststellbaren Merkmale für eine Definition ungeeignet sind.[284] Demgegenüber wären z. B. das im Runderlass[285] vorgesehene Merkmal der prognostizierten sechs-monatigen Dauer sowie der Ansatz der Expertenkommission, der in einem anderen Kontext zur Definition des

279 So auch: *Sittenthaler*, in: Richterwoche, Global business und Justiz: Vorträge gehalten bei der Richterwoche 2000 vom 22. Mai bis 26. Mai 2000 am Semmering, 2000, S. 109; ebenso *Albrecht,* 2005, S. 199.

280 *Viering*, 2009, S. 153 f.

281 *Lindemann*, 2012, S. 219.

282 *Sittenthaler*, in: Richterwoche, Global business und Justiz: Vorträge gehalten bei der Richterwoche 2000 vom 22. Mai bis 26. Mai 2000 am Semmering, 2000, S. 109.

283 aA: *Ministry of the Attorney General in Ontario*, Judicial Case Management, Especially at the Pre-trial Stage, https://wayback.archive-it.org/16312/20210402164504/http://www.attorneygeneral.jus.gov.on.ca/english/about/pubs/lesage_code/chapter_4.php, letzter Abruf: 11.09.2021, die etwas widersprüchlich darauf abstellen, dass es nicht darauf ankommen könne, wie das Verfahren "heiße", da viele Umfangsverfahren auch erst durch die falsche Handhabung entstünden und gar nicht „vorausgesagt" werden könnten, aber andererseits ein frühes Ansetzen von „Judicial-Case Management"-Maßnahmen befürworten.

284 Ebenso bereits *Dahs*, NJW 1974, 1538 f.

285 Runderlass über die Zusammenarbeit von Staatsanwaltschaft und Polizei; Beschleunigung der Verfahrensabläufe insbesondere in sog. Umfangsverfahren, RdErl. d. MI v. 8. 11. 2013 – 23.11-01447/5, (Nds. MBl. S. 875) (abrufbar über beck-online.de).

Begriffs „umfangreiches Strafverfahren" auf die geschätzte Anzahl an Hauptverhandlungstagen abstellt[286], für eine Definition der Umfangsverfahren aus einer ex-ante-Sicht heraus geeignet.

Darüber hinaus wird auch auf die Anzahl der Taten, der Beschuldigten sowie deren „soziale und wirtschaftliche Macht" abgestellt.[287] Während die ersten beiden Merkmale nachvollziehbar erscheinen und auch frühzeitig erkennbar sind, wird sich letzteres in seiner speziellen Ausprägung erst später abzeichnen, da die meisten Beschuldigten in diesem Bereich, zumindest in Wirtschaftsstrafsachen, in gewisser Weise soziale und wirtschaftliche Macht besitzen, sodass dies per se kein taugliches Abgrenzungskriterium bietet. Zudem ist insoweit nicht ohne Weiteres ersichtlich, wie dieses Merkmal geeignet sein könnte, den Umfang des Verfahrens negativ zu beeinflussen.

II. Eigener Ansatz

1. Einleitende Erwägungen

Als tauglicher Anknüpfungspunkt bleibt somit zum einen die jeweilige Materie: so können zwar auch „alltägliche" Delikte „ausarten" und eine überlange Dauer in Anspruch nehmen, sodass die meisten der oben angesprochenen Probleme auch hier auftreten können. Es stellt allerdings eher eine Ausnahme dar, dass z. B. ein „Körperverletzungsprozess" ähnliche Ausmaße annimmt wie ein Steuer- oder Untreuestrafverfahren.[288] Da eine umfangsbezogene Eskalation in

286 *Bundesministerium der Justiz,* Bericht der Expertenkommission zur effektiveren und praxistauglicheren Ausgestaltung des allgemeinen Strafverfahrens und des jugendgerichtlichen Verfahrens, 2015, S. 113 in einem anderen Kontext, aber zur Definition des Merkmals „umfangreiche Strafverfahren", die ausschlaggebend sein sollen für die Frage, ob bestimmte prozessuale Schritte einzuleiten sind oder nicht (konkret: ein Vorprüfungstermin).

287 *Albrecht*, 2005, S. 204.

288 Vgl. hierzu: *Statistisches Bundesamt*, Fachserie 10 Reihe 2.6, 2013, S. 68 [etwa 66 % der vorsätzlichen KV-Delikte im Jahr 2012 wurden innerhalb von einem bis sechs Monaten ab Einleitung des Ermittlungsverfahrens von der Staatsanwaltschaft erledigt, arithmetisches Mittel der durchschnittlichen Verfahrensdauer dieser Delikte: 3,1 Monate; wenn durch Anklage erledigt: durchschnittlich 3,9 Monate; im Vergleich: durchschnittliche Verfahrensdauer der Delikte "Wirtschafts- und Steuerstrafsachen, Geldwäschedelikte" ab Einleitung des Ermittlungsverfahrens bis zur Erledigung durch die StA: 7,1 Monate; wenn durch Anklage erledigt: 17,5 Monate]; aA: Code, Law reform initiatives relating to the mega trial phenomenon.

allgemeinen Strafsachen jedoch nicht ausgeschlossen[289], die Problematik aber möglichst umfassend zu bewältigen ist, bietet sich eine Differenzierung zwischen „absoluten" und „relativen" Umfangsverfahren an.

2. *Absolute Umfangsverfahren*

Wie angesprochen, muss es aber in der täglichen Praxis der Justiz und der Polizei möglich sein, eine relativ zügige Einschätzung abzugeben, ob das akute Verfahren als ein (potenzielles) Umfangsverfahren einzuordnen ist,[290] um frühzeitig im Ermittlungsverfahren Vorsorge zu treffen, um die zu erwartenden negativen Folgen möglichst gering zu halten.

Daher bietet sich auf erster Ebene ein Straftatenkatalog an: Sofern eines der dort genannten Delikte betroffen ist, ist bereits indiziell von der Entstehung eines Umfangsverfahrens auszugehen. Da als Mitursachen für die Entstehung von Umfangsverfahren die Komplexität der Sachverhalte und der für die Lösung notwendige Sachverstand identifiziert wurden,[291] könnte man in den Grundzügen auf den Katalog des § 74c Abs. 1 GVG rekurrieren, da der Gesetzgeber diesen aus ähnlichen Erwägungen so aufgestellt hat.[292]

Um das Vorliegen eines Umfangsverfahrens bejahen zu können, sollte darüber hinaus aber noch eine zweite Voraussetzung erfüllt sein: So sollte das in § 74 c Abs. 1 Nr. 6 GVG genannte Merkmal „soweit zur Beurteilung des Falles besondere Kenntnisse des Wirtschaftslebens oder der sonstigen speziellen Materie erforderlich sind" hier generell als einschränkende Voraussetzung herangezogen werden: denn z. B. nicht jedes Untreueverfahren ist so komplex, dass die Entstehung eines Umfangsverfahrens zu befürchten ist.[293] Allerdings ist es eben neben den in Nr. 6 genannten Delikten nicht ausgeschlossen, dass die anderen genannten Tatbestände einfach gelagert sein können, sodass gerade kein Umfangsverfahren zu befürchten ist. Um eine möglichst effektive Handhabung der Definition zu erzielen, wäre daher das Merkmal auf alle in § 74 c GVG genannten Tatbestände anzuwenden. Hierdurch kann auch eine „Überregulierung" vermieden werden: Würde vorschnell von einem Umfangsverfahren

289 Vgl. z.B. den NSU-Prozess.

290 *Dahs*, NJW 1974, 1538.

291 Vgl. hierzu bereits die Ausführungen unter Kapitel 1 B. I. 5.; III.

292 Entwurf eines Gesetzes zur Änderung des Gerichtsverfassungsgesetz, BT-Drucks. 06 /2257, S.1 (linke Spalte).

293 So auch die Begründung für den einschränkenden Zusatz bei der Nr. 6: Bundestags-Drucks. 06 /2257, S. 2 (rechte Spalte).

ausgegangen, für das ggf. spezielle Regelungen anzuwenden sein könnten, kann dies genau das Gegenteil dessen bewirken, was angestrebt wird – es würde wieder eine Ineffektivität gefördert.

Will man somit dieses einschränkende Merkmal heranziehen, muss man zunächst klären, was unter „besondere Kenntnisse des Wirtschaftslebens oder der sonstigen Materie" zu fassen ist. Im Rahmen des GVG wird es definiert als

> *außerhalb eigener Erfahrung gelegene, nur besonderen Wirtschaftskreisen eigene oder geläufige Verfahrensweisen [...], insbes. komplizierte, schwer durchschaubare Mechanismen des modernen Wirtschaftslebens.*[294]

Als Bezugspunkt für die „eigene" Erfahrung sollte hier auf einen durchschnittlichen, (fach-)gebildeten Beamten der Staatsanwaltschaft, deren Ermittlungspersonen oder Richter abgestellt werden. Kann der einzelne Amtsinhaber, dessen ggf. unterdurchschnittlicher Kenntnisstand gerade nicht ausschlaggebend sein soll, davon ausgehen, dass auch die meisten seiner Kollegen den Fall wegen mangelnder spezifischer Kenntnisse nicht ohne Hinzuziehung zusätzlicher Fachkenntnisse lösen könnten, dann sollen gerade möglicherweise einzuführende spezielle Regelungen im Rahmen eines Differentiated Case Managements zum Zug kommen.[295]

3. *Relative Umfangsverfahren*

Während man beim Vorliegen bestimmter in § 74c GVG genannter Delikte, sofern auch das einschränkende Merkmal gegeben ist, also grundsätzlich mit dem Entstehen eines Umfangsverfahrens rechnen muss, soll dies bei „sonstigen Delikten" insb. des Kernstrafrechts nur ausnahmsweise der Fall sein. Für die Bestimmung, wann eine solche Ausnahme vorliegt, könnte man eine „Punkte-Regel"[296] heranziehen:

Indizien, die trotz der fehlenden Einschlägigkeit des § 74c Abs. 1 GVG auf ein Umfangsverfahren hindeuten können, sind:

---

294 So *Katholnigg in: Katholnigg, Strafgerichtsverfassungsrecht*, 3. Auflage 1999, § 74 c GVG, Rn. 2; ähnlich auch: *Mayer* in: Kissel/Mayer, GVG, 10. Auflage 2021, § 74c, Rn. 4 f.; *OLG München*, Beschluss vom 06.06.1979 – 1 Ws 510/79, JR 1980, 77.

295 Zum Differentiated Case Management ausführlich: Kapitel 4 E II. 7. b) aa) (6); Kapitel 5 B I 1. b) dd); III. 2.; Kapitel 6 A.

296 In Anlehnung an den Sechs-von-Acht-Kriterien-Katalog im Rahmen der Bestimmung des faktischen Geschäftsführers: *BayObLG*, Urteil vom 20.02.1997 - 5 St RR 159/96, BayObLG NJW 1997, 1936.

- (1) Besonders viele Tatopfer;
- (2) Besonders viele Beschuldigte[297];
- (3) Besonders viele Zeugen[298];
- (4) Besonders umfangsreiche Beweismittel;
- (5) Anwendung spezieller, aufwändigerer, nur im Rahmen von Katalogstraftaten zulässiger Ermittlungsmaßnahmen (§§ 100a, 100c, 100f StPO);
- (6) In erheblichem Maß erforderlicher Sachverstand;
- (7) Sachverhalte mit grenzüberschreitenden Bezügen;
- (8) Prognostizierte Dauer einer möglichen Hauptverhandlung von mehr als zehn Hauptverhandlungstagen[299];
- (9) Prognostizierte Dauer des Ermittlungsverfahrens von mehr als sechs Monaten.

Inwieweit und aus welchen Gründen diese zur Definition eines Umfangsverfahrens herangezogen werden können, soll im Folgenden näher dargestellt werden.

Zu den Merkmalen (1) – (5) ist Folgendes auszuführen: Diese Merkmale stellen deshalb taugliche Indizien für die Entstehung eines Umfangsverfahrens dar, weil sie bereits im Ermittlungsverfahren für die Polizei/die Staatsanwaltschaft erkennbar sind.[300] Selbst wenn nicht direkt feststeht, ob ein Beschuldigter tatsächlich als späterer Angeklagter in Betracht kommt, oder ob ein Zeuge tatsächlich etwas zur Wahrheitsermittlung beitragen kann, so entsteht doch bereits eine erhöhte Belastung im Hinblick auf Vernehmungen bzw. im Hinblick auf die Anwendung strafprozessualer Ermittlungsmaßnahmen. Auf zweiter Ebene muss sich der Richter im Zwischenverfahren mit einer umfangreicheren Akte auseinandersetzen und auf dritter Ebene muss alles in der Beweisaufnahme beleuchtet werden, sodass in dreifacher Hinsicht das Verfahren zumindest verlängert, womöglich auch erschwert wird.[301]

---

297 aA: *Dahs*, NJW 1974, 1538 f. mit dem Hinweis, dass dies ebenfalls erst ex post feststellbar wäre.

298 aA: *Dahs*, NJW 1974, 1538 f. mit dem Hinweis, dass dies ebenfalls erst ex post feststellbar wäre.

299 In diese Richtung: Entwurf eines Gesetzes zur effektiveren und praxistauglicheren Ausgestaltung des Strafverfahrens, BT-Drucks. 18/11277, S. 32.

300 aA: *Dahs*, NJW 1974, 1538 f.

301 Im Hinblick auf geheime Ermittlungsmaßnahmen auch: *Wesemann* in: Arbeitsgemeinschaft Strafrecht des Deutschen Anwaltvereins, Strafverteidigung im Rechtsstaat, 2009, S. 891 f.

Zu dem Merkmal unter Ziffer (5) ist zudem zu erläutern, wieso nur die drei benannten Ermittlungsmaßnahmen hier als Faktoren berücksichtigt werden: Bei diesen Maßnahmen erfordern die Ermittlungsmaßnahmen einen erhöhten Aufwand, da zunächst ein Abhör-Zugang zum Beschuldigten hergestellt und Beamte für das Abhören und Auswerten abgestellt werden müssen, während bei anderen speziellen Ermittlungsmaßnahmen wie z. B. bei der Erhebung von Verkehrsdaten lediglich eine Nachfrage beim Telekommunikationsanbieter gestellt werden muss. Eine entsprechende Auskunft muss zwar ebenfalls ausgewertet werden, ist indes in den meisten Fällen weitaus weniger aufwändiger ist als bei den zuerst genannten Maßnahmen.

Das Merkmal unter Ziffer (6) betrifft hauptsächlich das Hauptverfahren an sich. Wenn die Schwierigkeit des Sachverhalts darin besteht, dass besondere Kenntnisse in naturwissenschaftlicher Hinsicht o. ä. erforderlich sind, wie z. B. im Contergan-Fall, kann dies das Verfahren dadurch verlängern und, dass Sachverständige hinzugezogen werden und sich die Beteiligten mit ihnen fachfremder Materie auseinandersetzen müssen.[302]

Bezüglich des Merkmals unter Ziffer (7) ist auszuführen, dass dieses deswegen als Indiz zu berücksichtigen ist, weil hier erhebliche zusätzliche Maßnahmen und mögliche Problemkreise zu berücksichtigen sind, die auch zu einer längeren Verfahrensdauer beitragen [303]: Zunächst stellt sich die Sprachenfrage sowohl bei den Beamten, als auch hinsichtlich des Beschuldigten, sodass ggf. ein Dolmetscher gem. § 185 Abs. 1 GVG hinzugezogen werden muss.[304] Weiterhin können Strukturen ganz anders aufgebaut sein, sodass es womöglich länger dauert, den zuständigen Sachbearbeiter im Ausland ausfindig zu machen, als es im Inland der Fall wäre. Vor Gericht kann sich die Frage stellen, wie mit national unzulässigen Maßnahmen durch ausländische Beamte, die nach deren Recht rechtmäßig ausgeführt wurden, umzugehen ist. Zudem muss die Frage berücksichtigt werden, ob ausländische Haft anzurechnen ist (§ 51 Abs. 4 StGB). Zumindest im nicht-europäischen Ausland kann es zudem zu Verzögerungen kommen durch die doppelte Prüfung von einerseits innerstaatlichen und andererseits fremdstaatlichen Voraussetzungen für eine Zwangsmaßnahme[305]. Nicht zuletzt stellt

302 Vgl. hierzu bereits die Ausführungen unter Kapitel 1 B I. 5.; B III.

303 *Albrecht*, 2005, S. 199.

304 Vgl. zu diesem möglicherweise verfahrensverlängernden Aspekt: *ter Veen*, 1998, S. 317.

305 Hierzu: *Hackner* in: *Wabnitz/Janovsky/Schmitt*, Handbuch des Wirtschafts- und Steuerstrafrechts, 5. Auflage 2020, Kapitel 25, Rn. 16 f.

sich stets die Schwierigkeit, das jeweils anzuwendende zwischenstaatliche Recht aufzufinden.[306]

Diese Punkte dürften jeweils einzeln betrachtet in der Regel noch nicht ausreichend sind, ein Verfahren dermaßen zu verkomplizieren, dass es die o. g. Auswirkungen hat, während in der Kombination mehrerer Merkmale diese Gefahr durchaus besteht. Da die Konturen des Einfallstors für die präventive Bestimmung von Umfangsverfahren aber weder zu streng noch zu weich gewählt werden sollten, wenn die „Präventionswirkung“ betreffend negative Folgen eines Umfangsverfahren eintreten soll, bietet es sich an, bei der Bejahung von mindestens zwei Merkmalen des Indizienkatalogs von der Entstehung eines Umfangsverfahrens auszugehen.

Die prognostizierte Dauer eines potenziellen Gerichtsverfahrens (8) wie auch die prognostizierte Dauer des Ermittlungsverfahrens (9) erscheinen aus zwei Gründen als solche eher ungeeignet zur Bestimmung eines Umfangsverfahrens: Zum einen kann eine Dauer erst in einem zweiten Schritt gestützt auf die Punkte 1-7 abgeschätzt werden, da eine erhöhte Anzahl von Hauptverhandlungstagen lediglich z. B. aus einer besonders hohen Anzahl an zu vernehmenden Zeugen, Beschuldigten, etc. folgt. Zum anderen soll hier gerade im Sinne eines „Frühwarnsystems“ nach solchen Indizien gesucht werden, die bereits weit vor der Entscheidung, ob es überhaupt zu einer Hauptverhandlung kommen wird, den Schluss zulassen, ob ein Umfangsverfahren vorliegt oder nicht. Zu Beginn der Ermittlungen kann insoweit aber – vor allem aus der Sicht der polizeilichen Ermittlungspersonen – noch nicht abgeschätzt werden, wie viele Hauptverhandlungstage eines noch nicht einmal feststehenden Gerichtsprozess es voraussichtlich geben wird.

4. *Definition*

Vor vorstehendem Hintergrund ist folgende Definition zugrunde zu legen:

Als Umfangsverfahren sind ex ante solche Strafverfahren einzustufen,

(1) die Straftaten im Bereich des § 74c Abs. 1 GVG betreffen und besondere Kenntnisse des betreffenden Fachbereichs erfordern,

oder

306 *Hackner* in: *Wabnitz/Janovsky/Schmitt*, Handbuch des Wirtschafts- und Steuerstrafrechts, 5. Auflage 2020, Kapitel 25, Rn. 39.

(2) die Delikte außerhalb des § 74 c Abs. 1 GVG zum Gegenstand haben, wenn mindestens zwei der folgenden sieben Merkmale[307] erfüllt sind:
- (1) Besonders viele Tatopfer;
- (2) Besonders viele Beschuldigte;
- (3) Besonders viele Zeugen;
- (4) Besonders umfangreiche sachliche Beweismittel;
- (5) Anwendung spezieller, aufwändigerer, nur im Rahmen von Katalogstraftaten zulässiger Ermittlungsmaßnahmen (§§100a, 100c, 100f StPO);
- (6) In erheblichem Maß erforderlicher Sachverstand (Contergan...);
- (7) Sachverhalte mit grenzüberschreitenden Bezügen.

III. Fazit

Deutlich wird, dass ein Übergang von „Normalverfahren“ zu „Umfangsverfahren“ fließend sein kann. Entsprechend der Definition läge z.B. bei einem Strafverfahren, das von o. g. Merkmalen nur das Merkmal „Besonders viele Zeugen“ aufweist, noch kein Umfangsverfahren vor, da zwar ein solches Verfahren einen hohen Koordinierungsaufwand erfordert, allerdings noch nicht das Maß an Komplexität aufweist, welches eine besondere Behandlung rechtfertigen würde. Denn festzuhalten bleibt, dass die behandelten Umfangsverfahren nur einen geringen Teil aller Strafverfahren ausmachen. Nicht Zielsetzung ist eine Änderung des kompletten Strafprozessrechts im weiteren Sinn; vielmehr geht es um ein lediglich sektorales Umdenken hinsichtlich der Behandlung aus der Masse der Verfahren herausstechender, besonders schwierig zu handhabender Verfahren. Mithin ist herauszuarbeiten, wie mit diesem bestimmten, recht eng begrenzten Bereich von Verfahren de lege lata umgegangen werden kann bzw. welche Maßnahmen vorgeschlagen werden können zum Umgang mit dieser besonderen Verfahrensausprägung.

Nicht zu übersehen ist dabei jedoch, dass zum einen eine gewisse Fehleranfälligkeit bei der Auslegung der einzelnen Kriterien im Rahmen der Zwei-von-Sieben-Kriterien-Regel sowie bei der im Rahmen des absoluten Begriffs der Umfangsverfahren durchzuführenden Prüfung der erforderlichen wirtschaftlichen Kenntnisse besteht, zum anderen auch die Definition selbst per se keine absolute Sicherheit bietet. Denn sie kann nicht naturwissenschaftlich hergeleitet

---

307 In Anlehnung an den Sechs-von-Acht-Kriterien-Katalog im Rahmen der Bestimmung des faktischen Geschäftsführers: *BayObLG*, Urteil vom 20.02.1997 - 5 St RR 159/96, BayObLG NJW 1997, 1936.

werden. Umfangsverfahren entstehen aufgrund unterschiedlicher, bereits beschriebener Ursachen, sind jedoch nicht „natürlich“ vorgegeben.

Kapitel 2 – Bewältigungsstrategien de lege lata

Wie *Krause* zutreffend anmerkt, gibt es kein Wirtschaftsstrafverfahrensrecht,[308] obwohl die Besonderheiten der speziellen Materie in Wirtschaftsstrafsachen dies zuweilen erfordern würde.[309] Dennoch sollen, bevor im Folgenden näher auf Reformvorschläge eingegangen werden wird,[310] zunächst das geltende Recht sowie die sich in der Praxis entwickelten Verfahrensweisen[311] auf bereits vorhandene Einzelmechanismen, die der Bewältigung von Umfangsverfahren im Besonderen dienen, sowie solche, die zur Beschleunigung des Strafprozesses im Allgemeinen beitragen, untersucht werden. Denn es ist nicht ausgeschlossen, dass diese – entweder bereits in ihrer Ursprünglichkeit oder aber zumindest durch modifizierte Anwendung – geeignet sein können, der Schwierigkeit der Umfangsverfahren zu begegnen. Denn der Gedanke der Verfahrensbeschleunigung besteht bereits seit (fast) dem Anbeginn der StPO.[312]

Rechtshistorisch ist der Gedanke der Verfahrensbeschleunigung und der Notwendigkeit, Kosten einzusparen, nicht neu: Bereits in den Jahren 1930 und 1931 wurden mit dem Ziel der Kosteneinsparung Reformen durchgeführt. So wurde z. B. die Wahl, vor welchem Gericht anzuklagen sei, an die voraussichtliche Zahl der Sitzungstage geknüpft sowie Erweiterungen im Rahmen des Opportunitätsprinzips und der besonderen Verfahren – Privatklage sowie beschleunigtes Verfahren – vorgenommen.[313] Noch relativ neu ist das ebenfalls aus diesem Kontext hervorgegangene Gesetz zur effektiveren und praxistauglicheren Ausgestaltung des Strafverfahrens vom 17.08.2017. Ziel des Entwurfs war es, den Vorgaben des Bundesverfassungsgerichts[314] entsprechend, die strafprozessualen Vorschriften im Hinblick auf die Aufgabe des Strafprozesses, das Schuldprinzip

---

308 *Krause* in: *Wabnitz/Janovsky/Schmitt*, Handbuch Wirtschafts- und Steuerstrafrecht, 5. Auflage 2020, 27. Kapitel, Vorbemerkung.

309 So auch: *Krause* in: *Wabnitz/Janovsky/Schmitt*, Handbuch Wirtschafts- und Steuerstrafrecht, 5. Auflage 2020, 27. Kapitel, Vorbemerkung.

310 Hierzu nähere Ausführungen in Kapitel 3 und Kapitel 6.

311 Hierzu auch: *Krause* in: *Wabnitz/Janovsky/Schmitt*, Handbuch Wirtschafts- und Steuerstrafrecht, 5. Auflage2020, 27. Kapitel, Vorbemerkung.

312 Hierzu: *Kühne* in: LR-StPO, 27. Auflage 2016, Einleitung Abschnitt F, Rn. 23.

313 Hierzu näher: *Kühne* in: LR-StPO, 27. Auflage 2016, Einleitung Abschnitt F, Rn. 43.

314 *BVerfG*, Beschluss vom 19.03.2013, 2 BvR 2628/10 u. a., BVerfGE 133, 168.

zu verwirklichen und die Wahrheit zu erforschen unter gleichzeitiger Erhöhung der Anforderungen an die Art und Weise der Verwirklichung dieses Ziels zu aktualisieren.[315] Ebenfalls der Aufrechterhaltung der Funktionstüchtigkeit der Strafrechtspflege dienlich[316] sein soll das Gesetz zur Modernisierung des Strafverfahrens vom 10.12.2019[317]. Die im vorliegenden Kontext relevantesten Neuerungen sollen nachfolgend näher beleuchtet werden.

Aus Gründen der Übersichtlichkeit werden die bereits bestehenden Bewältigungsmechanismen in der Reihenfolge ihrer zeitlichen Abfolge – von der Zuständigkeitsbestimmung bis zur Urteilsbegründung – im Prozess dargestellt, sodass insbesondere die durch das Gesetz zur effektiveren und praxistauglicheren Ausgestaltung des Strafverfahrens sowie die durch das Gesetz zur Modernisierung des Strafverfahrens neu eingeführten Regelungen nicht im Zusammenhang genannt werden können.

A. Modifikationen auf Ebene der Strafverfolgungsbehörden

I. Einrichtung von Schwerpunktstaatsanwaltschaften und Wirtschaftsstrafkammern

Ein großer Schritt zur effektiveren Bearbeitung von komplexen Verfahren war die Einführung des § 74 c GVG. Hierdurch wurden besondere Wirtschaftsstrafkammern geschaffen, „soweit zur Beurteilung des Falles besondere Kenntnisse des Wirtschaftslebens erforderlich sind", was als Antwort auf die bereits 1968 eingeführten Schwerpunktstaatsanwaltschaften[318] zu verstehen war.[319] Hintergrund war, dass die Bearbeitung dieser speziellen Art von Sachverhalten besonderen Sachverstand voraussetzt.[320] Erforderlich sind besondere Kenntnisse des Wirtschaftslebens dann, wenn „solche besonderen Fachkenntnisse erforderlich sind, die außerhalb allgemeiner Erfahrungen liegen, sich auf besonderen

315 In diese Richtung: Entwurf eines Gesetzes zur effektiveren und praxistauglicheren Ausgestaltung des Strafverfahrens, BT-Drucks. 18/11277, S.1.

316 Entwurf eines Gesetzes zur Modernisierung des Strafverfahrens, BT-Drucks. 19/ 14747, S.1.

317 BGBl. I S. 2121.

318 Vgl. § 143 Abs. 4 GVG.

319 *Bussmann/Lüdemann,* 1995, S. 47.

320 Entwurf eines Gesetzes zur Änderung des Gerichtsverfassungsgesetz, Bundestags-Drucks. 06 /2257, S.1 (linke Spalte).

Wirtschaftskreisen eigene oder geläufige Verfahrensweisen beziehen oder auf schwer zu durchschauende Mechanismen des modernen Wirtschaftslebens."[321] Intention des Gesetzgebers bei Einführung der Vorschrift war die effektivere Bekämpfung von Wirtschaftskriminalität, da die im repressiven Strafrecht ohnehin nacheilende Strafjustiz dem besonderen Tätertyp im Wirtschaftsstrafrecht[322], gar nicht mehr folgen könnte. Typischerweise sind diese (vermeintlichen) Täter besonders intelligent[323], in die oftmals mitverwickelten Unternehmen gut integriert, sodass sie deren Abläufe als Interne weitaus besser kennen, als es ein Richter als Externer vermag,[324] sowie mit der besonderen Materie oftmals besser vertraut als (Allgemein-)Strafrichter,[325] sodass es für jene einfacher ist, legislative Graubereiche[326] auszuloten.[327] Zudem würde es zu weiteren Verzögerungen kommen, wenn die zuständigen Richter sich zusätzlich zum konkreten Fall noch in die grundlegenden wirtschaftsrechtlichen wie tatsächlichen Gegebenheiten einarbeiten müssten. Zu kritisieren bleibt lediglich, dass dieser Sachverstand bisher aber nur bei den Berufsrichtern gewährleistet werden kann, nicht aber bei den ausgewählten Laienrichtern.[328]

II. Ermittlungen durch besondere Polizeibehörden (§§ 386, 399 AO)

Eine weitere Maßnahme zur effektiven Verfolgung von Wirtschaftsstraftaten stellt die Einräumung spezieller Ermittlungskompetenzen in §§ 386, 399 AO dar.

---

321 *Mayer* in: *Kissel/Mayer*, GVG, 10. Auflage 2021, § 74c Rn. 4 f. mit Verweis auf: *OLG Saarbrücken*, Beschluss vom 19.06.2007 - 1 Ws 111/07, wistra 2007,360 u.w.N.

322 Näheres hierzu bei: *Dannecker/Bülte* in: *Wabnitz/Janovsky/Schmitt*, Handbuch des Wirtschafts- und Steuerstrafrechts, 5. Auflage 2020, 1. Kapitel, Rn. 19 ff.

323 Zum besonderen Sozialprofil des Wirtschaftsdelinquenten: *Dannecker/Bülte* in: *Wabnitz/Janovsky/Schmitt*, Handbuch des Wirtschafts- und Steuerstrafrechts, 5. Auflage 2020, 1. Kapitel, Rn. 19 ff.

324 Zu den Schwierigkeiten der Aufklärung von in Unternehmen begangenen Straftaten: *Dannecker/Bülte* in: *Wabnitz/Janovsky/Schmitt*, Handbuch des Wirtschafts- und Steuerstrafrechts, 5. Auflage 2020, Kapitel 1, Rn. 23.

325 Zur zwischenzeitlichen Spezialisierung der Justiz: *Tiedemann*, 2017, Rn. 46 ff.

326 Zur Undurchschaubarkeit und den Nachweisschwierigkeiten im Grenzbereich von erlaubtem und verbotenem Verhalten im Bereich der Wirtschaftskriminalität: *Dannecker/Bülte* in: *Wabnitz/Janovsky/Schmitt*, Handbuch des Wirtschafts- und Steuerstrafrechts, 5. Auflage 2020, Kapitel 1, Rn. 2.

327 Hierzu auch bereits: Kapitel 1 B. I. 5., III 3.

328 So auch: *Mayer* in: *Kissel/Mayer*, GVG, 10. Auflage 2021, § 74c Rn. 4.

Dem liegt die gesetzgeberische Erwägung zugrunde, dass die Ermittlung von Steuerstraftaten in der Regel mit der Ermittlung der Besteuerungsgrundlagen einhergeht, sodass es prozessökonomisch nicht sinnvoll wäre, eine ausschließliche Zuständigkeit der Staatsanwaltschaft zu begründen, da dies ein doppeltes Tätigwerden zur Folge hätte.[329] Wegen der Ausgestaltung der Steuerstraftaten als Blanketttatbestände liegt es nahe, dass regelmäßig die Zuständigkeit der Finanzbehörde begründet ist, da sie sich hier bezüglich der Ausfüllungsnormen in ihrem Metier und Zuständigkeitsbereich befindet, während sich die Staatsanwaltschaft erst einmal in den Untiefen des Steuerrechts zurecht finden müsste.[330] In den Fällen, in denen die Staatsanwaltschaft dennoch zuständig ist,[331] wäre eine fachspezifische Ausbildung wünschenswert.

III. Ausweitung der Kompetenzen der Polizei/ der Staatsanwaltschaft

Zudem wurde durch das Gesetz zur effektiveren und praxistauglicheren Ausgestaltung des Strafverfahrens[332] in § 163 Abs. 3 ff. StPO eine Erscheinenspflicht für Zeugen bei der Polizei geregelt, sofern ein vorausgehender entsprechender Auftrag der Staatsanwaltschaft ergangen ist.[333] Dieser Regelung kommt deswegen Charme zu, weil es – sofern ein entsprechender Auftrag der Staatsanwaltschaft vorliegt – nicht zu unnötigen Verfahrensverzögerungen aufgrund der willkürlichen Entscheidung eines Zeugen kommt, nicht bei der Polizei zu erscheinen, wodurch eine (erneute) Ladung zur staatsanwaltlichen Vernehmung

---

329 Entwurf eines Gesetzes zur Änderung strafrechtlicher Vorschriften der Reichsabgabenordnung sowie zur Änderung der Strafprozeßordnung und anderer Gesetze (AO-StPO-ÄG), BT-Drucks. 4/2476, S. 17 (linke Spalte).

330 Entwurf eines Gesetzes zur Änderung strafrechtlicher Vorschriften der Reichsabgabenordnung sowie zur Änderung der Strafprozeßordnung und anderer Gesetze (AO-StPO-ÄG), BT-Drucks. 4/2476, S. 17 (linke Spalte).

331 Vgl. den Umkehrschluss zu § 386 Abs. 2, Abs. 3, Abs. 4; § 400 2. Hs. AO.

332 Vom 17.08.2017, BGBl. 2017, I, 3209.

333 Entwurf eines Gesetzes zur effektiveren und praxistauglicheren Ausgestaltung des Strafverfahrens, BT-Drucks. 18/11277, S. 30; in diese Richtung auch: *Bundesministerium der Justiz*, 2015, S. 5; hierzu auch bereits: Entwurf eines Gesetzes zur Effektivierung des Strafverfahrens v. 30.11.2006, BT-Drucks. 16/3659, S. 8(rechte Spalte) f.; ablehnend allerdings die Bundesregierung, Entwurf eines Gesetzes zur Effektivierung des Strafverfahrens v. 30.11.2006, BT-Drucks. 16/3659, S.15 (rechte Spalte); ebenso: Entwurf eines Gesetzes zur Verbesserung der Effektivität des Strafverfahrens (16. 06. 2010), BT-Drucks. 17/2166, S. 6 (rechte Spalte) f.

erforderlich würde. Andererseits wird in der Praxis regelmäßig der Verlauf ähnlich sein: Der Zeuge erscheint auf die erstmalige Ladung der Polizei nicht, woraufhin die Polizei die Staatsanwaltschaft ersucht, eine entsprechende Erscheinenspflicht anzuordnen und sodann eine neue Ladung ergeht. Nichtsdestotrotz dürften Vernehmungen oftmals effektiver von Seiten der Polizei vorgenommen werden, da diese im Rahmen des Ermittlungsverfahrens regelmäßig den besseren Gesamtüberblick über die bisherigen Ermittlungsergebnisse haben dürfte. Andererseits kann den Polizeibeamten gerade in Wirtschaftsstrafverfahren der vertiefte juristische Sachverstand fehlen, sodass Vernehmungen ggf. in die falsche Richtung geleitet werden. Daher kann die Neuregelung insoweit nur eingeschränkt optimistisch betrachtet werden.

Weiterhin steht seit 2004[334] die Befugnis zur Durchsicht von Dokumenten bei Durchsuchungen nicht mehr nur dem Richter und der Staatsanwaltschaft, sondern im Wege der Verfahrensbeschleunigung[335] auch den Ermittlungspersonen der Staatsanwaltschaft zu[336]; diese Befugnis kann bei der Postbeschlagnahme auch auf die Staatsanwaltschaft übertragen werden[337]. Die gesetzgeberische Erwägung hinter der Erweiterung der Befugnis auch auf Ermittlungspersonen der Staatsanwaltschaft bestand darin, dass insbesondere bei elektronischen Unterlagen bei der Staatsanwaltschaft der technische Sachverstand zum Auffinden z. B. versteckter Dokumente nicht vorliegt und zudem eine Beschleunigung der Durchsicht der oftmals umfangreichen Datenbestände sowie zugleich eine Entlastung der Staatsanwaltschaft erreicht werden kann, wenn auch die Polizeibeamten zur Durchsicht ermächtigt werden.[338] Insoweit half auch die ausdrückliche Einführung der Befugnis zur Durchsicht elektronischer Speichermeiden im Jahre 2008 weiter.[339]

---

334 Erstes Gesetz zur Modernisierung der Justiz (1. Justizmodernisierungsgesetz) vom 24.08.2004, BGBl. I, 2004, 2198 ff., 2201.

335 Hierzu kritisch: *Tsambikakis* in: LR-StPO, 27. Auflage 2019, § 110 Rn. 2.

336 Vgl. § 110 Abs.1 StPO; zur Entstehungsgeschichte auch: *Tsambikakis* in: LR-StPO, 27. Auflage 2019, § 110 Vor Rn. 1 mit Verweis auf Art. 1 Nr. 27 des 1. StVRG (BGBl. I, 1974, 3396 (linke Spalte); Erstes Gesetz zur Modernisierung der Justiz (1. Justizmodernisierungsgesetz) vom 24.08.2004, BGBl. I, 2004, 2198 ff., 2201.

337 Vgl. § 100 Abs.3 StPO.

338 Entwurf eines Gesetzes zur Modernisierung der Justiz, BR-Drs. 378/03 vom 30.06.2003, S. 54 f.

339 Dies bereits befürwortend: Entwurf eines Gesetzes zur Beschleunigung von Strafverfahren (Strafverfahrensbeschleunigungsgesetz), BT-Drucks. 14/1714, S. 13; zur Neuregelung auch: *Tsambikakis* in: LR-StPO, 27. Auflage 2019, § 110 Vor Rn.1.

B. Abschaffung der gerichtlichen Voruntersuchung

Das vormalig existierende Institut der gerichtlichen Voruntersuchung wurde mit dem 1. StVRG – nicht zuletzt wegen seiner ohnehin geringen Praxisbedeutung[340] – abgeschafft.[341] Maßgeblich wurde dies damit begründet, dass es einer ökonomischen Verfahrensdurchführung abträglich sei, wenn eine Doppelbearbeitung durch Staatsanwaltschaft und Gericht aufgrund einer Teilung der Ermittlungsaufgaben erfolge; jedenfalls solange dies nicht lediglich auf die Kontrolle der staatsanwaltlichen Ermittlungen beschränkt ist.[342] Zudem sei das Instrument der gerichtlichen Voruntersuchung ein Relikt des Inquisitionsprozesses, der durch eine unbegrenzte Verfahrensherrschaft des Richters geprägt gewesen sei.[343] Außerdem sei die Einführung der gerichtlichen Voruntersuchung zentral damit begründet gewesen, dass das Amt des Staatsanwalts noch neu und diesem mit gewissem Misstrauen begegnet worden war, was zwischenzeitlich nicht mehr der Fall sei.[344] Notwendige Konsequenz war eine Ausweitung der Befugnisse der Staatsanwaltschaft dahingehend, dass die Verantwortung für die Durchführung des Ermittlungsverfahrens gänzlich in die Hände der Staatsanwaltschaft gelegt wurde.[345] Insgesamt wird die Abschaffung der gerichtlichen Voruntersuchung überwiegend als Bereicherung für eine beschleunigte Verfahrensführung gesehen.[346]

C. Zwischenverfahren

Auch das Zwischenverfahren[347], welches bereits in der ursprünglichen StPO enthalten war,[348] soll dem Zweck der effektiven Verfahrensgestaltung

340 Hierzu auch: *Kühne* in: LR-StPO, 27. Auflage 2016, Einl. Abschnitt J, Rn. 41.

341 Vgl. hierzu auch die Ausführungen in Kapitel 5 B I. 1. b) (2).

342 Gesetzesentwurf der Bundesregierung, Entwurf eines ersten Gesetzes zur Reform des Strafverfahrensrechts (1. StVRG), BT-Drucks. 7/551, S. 38 (linke Spalte).

343 Gesetzesentwurf der Bundesregierung, Entwurf eines ersten Gesetzes zur Reform des Strafverfahrensrechts (1. StVRG), BT-Drucks. 7/551, S. 38 (rechte Spalte).

344 Gesetzesentwurf der Bundesregierung, Entwurf eines ersten Gesetzes zur Reform des Strafverfahrensrechts (1. StVRG), BT-Drucks. 7/551, S. 38 (rechte Spalte).

345 Ähnlich auch: *Kühne* in: LR-StPO, 27. Auflage 2016, Einl. Abschnitt J, Rn. 41.

346 Hierzu: *Kohlmann* in: *Gamm/Raisch/Tiedemann*, Strafrecht, Unternehmensrecht, Anwaltsrecht, 1988, S. 203, 208 f.

347 Vgl. §§ 199 ff. StPO.

348 Hierzu auch: *Stuckenberg* in: LR-StPO, 27. Auflage 2018, Vor § 198 Rn. 1.

dienen.[349] Es sichert den Anspruch des Beschuldigten auf rechtliches Gehör gem. Art. 103 Abs. 1 GG und auf den gesetzlichen Richter gem. Art. 101 Abs. 1 Satz 2 GG; letzteres insbesondere durch die Prüfung der Gerichtszuständigkeit[350] und trägt insgesamt zur Straffung des Verfahrens bei.[351]

Dem Zwischenverfahren kommt nach seiner gesetzlichen Konzeption eine gewichtige Filterfunktion zu.[352] Insbesondere durch die Abschaffung der gerichtlichen Voruntersuchung trat ein weiterer Bedeutungszuwachs des Zwischenverfahrens ein.[353] Das Zwischenverfahren wird durch Übersendung der Anklage von der Staatsanwaltschaft an das Gericht eingeleitet und findet seinen Abschluss mit der Entscheidung des Gerichts, ob die dargelegten Tatsachen den von der Staatsanwaltschaft angenommenen Tatverdacht stützen können oder nicht.[354] Es stellt eine Ausprägung des Prinzips der „Checks and Balances" dar,[355] indem die Staatsanwaltschaft bei Gericht die Anklageschrift und den Antrag auf Eröffnung des Hauptverfahrens einreicht, woraufhin das Gericht über die Eröffnung zu entscheiden hat. Hierfür hat es nach Aktenlage zu prüfen, ob ein hinreichender Tatverdacht gegeben ist[356]. Da dem Gericht grundsätzlich alle Akten vorzulegen sind,[357] muss es sich bei Beantwortung dieser Frage, um gesetzeskonform zu agieren, bereits zu diesem Zeitpunkt eingehend mit dem Sachverhalt und den Beweismitteln auseinandersetzen. Hierbei muss bewertet werden, wie hoch auf Grundlage der sich aus den Akten ergebenden Tatsachen der Grad der Wahrscheinlichkeit ist, dass der Beschuldigte die bezeichnete Tat begangen hat.[358] Weiterhin muss eine rechtliche Würdigung derselben erfolgen, es müssen Erwägungen hinsichtlich der Beweisbarkeit des anzuklagenden Sachverhalts getroffen werden und schließlich darf auch eine Prüfung der Prozessvoraussetzungen sowie des Nichtvorliegens von Prozesshindernissen nicht

---

349 So auch: *Bundesministerium der Justiz*, 2015, S. 93 f.; die Bedeutung des Zwischenverfahrens besonders hervorhebend: *Dengler*, Die richterliche Kontrolle der Abschlussverfügung der Staatsanwaltschaft im Ermittlungsverfahren, 2003, S. 343 ff.

350 Vgl. §§ 6, 6a, 16, 209, 209a StPO.

351 Vgl. vor allem § 207 Abs. 2 StPO; so auch: *Stuckenberg* in: LR-StPO, 27. Auflage 2018, Vor § 198, Rn. 10 ff.

352 Hierzu auch: *Stuckenberg* in: LR-StPO, 27. Auflage 2018, Vor § 198 Rn. 12.

353 Hierzu auch: *Stuckenberg* in: LR-StPO, 27. Auflage 2018, Vor § 198 Rn. 12.

354 Ausführlicher hierzu auch: *Bundesministerium der Justiz*, 2015, S. 93.

355 *Schneider* in: KK-StPO, 8. Auflage 2019, § 199, Rn. 1.

356 Vgl. § 203 StPO.

357 *Schneider* in: KK-StPO, 8. Auflage 2019, § 199, Rn. 8 ff.

358 *Steinberg*, "Verdacht als quantifizierbare Prognose?", JZ 2006, 1045, 1047.

unterbleiben.[359] Angesichts dieser aufwändigen Prüfung erscheint die Ansicht nachvollziehbar, die die „Filterfunktion"[360] des Zwischenverfahrens betont.

Zudem dienen die in diesem Stadium bereits vorzunehmende Unterrichtung des Angeklagten von den Vorwürfen[361], die dem Verteidiger zu gewährende Akteneinsicht[362], die dem Beschuldigten zustehende Äußerungsmöglichkeit sowie die Belehrung über mögliche Beweiserhebungen[363] grundsätzlich einer optimalen Vorbereitung der Verteidigung.[364] Dadurch, dass das Gericht hierdurch bereits vor Durchführung der Hauptverhandlung auf Zweifel der Verteidigung hingewiesen werden kann, besteht die Möglichkeit, etwaige Mängel vor einer Hauptverhandlung zu beheben und letztere danach umso zügiger durchzuführen.[365]

Dennoch wird Kritik an der fehlenden Praxisrelevanz des Zwischenverfahrens geübt. Es wird teilweise der Verdacht geäußert, dass das Zwischenverfahren gerade nicht dem Gesetz entsprechend gehandhabt werde, sondern die Entscheidung des Richters eine bloße Formalie sei.[366] Die Filterfunktion werde in der Rechtswirklichkeit nicht genutzt.[367] Auch die Verteidigung mache zu diesem frühen Zeitpunkt von ihren Interventionsmöglichkeiten kaum Gebrauch.[368] Dem werden Zahlen entgegengehalten, die zeigen sollen, dass dies zwar im Grundsatz richtig sei, aber zumindest in schwierigen Fällen, in denen eine sorgfältige Durchführung des Zwischenverfahrens seine Filterwirkung erst voll entfalten

---

359 *Schneider* in: KK-StPO, 8. Auflage 2019, § 203, Rn. 3.

360 So auch: *Bundesministerium der Justiz*, 2015, S. 93 f.

361 Vgl. § 201 Abs. 1 Satz 1 StPO.

362 Vgl. § 169a, § 147 StPO.

363 Vgl. §§ 201, 202 StPO.

364 *Bundesministerium der Justiz*, 2015, S. 94.

365 *Bundesministerium der Justiz*, 2015, S. 94; *Stuckenberg* in: LR-StPO, 27. Auflage 2018, Vor § 198, Rn. 10 ff.

366 So *Klemke/Elbs*, Einführung in die Praxis der Strafverteidigung, 4. Auflage 2019, Rn. 605; in die gleiche Richtung auch: *Eschelbach* in: BeckOK StPO mit RiStBV und Mistra, Stand: 01.07.2021, StPO, § 257b Rn. 1.4 f. mit Verweis darauf, dass Richter regelmäßig aus Effizienzgründen geneigt sind, die Akten erst zu studieren, wenn es sich nicht mehr „vermeiden lässt", da eine Absprache nicht zustande gekommen ist.

367 *Bundesministerium der Justiz*, 2015, S. 95; hierzu auch: *Stuckenberg* in: LR-StPO, 27. Auflage 2018, Vor § 198 Rn. 13 mit Verweis auf die Justizstatistik des Statistischen Bundesamts, Fachserie 10 Reihe 2.3 Strafgerichte, aus der sich ergibt, dass von den im Jahr 2005 erledigten Verfahren lediglich bei 0,59% die Eröffnung des Hauptverfahrens abgelehnt wurde.

368 *Bundesministerium der Justiz*, 2015, S. 95.

könne, die Zahl der abgelehnten Eröffnungsanträge steige.[369] Aber auch hier ließe sich skeptisch hinterfragen, ob diese Feststellung geeignet ist, die gesetzeskonforme Anwendung des Zwischenverfahrens zu untermauern, oder ob dieses Phänomen nicht wiederum der Überlastung geschuldet ist, die die Richter dazu bewegt, ein Verfahren, obwohl möglicherweise ein hinreichender Tatverdacht gegeben wäre, angesichts der Komplexität des Falls gar nicht erst zu eröffnen. Sichere Erkenntnisse hierzu existieren jedenfalls nicht. Es bleibt mithin festzuhalten, dass die gesetzliche Konzeption als gelungen anzusehen, die praktische Ausschöpfung des Potenzials des Zwischenverfahrens jedoch noch ausbaufähig erscheint.

D. Die Erörterung des Verfahrensstandes

Die Erörterung des Verfahrensstandes wurde im Rahmen des Gesetzes zur Regelung der Verständigung im Strafverfahren eingeführt. Sie sollte dem Ziel dienen, dass die Beteiligten frühzeitig Möglichkeiten nutzen, sich z. B. über „den Ablauf des weiteren Verfahrens […], eine Verfahrensbeendigung nach § 153a“[370] zu besprechen.

In der Rechtswirklichkeit wird von diesen Möglichkeiten teils mehr, teils minder Gebrauch gemacht. So soll insbesondere die noch recht junge Regelung[371] des § 160b StPO in der Praxis – jedenfalls nach den bisherigen Erkenntnissen[372] – nicht im erwarteten Umfang angenommen worden sein.[373]

369 *Stuckenberg* in: LR-StPO, 27. Auflage 2018, Vor § 198 Rn. 13.

370 Entwurf eines Gesetzes zur Regelung der Verständigung im Strafverfahren, BT-Drucks. 16/11736, S. 9 f.

371 So auch: *Jahn* in: MüKo StPO, 1. Auflage 2016, § 160b StPO, Rn. 7.

372 Insoweit skeptisch zu bisherigen „empirischen“ Erkenntnissen: *Jahn* in: MüKo StPO, 1. Auflage 2016, § 160b StPO, Rn. 7.

373 In diesem Sinne auch: *Jahn* in: MüKo StPO, 1. Auflage 2016, § 160b StPO, Rn. 7 mit Verweis auf: *BGH* 20.10.2010 – 1 StR 400/10, NStZ 2011, 592 Rn. 14; zum Kontext *Jahn*, „Entwicklungen und Tendenzen zwei Jahre nach Inkrafttreten des Verständigungsgesetzes“, StV 2011, 497, 503 und *Altenhain/Dietmeier/May*, Die Praxis der Absprachen in Strafverfahren, 2013, S. 61 ff., wobei darauf verwiesen wird, dass § 160b im Sinne einer Absprache im Vorverfahren nur ein einziges Mal (S. 62) erwähnt wird. Die Vorgängerstudie (*Altenhain/Hagemeier/Haimerl*, Die Praxis der Absprachen in Wirtschaftsstrafverfahren, 2007, S. 217 ff.) bezog zwar auch das Ermittlungsverfahren ein, wurde aber zeitlich vor Einführung des § 160b StPO abgeschlossen.

Insbesondere Richter seien nur wenig beteiligt.[374] Insoweit ist allerdings die Frage aufzuwerfen, ob dies nicht dem Umstand geschuldet sein kann, dass im Ermittlungsverfahren vor Erhebung der Anklage regelmäßig noch ungeklärt ist, welches Gericht und damit welcher Richter zuständig ist, sodass der Richter in diesem Rahmen nicht zu den zu beteiligenden Beteiligten gehören dürfte.[375]

Der Vorschrift des § 202a StPO kommt in der Praxis jedenfalls aus Verteidigersicht eine hohe Bedeutung zu, da durch ihre Inanspruchnahme möglicherweise die Durchführung einer Hauptverhandlung vermieden werden kann. Eine vergleichbare Wirkung besitzt § 212 StPO, da der Übergang vom Zwischen- zum Hauptverfahren fließend sein kann und auch nach Eröffnung des Hauptverfahrens regelmäßig das Bedürfnis besteht, im Hinblick auf eine Vermeidung einer Hauptverhandlung oder eine Konzentration der Hauptverhandlung auf wesentliche Vorwürfe, den Verfahrensstand zu erörtern. In Abgrenzung zu § 257b StPO gilt er nach Eröffnung des Hauptverfahrens außerhalb der Hauptverhandlung, während § 257b StPO für die Hauptverhandlung konzipiert ist. Insbesondere von Erörterungen des Verfahrensstandes innerhalb der Hauptverhandlung wird bei umfangreichen Verfahren rege Gebrauch gemacht.

E. Case Management-Ansätze: Terminabstimmung

Eine weitere, insbesondere Umfangsverfahren dienliche (Neu-)Regelung betrifft die Terminierung der Hauptverhandlungstage. So soll nach § 213 Absatz 2 StPO bei Hauptverhandlungen in umfangreichen Verfahren vor dem Land- oder Oberlandesgericht mit prognostizierter Inanspruchnahme von mehr als zehn Verhandlungstagen eine Abstimmung über den „äußeren Ablauf" zwischen den Verfahrensbeteiligten[376] stattfinden, auch wenn die Terminbestimmungsmacht weiterhin im Ermessen des Vorsitzenden liegen soll.[377] Neben der Terminbestimmung soll gerade frühzeitig geklärt werden, wo die Verfahrensbeteiligten Probleme im Hinblick auf die Beweisaufnahme verorten, sodass der Umfang

---

374 So: *Jahn* in: MüKo StPO, 1. Auflage 2016, § 160b StPO, Rn. 7 mit Verweis auf *Altenhain/Dietmeier/May*, Die Praxis der Absprachen in Strafverfahren, 2013, S. 61.

375 So auch: *Jahn* in: MüKo StPO, 1. Auflage 2016, § 160b Rn. 13; hierzu ebenfalls: *Altenhain/Dietmeier/May*, Die Praxis der Absprachen in Strafverfahren, 2013, S. 62.

376 Gemeint sind die Verfahrensbeteiligten im weiteren Sinne: Denn auch der Richter soll insoweit mit einbezogen werden, welcher indes de iure kein Verfahrensbeteiligter ist.

377 Entwurf eines Gesetzes zur effektiveren und praxistauglicheren Ausgestaltung des Strafverfahrens, BT-Drucks. 18/11277, S. 32.

der Beweisaufnahme zumindest grob abgesteckt werden kann.[378] Hierdurch können spätere Verfahrensverzögerungen verringert werden,[379] die durch eine sukzessive Stellung von Beweisanträgen oder durch spätere Terminkollisionen entstehen, welche dadurch verursacht werden, dass das Verfahren mehr Hauptverhandlungstermine erfordert als ursprünglich angenommen. Unklar ist noch, wie der Begriff der „Abstimmung" zu verstehen ist, d. h. ob damit ein Konsens gemeint ist oder mehr eine allgemeine Erörterung. [380]

Diese Neuregelung geht allerdings nicht weit genug. Zum einen greift sie erst nach Eröffnung des Hauptverfahrens ein, sodass der pro inertia-Effekt bereits eingetreten sein dürfte und eine tatsächlich effiziente Verfahrensgestaltung durch Erledigung des Verfahrens im Ermittlungsverfahren nicht mehr eintreten kann. Zum anderen handelt es sich um eine bloße „Soll"-Regelung bzw. um eine Ordnungsvorschrift.[381] Da bislang – obwohl auch über eine Terminabstimmung nach der vor der Einführung der geänderten Regelung geltenden Rechtslage in einem Erörterungstermin nach §§ 202a, 212 StPO hätte gesprochen werden können – selbst in Umfangsverfahren eine Abstimmung nur unzureichend erfolgt war, ist davon auszugehen, dass die jetzige „Soll-Regelung" an der gelebten Praxis nicht viel ändern wird. Außerdem gilt sie lediglich für Verfahren vor dem Land- oder Oberlandesgericht, obwohl Verfahren besonderen Umfangs auch vor den Amtsgerichten verhandelt werden können und auch dort das Eingreifen der Vorteile einer frühzeitigen Terminabstimmung mit den Beteiligten wünschenswert wäre.

F. Neuerungen im Hinblick auf das Befangenheitsrecht

Daneben existieren auch im verfahrensverzögerungsanfälligen Befangenheitsrecht einige verfahrensförderliche Neuerungen. Zuletzt wurden durch das

378 Entwurf eines Gesetzes zur effektiveren und praxistauglicheren Ausgestaltung des Strafverfahrens, BT-Drucks. 18/11277, S. 33.

379 Entwurf eines Gesetzes zur effektiveren und praxistauglicheren Ausgestaltung des Strafverfahrens, BT-Drucks. 18/11277, S. 33.

380 Mit Blick auf die freie Wahl des Verteidigers durch den Beschuldigten und die prozessuale Fürsorgepflicht des Gerichts bereits im Rahmen des früheren Gesetzeswortlautes in Richtung eines Konsenses tendierend: *Britz* in: Radtke/Hohmann, StPO, 2011, § 213, Rn. 10; ausführlich zum Diskussionsstand: *Kasten*, 2017, S.300 ff.; konkret zum Vorgehen bei Umfangsverfahren: *derselbige*, S. 327 f.

381 Entwurf eines Gesetzes zur effektiveren und praxistauglicheren Ausgestaltung des Strafverfahrens, BT-Drucks. 18/11277, S. 33.

Gesetz zur Modernisierung des Strafverfahrens im Jahr 2019[382] in Anknüpfung an das Gesetz zur effektiveren und praxistauglicheren Ausgestaltung des Strafverfahrens aus dem Jahr 2017[383] Neuregelungen mit dem Ziel der Effektivierung eingeführt.[384] Die in vorliegendem Kontext relevanten Neuerungen sind näher zu untersuchen.

I. Möglichkeit einer Begründungspflicht des Ablehnungsgesuchs (§ 26 Abs. 1 Satz 2 StPO)

Sofern der Antragssteller ein Ablehnungsgesuch abgeben möchte, soll ihm auferlegt werden können, eine schriftliche Begründung (nach)zuliefern.[385] Dies soll gerade in Fällen, in denen eine Verschleppungsabsicht im Raum steht, dazu dienen, dass das Verfahren nicht unbegründeterweise verzögert wird,[386] da der Antrag nicht leichtfertig gestellt wird.

Zudem birgt die Verpflichtung zur schriftlichen Begründung des Ablehnungsgesuchs einen weiteren Beschleunigungsmoment: Nach § 29 Absatz 3 StPO soll grundsätzlich über das Ablehnungsgesuch binnen zwei Wochen bzw. bis zum Beginn des übernächsten Verhandlungstages nach Vorlage der schriftlichen Begründung zu entscheiden sein.[387]

II. Durchführung der Hauptverhandlung nach Ablehnung eines Richters wegen Befangenheit

In diese Richtung soll auch die Vorschrift des § 29 Absatz 2 Satz 1 StPO gehen: Danach gestattet die Durchführung der Hauptverhandlung keinen Aufschub; sie findet bis zur Entscheidung über das Ablehnungsgesuch unter Mitwirkung des abgelehnten Richter stat. Dies soll Verfahrensverzögerungen vorbeugen, welche nicht zuletzt auch in der sog. Konfliktverteidigung gesehen

---

382 Gesetz zur Modernisierung des Strafverfahrens vom 10.12.2019, BGBl. I, S. 2121.

383 Gesetz zur effektiveren und praxistauglicheren Ausgestaltung des Strafverfahrens vom 07.08.2017, BGBl. I S. 3202.

384 Entwurf eines Gesetzes zur Modernisierung des Strafverfahrens, BT-Drucks. 19/14747, S. 1

385 Vgl. hierzu: Entwurf eines Gesetzes zur effektiveren und praxistauglicheren Ausgestaltung des Strafverfahrens, BT-Drucks. 18/11277, S. 18.

386 So: Entwurf eines Gesetzes zur effektiveren und praxistauglicheren Ausgestaltung des Strafverfahrens, BT-Drucks. 18/11277, S. 18 f.

387 Vgl. § 29 Abs. 3 Satz 2 Nr. 2, Satz 3 StPO; Entwurf eines Gesetzes zur Modernisierung des Strafverfahrens, BT-Drucks. 19/14747, S. 21 ff.

werden; denn das Tätigwerden erst kurz vor der Hauptverhandlung kann nicht als verfahrensförderlich und im Einzelfall als rechtsmissbräuchlich angesehen werden. [388] Hierin liegt keine Beeinträchtigung der Rechte des Angeklagten.[389] Denn durch die Neuregelung werden den Angeklagten letztlich belastende Verfahrensverzögerungen vermieden.[390] Zudem muss – sofern möglich – vor Ablauf der zwei Wochen über das Ablehnungsgesuch entschieden werden.[391]. Kritisch anzumerken ist, dass – im Gegensatz zur Vorgängervorschrift, wonach die Hauptverhandlung (lediglich) bis zur vollständigen Anklageverlesung durchgeführt werden konnte – die Hauptverhandlung mitunter mehrere Verhandlungstage durchgeführt und sodann bei Stattgabe des Ablehnungsantrages – sofern keine Ergänzungsrichter hinzugezogen wurden – von neuem begonnen werden muss. [392] Mithin dient die Neuregelung nur in den Fällen des abgelehnten Befangenheitsantrages der Verfahrenseffizienz. Angesichts der grundsätzlich geringen Erfolgschancen eines Befangenheitsantrages überwiegen jedoch die Fälle, in denen hiermit Verfahrensverzögerungen vorgebeugt wird.

III. Zeitliche Beschränkung der Ablehnungsmöglichkeit eines Richters

Bereits im ursprünglichen Entwurf der StPO konnte ein Richter nicht zeitlich unbeschränkt abgelehnt werden, sondern lediglich bis zur Verlesung des Eröffnungsbeschlusses.[393] Dies dient der Beschleunigung des Verfahrens,[394] da so gewährleistet wird, dass nicht erst nach Durchführung etlicher Verhandlungstage ein Neubeginn des Prozesses wegen einer Ablehnung des Richters erforderlich wird, deren Grund bereits zu Beginn der mündlichen Verhandlung

388 Entwurf eines Gesetzes zur Modernisierung des Strafverfahrens, BT-Drucks. 19/14747, S. 21 ff.

389 So auch: Entwurf eines Gesetzes zur Modernisierung des Strafverfahrens, BT-Drucks. 19/14747, S. 23.

390 So auch: Entwurf eines Gesetzes zur Modernisierung des Strafverfahrens, BT-Drucks. 19/14747, S. 23.

391 So auch: Entwurf eines Gesetzes zur Modernisierung des Strafverfahrens, BT-Drucks. 19/14747, S. 23; vgl. auch § 29 Abs. 3 Satz 1 StPO („spätestens").

392 Hierzu auch: *Gmel* in: KK-StPO, 8. Auflage 2019, § 226 Rn. 4.

393 Hierzu auch: *Siolek* in: LR-StPO, 27. Auflage 2016, § 25 Vor Rn. 1; vgl. auch *Hahn*, Die gesammten Materialien zur Strafprozeßordnung und dem Einführungsgesetz zu derselben vom 1. Februar 1877, Bd. I, 2. Auflage 1885, S. 6.

394 *Kohlmann*, in: *Gamm/Raisch/Tiedemann*, Strafrecht, Unternehmensrecht, Anwaltsrecht, 1988, S. 203, 208 f.

gegeben war. Nach der aktuellen Fassung des § 25 Abs. 1 Satz 1 StPO ist eine Ablehnung des Richters wegen Besorgnis der Befangenheit grundsätzlich bei bereits bekannten Ablehnungsgründen nur bis zum Beginn der Vernehmung des Angeklagten zulässig. Durch das Gesetz zur Modernisierung des Strafverfahrens wurde der Zeitpunkt noch weiter vorverlagert, sofern die Besetzung des Gerichts nach § 222a Abs.1 Satz 2 StPO schon vor Beginn der Hauptverhandlung mitgeteilt worden ist. In diesem Fall muss das Ablehnungsgesuch unverzüglich vorgebracht werden.[395]

G. Beschränkung des zu verlesenden Anklagesatzes

Aus § 243 Abs. 3 Satz 1 StPO ergibt sich lediglich, dass die Staatsanwaltschaft den Anklagesatz zu verlesen hat. Da dieser insbesondere in Wirtschaftsstrafsachen mit einer oftmals großen Zahl an Einzeltaten mit gleichförmiger Begehungsweise, die vom nicht aktenkundigen Zuhörer nicht erfasst werden können,[396] einhergeht, wurde von der Rechtsprechung insoweit eine teleologische Reduktion der Norm im Hinblick auf das Merkmal „Verlesen“ vorgenommen.[397] Als Argument hierfür wird angeführt, dass ein entgegenstehender gesetzgeberischer Wille nicht ersichtlich sei[398] und dass bereits der Wortlaut für diese Lösung spreche, da Verlesen im Unterschied zum Vorlesen[399] meine, dass „etwas Amtliches, was der Öffentlichkeit zur Kenntnis gebracht werden soll, durch Lesen bekannt gemacht wird",[400] wofür nicht unbedingt die komplette Wiedergabe erforderlich, sondern die erheblichen Teile ausreichend seien.[401] Das Merkmal „verliest“ wird restriktiv dahingehend ausgelegt, dass lediglich die allen Taten gemeinsame äußere Handlung, durch die der Straftatbestand verwirklicht wird, die Anzahl der Taten, der Tatzeitraum und ggf. der Gesamtvermögensschaden verlesen

---

395 Vgl. § 25 Abs. 1 Satz 2 StPO.

396 Zur „Hörverständlichkeit“ auch: *Britz*, „Die Verlesung des Anklagesatzes nach § 243 Abs. 3 S. 1 StPO: eine reformbedürftige Vorschrift?“ in: *Jung / Luxenburger / Wahle*, Festschrift für Egon Müller, 1. Auflage 2008, Baden-Baden, S. 107, 108.

397 *BGH*, Beschluss vom 12.01.2011 – GSSt 1/10, NStZ 2011, 297, 298 f; hierzu kritisch: *Lindemann*, 2012, S. 280.

398 *BGH*, Beschluss vom 12.01.2011 – GSSt 1/10, NJW 2011, 1687, 1690.

399 Z. B. in §§ 168a Abs. 3 Satz 1, 35 Abs. 3 StPO.

400 *BGH*, Beschluss vom 12.01.2011 – GSSt 1/10, NJW 2011, 1687, 1690; aA: *Lindemann*, 2012, S. 280.

401 *BGH*, Beschluss vom 12.01.2011 – GSSt 1/10, NJW 2011, 1687, 1690.

werden, während die Details betreffend jede Einzeltaten hiervon nicht erfasst werden.[402]

H. Verbesserung der Kommunikationsstruktur durch Einführung von sog. „opening statements“

Neben den zuvor ausgeführten bereits vorhandenen Mechanismen wurde nach bereits seit 1997 anhaltender, auf das anglo-amerikanische Verfahren zurückgehender Diskussion[403] für Umfangsverfahren die Möglichkeit sog. opening statements eingeführt. Die Vorschrift des § 243 Absatz 5 Satz 3 StPO soll in Umfangsverfahren ein Recht des Angeklagten verkörpern, dass sein Verteidiger für ihn ein vorgezogenes, vor der Vernehmung des Angeklagten erfolgendes, Statement abgeben kann.[404] Der bereits der gelebten Rechtspraxis bekannte Mechanismus, dem hier nur in Umfangsverfahren für das Hauptverfahren zwingender Charakter verliehen wird,[405] dient der Effizienz des Verfahrens. Bereits zu Beginn der Hauptverhandlung können Ausführungen dahingehend gemacht werden, welche Verteidigungsmittel gegen den Anklagevorwurf bestehen, wodurch relativ frühzeitig mit „offenen Karten“ gespielt, ggf. Unklarheiten beseitigt und Verfahrensfehler gerügt werden können.[406] Zudem kann ein etwaig bestehendes Ungleichgewicht, z. B. auch für der Hauptverhandlung beiwohnende Zuschauer[407] und die Presse, welches durch Verlesung der Anklageschrift entsteht, durch eine Darstellung, wie sich die Sachlage aus Sicht des

402 *BGH*, Beschluss vom 12.01.2011 – GSSt 1/10, NStZ 2011, 297, 299 f.

403 Hierzu ausführlicher: *Kautenburger-Behr*, Zum Rederecht des Verteidigers nach Verlesung des Anklagesatzes, 2004, S. 8 f.; hierzu auch bereits: *Habetha*, Effektivität bestimmt das Handeln, StV 2017, I (Heft 3).

404 Entwurf eines Gesetzes zur effektiveren und praxistauglicheren Ausgestaltung des Strafverfahrens, BT-Drucks. 18/11277, S. 33 f.

405 Vorsichtig in diese Richtung auch: Stellungnahme der BRAK zum Entwurf der Bundesregierung eines Gesetzes zur effektiveren und praxistauglicheren Ausgestaltung des Strafverfahrens (BT-Drucks. 18/11277), Nr. 17/2017, März 2017, S. 6, in der darauf hingewiesen wird, dass auch in sonstigen Verfahren durch den Vorsitzenden des erkennenden Gerichts opening statements zugelassen werden können.

406 Hierzu ausführlicher: *Kautenburger-Behr*, 2004, S. 8 f.

407 Dies ebenfalls anführend: Stellungnahme des Deutschen Anwaltvereins durch den Ausschuss Strafrecht zum Entwurf eines Gesetzes zur effektiveren und praxistauglicheren Ausgestaltung des Strafverfahrens (Referentenentwurf des BMJV), Stellungnahme 40/2016, August 2016, S. 8.

Angeklagten darstellt, unabhängig von einer Vernehmung des Angeklagten ausgeglichen werden.[408]

I. Der strafprozessuale „Deal"

Eine weitere praxisrelevante und für die Bewältigung eines Gros der Verfahren bedeutende Vorschrift ist die noch recht junge Vorschrift des § 257c StPO. Nachdem jahrelang in teilweise sehr umstrittener Weise die Rechtspraxis dieses Institut bereits angewendet hatte, wurde es 2009 erstmals kodifiziert und stellt einen ganz neuen Verfahrenstypus in der StPO dar;[409] wenn auch der Gesetzgeber kein „Konsensprinzip" im eigentlichen Sinne einführen wollte.[410] Telos der Einführung des § 257c StPO war es, die gelebte Rechtspraxis betreffend die „Deals" einschließlich des insoweit einzuhaltenden Verfahrens unter Wahrung der betroffenen strafprozessualen Maximen einer Kodifikation zuzuführen und hierdurch auch Rechtssicherheit herbeizuführen.[411] Bereits die Entscheidung des BVerfG vom 19.03.2013[412] verdeutlicht jedoch, dass dieses Ziel verfehlt wurde.[413] Auch weiterhin wird eine Vielzahl von Strafverfahren durch informelle Deals beendet.[414] Aufgrund der Maßgabe in § 257c Abs.1 Satz 2 StPO,

---

408 In diese Richtung auch: Stellungnahme der BRAK zum Entwurf der Bundesregierung eines „Gesetzes zur effektiveren und praxistauglicheren Ausgestaltung des Strafverfahrens" (BT-Drucks. 18/11277 v. 22.02.2017), Nr. 17/2017, März 2017, S. 6.

409 So: *Weigend*, „Eine Prozeßordnung für abgesprochene Urteile?: Anmerkungen zu den Entscheidungen BGHSt 43, 195 und BGH, NStZ 1999, 92", NStZ 1999,57; ebenso: *Weßlau*, 2002, S. 6; sehr skeptisch hierzu: *Fischer*, "Ein Jahr Absprache-Regelung, Praktische Erfahrungen und gesetzlicher Ergänzungsbedarf", ZRP 2010, 249, 250.

410 Entwurf eines Gesetzes zur Regelung der Verständigung im Strafverfahren, BT-Drucks. 16/12310, S. 8 (rechte Spalte).

411 Entwurf eines Gesetzes zur Regelung der Verständigung im Strafverfahren, BT-Drucks. 16/12310, S. 1.

412 Sog. Absprachen-Urteil des BVerfG vom 19.03.2013 - 2 BvR 2626/10, NJW 2013, 1058 ff.

413 „Zum defizitären Vollzug des Verständigungsgesetzes": Urteil des BVerfG vom 19.03.2013 - 2 BvR 2626/10, NJW 2013, 1069; auf die praktische Notwendigkeit des Deals für die Strafrechtspraxis indes hinweisend und an alle Beteiligten auf eine strenge Umsetzung der formellen Anforderungen appellierend: *Moldenhauer/Wenske* in: KK-StPO, 8. Auflage 2019, § 257c, Rn. 6.

414 Hierzu auch: Urteil des BVerfG vom 19.03.2013 - 2 BvR 2626/10, NJW 2013, 1070; ebenso: *Altenhain/Dietmeier/May*, Die Praxis der Absprachen in Strafverfahren, 2013, S. 36 ff., wobei sich aus den Befragungen die schockierende Zahl ergibt, dass zwischen

dass die Amtsaufklärungspflicht des Gerichts gemäß § 244 Abs. 2 StPO unberührt bleibt, wird die Entlastung des Hauptverfahrens im Rahmen der Beweisaufnahme durch einen Deal als eher marginal angesehen.[415] Dies dürfte nach der Entscheidung des BVerfG, welches das Anwendungsdefizit in der Praxis gerügt hat, umso mehr gelten.[416]

Auch wenn der Deal zumindest geeignet erscheint, eine Beschleunigung des Verfahrens zu bewirken und so das Verfahren zu einem Teil effizienter zu machen, wird teils kritisiert, dass – jedenfalls, wenn man Gerechtigkeit und Wahrheit als Ziel des Strafprozesses ansieht[417] – die Effizienz gleichzeitig durch das Treffen einer Verfahrensabsprache leide: So sieht *Stuckenberg* „die Bedrohung der rechtsstaatlichen Strafrechtspflege durch eine willkürliche Absprachenpraxis ungleich ernster als durch die Überlastung der Justiz.[418] Er geht sogar noch ein Stück weiter und bezeichnet den Deal als verfassungswidrig, da er nicht vereinbar sei mit dem zwingenden staatlichen Strafanspruch.[419] Will man die Annahme, dass der Deal verfassungswidrig sei, teilen, so kann von einem effizienzsteigernden Mechanismus keine Rede mehr sein. Denn eine verfassungswidrige Maßnahme kann niemals die Effizienz des Verfahrens zu fördern geeignet sein, da sie dem Ziel des Strafverfahrens zuwiderläuft.

Eine Verfassungswidrigkeit des Deals folgt jedenfalls nicht aus einer Verletzung des Art. 3 GG wegen des Strafrabatts, der regelmäßig durch eine Verständigung gewährt wird. Denn es liegt gerade keine nicht gerechtfertigte Ungleichbehandlung vor.[420] Hinzukommt, dass das Strafverfahren – ebenso wie

12% und 35% der Richter und Staatsanwälte im Jahre 2013 und damit vier Jahre nach Inkrafttreten des Verständigungsgesetzes ausschließlich informelle Absprachen trafen; auch im Rahmen einer aktuellen Studie aus den Jahren 2018 – 2020 gaben (lediglich) 46% der Teilnehmer an, dass sie keine informellen Absprachen praktizieren, hierzu: *Altenhain/Jahn/Kinzig*, Die Praxis der Verständigung im Strafprozess - Eine Evaluation der Vorschriften des Gesetzes zur Regelung der Verständigung im Strafverfahren vom 29. Juli 2009, 2020, S. 236.

415 *Trück*, ZWH 2013, 169, 179.

416 Ähnlich auch: *Hamm*, StV 2013, 652, 654.

417 So jedenfalls: *Stuckenberg* in: LR-StPO, 27. Auflage 2021, § 257c , Rn. 3; vgl. hierzu auch die Ausführungen in Kapitel 4 E II. 3. a).

418 *Stuckenberg* in: LR-StPO, 27. Auflage 2021, § 257c StPO, Rn. 3.

419 *Stuckenberg* in: LR-StPO, 27. Auflage 2021, § 257c StPO, Rn. 9.

420 Insoweit können die Ausführungen in Kapitel 6 entsprechend herangezogen werden.

der Grundsatz gilt, dass es keine Wahrheitserforschung um jeden[421] Preis geben kann – nicht um jeden Preis in allen Facetten der StPO durchgeführt werden kann, da letztlich immer noch die Subjektqualität des Beschuldigten hervorzuheben ist. Wenn indes absehbar ist, dass ein Nachweis der Tat nach einem langwierigen Prozess voraussichtlich nur schwer zu führen sein wird und demnach der staatliche Strafanspruch gerade nicht sicher verwirklicht werden kann, ist zu berücksichtigen, dass eine prinzipiengetriebene unbedingte Durchführung des (kompletten) Strafverfahrens nicht jeden Aufwand rechtfertigt. Gerade letzteres könnte einen Verstoß gegen Art. 3 Abs. 1 GG darstellen, wenn undifferenziert Ungleiches gleich behandelt wird. Allerdings soll diese Frage und die Frage zur Verfassungsmäßigkeit des strafprozessualen Deals insgesamt wegen der eindeutigen verfassungsrechtlichen Rechtsprechung nicht weiter vertieft werden. Angesichts der die Existenz des strafprozessualen Deals grundsätzlich billigenden Entscheidung des Bundesverfassungsgerichts soll – trotz vorhandener Bedenken gegen dieses im deutschen Strafprozess dogmatisch nur schwer integrierbare Institut – von einer zukünftigen Existenz dieses Mechanismus ausgegangen werden.

J. Das Beweisrecht

Im ebenfalls im Hinblick auf Verzögerungen anfälligen[422] und für die Wahrheitsermittlung bedeutenden Beweisrecht wurden teils von Seiten des Gesetzgebers, teils von der Rechtsprechung Instrumentarien geschaffen, um einen Ausgleich zwischen widerstreitenden Strafprozessmaximen[423] insbesondere in Umfangsverfahren zu begegnen. Daneben war es ein zentrales Anliegen des Gesetzgebers bzw. der Rechtsprechung, sog. Konfliktverteidigung im Sinne eines rechtsmissbräuchlichen Vorgehens im Rahmen des Beweisantragsrechts weitestgehend auszuschließen.

---

421 So: *BGH*, Urteil vom 14.06.1960 - 1 StR 683/59, NJW 1960, 1580, 1582; in diese Richtung mit Blick auf die Existenz von Beweisverwertungsverboten auch: *BGH*, Urteil vom 27.01.1978 - RiZ (R) 3/77, NJW 1978, 1425, 1426.

422 Vgl. hierzu bereits die Ausführungen in der Einleitung dieser Arbeit zu den ausufernd gestellten Beweisanträgen im NSU-Prozess.

423 Vgl. hierzu betreffend das Strafbefehlsverfahren den Entwurf eines Strafverfahrensänderungsgesetzes 1984 (StVÄG 1984), BT-Drucks. 10/1313, S. 28 (linke Spalte), wobei im Hinblick auf das Mündlichkeitsprinzip ohnehin davon ausgegangen wird, dass dieses jedenfalls im Kern nicht berührt sei; ausführlicher zur Thematik insgesamt im Folgenden.

I. Das Selbstleseverfahren

Ein wichtiger Schritt zur Entlastung der Gerichte[424] und zur Vereinfachung der Handhabung des Urkundenbeweises[425] bei Verfahren, die eine ausufernde Beweisaufnahme notwendig machen, und in denen insbesondere Urkunden eine Rolle spielen, also gerade in Wirtschaftsstrafsachen[426], war die Einführung des Selbstleseverfahrens gemäß § 249 Abs. 2 Satz 1 StPO.[427] Insbesondere, wenn eine große Anzahl an relevanten Dokumenten, seien es Verträge, Rechnungen, Buchführungsunterlagen o. Ä., im Prozess eine Rolle spielt, kann deren Verlesung gem. § 249 Abs. 1 Satz 1 StPO die Hauptverhandlung in die Länge ziehen.[428] Durch die Schaffung des § 249 Abs. 2 Satz 1 StPO wurde dies den Prozessbeteiligten erspart, indem ihnen die Möglichkeit eröffnet wurde, außerhalb der Hauptverhandlung die relevanten Dokumente selbst zu sichten und zu lesen.

Im Rahmen der Beratungen der Justizgesetzgebungskommission zur Reichsstrafprozeßordnung war das Misstrauen gegenüber der vormaligen als prinziplos angesehenen Strafrechtsordnung leitend.[429] Daher sollte quasi als Gegenentwurf zur vorherigen – teils noch von der Constitutio Criminalis Carolina übernommenen – Praxis der oftmals weitgehenden schriftlichen Prozessführung[430] und der meist (zu) weit verstandenen Verlesungsmöglichkeiten[431] eine deutliche Regelung zur Verlesung von Urkunden geschaffen werden, die eine extensive (und mitunter missbräuchliche)[432] Anwendung ausschließt.[433] Hervorzuheben

---

424 So auch: Entwurf eines Strafverfahrensänderungsgesetzes 1984 (StVÄG 1984), BT-Drucks. 10/ 1313, S.28 (linke Spalte); Entwurf eines Gesetzes zur Änderung des Strafgesetzbuchs der Strafprozeßordnung und anderer Gesetze, BT-Drucks. 12/ 6853, S. 33 (rechte Spalte).

425 Zur Entwicklung ausführlicher: *Meyer*, Der Urkundenbeweis in der Hauptverhandlung, S. 7 ff.

426 So auch *Sättele*, „Zur Inbegriffsrüge bei fehlerhafter Anordnung und fehlerhaftem Abschluss des Selbstleseverfahrens - ein kurzer Beitrag zu BGH NJW 2010,3382", WiJ 2012, 120 f.; ebenso *ter Veen*, 1998, S. 120.

427 *Diemer* in: KK-StPO, 8. Auflage 2019, § 249, Rn. 31 f.; ebenso: *Rebmann*, NStZ 1984, 241, 247; zustimmend auch: *ter Veen*, 1998, S. 117.

428 *Mosbacher* in: LR-StPO, 27. Auflage 2020, § 249 Rn. 53.

429 Hierzu: *Meyer*, 1999, S. 47 ff.

430 Zur Entwicklung ausführlich: *Meyer*, 1999, S. 21 ff.

431 Hierzu auch: *Meyer*, Der Urkundenbeweis, 1999, S. 47.

432 In diesem Sinne: *Hahn*, Die gesammten Materialien zur Strafprozeßordnung und dem Einführungsgesetz zu derselben vom 1. Februar 1877, 2. Auflage 1885, Bd. I, S. 194.

433 Hierzu – wenn auch kritisch zum Erfolg dieses Bestrebens -: *Meyer*, Der Urkundenbeweis im Strafverfahren, 1999, S. 47

ist in diesem Zusammenhang aber, dass der Schwerpunkt des Bestrebens darauf gelegen hat, eine Ersetzung von „lebendigen Erkenntnisquellen“[434] zu vermeiden. Dieser Grundsatz gilt auch nach Einführung des Selbstleseverfahrens weiter. Dieses kommt nur dann zur Anwendung, wenn ohnehin eine Verlesung einer Urkunde in Betracht kommt. Da eine Verlesung von umfangreichem Urkundenmaterial den mit der Verlesung verfolgten Zweck der Unmittelbarkeit sowie der Kontrolle durch die Öffentlichkeit jedoch ohnehin nicht erfüllen kann,[435] kann in der Einführung des Selbstleseverfahrens in Umfangsverfahren keine gegenüber der Anwendung des § 249 Abs. 1 Satz 1 StPO hinausgehende Beeinträchtigung des Unmittelbarkeitsgrundsatzes gesehen werden.

Das Selbstleseverfahren statuiert damit gewissermaßen ein Exempel dafür, dass die einzelnen Prozessmaximen sich gegenseitig bedingen und eine Maximierung der einen die Minimierung der anderen bedeutet: Denn durch die Einführung des Selbstleseverfahrens wurde zwar eine Beschleunigung des Prozesses angestrebt und erreicht[436], gleichzeitig aber eine Einschränkung des Öffentlichkeits- und des Mündlichkeitsgrundsatzes bewirkt; was der Gesetzgeber allerdings billigend in Kauf nahm.[437] Gegen eine Beschränkung des Öffentlichkeitsgrundsatzes bzw. jedenfalls einen relevanten Verstoß spricht der Anwendungsbereich des § 249 Abs. 2 Satz 1 StPO: Die Vorschrift erlangt regelmäßig in Umfangsverfahren Relevanz, in denen es um komplexe Sachverhalte geht, insbesondere in Wirtschaftsstrafsachen. Insoweit erscheint es ohnehin äußerst fragwürdig, ob die Öffentlichkeit in der Lage wäre, bei tatsächlicher Verlesung der Urkunden deren Inhalt richtig zu erfassen und zu bewerten und so den hinter dem Öffentlichkeitsgrundsatz steckenden Zweck, nämlich die Kontrolle der Justiz,[438] zu erfüllen.[439]

434 So: *Hahn*, Die gesammten Materialien zur Strafprozeßordnung und dem Einführungsgesetz zu derselben vom 1. Februar 1877, 2. Auflage 1885, Bd. I, S. 194.

435 Vgl. in diese Richtung auch bereits die Ausführungen in Kapitel 1 A. II. 3.; IV. 3.; 5. b).

436 Entwurf eines Strafverfahrensänderungsgesetzes 1984 (StVÄG 1984), BT-Drucks. 10/1313, S. 28 (linke Spalte).

437 Vgl. Entwurf eines Strafverfahrensänderungsgesetzes 1984 (StVÄG 1984), BT-Drucks. 10/1313, S. 28 (linke Spalte), wobei im Hinblick auf das Mündlichkeitsprinzip ohnehin davon ausgegangen wird, dass dieses jedenfalls im Kern nicht berührt sei; zustimmend auch: *Tiedemann*, Gutachten 1972, S. C 103.

438 *RG*, Urteil vom 14.2.1936- 1 D 63/36, RGSt 70, 109, 112; ebenso: *Diemer* in: KK-StPO, 8. Auflage 2019, § 169 GVG, Rn. 1a; hierzu auch: *Britz*, Fernsehaufnahmen im Gerichtssaal – ein rechtsvergleichender Beitrag zum Öffentlichkeitsgrundsatz im Strafverfahren, 1999, S. 21 f.

439 Ähnlich auch: *Mosbacher* in: LR-StPO, 27. Auflage 2020, § 249, Rn. 54.

Zu beachten ist allerdings, dass sich die Vorschrift des § 249 Abs. 2 Satz 1 StPO bereits ihrem Wortlaut und ihrer Systematik nach nicht auf die Verlesung des Anklagesatzes beziehen kann.[440] Der Anklagesatz ist Voraussetzung für die Durchführung der Hauptverhandlung, was sich als Umkehrschluss daraus ergibt, dass beim Fehlen einer wirksamen Anklage ein Verfahrenshindernis im Sinne des § 206a Abs. 1 StPO vorliegt; er kann damit kein Beweismittel im Sinne des § 249 StPO sein.[441] Insbesondere bei sehr umfangreichen Anklagesätzen darf hiervon dem Gesetzeswortlaut nach keine Ausnahme gemacht werden.[442] Laut Koalitionsvertrag der 19. Legislaturperiode sollte das Selbstleseverfahren „modernisiert" werden. Maßgeblich erfolgte insoweit indes zuletzt eine Erweiterung des Anwendungsbereichs auf verlesbare elektronische Dokumente[443] durch das Gesetz zur effektiveren und praxistauglicheren Ausgestaltung des Strafverfahrens vom 17.8.2017.

II. Unzulässige Beweiserhebung

Lange Zeit bemühte sich die Judikative darum, die Dauer von (Umfangs-)Verfahren dadurch einzugrenzen, dass vermeintlich missbräuchlichen Beweiserhebungen durch eine weite Auslegung des Begriffs der „unzulässigen Beweiserhebung" in § 245 Abs. 1 Satz 1 StPO Einhalt geboten wurde,[444] was verfassungsrechtlich bedenklich erschien.[445] Darauf reagierte der Gesetzgeber zumindest in gewissen Fällen[446] mit der teilweisen Zulassung einer Beweisantizipation, was der

---

440 So auch: *BGH*, Beschluss vom 12.01.2011 - GSSt 1/10, NStZ 2011, 297, 298 f.

441 Hierzu auch: *Diemer* in: KK-StPO, 8. Auflage 2019, § 249, Rn. 33.

442 In diese Richtung auch: *BGH*, Beschluss vom 12.01.2011 - GSSt 1/10, NStZ 2011, 297, 298 f.

443 Vgl. § 249 Abs. 1 S. 2 StPO.

444 Entwurf eines Strafverfahrensänderungsgesetzes 19 .. (StVÄG 19..), BT-Drucks. 8/976, S.51 (linke Spalte) mit Verweis auf *RG*, Urteil des. 3. Strafsenats vom 03.03.1880 - Rep. 404/80, RGSt 1, 241 ff.; *BGH*, Urteil des. 3. Strafsenats vom 12.12.1961 - 3 StR 35/61, BGHSt 17, 28, 30.

445 Entwurf eines Strafverfahrensänderungsgesetzes 19 .. (StVÄG 19..), BT-Drucks. 8/976, S.51 (rechte Spalte); bedenklich auch im Hinblick auf die Intention des Gesetzgebers, der 1877 absichtlich von der ursprünglichen Fassung, die den Umfang der Beweisaufnahme gänzlich dem Gericht überließ, Abstand nahm. Eine Missbrauchsgefahr durch den Angeklagten wurde hierbei nicht angenommen; vgl. hierzu: *Hahn*, Die gesammten Materialien zur Strafprozeßordnung und dem Einführungsgesetz, 2. Auflage 1886, Bd. II, 1582 f., 2252 f.

446 Vgl. § 245 Abs. 2 Satz 3 StPO: offenkundige oder bereits erwiesene zu beweisende Tatsache, mangelnde Konnexität, völlige Ungeeignetheit des Beweismittels.

Verfahrensökonomie sehr förderlich gewesen sein dürfte. Die erzielte Lösung verwirklichte einen Interessenausgleich zwischen dem Recht des Beschuldigten auf effektive Verteidigung, welche auch die Beantragung von Beweismitteln mit sich bringt, und dem Bestreben der Konzentrationsmaxime, das Verfahren zeitnah zu einem rechtsstaatlichen Grundsätzen genügenden Abschluss zu bringen.[447] Telos dieser Regelung war es, den Beweisstoff auf den Prozess fördernde Mittel zu beschränken, ohne hierbei übermäßig in Beschuldigtenrechte einzugreifen.[448] Dahinter steckte die Erfahrung, dass die vormalig bestehende unbegrenzte gerichtliche Verpflichtung zur Berücksichtigung aller präsenten Beweismittel – so fernliegend sie auch gewesen waren – das Verfahren ohne jeglichen Nutzen verzögerte.[449] Weiterhin scheint § 245 StPO angesichts seiner enormen Wirkungskraft, die sich aus der Bedeutung und dem Umfang der Beweisaufnahme ergibt[450], weiterhin ein Dreh- und Angelpunkt für weitere Reformvorschläge, insbesondere in Großverfahren zu sein.[451] Zu beachten wäre bei etwaigen Neuerungen allerdings, dass ein ausreichend starkes Beweisantragsrecht erhalten bleibt.

III. Die Widerspruchslösung

Als weiterer grundsätzlich der Verfahrenserleichterung und Beschleunigung dienender Aspekt ist die durch Rechtsfortbildung – ohne dogmatische Begründung[452] – aufgestellte Widerspruchslösung[453] anzuführen. Hierbei ging die

---

447 Ähnlich auch: *Schmidt*, „Großverfahren und Strafprozeßrecht", JR 1974, 320, 323.

448 Hierzu: *Becker* in: LR-StPO, 27. Auflage 2020, § 245, Rn 2.

449 So: *Becker* in: LR-StPO, 27. Auflage 2020, § 245, Rn. 2.

450 Vgl. nur die große Anzahl von ca. 21501 Beweismitteln in 126 Verfahren an insgesamt 2734 Hauptverhandlungstagen, Tabelle 94, bei *ter Veen*, 1998, S. 251.

451 Siehe nur: *ter Veen*, 1998, S. 128.

452 Hierzu ausführlicher: *Meixner*, Das Widerspruchserfordernis des BGH bei Beweisverwertungsverboten, 2015, 13 ff.

453 *BGH*, Urteil vom 06.10.2016 – 2 StR 46/15, NStZ 2017, 367 ff.; kritisch zur Widerspruchslösung im Allgemeinen unter Verweis darauf, dass der Verteidiger insoweit als „Subunternehmer der Justiz" tätig werde: *Schäuble*, Strafverfahren und Prozessverantwortung - Neue prozessuale Obliegenheiten des Beschuldigten in Deutschland im Vergleich mit dem US-amerikanischen Recht, S. 2 unter Verweis auf: *Gaede*, „Schlechtverteidigung - Tabus und Präklusionen zum Schutz vor dem Recht auf wirksame Verteidigung? - Zugleich Besprechung zu BGH 1 StR 341/07, Beschluss vom 15. August 2007 (HRRS 2007 Nr. 967 – Rügen unwirksamer Verteidigung) und BGH 1 StR 273/07, Beschluss vom 11. September 2007 (HRRS 2007 Nr. 900 – verschärfte

Rechtsprechung lange Zeit davon aus, dass der Verwertung eines Beweismittels jedenfalls beim verteidigten Beschuldigten nur bis zum in § 257 Abs. 1 StPO genannten Zeitpunkt widersprochen werden kann.[454] Dies wurde vom BGH in seinem Urteil vom 06.10.2016[455] dahingehend relativiert, dass es ausreiche,

> *wenn der Angeklagte so rechtzeitig auf die mögliche Unverwertbarkeit von Erkenntnissen hinweist, dass das Tatgericht dies in der Beweisaufnahme prüfen kann.*

Unabhängig vom relevanten Zeitpunkt des Widerspruchs führt ein unterbliebener Widerspruch jedenfalls zur Präklusion des Einwands gegenüber dem Tatgericht sowie in einer etwaigen Revisionsinstanz.[456] Mit der Beschleunigung des Verfahrens einhergehend erfolgt hiermit indessen eine Kürzung der Beschuldigtenrechte.

IV. Behandlung von Beweisanträgen

Das Recht zur Ablehnung von Beweisanträgen, § 244 Abs. 3 Satz 2, 3, Abs. 4, 5 StPO,[457] wurde zur Beschleunigung des Verfahrens[458] durch Rechtsprechung und Gesetzgebung in vergangener Zeit mehrfach überformt. Eine – letztlich nicht erforderliche – Verfahrensausdehnung durch Erforschung eines mittels Beweisantrags angegebenen Sachverhalts soll vermieden werden, sofern nicht die Amtsaufklärungspflicht die Aufklärung gebietet. Von besonderer Relevanz war die Regelung betreffend eine Ablehnung von mit Prozessverschleppungsabsicht gestellten Beweisanträgen. Hierbei handelt es sich um ein nur schwer feststellbares, anhand von Indizien zu bestimmendes[459] subjektives Merkmal.

Obschon in der ursprünglichen Fassung der StPO[460] geregelt war, dass Beweisanträge nicht allein deshalb abgelehnt werden dürfen, weil sie zu spät

---

Widerspruchslösung bei unterlassener Belehrung über das Recht auf konsularischen Beistand)", HRRS 2007, 402, 406.

454 *BGH*, Beschluss vom 27.02.1992 - 5 StR 190/91, NJW 1992, 1463.

455 *BGH*, Urteil vom 06.10.2016 - 2 StR 46/15, NJW 2017, 1332.

456 *Eschelbach* in: BeckOK StPO mit RiStBV und Mistra, Stand: 01.07.2021, § 257 Rn. 20 mit Verweis auf: *OLG Celle*, Beschluss vom 11.07.2013 – 32 Ss 91/13, NStZ 2014, 118, 119.

457 Insoweit schon frühzeitig auf notwendige Erweiterungen der Beschränkungsmöglichkeiten hinweisend: *Engelhard* in: *Eyrich*, Festschrift für Kurt Rebmann zum 65. Geburtstag, 1989, S. 45, 60.

458 *Kudlich*, Erfordert das Beschleunigungsgebot eine Umgestaltung des Strafverfahrens?, 2010, C24.

459 Hierzu: *Krehl* in: KK-StPO, 8. Auflage 2019, § 244 Rn. 180 f.

460 Und heute noch in § 246 Abs. 1 StPO.

gestellt werden,[461] wurde von der Rechtsprechung die sog. Fristenlösung[462] entwickelt. Zusätzlich wurde der Gesetzgeber tätig und hat das sog. Fristenmodell sowie nunmehr das Beweisantragshindernis bei Vorliegen einer Prozessverschleppungsabsicht entwickelt. Zugegebenermaßen wird nach diesen Ansätzen ein Beweisantrag nicht allein deshalb abgelehnt, weil er verspätet gestellt wurde, sodass kein Widerspruch mit der Grundkonzeption der StPO besteht. Dennoch kann eine gewisse Tendenz in diese Richtung nicht geleugnet werden. Im Folgenden sollen diese Ansätze umrissen werden.

1. Fristenlösung

Von der Rechtsprechung wurde bereits vor längerem die sog. Fristenlösung entwickelt.[463] In größeren Verfahren, welche in Anlehnung an § 229 Abs. 2 StPO mindestens zehn Verhandlungstage umfassen müssen, sollte der Vorsitzende danach befugt sein, unter Fristsetzung die Verfahrensbeteiligten zur Beweisantragsstellung aufzufordern. Bei nach Ablauf dieser Frist gestellten Beweisanträgen bestand eine – widerlegliche – Vermutung dahingehend, dass diese mit Verschleppungsabsicht gestellt wurden und demnach gemäß § 244 Abs. 2 StPO a.F. abgelehnt werden durften, sofern nicht substantiierte Gründe für die Verspätung geltend gemacht werden. Die Amtsaufklärungspflicht sollte allerdings unberührt bleiben.[464]

---

461 Vgl. so den damaligen § 208; hierzu: *Hahn*, Die gesammten Materialien zur Strafprozeßordnung und dem Einführungsgesetz zu derselben vom 1. Februar 1877, Bd. I, S. 193.

462 *BGH*, Beschluss vom 09.05.2007 - 1 StR 32/07, NJW 2007, 2501, 2504.

463 Hierzu auch: *Witting*, „Die Fristsetzung bei ‚missbräuchlicher' Beweisantragsstellung – eine akzeptable Präklusion des Beweisantragsrechts?", in: *Hassemer/Kempf/Moccia*, In dubio pro libertate: Festschrift für Klaus Volk zum 65. Geburtstag, 2009, S. 885, 887 ff. mit Verweis auf: *BGH*, Beschluss vom 14.06.2005 - 5 StR 129/05, NJW 2005, 2466, 2468; ebenso: *BGH*, Beschluss vom 09.05.2007 – 1 StR 32/07, NJW 2007, 2501, 2504; vom Bundesverfassungsgericht gebilligt: *BVerfG*, Beschluss vom 06.10.2009 – 2 BvR 2580/08, NJW 2010, 592 ff.; hierzu ebenfalls ausführlich: *Schäuble*, Strafverfahren und Prozessverantwortung - Neue prozessuale Obliegenheiten des Beschuldigten in Deutschland im Vergleich mit dem US-amerikanischen Recht, S. 205 ff.

464 *Trüg/Habetha* in: MüKo StPO, 1. Auflage 2016, StPO, § 244 Rn. 330 f. mit Verweis auf: *BGH*, Beschluss vom 09.05.2007 - 1 StR 32/07, NJW 2007, 2501, 2504.

2. *Prozessverschleppungsabsicht als Beweisantragshindernis*

Aufgrund des Gesetzes zur Modernisierung des Strafverfahrens vom 10.12.2019[465] wurde mit der Vorschrift des § 244 Abs. 6 Satz 2 StPO eine noch weit über die von der Rechtsprechung entwickelte Fristenlösung hinausgehende Möglichkeit geschaffen, potenziellen Verfahrensverzögerungen zu begegnen: Während zuvor bei Überschreiten einer zur Stellung von Beweisanträgen gestellten Frist die Prozessverschleppungsabsicht des Antragstellers vermutet werden konnte und insoweit eine Ablehnung des Beweisantrages erfolgen konnte, braucht es nunmehr nicht einmal mehr eines Gerichtsbeschlusses zur Ablehnung. Denn gemäß § 244 Abs. 6 Satz 2 StPO bedarf es einer Ablehnung nicht, wenn die beantragte Beweiserhebung nichts Sachdienliches zu Gunsten des Antragstellers erbringen kann, der Antragsteller sich dessen bewusst ist und er die Verschleppung des Verfahrens bezweckt. Letztlich wird in diesen Fällen davon ausgegangen, dass es bereits am Vorliegen eines ablehnungsfähigen Beweisantrags fehlt.[466]

Faktisch muss der Vorsitzende auf den als Beweisantrag bezeichneten Antrag mit einer sachleitenden Anordnung reagieren, welche sodann gemäß § 238 Abs. 2 StPO beanstandet werden kann.[467] Letztlich müsste sodann das Gericht entscheiden. Ob und inwiefern die gravierende Einschränkung des Beweisantragsrechts sich in der Praxis als verfahrensförderlich zeigen wird, bleibt daher abzuwarten.

3. *Fristenmodell*

Diskutiert wurde darüber hinaus über mehrere Jahre die Einführung einer Möglichkeit einer Beschränkung des Beweisantragsrechts. Dies soll vor allem in Wirtschaftsstrafsachen die umfangreiche Beweiserhebung nach bereits beendeter Beweisaufnahme, welche zu einer – als wegen des Verdachts der Missbräuchlichkeit[468] als unverhältnismäßig angesehenen – Verzögerung des entscheidungsreifen Verfahrens führt, verhindern.[469] Eine solche Maßnahme ist damit im vermeintlichen Spannungsfeld zwischen einer funktionstüchtigen

---

465 BGBl. I S. 2121.

466 Hierzu: *Bachler* in: BeckOK StPO mit RiStBV und Mistra, 40. Edition, Stand: 01.07.2021, § 244 Rn. 52.

467 So auch: *Bachler* in: BeckOK StPO mit RiStBV und Mistra, 40. Edition, Stand: 01.07.2021, § 244 Rn. 52.

468 Hierzu: *Witting*, in: *Hassemer/Kempf/Moccia*, In dubio pro libertate: Festschrift für Klaus Volk zum 65. Geburtstag, 2009, S. 885.

469 Hierzu auch: *Bundesministerium der Justiz*, 2015, S. 143.

Strafrechtspflege und zentralen Verteidigungsrechten anzusiedeln,[470] jedenfalls dann, wenn eine Kollision eintritt. Bedenken wurden gegen eine Beschränkung des Beweisantragsrechts jedenfalls im Hinblick auf § 246 Abs. 1 StPO insoweit vorgebracht, als Grund für die Beschränkung lediglich ein verspätetes Vorbringen des beantragten Beweismittels sein soll.[471] Nach dieser Norm darf ein Beweismittel nicht lediglich wegen einer verspäteten Geltendmachung zurückgewiesen werden. Nach Meinung der Expertenkommission sollte dem Gericht aber die grundsätzliche Möglichkeit zugestanden werden, nach Ablauf einer nach Abschluss der Beweisaufnahme gesetzten Frist für die Stellung weiterer Beweisanträge über diese nicht mehr mittels Gerichtsbeschluss, sondern im Urteil zu entscheiden, sofern nicht ausnahmsweise Entschuldigungsgründe für die Fristversäumung geltend gemacht werden.[472] Hiermit gehen zwar erhebliche Eingriffe in die Verteidigungsrechte des Beschuldigten einher.[473] Andererseits sieht die Expertenkommission die effektive Verfahrensführung als Teil der funktionstüchtigen Strafrechtspflege als schutzwürdig an.[474] Durch eine unbeschränkte Zulassung weiterer Beweisanträge, welche mittels Gerichtsbeschluss beschieden werden müssten, könnte der Beschuldigte zumindest theoretisch dafür sorgen, dass das Verfahren nie bzw. jedenfalls erst nach unabsehbarer Zeit beendet werden würde, obwohl es an sich entscheidungsreif ist.[475] Dies würde paradoxerweise zu dem Ergebnis führen, dass gleichzeitig das Recht des Beschuldigten auf ein beschleunigtes Verfahren beeinträchtigt würde. Die Expertenkommission will die Rechte des Beschuldigten und den Wahrheitsanspruch des Strafverfahrens dadurch wahren, dass das Gericht entsprechend des Amtsaufklärungsgrundsatzes verpflichtet bleibt, evident notwendigen Beweiserhebungen nachzugehen.[476] Dieses „Fristenmodell“ hat nunmehr Eingang gefunden in § 244 Abs. 6 Satz 3 StPO.[477] Hierin ist das Recht des Vorsitzenden

---

470 Ähnlich auch: *Witting*, in: *Hassemer/Kempf/Moccia*, In dubio pro libertate: Festschrift für Klaus Volk zum 65. Geburtstag 2009, S. 885, 886.

471 *Bundesministerium der Justiz*, 2015, S. 143.

472 *Bundesministerium der Justiz*, 2015, S. 143 ff.

473 *Bundesministerium der Justiz*, 2015, S. 143 ff.

474 *Bundesministerium der Justiz*, 2015, S. 143 ff.

475 *Bundesministerium der Justiz*, 2015, S. 143 ff.

476 *Bundesministerium der Justiz*, 2015, S. 143 ff.

477 Kritisch hierzu: Stellungnahme der Mitglieder des Strafrechtsausschusses der BRAK zum Entwurf der Bundesregierung eines Gesetzes zur effektiveren und praxistauglicheren Ausgestaltung des Strafverfahrens, BT-Drucks. 18/11277, Stellungnahme Nr. 17/2017, S. 6 f.; ebenso: Stellungnahme des Deutschen Anwaltvereins durch den Ausschuss Strafrecht zum Entwurf eines Gesetzes zur effektiveren und

geregelt, nach Abschluss der von Amts wegen vorgesehenen Beweisaufnahme eine angemessene Frist zum Stellen von Beweisanträgen zu bestimmen. Gemäß § 244 Abs. 6 Satz 4 StPO können Beweisanträge, die nach Fristablauf gestellt werden, grundsätzlich im Urteil beschieden werden. Auf diese Weise soll einer nicht durch sachliche Gründe gerechtfertigten Verfahrensverzögerung entgegengewirkt werden. Ein taktisches Zurückhalten von Beweismitteln wird hierdurch jedoch nicht per se verhindert, da auch bis zum Ende der Beweisaufnahme noch Beweisanträge zulässig sind.[478] Inwiefern sich die Regelung im Hinblick auf letzteres in der Praxis als effizient erweisen wird, bleibt abzuwarten. Zu vermuten ist, dass die bisher nach Abschluss der Beweisaufnahme zur Verfahrensverzögerung gestellten Beweisanträge zukünftig unmittelbar vor Abschluss der Beweisaufnahme gestellt werden.

4. *Einschränkungen der Antragsbefugnis*

Die Gerichte behelfen sich zudem seit geraumer Zeit im Hinblick auf ausufernde Beweisanträge mit im Rahmen der Rechtsfortbildung geschöpfter Einschränkungen. So wurde aufgrund der Entscheidung des *BGH* vom 05.11.1991[479] wegen eines in exzessivem Ausmaß Beweisanträge stellenden Beschuldigten die Stellung von Beweisanträgen nur noch durch dessen Verteidiger zugelassen.[480] Hierdurch sollte durch die Funktion des Strafverteidigers als Organ der Rechtspflege eine Kontrolle der zu stellenden Beweisanträge erreicht werden.[481]

V. Sonstige verfahrensförderliche Mechanismen

Als weitere der Verfahrenseffizienz dienliche, zugleich aber den Unmittelbarkeitsgrundsatz durchbrechende Normen,[482] sind die §§ 251, 256 StPO

---

praxistauglicheren Ausgestaltung des Strafverfahrens (Referentenentwurf des BMJV), Stellungnahme Nr.: 40/2016, August 2016, S. 9.

478 Entwurf eines Gesetzes zur effektiveren und praxistauglicheren Ausgestaltung des Strafverfahrens, BT-Drucks. 18/11277, S.34 f.

479 *BGH*, Urteil vom 07.11.1991 - 4 StR 252/91, NJW 1992, 1245.

480 Hierzu auch: *Witting* in: *Hassemer/Kempf/Moccia*, In dubio pro libertate: Festschrift für Klaus Volk zum 65. Geburtstag, 2009, S. 885, 887 mit Verweis auf: *BGH*, Urteil vom 07.11.1991 - 4 StR 252/91, NJW 1992, 1245.

481 Hierzu auch *Witting* in: *Hassemer/Kempf/Moccia*, In dubio pro libertate: Festschrift für Klaus Volk zum 65. Geburtstag, 2009, S. 885, 887 mit Verweis auf: *BGH*, Urteil vom 07.11.1991 - 4 StR 252/91, NJW 1992, 1245.

482 Hierzu: *Kreicker* in: MüKo StPO, 1. Auflage 2016, § 251 Rn. 1.

anzusehen.[483] Danach dürfen insbesondere in bestimmten Fällen Urkunden über Vernehmungen bzw. Erklärungen verlesen werden. Hierdurch kann die teils zeitaufwändige (erneute) Vernehmung von Zeugen und Sachverständigen vermieden werden.[484] Damit einher geht zugleich, dass Verzögerungen durch nicht erschienene Zeugen vermieden werden können und Erinnerungslücken, die aufgrund lange zurückliegender Fälle entstehen, sich weniger stark auswirken.

Durch das Gesetz zur effektiveren und praxistauglicheren Ausgestaltung des Strafverfahrens vom 17.08.2017 wurde die Regelung durch die Änderung des § 251 Absatz 1 Nummer 2 StPO-E auf die Verlesung nichtrichterlicher Protokolle auch bei einem nichtverteidigten Angeklagten erweitert, wenn sich der Angeklagte geständig eingelassen hat und die Amtsaufklärungspflicht im Einzelfall nicht die unmittelbare Vernehmung der protokollierten Person verlangt.[485]

Ebenfalls der Vermeidung von Verfahrensverzögerungen dienlich[486] sein können die Vorschriften der §§ 241, 242 StPO. Danach kann grundsätzlich das der Verteidigung zustehende Vernehmungsrecht im Falle eines Missbrauchs entzogen und ungeeignete bzw. unzulässige Fragen zurückgewiesen werden. Der Einsatz dieses Mechanismus ist jedoch seitens des Gerichts sorgfältig abzuwägen, da die Verfahrensbeschleunigung durch Anwendung dieser Vorschriften bloßer Reflex ist, jedoch hiermit per se der Schutz der jeweiligen Befragten, auch des Angeklagten, bezweckt ist.[487] Zudem kann durch die extensive Beschneidung des Fragerechts die Wahrheitsfindung beeinträchtigt und damit zugleich die Verfahrensförderung behindert werden.[488]

K. Verlängerte Unterbrechungsfristen

Das Prinzip der Einheit der Hauptverhandlung, das sich in § 229 StPO niederschlägt, stellt per se eine verfahrensbeschleunigende Vorschrift dar, die auch im

---

483 *Kohlmann* in: *Gamm/Raisch/Tiedemann*, Strafrecht, Unternehmensrecht, Anwaltsrecht, 1988, S. 203, 208 f.; kritisch gegenüber § 256 StPO: *Kühne* in: LR-StPO, 27. Auflage 2016, Einleitung Abschnitt F, Rn. 159.

484 Hierzu: *Kreicker* in: MüKo StPO, 1. Auflage 2016, § 251 Rn. 2.

485 Entwurf eines Gesetzes zur effektiveren und praxistauglicheren Ausgestaltung des Strafverfahrens, BT-Drucks. 18/11277, S. 35.

486 So auch: *Gaede* in: MüKo StPO, 1. Auflage 2016, StPO § 241 Rn. 1 mit Verweis auf: *Schneider* in: KK-StPO, 8. Auflage 2019, § 241 Rn. 1; Schlüchter in: SK-StPO, 12. Lfg. (1994), § 241 Rn. 1.

487 Hierzu näher: *Schneider* in: KK-StPO, 8. Auflage 2019, § 241 Rn. 1.

488 Vgl. in diese Richtung auch: *Britz* in: *Radtke/Hohmann*, StPO, § 241 Rn. 1.

Ausland Anklang findet.[489] Sie dient der Konzentrationsmaxime, die sich aus Art. 6 EMRK ergibt.[490] Dahinter steckt der Gedanke, dass

> *bei längeren Unterbrechungen […] der für die richtige Beurtheilung der Schuldfrage nothwendige Gesamteindruck der Verhandlungen abgeschwächt und der Richter leicht veranlaßt [werde], bei der Fällung des Urtheils das Ergebnis früherer Verhandlungen aus den Akten zu schöpfen, mithin zu einem Verfahren genöthigt [werde], welches mit dem Grundprinzip der mündlichen Verhandlung im Widerspruch steht.*[491]

Während stillschweigend schon bei Geltung der Vorgängernorm des § 229 StPO, dem früheren § 191 StPO, davon ausgegangen wurde, dass zumindest kurzfristige Unterbrechungen stattfinden dürften, da die Vorgehensweise nach der Unterbrechung geregelt wurde,[492] wurde dies in der aktuellen StPO näher konkretisiert. Bereits 1931 wurde die damals zunächst noch zulässige Höchstunterbrechungsdauer von vier auf zehn Tagen verlängert.[493]

Eine insbesondere Umfangsverfahren dienende – wenn auch auf den ersten Blick mit der Grundkonzeption des § 229 StPO in Kollision tretende – Vorschrift[494] stellt die Norm des § 229 Abs. 2, Abs. 3 StPO dar, welche eine Verlängerung der der Konzentrationsmaxime dienenden maximalen Unterbrechungsfrist von drei Wochen vorsieht, wenn die Hauptverhandlung zuvor an zumindest zehn Tagen durchgeführt wurde. Diese Kompromiss[495]-Sonderregelung für Großverfahren soll dem Gedanken Rechnung tragen, dass zwar immerhin noch eine zügige Erledigung des Verfahrens angestrebt werden soll, es der Prozessökonomie jedoch nicht zuträglich ist, wenn ein bereits weit fortgeschrittener Prozess „platzt“, weil die Drei-Wochen-Frist überschritten wird, bzw. wenn nur der Form halber Verhandlungstage angesetzt werden, welche dann aber ineffektiv verstreichen. Mithin liegt der paradox anmutende Schluss nahe, dass der Konzentrationsmaxime, und auch dem Unmittelbarkeitsprinzip, jedenfalls in

---

489 Hierzu: *Boas*, The Miloševic trial, 2007, S. 180.

490 Hierzu auch: *Boas*, The Miloševic trial, 2007, S. 180.

491 *Hahn*, Die gesammten Materialien zur Strafprozeßordnung und dem Einführungsgesetz zu derselben vom 1. Februar 1877, Bd. I, 2. Auflage 1885, S. 183.

492 *Hahn*, Die gesammten Materialien zur Strafprozeßordnung und dem Einführungsgesetz zu derselben vom 1. Februar 1877, 2. Auflage 1885, Bd. I, S. 183.

493 *Kühne* in: LR-StPO, 27. Auflage 2016, Einleitung Abschnitt F, Rn. 44, Fußnote 148 mit Verweis darauf, dass weitergehende Unterbrechungsmöglichkeiten erst 1975 durch das 1. StVRG eingeführt wurden.

494 In diese Richtung auch: *Becker* in: LR-StPO, 27. Auflage 2020, § 229, Rn. 2.

495 In diese Richtung: *Gmel* in: KK-StPO, 8. Auflage 2019, § 229, Rn. 1 mit Verweis auf: *BGH*, Urteil vom 25.07.1996 - 4 StR 172/96, BGH NJW 1996, 3019 u. w. N.

Umfangsverfahren in gewissen Fällen durch Unterbrechung am meisten gedient sei[496]; demgegenüber muss man allerdings im Auge behalten, dass sog. „Durchlauftermine" auch genutzt werden können, um die Zehn-Tages-Grenze zu erreichen und damit eine verlängerte Unterbrechungsfrist rechtfertigen zu können,[497] sodass die Norm etwas gedämpft euphorisch zu betrachten ist.[498] Jedenfalls der Gesamtüberblick über die Verhandlung dürfte durch Unterbrechungen in Umfangsverfahren aber gefördert werden, wenn die Prozessbeteiligten sie nutzen, um bisherige (vorläufige) Resultate zu durchdenken.[499]

L. Beschleunigte Urteilsabfassung nach § 275 StPO

Als instanzenabschließender Akt stellt auch § 275 StPO ein der Verfahrenseffizienz dienliches Instrument dar. Gemäß § 275 Abs. 1 Satz 1 StPO ist das Urteil mit den Gründen, sofern es nicht bereits vollständig in das Protokoll aufgenommen worden ist, unverzüglich zu den Akten zu bringen. Ist dies im Einzelfall nicht möglich,[500] muss dies gemäß § 275 Abs. 1 Satz 2 StPO spätestens fünf Wochen nach der Verkündung geschehen. Zieht sich die Urteilsbegründung länger hin, kann das Urteil nicht mehr aus dem Inbegriff der Hauptverhandlung geschöpft werden[501] und das Risiko, dass die Gründe das Ergebnis der Beratung unzutreffend wiedergeben, steigt,[502] sodass das Urteil gegebenenfalls an „Gerechtigkeit" einbüßt, welche aber für die Aufrechterhaltung der Strafzwecke und damit für den Sinn des Strafverfahrens insgesamt erforderlich ist.[503]

---

496 Ähnlich auch: *Schmidt*, JR 1974, 320, 324; ausführlich auch: *Becker* in: LR-StPO, 27. Auflage 2020, § 229, Rn. 2.

497 Hierzu und zu den sog. „Durchrufterminen" auch unter Zugrundelegung statistischer Werte vgl.: *ter Veen*, 1998, S. 90 ff., 97.

498 Sogar für eine Abschaffung oder Modifizierung des § 229 Abs. 1 StPO votierend: *ter Veen*, 1998, S. 328.

499 So auch: *Becker* in: LR-StPO, 27. Auflage 2020, § 229, Rn. 2.

500 Vgl. hierzu: *BVerfG*, Beschluss vom 29.12.2005 – 2 BvR 2057/05, StV 2006, 81, 85.

501 Ähnlich, allerdings eher mit Blick auf die Gewährleistung der zuverlässigen Wiedergabe der Beratung auch: *Valerius* in: MüKo StPO, § 275, Rn. 1.

502 Hierzu auch: *Greger* in: KK-StPO, 8. Auflage 2019, § 275, Rn. 38 mit Verweis auf: *BGH*, Urteil vom 05.07.1979 – 4 StR 272/79, DRiZ, 1979, 314.

503 Vgl. hierzu bereits die Ausführungen in Kapitel 1 A III.

M. Einstellungsmöglichkeiten

Immense Entlastungswirkung kommt den auf dem Opportunitätsprinzip beruhenden Einstellungsvorschriften zu. Bereits in den Reformbemühungen zwischen 1903 und 1911 wurde in einem Entwurf erstmalig das Legalitätsprinzip durchbrochen, indem Regelungen vorgeschlagen wurden, die als Vorläufer der heutigen §§ 153, 153 c, 154 und 154 d StPO angesehen werden können.[504] Eine erstmalige Kodifizierung von Ausnahmen vom Legalitätsprinzip mit dem Ziel einer Entlastung der Justiz erfolgte sodann im Laufe der sog. Emminger-Reform[505] aus dem Jahre 1924.[506] Demselben Zweck geschuldet war eine Erweiterung des § 153a StPO im Jahre 1993.[507] Ein gesetzgeberisches Anliegen war es in diesem Rahmen auch, dass der Staatsanwalt im Rahmen seiner Befugnisse bereits im Ermittlungsverfahren frühzeitig eine solche Entscheidung trifft.[508] Dies gilt normübergreifend für alle Opportunitätsentscheidungen, die vom Staatsanwalt getroffen werden können, also auch für die §§ 153 ff. StPO. Die Stärkung der Position der Staatsanwaltschaft [509] ist daher grundsätzlich geeignet, ein Verfahren effektiv zu beenden.

Dies wird dadurch verdeutlicht, dass die Vorschrift des § 153 Abs. 1 StPO der Staatsanwaltschaft die Kompetenz einräumt, ein Ermittlungsverfahren einzustellen, bevor die Ermittlungen abgeschlossen sind.[510] Hierdurch werden mitunter aufwändige Ermittlungen erspart, wenn das öffentliche Interesse an der Strafverfolgung ohnehin gering ist. Einer der berühmtesten Anwendungsfälle des § 153 StPO dürfte der Contergan-Fall sein, bei dem am 283. Verhandlungstag eine Einstellung durch Beschluss erfolgte.[511] Hätte es § 153a StPO damals schon gegeben, wäre der Fall wahrscheinlich über letztere Norm gelöst worden. Problematisch erscheint die Regelung des § 153 StPO aber auch heute noch,

---

504 Hierzu: *Kühne* in: LR-StPO, 27. Auflage 2016, Einleitung Abschnitt F, Rn. 23.

505 Hierzu: *Kühne* in: LR-StPO, 27. Auflage 2016, Einleitung Abschnitt F, Rn. 36, 39.

506 Entwurf eines Gesetzes zur Beschleunigung von Strafverfahren (Strafverfahrensbeschleunigungsgesetz), BT-Drucks. 14/1714, S. 9.

507 Entwurf eines Gesetzes zur Beschleunigung von Strafverfahren (Strafverfahrensbeschleunigungsgesetz), BT-Drucks. 14/1714, S. 9 mit Verweis auf: BGBl. I 1993, S. 50, 51.

508 Entwurf eines Strafverfahrensänderungsgesetzes 19 .. (StVÄG 19..), BT-Drucks. 8/976, S.40 (linke Spalte).

509 Hierzu auch, aber eher kritisch: *Albrecht*, 2005, S. 46.

510 Hierzu auch: *Diemer* in: KK-StPO, 8. Auflage 2019, § 153 Rn. 5.

511 Hierzu näher: *Hamm*, StV 2013, 652, 653.

insbesondere in präventiver Hinsicht, da in gewissem Sinne Gerechtigkeit gegen Effizienz eingetauscht wird.[512]

Mit der Norm des § 153a StPO wurde eine neuartige sehr stark entlastende[513] Form des administrativen[514] Verzichts auf Strafverfolgung kodifiziert, durch die sogleich eine Art Sanktion verhängt wird.[515] Die Vorschrift des § 153a StPO wird als „Einstiegsdroge" für den Abschluss von Urteilsabsprachen,[516] aber auch als der Verfahrensökonomie besonders dienlicher Mechanismus angesehen.[517] Bereits diese sehr unterschiedlichen, teilweise auch emotional besetzten, Kategorisierungen weisen auf die Ambivalenz der Wahrnehmung des § 153a StPO hin. In der Literatur ist die Norm nicht unumstritten wegen der fehlenden Transparenz des Vorgehens der Justiz[518] sowie der dadurch entstehenden Ungleichbehandlung der in Umfangsverfahren betroffenen Beschuldigten im Vergleich zu Beschuldigten in einem „Normalverfahren".[519] Zudem wird hierin die Manifestation eines gegenüber dem Autoritätsverständnis, welches der StPO 1877 zugrunde lag, stark in Richtung eines konsensualen Handels tendierenden Willens gesehen.[520] Daneben kann zudem kritisiert werden, dass diese Norm eine quasi freispruchsersetzende Funktion einnimmt, da sie oftmals von Seiten der Justiz dann eingesetzt wird, wenn gravierende Anhaltspunkte dafür bestehen, dass aus tatsächlichen oder rechtlichen Gründen die gegen den Beschuldigten bestehenden Vorwürfe nicht haltbar sind. Andererseits wird § 153a StPO als eine aus Gründen der Verfahrensökonomie wegen der sonst nicht mehr zu bewältigenden Komplexität von Umfangsverfahren nicht mehr hinzuwegzudenkende

---

512 Etwas allgemeiner zum (vermeintlichen) Widerspruch zwischen Effizienz und Gerechtigkeit: *Stuckenberg*, in: LR-StPO, 27. Auflage 2021, § 257c, Rn. 3.

513 Ähnlich: *Lindemann*, 2012, S. 513.

514 *Walther*, "Communication over Confrontation: Modern Criminal Procedure in Transformation", in: *Eser*, Strafjustiz im Spannungsfeld von Effizienz und Fairness, 2004, S. 367, 377.

515 Hierzu auch: *Weßlau*, 2002, S. 39 mit Zweifeln hinsichtlich der dogmatischen wie verfassungsrechtlichen Rechtfertigung der Norm, aber auch mit Verweis auf die kriminalpolitische Zweckmäßigkeit der Vorschrift; skeptisch auch im Hinblick auf fehlende Begrenzungsmerkmale: *Lindemann*, 2012, S. 513.

516 So: *Hamm*, StV 2013, 652.

517 *Kühne* in: LR-StPO, 27. Auflage 2016, Einleitung Abschnitt G, Rn. 19.

518 Hierzu: *Roxin*, "Über die Reform des deutschen Strafprozeßrechts", in: *Töpper*, Wie würden Sie entscheiden?, 1990, S. 183, 188.

519 Ausführlich zu der Problematik: *Kaiser/Meinberg*, NStZ 1984, 343 ff.; zu diesem Problem des 2-Klassen-Strafrechts auch bereits in Kapitel 1 A. IV. 5.

520 Ähnlich auch: *Kühne* in: LR StPO, 27. Auflage 2016, Einleitung Abschnitt G, Rn. 58.

Regelung angesehen.[521] Während im Jahr 2012 7% der Verfahren vor den Amtsgerichten durch § 153a StPO erledigt wurden,[522] dürfte der Prozentsatz bei den vor den Landgerichten behandelten komplexen Umfangsverfahren deutlich höher liegen. Hinzukommen zudem die bereits von Seiten der Staatsanwaltschaft gem. § 153a StPO eingestellten Ermittlungsverfahren, wobei dies im Jahr 2013 4% aller Ermittlungsverfahren und damit immerhin 183.333 Verfahren betraf.[523]

In praktischer Hinsicht wird § 153a StPO – wie die Opportunitätsvorschriften insgesamt – nicht zuletzt aufgrund der unspezifischen Begrifflichkeiten, die Voraussetzungen für die Anwendbarkeit des § 153a StPO sind[524], exzessiv angewendet, was strafprozessual und verfassungsrechtlich zumindest nicht unbedenklich ist.[525]

Eine weitere Neuerung brachte das Strafverfahrensänderungsgesetz von 1978 im Hinblick auf die Einstellungsmöglichkeiten mit sich. Einstellungen wurden in weitaus umfangreicherem Maße ermöglicht, als dies vorher der Fall war,[526] wobei insbesondere der heutige § 154 Abs.1 Nr. 2 StPO auf die Begrenzung von Umfangsverfahren abzielte.[527] Die Idee für diese Regelung war schon Jahre zuvor mehrfach diskutiert, aber stets verworfen worden, da dadurch auf einen angemessenen Schuldausgleich verzichtet würde,[528] wenn – trotz schuldhaft begangener Straftaten – zur Ressourcenschonung quasi ein „Mengenrabatt" gegeben wird.

Die Staatsanwaltschaft soll von dieser Möglichkeit gem. Nr. 5 der RistBV soweit möglich Gebrauch machen. Nr. 5 der RistBV regelt Folgendes:

---

521 In diese Richtung allgemein zu konsensualen Elementen auch: *Kühne* in: LR-StPO, 27. Auflage 2016, Einleitung Abschnitt G, Rn. 58

522 Statistisches Jahrbuch Deutschland 2014, Kapitel 11: Justiz, S. 6.

523 *Baumann*, „Staatsanwaltschaftliche Ermittlungstätigkeit in Deutschland - Umfang und Struktur der Verfahrenserledigung", Wista 2015, 81.

524 Schwere der Schuld und öffentliches Interesse.

525 In diese Richtung auch: *Lindemann*, S. 513.

526 So auch Entwurf eines Strafverfahrensänderungsgesetzes 19 .. (StVÄG 19..), BT-Drucks. 8/976, S.39 (linke Spalte).

527 Entwurf eines Strafverfahrensänderungsgesetzes 19 .. (StVÄG 19..), BT-Drucks. 8/976, S.39 (rechte Spalte).

528 Ausführlich diskutierend, aber im Endeffekt für diese Regelung votierend: *Grauhan*, GA 1976, 225, 228 ff.; unter Betonung der verfassungsrechtlichen Problematik: *Weßlau* in SK-StPO, 5. Auflage 2016, § 154 StPO, Rn. 3 ff.

Die Ermittlungen sind zunächst nicht weiter auszudehnen, als nötig ist, um eine schnelle Entscheidung über die Erhebung der öffentlichen Klage oder die Einstellung des Verfahrens zu ermöglichen. Hierbei sind insbesondere die Möglichkeiten der §§ 154, 154a StPO zu nutzen.

Insbesondere letzteres kann als sinnvolle Prämisse gesehen werden, da bei einer Verfolgung aller Vorwürfe oftmals das Wesentliche nicht in dem erforderlichen Umfang untersucht werden kann, zugleich jedoch keine maßgebliche Erhöhung der zu verhängenden Strafe bei einer Verfolgung alle Vorwürfe im Falle einer Verurteilung zu erwarten ist.

Im Jahre 1964 wurde – ebenfalls mit Blick auf die Konzentrationsmaxime und die Verfahrensökonomie[529] – § 154a StPO eingeführt und durch das Strafverfahrensänderungsgesetz von 1978 ebenfalls erheblich erweitert. Durch die Beschränkung des Verfahrensstoffes kann der Blick auf die maßgeblichen Vorwürfe gerichtet werden, wodurch das Verfahren insgesamt beschleunigt werden soll.[530] Insoweit gelten auch die zu § 154 StPO gemachten Ausführungen betreffend Nr. 5 der RistBV. Wie bei der Anwendung des § 153 StPO ist eine umfassende Aufklärung der Vorwürfe, bezüglich derer das Verfahren eingestellt werden soll, nicht erforderlich,[531] sodass bereits im Ermittlungsverfahren personelle Ressourcen eingespart werden können und das Strafverfahren bezüglich der sonstigen Vorwürfe insgesamt beschleunigt werden kann.

Die mit der Durchführung einer öffentlichen Hauptverhandlung verbundene Informationsfunktion und bezweckte Kontrolle der Strafrechtspraxis,[532] wie sie sonst durch Rechtsprechung und Öffentlichkeit in einem Gerichtsverfahren erfolgt, gibt es im Anwendungsbereich der §§ 153 ff. StPO nicht. Dies ist gerade aufgrund der Tatsache, dass der Staatsanwaltschaft als Teil der Exekutive bei der Entscheidung über das Ergreifen einer solchen Maßnahme besonderes Gewicht zukommt, kritisch zu betrachten.[533] Dennoch erscheint der Gang über die Einstellungsmöglichkeiten unverzichtbar, werden so doch etwa ca. 25- 33 % der Verfahren erledigt,[534] was – angesichts der trotzdem bestehenden Überlastung

529 Hierzu auch: *Diemer* in: KK-StPO, 8. Auflage 2019, § 154a, Rn. 1.

530 Hierzu auch: *Teßmer* in: MüKo StPO, 1. Auflage 2016, StPO § 154a Rn. 1.

531 So auch: *Teßmer* in: MüKo StPO, 1. Auflage 2016, StPO, § 154a Rn. 1.

532 Hierzu ausführlich: *Wegener*, „Die Öffentlichkeit der Hauptverhandlung als knappe Ressource", BLJ 2014, 37, 38.

533 Kritisch auch: *Albrecht*, 2005, S. 46.

534 Statistisches Bundesamt, Fachserie 10, Reihe 2.6, 2011, S.11.; hierzu ausführlich auch: *Dannecker/Bülte* in: *Wabnitz/Janovsky/Schmitt*, Handbuch des Wirtschafts- und Steuerstrafrechts, 5. Auflage 2020, 1. Kapitel, Rn. 46.

der Justiz – verdeutlicht, dass ohne diese Regelung das Rechtsstaatsprinzip gem. Art. 20 Abs. 3 GG, das eben auch eine zeitnahe Erledigung von Verfahren verlangt,[535] deutlich (mehr) leiden würde.

N. Besondere Verfahrensarten

I. Verfahrensförderung durch Anwendung des Strafbefehlsverfahrens

Eine große Entlastung kann auch mit dem Strafbefehlsverfahren einhergehen.[536] In diesem eine Anklage ersetzenden Verfahren mit administrativem[537] Charakter wurden im Jahr 2017 4,5 % der Strafverfahren – immerhin 29.489 Verfahren – erledigt, sodass diese Verfahrensart kaum mehr hinweggedacht werden kann.[538] Das Strafbefehlsverfahren ermöglicht durch eine summarische[539] Verfahrensweise eine effiziente Erledigung solcher Fälle, für die die Staatsanwaltschaft nach dem Ergebnis der Ermittlungen eine Hauptverhandlung nicht für erforderlich hält.[540] Im Unterschied zu den Einstellungsmöglichkeiten nach den Vorschriften der §§ 153 ff. StPO sind die Ermittlungen jedoch vollständig durchzuführen, der „summarische" Charakter des Strafbefehlsverfahren ist lediglich darin zu sehen, dass das Gericht den Strafbefehl lediglich auf Grundlage der Aktenlage erlässt.[541] Gemäß Nr. 175 Abs. 3 der RiStBV ist in geeigneten Fällen von dem Strafbefehlsverfahren Gebrauch zu machen.[542] Durch die Neuerung im Jahre 1993 wurden die Möglichkeiten der Aburteilung im Wege des Strafbefehlsverfahrens dahingehend erweitert, dass ab diesem Zeitpunkt auch eine Freiheitsstrafe auf Bewährung gegen einen verteidigten Angeklagten verhängt werden konnte.[543]

535 So auch: *Grzeszick* in: *Maunz/Dürig*, GG, 94. EL 2021, Art. 20, VII Rn. 139.

536 *Kühne in*: LR-StPO, 27. Auflage, 2016, Einleitung Abschnitt G, Rn. 19.

537 *Walther*, in: *Eser*, Strafjustiz im Spannungsfeld von Effizienz und Fairness, 2004, S. 367, 377.

538 Entwurf eines Gesetzes zur Beschleunigung von Strafverfahren (Strafverfahrensbeschleunigungsgesetz), BT-Drucks. 14/1714, S. 10; dem Strafbefehlsverfahren aus Effizienzgesichtspunkten Anerkennung aus dem Ausland zollend: *Dubber*, 49 Stan. L. Rev. 547, 550 f.

539 Hierzu: *Kudlich* in: MüKo StPO, 1. Auflage 2014, Einleitung, Rn. 556.

540 Vgl. § 407 Abs. 1 Satz 2 StPO.

541 Hierzu näher: *Eckstein* in: MüKo StPO, 1. Auflage 2019, § 407 Rn. 11.

542 Hierzu auch: *Kudlich* in: MüKo StPO, 1. Auflage 2014, Einleitung, Rn. 556

543 *Kühne* in: LR-StPO, 27. Auflage 2016, Einleitung Abschnitt F, Rn. 143, 145.

Zu berücksichtigen ist indes, dass eine zu weitreichende Anwendung des Strafbefehlsverfahren durch die Einlegung eines Einspruchs letztlich zu einer Verzögerung des Verfahrens führen kann.

II. Verfahrensförderung durch Anwendung des beschleunigten Verfahrens

Das beschleunigte Verfahren existiert bereits seit 1871, wobei es zunächst im GVG kodifiziert war.[544] Es wurde zur Entlastung der Justiz durch rasche Aburteilung von Straftaten geringerer Bedeutung eingeführt.[545] Dementsprechend ist es im vorliegenden Kontext weniger von Relevanz. Allerdings bemerkte die Legislative bereits Ende des 20. Jahrhunderts, dass das Potenzial des beschleunigten Verfahrens nicht ausgeschöpft wird. Dies wurde zum Anlass genommen, entsprechende Änderungen mit dem Ziel vorzunehmen, dass die praktische Anwendung dieser Verfahrensart erhöht wird.[546] Hierzu wurde zum einen die Vorschrift des § 127b StPO neu eingeführt und zum anderen das Beweiserhebungsverfahren vereinfacht.[547] Die Regelung in Nr. 146 Abs. 1 der RiStBV sieht vor, dass in allen geeigneten Fällen, insbesondere wenn der Beschuldigte geständig ist, das beschleunigte Verfahren zu beantragen ist. Dieser klaren Anweisung korrespondiert die Realität jedoch nicht. Dem beschleunigten Verfahren kommt in der Praxis nämlich eine untergeordnete Bedeutung zu. Lediglich 1,9 % der Strafverfahren vor den Amtsgerichten wurden im Jahre 2017 im Rahmen des beschleunigten Verfahrens erledigt.[548] Dies wird teils mit der starken Anwendung des Strafbefehlsverfahrens begründet, da sich das beschleunigte Verfahren und das

---

544 Ausführlicher zur Entstehungsgeschichte: *Rieß* in: LR-StPO, 24. Auflage 1987, § 212.

545 Hierzu: Entwurf eines Gesetzes zur Änderung des Strafgesetzbuches, der Strafprozeßordnung und anderer Gesetze (Verbrechensbekämpfungsgesetz), BT-Drucks. 12/6853, S. 34 (rechte Spalte), f.; ebenfalls hierzu: *Otte* in: *Radtke/Hohmann*, StPO, 2011, § 417 Rn. 1; ausführlicher auch: *Kühne* in: LR-StPO, 27. Auflage 2016, Einleitung Abschnitt G, Rn. 19; vom theoretischen Potenzial dieser Verfahrensart begeistert: *Boas*, The Miloševic trial, 2007, S. 180.

546 So: *Kühne* in: LR-StPO, 27. Auflage 2016, Einleitung Abschnitt F, Rn. 149.

547 So: *Kühne* in: LR-StPO, 27. Auflage 2016, Einleitung Abschnitt F, Rn. 149.

548 Statistisches Bundesamt Jahr 2017, Fachserie 10, Reihe 2.3, Rechtspflege- Strafgerichte, S. 24.

Strafbefehlsverfahren von Gesetzes wegen einander ausschließen,[549] teils aber auch mit fehlenden Personalressourcen[550] bzw. der nicht ausreichend engen Zusammenarbeit zwischen Polizei, Staatsanwaltschaft und Gericht[551] sowie nicht zuletzt auch mit den insbesondere bei der Notwendigkeit des Einsatzes von Dolmetschern oder bei Beantragung von Akteneinsicht durch den Verteidiger quasi nicht einzuhaltenden Fristen begründet.[552] Zudem wurde durch die Neufassung des § 187 GVG ein Übersetzungsanspruch des Beschuldigten bezüglich der Anklage kodifiziert, wodurch der Beschleunigungseffekt weiter ausgebremst wurde.[553] Mithin ist damit zu rechnen, dass das beschleunigte Verfahren auch weiterhin keinen relevanten Bedeutungszuwachs erfahren wird.

III. Verfahrensförderung durch Anwendung des Privatklageverfahrens

Das Privatklageverfahren, welches bereits im Rahmen der Reichsjustizgesetze eingeführt worden ist,[554] sollte dazu dienen, bei Alltagsdelikten, welche wegen ihrer geringen Bedeutung und Erschütterung der Rechtsordnung und wegen der fehlenden Berührung des öffentlichen Interesses keine unbedingte Bestrafung erfordern, keinen Strafverfolgungszwang vorzusehen und stattdessen die Strafverfolgung in die Hände des Verletzten zu legen.[555] In der Rechtswirklichkeit kommt der Verweisung auf den Privatklageweg allerdings ein Einstellungseffekt zu.[556] Dies zum einen deshalb, weil es für die jeweiligen Geschädigten bereits hemmend wirkt, wenn die Strafverfolgung selbst initiiert werden muss. Darüber hinaus werden von den ohnehin nur im Vergleich mit den auf den Privatklageweg verwiesenen Anzeigen in geringer

---

549 Denn es kann nicht zugleich ein schriftliches Strafbefehlsverfahren und ein beschleunigtes Verfahren in einer öffentlichen Hauptverhandlung durchgeführt werden.

550 *Koch,* StV 2002, 223.

551 *Bosch* in: BeckOK StPO, Stand: 15.10.2018, 146 RiStBV, Rn. 2f.

552 *Bosch* in: BeckOK StPO, Stand: 15.10.2018, 146 RiStBV, Rn. 6.

553 Hierzu auch: *Bosch* in: Beck'scher Online-Kommentar StPO, Stand: 01.07.2020, 146 RiStBV, Rn. 6.

554 Vgl. hierzu: *Hahn,* Die gesammten Materialien zur Strafprozeßordnung und dem Einführungsgesetz, Bd. I, 2. Auflage 1885, S. 277.

555 Hierzu: *Hahn,* Die gesammten Materialien zur Strafprozeßordnung und dem Einführungsgesetz, Bd. I, 2. Auflage 1885, S. 269, S. 277.

556 So: *Hilger* in: LR-StPO, 26. Auflage 2009, Vor § 374 Rn. 4.

Zahl erfolgenden Privatklagen[557] wohl ein großer Teil von den Gerichten gem. § 383 Abs. 2 StPO eingestellt.[558]

Daher kommt auch dem Privatklageverfahren von seinem Grundcharakter her keine besondere Bedeutung im vorliegenden Kontext zu; selbst wenn der Anwendungsbereich auf solche schwerwiegenderen Delikte erweitert würde, denen kein Öffentlichkeitsinteresse zukommt, da sie sich im rein internen Bereich abspielen. So wäre zwar zu erwägen, z. B. im Bereich von Untreuedelikten innerhalb eines Vereins durch über den Vereinszweck hinausgehende Ausgaben, welche allerdings von den Mitgliedern gebilligt werden, mangels öffentlichen Interesses an einer Strafverfolgung eine Verlagerung der Strafverfolgung in den Bereich der Privatklagedelikte vorzunehmen. Dies würde allerdings voraussichtlich deshalb nicht maßgeblich zur Entlastung der Justiz beitragen, da der Verein im oben benannten Beispiel voraussichtlich auch keine Anzeige erstatten würde, sodass ein Ermittlungsverfahren regelmäßig ohnehin durch die Staatsanwaltschaft selbst eingeleitet und sodann nicht direkt wieder im Wege der Verweisung auf den Privatklageweg erledigt werden würde.

Damit bleibt der Befund, dass dem Privatklageverfahren im vorliegenden Kontext kein weitergehendes Potenzial zuerkannt werden kann, wiewohl ein Instrument der Steigerung der Effizienz der Justiz grundsätzlich vorliegt.

O. Beschleunigende Vorschriften bzw. Case Management-Ansätze in der RiStBV

Auch die Justizverwaltung hat die Notwendigkeit einer effektiveren Arbeit erkannt und hat diesen Aspekt u.a. unter dem Aspekt der Beschleunigung[559] in

557 Im Jahr 2017 wurden bei den Amtsgerichten in ganz Deutschland lediglich 2048 Privatklagen erledigt, was 0,3% aller erledigter Strafverfahren entspricht; näher zu den Fallzahlen und der im Laufe der Jahre abnehmenden Privatklagen: *Hilger* in: LR-StPO, 26. Auflage 2009, Vor § 374 Rn. 4; Statistisches Bundesamt 2017, Fachserie 10, Reihe 2.3 - Rechtspflege, Strafgericht, S. 24.

558 Diese Vermutung äußernd: *Hilger* in: LR-StPO, 26. Auflage 2009, Vor § 374 Rn. 4; im Jahre 2017 wurden beispielsweise in ganz Deutschland 634 Verfahren insgesamt nach §§ 153b Abs. 2, 153c Abs. 4, 153d Abs. 2, 153e Abs. 2, 154e Abs. 2, 383 Abs. 2 StPO, 31a Abs. 2 BtMG eingestellt, wobei unklar bleibt, wieviele Fälle hiervon nach § 383 Abs. 2 StPO eingestellt wurden: Statistik des Statistischen Bundesamts, Fachserie 10 Reihe 2.3, 2017, S. 28 Tabelle 2, 2.2, Nr. 21.

559 Vgl. Nr. 5 RiStBV.

den Richtlinien für Strafsachen berücksichtigt.[560] Neben den bereits dargestellten Richtlinien,[561] die sich verfahrensförderlich auswirken, enthält die RiStBV auch einzelne Case Management-Ansätze. Allerdings werden der RiStBV an sich und damit auch den Case Management-Ansätzen in der Praxis nicht die erforderliche Bedeutung beigemessen, wodurch sie auch nicht im notwendigen Umfang angewendet werden.[562]

So bestimmt Nr. 5 Abs.1 der RiStBV, dass Ermittlungen zum einen nicht weiter auszudehnen sind als für die Entscheidung über die Erhebung der öffentlichen Klage oder – insbesondere im Hinblick auf Effizienzgesichtspunkte[563] – die Einstellung des Verfahrens (insbesondere nach §§ 154, 154 a StPO) erforderlich. Ermittlungshandlungen sind möglichst gleichzeitig durchzuführen[564] und so auszurichten, dass der Sachverhalt möglichst umfassend aufgeklärt wird,[565] sodass eine reibungslose Durchführung der Hauptverhandlung ermöglicht wird.[566] In Haftsachen oder sonstigen Angelegenheiten besonderen öffentlichen Interesses sollen die Ermittlungen besonders beschleunigt werden.[567] Daneben soll bereits präventiv darauf geachtet werden, ob anzuordnende Maßnahmen zeitnah durchgeführt werden können oder ob es geboten ist, auf Alternativen auszuweichen. So sieht Nr. 72 Abs. 1 der RiStBV vor, dass vor Beauftragung eines Sachverständigen zu prüfen ist, ob dieser überhaupt zeitnah in der Lage ist, ein Gutachten in angemessener Zeit zu erstellen und es ist darauf zu achten, dass der

560 Zu deren rechtlicher Einordnung: *Graf* in: BeckOK StPO mit RistBV und Mistra, RistBV, Einführung, Stand: 01.07.2021, Rn. 1 ff.

561 Vgl. die entsprechenden Ausführungen in Kapitel 1 B II. 7.; Kapitel 2 M; N I; N II.

562 In diese Richtung auch: *Graf* in: BeckOK StPO mit RistBV und Mistra, RistBV, Einführung, Stand: 01.07.2021, Rn. 4.

563 So auch: *Gertler* in: BeckOK StPO mit RistBV und Mistra, RistBV, Einführung, Stand: 01.07.2021, Nr. 5 RistBV Rn. 1.

564 Vgl. Nr. 5 Abs. 2 RistBV; vgl. auch Nr.12; vgl. auch Nr. 72 Abs. 3 RistBV; auf die grundsätzlich faktische Unmöglichkeit der Umsetzung dieser Richtlinie durch Polizeibeamte aufgrund der begrenzten Ressourcen hinweisend: *Gertler* in: BeckOK, StPO mit RistBV und Mistra, RistBV, Einführung, Stand: 01.07.2021, § 5 RistBV Rn. 32.

565 Insoweit darauf hinweisend, dass dies in der Praxis regelmäßig nicht berücksichtigt wird: *Gertler* in: BeckOK, StPO mit RistBV und Mistra, RistBV, Einführung, Stand: 01.07.2021, Nr. 5 RistBV Rn. 35.

566 Vgl. Nr. 5 Abs. 3 RiStBV.

567 Vgl. Nr. 5 Abs. 4 RiStBV; so sollen vor allem enge Wiedervorlagefristen gesetzt und die dem Beschleunigungsgebot entsprechende Verfahrensweise dokumentiert werden, um das Verfahren engmaschig zu überwachen, hierzu: *Gertler* in: BeckOK, StPO mit RistBV und Mistra, RistBV, Stand: 01.07.2021, Nr. 5 RistBV, Rn. 43 f.

Prüfauftrag und die Fragen präzise formuliert sind. Dies erfordert in komplexen Sachverhalten ggf. auch eine mündliche Erörterung des Gutachtenauftrages, um zu gewährleisten, dass ausschließlich zu den relevanten Punkten Stellung bezogen wird.[568]

Um eine unnötige Aufblähung der Hauptverhandlung und so eine nicht gebotene Verfahrensverzögerung zu vermeiden, sollen grundsätzlich nur die wirklich notwendigen Beweismittel in der Abschlussverfügung aufgeführt werden. [569]

Der Verfahrensökonomie dienlich ist auch die Vorschrift in Nr. 112 Abs. 1 der RistBV, die bestimmt, dass auch bei einer Anklageerhebung vor dem Strafrichter bei einer besonderen Schwierigkeit der Sach- und Rechtslage das wesentliche Ergebnis der Ermittlungen in die Anklageschrift aufgenommen werden soll und insoweit Verweise auf Aktenstellen und Beweismittel erfolgen sollen. Hierdurch wird zeitaufwändiges Nachschlagen in der Akte vermieden und eine Einarbeitung in den Sachverhalt erleichtert – wenn auch in der Praxis damit oftmals einhergeht, dass die Objektivität des Richters bereits vor der Hauptverhandlung verloren geht, da er lediglich die sich aus der Aktenlage ergebende Sichtweise der Staatsanwaltschaft einnimmt.[570]

Daneben stellt Nr. 113 Abs. 4 der RiStBV, die bei umfangreichen Strafsachen vorsieht, dass bei einer Anklageerhebung vor dem Amtsgericht ein zweiter Richter hinzugezogen wird, als Konkretisierung des § 29 Abs. 2 GVG ebenfalls eine grundsätzlich verfahrensförderliche Vorschrift dar. Dies hat zur Folge, dass eine Arbeitsteilung und damit eine Beschleunigung des Verfahrens eintritt. Zugleich wird ein Vier-Augen-Prinzip eingeführt, wodurch das Risiko, dass wichtige Details im Verlaufe des Prozesses vergessen werden und daher keinen Eingang in das Urteil finden, minimiert werden kann. Allerdings kommt dem sog. erweiterten Schöffengericht nur noch eine sehr geringe praktische Bedeutung zu.[571]

---

568 Vgl. Nr. 72 Abs. 2 RiStBV; hierzu: *Engelstätter* in: BeckOK StPO mit RiStBV und Mistra, Stand: 01.07.2021, Nr. 72 RiStBV, Rn. 1.

569 Vgl. Nr. 111 der RiStBV.

570 Zu diesen Perseveranz- und Inertia-Effekten: *Sommer*, "Psychologie der richterlichen Entscheidungsfindung", ZRP 2017, 60 f.; hierzu ebenfalls: *Stuckenberg* in: LR-StPO, 27. Auflage 2018, Vor §198, Rn. 20; *Schünemann*, „Der Richter im Strafverfahren als manipulierter Dritter? Zur empirischen Bestätigung von Perseveranz – und Schulterschlußeffekt", StV 2000, 159 ff.

571 Hierzu auch: *Schmitt* in: *Meyer-Goßner/Schmitt*, StPO, 64. Auflage 2021, GVG, § 29 Rn. 2.

Im Hinblick auf den konzentrierten Ablauf der Hauptverhandlung regelt Nr. 5 Abs. 3 der RiStBV, dass der Sachverhalt, die Einlassung des Beschuldigten und die für die Bemessung der Strafe oder für die Anordnung einer Maßnahme[572] wichtigen Umstände so gründlich aufzuklären sind, dass die Hauptverhandlung reibungslos durchgeführt werden kann.

Weiterhin sind Ansätze gerichtsorganisatorischer Maßnahmen, wie beispielsweise in Nr. 116 Abs. 3 ff. der RiStBV, aufgeführt, die dem Verfahren dienlich sein können: So ist bei der Festsetzung der Terminsstunden den Beteiligten jeder vermeidbare Zeitverlust zu ersparen, weshalb zu prüfen ist, wie lange die Verhandlung der einzelnen Sachen voraussichtlich dauern wird und in welchen Abständen die einzelnen Termine daher anzuberaumen sind. Sind an einer Verhandlung Personen beteiligt, die außerhalb des Sitzungsortes wohnen, so sind auch die Verkehrsverhältnisse zu berücksichtigen. Sofern eine längere Verhandlungsdauer eingeplant ist, ist zu erwägen, ob die einzelnen Zeugen und Sachverständigen, sofern dies die Hauptverhandlung nicht erschwert, erst für den Zeitpunkt zu laden sind, in dem sie voraussichtlich benötigt werden. [573]

Verzögerungen in der Hauptverhandlung sollen dadurch vermieden werden, dass im Falle der Anforderung von Beiakten den Beteiligten die Möglichkeit eingeräumt wird, diese möglichst noch vor der Hauptverhandlung einzusehen. [574]

Zudem sind besondere Erwägungen anzustellen, ob eine kommissarische Vernehmung von Zeugen oder Sachverständigen zielführend ist, und im Falle der tatsächlichen Durchführung einer kommissarischen Vernehmung besondere Sorgfaltsanforderungen zu erfüllen.[575] So ist insbesondere darauf zu achten, dass für den ersuchten Richter die Teile der Akten bezeichnet werden, die für die Vernehmung wichtig sind.[576]

Gerade mit Blick auf das Laienelement in Umfangsverfahren[577] sieht die RistBV in Nr. 126 einen besonders sorgfältigen Umgang mit den Schöffen vor, damit diese in der Lage sind, ihr Amt vollständig auszufüllen. Daher muss darauf geachtet werden, dass die Schöffen der Verhandlung inhaltlich folgen können. Dies erfordert unter Umständen Erläuterungen von Förmlichkeiten und Fachausdrücken. Zudem kann in umfangreichen bzw. schwierigen Sachen der

---

572 Vgl. § 11 Abs. 1 Nr. 8 StGB.
573 Vgl. § 214 Abs. 2 StPO.
574 Vgl. Nr. 119 RiStBV.
575 Vgl. Nr. 121 RiStBV.
576 Vgl. Nr. 121 Abs. 3 RiStBV.
577 Vgl. hierzu bereits die Ausführungen in Kapitel 1 B I. 5.

Anklagesatz nach dessen Verlesung für die Dauer der Hauptverhandlung überlassen werden.

Zu kritisieren ist insoweit, dass diese Vorschrift in der Praxis nur unzureichend beachtet wird, weswegen das Laienelement in Umfangsverfahren seinen Zweck nicht erfüllen kann.[578] Um einen verständigen Beitrag der Schöffen zum Urteil zu gewährleisten, wäre es zudem unerlässlich, insbesondere in Wirtschaftsprozessen neben vieler rechtlicher Erläuterungen auch wirtschaftliche bzw. fallspezifische Zusammenhänge unter spezifischen strafrechtlichen Gesichtspunkten zu erklären, was zu einer immensen Verzögerung führen würde.[579]

Daneben wird durch Nr. 127 RiStBV klargestellt, dass neben dem Richter, dem die Prozessleitung obliegt, auch die Staatsanwaltschaft auf eine beschleunigte und vereinfachte Hauptverhandlung hinzuwirken hat.

P. Fazit

Konstatiert werden kann, dass der Gesetzgeber[580] bereits eine Reihe von Mechanismen geschaffen hat, um Strafprozesse zu effektivieren. Diese Instrumentarien gelten nicht nur für die hier maßgeblich behandelten Wirtschaftsstrafprozesse, sondern grundsätzlich für alle Strafverfahren, wenn auch einige spezielle Vorschriften gerade Umfangsverfahren im Blick haben. Besonders hervorzuheben sind die in von der Exekutive geschaffenen,[581] in der RiStBV vorgesehen Case Management-Ansätze.

Die bereits existierenden Maßnahmen besitzen ausweislich der oben geschilderten faktisch desolaten Situation bei Umfangsverfahren offensichtlich (noch) nicht ausreichend Lösungs-Potenzial. Einige der bereits existierenden Instrumente erscheinen indes de lege ferenda ausbaufähig – möglicherweise auch aufgrund der Schaffung gesetzlicher Regeln, die an die Stelle bisheriger Richtlinien

578 Vgl. hierzu bereits die Ausführungen in Kapitel 1 B I. 5; ausführlich hierzu auch: Kapitel 3 B.

579 Auf den sich daraus ergebenden Ansatz einer Abschaffung des Laienrichterelements in Umfangsverfahren wird sogleich noch in Kapitel 3 B. 6 H einzugehen sein.

580 Im weitesten Sinne, denn insbesondere bei den RiStBV handelt es sich nicht um Gesetze, sondern Richtlinien, die vom Bundesjustizministerium erlassen wurden und werden.

581 Zur Entstehungsgeschichte der RiStBV: *Schaefer*, „Die Neufassung der Richtlinien für das Straf- und Bußgeldverfahren“, NJW 1977, 21 ff.; zur Einordnung der RiStBV als Verwaltungsanordnung ohne Gesetzeskraft: *OLG Koblenz*, Beschluss vom 30.05.1986 - 2 VAs 20/85, NJW 1986, 3093.

oder Rechtsprechung treten. Daneben sollten sie in praxi konsequenter umgesetzt bzw. daneben weitere Maßnahmen ergriffen werden. Hierdurch könnten die angeprangerten negativen Auswirkungen speziell der Umfangsverfahren zumindest verringert werden.

Kapitel 3 – Diskussionsstand und Bewältigungsmechanismen de lege ferenda

Unabhängig davon, ob einzelne Vorschläge, wie die beschriebene Problematik von Umfangsverfahren zu bewältigen sein könnte, im Rahmen einer Gesamt- oder Einzelreform umgesetzt würden, existiert eine Vielzahl von Anregungen, wie der Überlastungssituation abgeholfen werden könnte. Die diskutierten Vorschläge sind vielfältig und reichen unter anderen von einer Modifizierung der Verteilung der Kompetenzen im Ermittlungsverfahren, über eine Professionalisierung des Strafverfahrens in Umfangsverfahren bis hin zu der Einführung bzw. Ausweitung neuer schriftlicher Verfahrensarten. Die einzelnen Ansätze sind näher zu beleuchten.

A. Neuregelung des Verhältnisses zwischen Staatsanwaltschaft und Polizei

Vielfach wird ein Überdenken des Zusammenspiels von Staatsanwaltschaft und Polizei im Ermittlungsverfahren gefordert.[582] Während manche hier die Befugnisse der Polizei dem Trend der Praxis[583] folgend noch verstärken wollen,[584] beurteilen andere dies skeptisch, da so das System der „Checks and Balances" unterlaufen werde, obwohl die Staatsanwaltschaft ursprünglich unter anderem eingeführt worden sei, um die Macht der Polizei zu begrenzen.[585] Außerdem spreche gegen eine Ausweitung des polizeilichen Kompetenzbereichs, dass – insbesondere in Wirtschaftsstrafsachen – oftmals vertiefte juristische Kenntnisse

---

582 *Engelhard* in: *Eyrich*, Festschrift für Kurt Rebmann zum 65. Geburtstag, 1989, S. 45, 58.

583 *Beck*, "Ausweitung der Befugnisse der Polizei im Ermittlungsverfahren – Effizienz vor Rechtsschutz?", ZRP 2011, 21.

584 Vgl. den Entwurf eines Gesetzes zur Verbesserung der Effektivität des Strafverfahrens, BT-Drucks. 17/2166 vom 16.06.2010, S. 6 (rechte Spalte) f.

585 Ebenso: *Elsner*, Entlastung der Staatsanwaltschaft durch mehr Kompetenzen für die Polizei? Eine deutsch-niederländisch vergleichende Analyse in rechtlicher und rechtstatsächlicher Hinsicht, 2008, S. 15; *Schröder*, Das verwaltungsrechtlich organisatorische Verhältnis der strafverfolgenden Polizei zur Staatsanwaltschaft, 1996, S. 37.

erforderlich sind,[586] welche bei in diesem Ausmaß nicht geschulten Polizeibeamten fehlen. Dies betrifft insbesondere den schwierigen Tatbestand der Untreue, aber auch den wirtschaftsspezifischen Betrug. Da eine defizitäre Subsumtion Ansatzpunkte für die Verteidigung bietet,[587] müsse der Staatsanwalt der Herr im Ring bleiben. Anzumerken ist indes, dass selbst diejenigen, die für eine Verstärkung der Befugnisse der Polizei votieren, dies nur im Bereich der Klein- und mittelschweren Kriminalität befürworten,[588] sodass dies im vorliegenden Kontext nicht weiter zu vertiefen ist. Ohnehin wurde zwischenzeitlich – wie bereits dargestellt –[589] jedenfalls im Hinblick auf die Möglichkeit der Konstruktion einer Erscheinenspflicht eines Zeugen bei der Polizei sowie im Hinblick auf die Befugnis zur Durchsicht von Dokumenten bei Durchsuchungen eine Stärkung der Rechte der Polizei vorgenommen.

B. Professionalisierung des Strafverfahrens

Gerade in Wirtschaftsstrafsachen scheint es aus bereits dargestellten Gründen für viele notwendig, Fachleute hinzuzuziehen. Dem kann nur zugestimmt werden, wobei auch eine Spezialisierung des Justizpersonals eine geeignete Maßnahme wäre.

Ein – mit Vorstehendem zusammenhängender – weiterer Punkt wäre die Abschaffung von Laienrichtern zumindest in Umfangsverfahren.[590] Zwar haben sich Europäer vor etwa einem Jahrhundert im Allgemeinen an dem vergleichsweise modernen anglo-amerikanischen Strafverfahren orientiert und daraus unter anderem die Laienbeteiligung importiert.[591] Die Einrichtung dieses Elements wird weitgehend als „Errungenschaft" empfunden.[592] Allerdings wurde

---

586 *Beck*, ZRP 2011, 21; ebenso: *Schlachetzki*, Die Polizei - Herrin des Strafverfahrens?, 1. Auflage 2003, S. 42 f. im Hinblick auf Umweltstrafverfahren wegen des komplexen Zusammenspiels öffentlich-rechtlicher Regelungen.

587 *Nuzinger*, in: *Böttger*, Wirtschaftsstrafrecht in der Praxis, 2014, Kapitel 1, Rn. 8.

588 *Elsner*, "Entlastung der Staatsanwaltschaft durch Übertragung von Einstellungsbefugnissen auf die Polizei?", ZRP 2010, 49; ebenso: *Däubler-Gmelin*, "Schwerpunkte der Rechtspolitik in der neuen Legislaturperiode", ZRP 1999, 81, 83.

589 Vgl. hierzu die Ausführungen in Kapitel 2 A III.

590 Noch weitgehender für die fehlende Rechtfertigung des Laienrichterelements im heutigen Strafprozess votierend: *Lemke-Küch*, Der Laienrichter – überlebtes Symbol oder Garant der Wahrheitsfindung? – Eine rechtsgschichtliche Untersuchung über das „moderne" Volksgericht in Deutschland seit Beginn des 19. Jahrhunderts.

591 Hierzu ausführlich: *Dubber*, 49 Stan. L. Rev. 547, 557 f.

592 So: *Grube*, Richter ohne Robe, Laienrichter in Strafsachen im deutschen und angloamerikanischen Rechtskreis: eine rechtsgeschichtliche und rechtsvergleichende

bereits bei Einführung der Laienrichterbeteiligung im Strafprozess die Auffassung vertreten, dass das Laienelement nur für „normale" Strafverfahren, nicht aber für Großverfahren bzw. Umfangsverfahren – zumindest nicht in dem Ausmaß, den es im adversatorischen anglo-amerikanischen Verfahren einnahm – dienlich sei.[593] Aus Effizienzgründen wurde die Idee der Laienrichter daher nicht in ihrer „reinen" Form, sondern immer nur in Kombination mit einem professionellen Richter umgesetzt.[594] Dies wird aus dem Ausland teilweise mit Hochachtung wahrgenommen und als Erfolg zur Bewältigung von „Massenjustiz" honoriert.[595] Bereits bei der Beratung des Entwurfs der StPO von 1873 war indes die Frage nach der Beteiligung von Laienrichtern einer der Punkte, zu denen die Meinungen am weitesten auseinandergingen.[596] Demgegenüber wurde im Rahmen der Reformbemühungen in den Jahren 1903 bis1911 ein verstärkter Einsatz der Schöffen befürwortet: So sollten in allen erstinstanzlichen Verfahren sowie in denen vor dem Berufungsgericht Laienrichter eingesetzt werden.[597] Bereits 1925 gab es indes erste Erkenntnisse, die darauf hindeuteten, dass nicht-spezialisierte Schöffen in wirtschaftsrechtlich geprägten Prozessen überfordert sind.[598] Aber auch für die „Normalprozesse" wurde immer mehr die Sinnhaftigkeit der Laienbeteiligung in Frage gestellt, sodass Volk[599] 1982 pointiert formulierte:

> *Das einzige Argument, das dagegen spricht, die Laienbeteiligung abzuschaffen, liegt in der Ungewißheit über die Folgen, die eine solche Entscheidung auslösen würde; das einzige Argument, das für die Laienbeteiligung spricht, ist die Tatsache, daß es sie gibt.*

Wie bereits aufgezeigt wurde,[600] ist das Laienelement jedenfalls in Umfangsverfahren für alle Beteiligten eher als Hindernis denn als Hilfe einzustufen.[601] Insoweit als eine jedenfalls partielle Abschaffung des Laienrichtelements für

---

Untersuchung unter besonderer Berücksichtigung verfassungsrechtlicher Aspekte, 2005, S. 71.

593 Hierzu ausführlicher: *Dubber*, 49 Stan. L. Rev. 547, 557 f.

594 So: *Dubber*, 49 Stan. L. Rev. 547, 557 f.

595 *Dubber*, 49 Stan. L. Rev. 547, 557 f.

596 *Kühne* in: LR-StPO, 27. Auflage 2016, Einleitung Abschnitt F, Rn. 12

597 *Kühne* in: LR-StPO, 27. Auflage 2016, Einleitung Abschnitt F, Rn. 19.

598 Hierzu: *Alsberg*, „Ein Jahr neuer Strafprozeß- Erfahrungen und Vorschläge", JW 1925, S. 888, 889; ebenfalls hierzu: *Lemke-Küch*, 2014, S. 126.

599 *Volk*, „Der Laie als Strafrichter" in: *Hanack*, Festschrift für Hanns Dünnebier zum 75. Geburtstag am 12. Juni 1982, 1982, S. 373, 389.

600 Vgl. die Ausführungen in Kapitel 1 A II. 1.; B I. 5.

601 In diese Richtung auch: *Lemke-Küch*, 2014, S. 237.

Umfangsverfahren in Erwägung gezogen werden könnte,[602] stellt sich die Frage nach der verfassungsrechtlichen Relevanz[603] eines solchen Vorgehens. Während diese teilweise unter Verweis auf den Willen des historischen Verfassungsgesetzgebers bejaht wird,[604] wird überwiegend jedoch darauf verwiesen, dass aus bundesverfassungsrechtlicher Sicht zwar die Einführung eines Laienelements möglich war, der Abschaffung derselbigen aber keine Regelungen entgegenstehen, da das Grundgesetz die rechtsprechende Gewalt nicht von der Teilnahme von Laienrichtern abhängig macht.[605] Zwar wird zugestanden, dass dies in der Rechtshistorie zwischenzeitlich anders gewesen sein mag, da eine durch die Laienrichter als Vertreter des Volkes vorgenommene Kontrolle der Justiz und ein Gegengewicht zu den richterlichen Amtsträgern, welche faktisch nicht vom Staat unabhängig sind, damals notwendig war.[606] Dies sei heute nicht mehr der Fall.[607] Selbst wenn man dem nicht gänzlich zustimmen mag, so ist regelmäßig jedenfalls in Umfangsverfahren die Kompetenz der Laienrichter zur Kontrolle der Justiz nicht gegeben, sodass sie ihre Rolle ohnehin nicht ausfüllen können. Dementsprechend besteht tatsächlich keine Notwendigkeit zur Aufrechterhaltung dieser eher symbolischen Institution.

Die Alternative des ausschließlichen Einsatzes spezialisierter Schöffen jedenfalls in Wirtschaftsstrafverfahren nach § 74 c GVG[608] erscheint demgegenüber nur schwer umsetzbar[609] und ändert auch nichts an den für die Schöffen unzumutbaren zeitlichen und organisatorischen Belastungen einer mehrtägigen Hauptverhandlung. Insgesamt wäre auch dieser Ansatz, der möglicherweise in Kumulation mit weiteren Mechanismen einer Bewältigung von Umfangsverfahren dienlich sein könnte, eher abzulehnen, während eine Abschaffung der Laienrichter in Umfangsverfahren stark zu befürworten ist.

---

602 In diese Richtung jedenfalls für Wirtschafts- und Steuerstrafverfahren auch: *Lemke-Küch*, 2014, S. 130 f. m.w.N.

603 Auf die verfassungsrechtliche Relevanz des Laienrichterelements hinweisend: *Grube*, Richter ohne Robe, 2005, S. 71 ff., 77.

604 *Grube*, Richter ohne Robe, 2005, S. 71 ff., 77.

605 Hierzu näher: *Lemke-Küch*, 2014, S. 235; in diese Richtung auch: *Hillgruber* in: Maunz/Dürig, GG, 94. EL 2021, Art. 97, Rn. 20.

606 So: *Lemke-Küch*, 2014, S. 235 f.

607 *Lemke-Küch*, 2014, S. 235 f.

608 Hierzu: *Lemke-Küch*, 2014, S. 126 ff. m.w.N.

609 Hierzu unter Hinweis auf den dann erforderlichen Schulungs- bzw. Auswahlaufwand: *Lemke-Küch*, 2014, S. 126.

C. Ausgestaltung des Strafprozesses als „Parteiprozess“ bzw. Einführung einzelner parteiprozessualer Elemente

Weiterhin wird vereinzelt eine den – heutigen[610] – Strafprozess gewissermaßen in seinen Grundmauern erschütternde Idee vorgetragen: Die Ausgestaltung des Strafprozesses als Parteiprozess ähnlich demjenigen in der ZPO.[611] Hierfür wird vorgebracht, dass dann ein „Unstreitigstellen“ möglich wäre, womit einhergehend das Strafverfahren gestrafft würde, da man sich auf noch streitige Teile konzentrieren könnte.[612] Die Unterschiede zwischen Straf- und Zivilprozess seien gar nicht so groß wie vielfach angenommen, da auch hier zwischen Staat und Angeklagten ein „Strafrechtsverhältnis“ bestünde, das auf Zweiseitigkeit angelegt sei.[613] Diese Idee wird aber vom gleichen Autor auch wieder entkräftet, da es im Strafprozess oftmals um viel tiefergehende Eingriffe gehe, die sich gerade entscheidend von den in einem Zivilprozess behandelten unterscheiden, sodass auch die unterschiedliche Behandlung zwingend sei.[614] Zudem wird vertreten, dass die Erforschung der materiellen Wahrheit zwingend notwendig zur Wahrung des Schuldgrundsatzes, des Rechtsstaatsprinzips und der Menschenwürde sei,[615] wodurch es schlicht an der Disponibilität fehle.[616]

Obwohl die hinter diesem Ansatz steckende Idee einen plausiblen Kern hat, wird stark bezweifelt, dass sich die vollständige Umsetzung eines Parteiprinzips im Strafprozess in unsere Rechts- und Gesellschaftsordnung nachvollziehbar integrieren lassen würde. Vor allem auch aus dem Blickwinkel der Rechtssicherheit erscheint es nahezu undenkbar, die Frage, ob, überzogen dargestellt, der Beschuldigte nun wegen Mordes oder Entziehung elektrischer Energie verurteilt wird, in das Ermessen der Prozessbeteiligten zu stellen. Zudem bestehen im Rahmen des Strafverfahrens verschiedene dem Strafprozess eigene Instrumente, wie z. B. bestimmte strafprozessuale Zwangsmaßnahmen, die wiederum mit

---

610 Zum früheren im altdeutsch-germanischen Strafverfahren geltenden Parteiprinzip: *Meyer*, Der Urkundenbeweis in der Hauptverhandlung, 1999, S. 15 f.

611 *Haas*, 2008, S. 63.

612 *Satzger*, in: Gutachten C zum 65. Deutschen Juristentag, 2004, C 32, C 106 f.

613 *Haas*, 2008, S. 63.

614 *Haas*, 2008, 96 f.

615 *BVerfG*, Urteil vom 19.03.2013 – 2 BvR 2628/10, 2 BvR 2883/10, 2 BvR 2155/11, NJW 2013, 1058, 1060; vgl. auch *Britz*, „Strafrecht und Menschenwürde – eine phänomenologische Betrachtung“, in: *Jochum*, Festschrift für Rudolf Wendt zum 70. Geburtstag „Freiheit, Gleichheit, Eigentum – Öffentliche Finanzen und Abgaben“, S. 1107, 1116.

616 Hierzu: *Trüg/Habetha* in: MüKo StPO, 1. Auflage 2016, § 244 Rn. 47.

dem zivilrechtlichen System nicht in Einklang zu bringen wären. Dies hindert eine großflächigere Vergleichbarkeit zwischen Straf- und Zivilprozess. Ein weiterer essentieller Unterschied ist die unterschiedliche Interessenlage der Parteien in einem Zivil- und einem Strafprozess: Während in einem Zivilprozess jede Partei subjektiv die für sich beste Position gestalten will, gilt dies zwar auch für den Beschuldigten in einem Strafverfahren, aber jedenfalls de lege lata nicht für den Staatsanwalt, der gem. § 160 Abs. 2 StPO zur Objektivität verpflichtet ist.[617] Daher bestehen hohe Hürden für die Integration eines dem Zivilprozess vergleichbaren Parteiprinzips im Strafprozess.

Umgekehrt spricht allerdings nichts gegen den Transfer einzelner Elemente aus dem Parteiprozess, wobei ein erhöhtes Augenmerk auf die Wahrung der verfassungsrechtlichen und strafprozessualen Grundsätze zu richten ist.

D. Neuregelung des Zusammenspiels zwischen Ermittlungs- und Hauptverfahren

Ziel einer Gesamtreform soll insbesondere die Neuregelung des Zusammenspiels von Ermittlungs- und Hauptverfahren sein, da viele der Ansicht sind, dass sich hier der Schwerpunkt vom „Herzstück" Hauptverhandlung hin zum Ermittlungsverfahren verschoben habe, da im Ermittlungsverfahren bereits festgelegt werde, wie das Verfahren weiter verlaufe.[618] Der Hauptverhandlung bliebe aber noch die Funktion, „auf der Grundlage eines Sachberichts über das Ergebnis der Ermittlungen etwaigen Beweisinitiativen der Verteidigung nachzugehen; die Verhandlung würde im Übrigen der Erörterung von Rechts- und Strafzumessungsfragen dienen."[619] Das Ermittlungsverfahren müsse dann aber in Richtung eines „partizipatorischen Ermittlungsverfahrens"[620] reformiert werden, um so dem Beschuldigten einen Ausgleich für eventuelle Reduzierungen seiner Rechte

617 *Haas*, 2008, S. 409.

618 *Engelhard*, in: *Eyrich*, Festschrift für Kurt Rebmann zum 65. Geburtstag, 1989, S. 45, 59; ebenso: *Albrecht*, 2005, S. 199.

619 *Weigend*, "Die Reform des Strafverfahrens, Europäische und deutsche Tendenzen und Probleme", ZStW 104, 486, 505.

620 *Müller*, "Einige Bemerkungen zur Bedeutung der Europäischen Menschenrechtskonvention für das Ermittlungsverfahren in der Bundesrepublik Deutschland", in: *Brüssow/Koch*, Strafverteidigung und Strafprozess, 1989, S. 191, 193; *Schünemann*, "Absprachen im Strafverfahren? Grundlagen, Gegenstände und Grenzen", in: Ständige Deputation des Deutschen Juristentages, Verhandlungen des achtundfünfzigsten deutschen Juristentages, 1990, B1, B164.

in der Hauptverhandlung, oder für den Fall, dass es gar nicht zu einer solchen komme, zu gewähren.[621]

Für die Verschiebung der Gewichtigkeit der einzelnen Verfahrensstadien auf das Ermittlungsverfahren spricht die Erkenntnis, dass das Ermittlungsverfahren die meiste Zeit in Anspruch nimmt; wenn man es also, wie *ter Veen* vermutet, nicht verkürzen kann,[622] ließe es sich effektivieren, indem maßgebliche Entscheidungen hierhin vorverlagert werden. Nicht überzeugend ist hingegen die Idee, die Hauptverhandlung auf einen Sachbericht und etwaige Beweisinitiativen der Verteidigung zu beschränken. Die strafprozessualen Grundsätze einschließlich einer ordnungsgemäßen Beweisaufnahme müssen weitestgehend aufrechterhalten bleiben. Damit kann vieles in das Ermittlungsverfahren vorver- bzw. ausgelagert werden, sodass die Hauptverhandlung ihrem eigentlichen Charakter entsprechend durchgeführt werden kann. Darüber hinausgehende Änderungen der vorgeschlagenen Art sollten jedoch vermieden werden. Die abstrakte Idee einer Neuregelung des Zusammenspiels Ermittlungs- und Hauptverfahren ist aufzugreifen.

E. Vermeidung von Doppelbearbeitung durch Gericht und Staatsanwaltschaft

Teilweise wird auf Einsparpotenzial im Hinblick auf eine Vermeidung von Doppelbearbeitung durch Gerichte und Staatsanwaltschaft verwiesen[623]. Eine Vielzahl von vom Gericht vorgenommenen Arbeiten seien zuvor bereits von der Staatsanwaltschaft durchgeführt worden.[624] Angesprochen ist damit vor allem Einsparpotenzial in zeitlicher Hinsicht. Eine konsequente Vermeidung einer Doppelbearbeitung liefe jedoch faktisch unweigerlich auf eine Abschaffung des Zwischenverfahrens und gleichzeitig des Prinzips der Checks and Balances[625] hinaus. Insbesondere letzteres führt aber gerade zu einer Kontrolle der jeweiligen Gewalten untereinander. Die Eliminierung einer solchen wäre aber gerade aus im folgenden genannten Gründen nicht wünschenswert.[626]

---

621 So auch: *Lindemann*, 2012, S. 512.
622 Ausführlich hierzu: *ter Veen*, 1998, S. 305.
623 *Michaelsen*, Kriminalistik 1982, 498.
624 *Michaelsen*, Kriminalistik 1982, 498.
625 *Schneider* in: KK-StPO, 8. Auflage 2019, § 199 Rn. 1.
626 Hierzu näher: Kapitel 3 F. III.

F. Reform des Zwischenverfahrens

I. Anpassen der Regelungen

Teilweise werden, auf das grundsätzliche Potenzial des Zwischenverfahrens hinweisend,[627] einzelne diesbezügliche Neuerungen gefordert: So soll eine zwingend durchzuführende Anhörung des Angeschuldigten durch den Richter zu einer wesentlichen Reduktion der Verfahrensdauer führen.[628] Da in den meisten Umfangsverfahren der Beschuldigte verteidigt ist,[629] dürfte eine solche Regelung allerdings weitgehend leer laufen, da regelmäßig eine Stellungnahme zu den Tatvorwürfen durch den Strafverteidiger erfolgen dürfte.

Andere wollen eine – für komplexe Fälle – grundsätzliche Beweisantragspflicht im Zwischenverfahren einführen mit dem Ziel, dass dadurch von Anfang an umfassender ermittelt werde und unnötige Verfahrensverzögerungen vermieden würden. Hintergrund dieser Idee ist die Vorstellung, dass beide „Parteien" das Risiko eines Beweismittelverlusts nicht eingehen würden, das sie wegen vorausgehender defizitärer (Ermittlungs-)Arbeit erst später entdeckt haben.[630] Die Versäumung dieser Pflicht bzw. Obliegenheit solle zu einer grundsätzlichen Nichtberücksichtigung später gestellter Beweisanträge führen[631]. Davon solle nur dann eine Ausnahme gemacht werden, wenn die beantragten Beweismittel in der Hauptverhandlung präsent seien[632] bzw. wenn erst im Laufe des späteren

---

627 *Gössel* in: Ständige Deputation des Deutschen Juristentages, Gutachten, 1994, C 1, C 61 f.; etwas zögerlich in diese Richtung auch: *Lindemann*, 2012, S. 285; in einer Stärkung des Zwischenverfahrens Potenzial zur Verfahrensbeschleunigung sehend: *Bundesministerium der Justiz*, 2015, S. 5.

628 *Koch*, StV 2002, 222, 225; in diesem Sinne auch: *Heghmanns*, Das Zwischenverfahren im Strafprozess, Entwicklung, Zustand und Vorschläge zu einer Reform, 1991, 168 f.; dagegen: Reformbemühungen bis 1923, hierzu: *Kühne* in: LR-StPO, 27. Auflage 2016, Einleitung Abschnitt F, Rn. 32.

629 Zum einen aufgrund der in Wirtschaftsstrafsachen meist aufgrund der wirtschaftlichen Lage des Beschuldigten finanzierbaren Wahlstrafverteidigerkosten, zum anderen wegen der ansonsten z. B. wegen § 140 Abs. 1 Nr. 4 oder § 140 Abs. 2 StPO angeordneten Pflichtverteidigung.

630 So: *Gössel* in: Ständige Deputation des Deutschen Juristentages, Gutachten, 1994, C 1, C 64.

631 Hierzu: *Gössel* in: Ständige Deputation des Deutschen Juristentages, Gutachten, 1994, C 1, C 62; *Spiekermann*, Der Mißbrauch des Beweisantragsrechts, 2001, S, 153.

632 Hierzu: *Gössel*, in: Ständige Deputation des Deutschen Juristentages, Gutachten, 1994, C 1, C 62; *Spiekermann*, 2001, S, 153.

Verfahrens zu beweisende Tatsachen bekannt würden.[633] Hierdurch halte sich der Eingriff in die Verteidigungsrechte in Grenzen, da jedenfalls durch Präsentation des Beweismittels in der Hauptverhandlung eine Präklusion vermieden werden könne und so auch ein vorerst erfolgendes taktisches Zurückhalten eines Beweismittels ermöglicht werde.[634] Soweit sich die Frage stellt, inwieweit der Amtsaufklärungsgrundsatz durch eine Präklusion eingeschränkt werde, wird darauf verwiesen, dass Beweisanträge bzw. deren Einschränkung ohnehin aufgrund der umfassenden Pflicht des Gerichts zur Erstreckung der Beweisaufnahme auf alle Tatsachen und Beweismittel, die für die Entscheidung von Bedeutung sind[635], nicht geeignet sind, die Amtsaufklärungspflicht des Gerichts zu beschränken. Zudem gelte ohnehin die Prämisse, dass keine Wahrheitserforschung um jeden Preis erfolgen soll.[636] Andererseits müsste bei Vorliegen neuer Beweismittel ggf. eine Wiederaufnahme des Verfahrens erfolgen, sodass die durch die Beschränkung des Beweisantragsrechts eintretende Beschleunigung des Verfahrens wieder zunichte gemacht werde.[637] Zur Verhinderung der nachträglichen Umgehung der Präklusionswirkung müsste sich letztere auch auf die revisionsrichterliche Prüfungsbefugnis erstrecken.

Die zentrale Idee der Vermeidung von Verfahrensverzögerungen überzeugt grundsätzlich; allerdings muss noch näher eruiert werden, ob und inwieweit sich diese Idee mittels Beweisantragspflicht im Zwischenverfahren sowie zusätzlicher Präklusion durchsetzen lässt oder ob ggf. auf andere bzw. weiterführende Mechanismen zurückzugreifen ist.[638]

Als weiterer Ansatz einer Effektivierung des Zwischenverfahrens wurde die in eine ähnliche Richtung gehende Idee verfolgt, eine Obliegenheit – anstelle einer entsprechenden Pflicht[639] – des Beschuldigten zum Vorbringen von Einwendungen bereits im Zwischenverfahren zu begründen und diese mit einer Präklusion

---

633 Ausführlich: *Gössel* in: Ständige Deputation des Deutschen Juristentages, Gutachten, 1994, C 1, C 63; *Spiekermann*, 2001, S, 153.

634 Hierzu: *Gössel*, in: Ständige Deputation des Deutschen Juristentages, Gutachten, 1994, C 1, C 70; *Spiekermann*, 2001, S, 153.

635 Vgl. § 244 Abs. 2 StPO.

636 *Gössel*, in: Ständige Deputation des Deutschen Juristentages, Gutachten, 1994, C 1, C 69 f.; so: *BGH*, Urteil vom 14.06.1960 - 1 StR 683/59, NJW 1960, 1580, 1582; in diese Richtung mit Blick auf die Existenz von Beweisverwertungsverbote auch: *BGH*, Urteil vom 27.01.1978 - RiZ (R) 3/77, NJW 1978, 1425, 1426.

637 *Spiekermann*, 2001, S. 159.

638 Hierzu ausführlich in Kapitel 5 B I. 2.; III. 7; Kapitel 6 E.

639 Zur Differenzierung vgl. auch die Ausführungen in Kapitel 5 B III. 7.

späteren Vorbringens zu verbinden.[640] Dies kann selbstverständlich nur für solche Aspekte gelten, die dem Angeklagten bereits bekannt waren oder spätestens nach gewährter Akteneinsicht hätten bekannt sein müssen.[641] Hierdurch könnten möglicherweise fehlende Verfahrensvoraussetzungen bzw. bestehende Verfahrensfehler, welche dem Freibeweis zugänglich sind, bereits vor Eröffnung des Hauptverfahrens und außerhalb einer Hauptverhandlung erörtert werden, wodurch weitere Ressourcen geschont werden könnten, wenn bereits zu diesem Zeitpunkt aufgrund der vorgebrachten Einwendungen eine Erledigung des Verfahrens zu erfolgen hat.[642]

Dieser Vorschlag der Expertenkommission sollte sich insbesondere auf das Vorliegen einer wirksamen Anklageschrift und eines wirksamen Eröffnungsbeschlusses, eine Beanstandung einer unzureichend gewährten Akteneinsicht[643] bzw. unvollständig übermittelter Akten[644] sowie auf Beweisverwertungsverbote, vor allem aufgrund der Verletzung von Beschuldigtenrechten im Ermittlungsverfahren, beziehen.[645] Eine Umsetzung dieses Vorschlags sei leicht zu gewährleisten, da auf bereits bestehende gesetzliche Mechanismen wie § 202a StPO, § 202 StPO, § 203 StPO zurückgegriffen werden kann. An sich werde durch eine gerichtliche Prüfung dieser Punkte keine Neuerung eingeführt, da der Richter vor Eröffnung des Hauptverfahrens ohnehin zur Prüfung verpflichtet wäre, ob dem Bestehen eines hinreichenden Tatverdachts keine Verfahrenshindernisse bzw. der Nachweisbarkeit einer Tatsache ein Beweisverwertungsverbot entgegensteht.[646] Die Einwendungsobliegenheit solle allerdings nur hinsichtlich solcher Beweismittel gelten, welche in der Anklageschrift aufgelistet sind[647].[648] Zudem sei daran zu denken, der Staatsanwaltschaft bzw. dem Gericht ein Ermessen bezüglich einer Präklusion einzuräumen; soll von der Möglichkeit einer Präklusion im weiteren Verlauf des Verfahrens Gebrauch gemacht werden können, müsste dem Beschuldigten ein Verteidiger bestellt werden.[649] Von der Präklusion der Einwendungen aufgrund eines Verstoßes gegen die Einwendungsobliegenheit

---

640 *Bundesministerium der Justiz*, 2015, S. 95 f.
641 *Bundesministerium der Justiz*, 2015, S. 95 f.
642 *Bundesministerium der Justiz*, 2015, S. 95 f.
643 Vgl. §§ 147, 169a StPO.
644 Vgl. § 199 Abs. 2 Satz 2 StPO.
645 *Bundesministerium der Justiz*, 2015, S. 96.
646 *Bundesministerium der Justiz*, 2015, S. 97.
647 Vgl. § 200 Abs. 1 Satz 2 StPO.
648 *Bundesministerium der Justiz*, 2015, S. 97.
649 *Bundesministerium der Justiz*, 2015, S. 97.

sollen solche Einwendungen ausgenommen werden, die auf neuen Verfahrenstatsachen beruhen.[650] Letztgenannter Aspekt dürfte allerdings trivial sein; wenn die Einwendung auf neuen Verfahrenstatsachen beruht, hätte sie ohnehin nicht früher vorgebracht werden können, sodass auch kein Verstoß gegen die Einwendungsobliegenheit vorliegen dürfte.

Interessant ist allerdings die weitere Überlegung, wie das Ziel, welches mit der Konstruktion der Einwendungsobliegenheit verfolgt wird, die Hauptverhandlung zu entlasten,[651] effektiv erreicht werden kann. Sofern eine Einwendung vor der Hauptverhandlung fristgemäß vorgebracht worden war und beschieden wurde, soll sichergestellt werden, dass insoweit keine Überprüfung mehr in der Hauptverhandlung möglich sein soll, da andernfalls keine Entlastung eintrete.[652] Als potenzieller Mechanismus wird hierfür eine grundsätzliche Bindungswirkung der außerhalb der Hauptverhandlung getroffenen Entscheidung über die Einwendung[653] diskutiert, wobei hiervon eine Ausnahme zu machen wäre, wenn die Entscheidung evident verfassungswidrig ist.[654] Eine Überprüfung soll im Übrigen nur noch in der Revisionsinstanz möglich sein.[655] Hiergegen werden allerdings insoweit Bedenken erhoben, als ein präkludiertes Beweisverwertungsverbot das Gericht faktisch zwinge, eine rechtswidrige Entscheidung zu fällen.[656] Diese Argumentation erweist sich insoweit als angreifbar, als eine gesetzliche Normierung einer entsprechenden Präklusionsregelung gerade die Rechtmäßigkeit eines ohne eine entsprechende Einwendung berücksichtigendes Urteils begründen würde. Zudem würden weiterhin die Anforderungen an das Gericht fortgelten, eine dem Schuldgrundsatz und dem fair-trial-Prinzip genügende Entscheidung zu treffen, sodass evidente Verfahrensmängel ohnehin bereits aus diesem Grund unabhängig von einer Einwendung des Beschuldigten zu berücksichtigen wären. Daher ist auch dieser Vorschlag grundsätzlich als positiv zu bewerten. Dementsprechend wird auch dieser Ansatz auf seine verfassungsrechtliche Umsetzbarkeit zu untersuchen sein.[657]

Obwohl von Seiten der Expertenkommission das Potenzial des Vorschlags für eine Stärkung des Zwischenverfahrens und eine Entlastung der

---

650 *Bundesministerium der Justiz*, 2015, S. 98.
651 *Bundesministerium der Justiz*, 2015, S. 98.
652 *Bundesministerium der Justiz*, 2015, S. 97 f.
653 *Bundesministerium der Justiz*, 2015, S. 98.
654 *Bundesministerium der Justiz*, 2015, S. 98.
655 *Bundesministerium der Justiz*, 2015, S. 98.
656 *Bundesministerium der Justiz*, 2015, S. 100.
657 Vgl. hierzu die Ausführungen in Kapitel 5 B. III. 7 b) bb).

Hauptverhandlung erkannt wird,[658] das nicht zuletzt in einer besseren Vorbereitung der Verfahrensbeteiligten auf die Hauptverhandlung bereits im Zwischenverfahren bestehen würde,[659] votiert sie gegen die Einführung der beschriebenen Lösung. Bedenken bestünden insoweit vor allem im Hinblick auf die Vereinbarkeit mit den Grundsätzen des deutschen Strafprozesses.[660] Eine so weitreichende Mitwirkungspflicht des Beschuldigten sei im bisherigen Strafprozess nicht existent und könnte zu einer Überfremdung des Strafprozesses aufgrund der Implementierung systemfremder parteiprozessualer Elemente in den Strafprozess führen.[661] Nicht von vornherein von der Hand zu weisen sei zudem eine mögliche Tangierung des Prinzips der materiellen Wahrheit.[662] Des Weiteren würden durch die Schaffung einer Einwendungsobliegenheit in Kombination mit einer Präklusion immense Hürden für den Angeschuldigten und die Verteidigung geschaffen.[663] Insbesondere seien vor allem bei Pflichtverteidigern bzw. nach einem Verteidigerwechsel, bei dem ohnehin dem nachfolgenden Verteidiger nicht die Fehler seines Vorgängers angelastet werden könnten, die Anforderungen an die konzentrierte Vorbereitung bereits im Zwischenverfahren meist nicht zu stemmen.[664]

Bereits die Argumentation betreffend den Verteidigerwechsel dürfte in Frage zu stellen sein angesichts der Tatsache, dass ohnehin nicht alle (versäumten) Verfahrenshandlungen bzw. Weichenstellungen auch in vorausgegangen Verfahrensstadien vom neuen Verteidiger nachgeholt oder falsche Entscheidungen revidiert werden können. Skeptisch zu betrachten ist zudem die in diesem Zusammenhang erfolgende Argumentation der Expertenkommission, dass Einwendungen von der Verteidigung erst im Hauptverfahren vorgebracht werden könnten, da sie erst hier aufgrund näherer Befassung mit der Angelegenheit auffallen würden.[665] Die bloß unterbliebene Auseinandersetzung mit der Angelegenheit vor der Hauptverhandlung kann keine Rechtfertigung für das Unterlassen von der Effizienz des Strafverfahrens dienlichen Maßnahmen, durch welche die bereits beschriebenen negativen Auswirkungen jedenfalls in Teilen vermieden werden könnten, darstellen. Letzterem – sowie der damit verbundenen Ineffizienz des

---

658 *Bundesministerium der Justiz*, 2015, S. 99.
659 *Bundesministerium der Justiz*, 2015, S. 99.
660 *Bundesministerium der Justiz*, 2015, S. 99.
661 *Bundesministerium der Justiz*, 2015, S. 99.
662 *Bundesministerium der Justiz*, 2015, S. 99.
663 *Bundesministerium der Justiz*, 2015, S. 99.
664 *Bundesministerium der Justiz*, 2015, S. 100.
665 *Bundesministerium der Justiz*, 2015, S. 100.

Zwischenverfahrens – soll durch die Schaffung einer Einwendungsobliegenheit in Kombination mit einer Präklusion gerade vorgebeugt werden, sodass die Expertenkommission diesbezüglich einen Zirkelschluss vornimmt, indem sie ein Argument, welches für die Schaffung des beschriebenen Lösungsvorschlags herangezogen wird, zugleich nutzt, um seine Umsetzbarkeit in Frage zu stellen.

Ernst zu nehmender ist indes die Erwägung der Überfrachtung des Zwischenverfahrens mit allen denkbaren Einwendungen, welche zur präventiven Verhinderung einer potenziellen Präklusion vorsichtshalber vorgebracht werden. Hiermit würde gerade das Gegenteil des mit dem Lösungsvorschlag bezweckten Ziels eintreten: An Stelle einer Effektivierung der Hauptverhandlung könnte eine Überfrachtung des Zwischenverfahrens und damit eine potenzielle Lähmung des Verfahrens insgesamt eintreten.[666] Diese Befürchtung mag zwar theoretisch überzeugen; in praxi fällt es bereits schwer, sich die Ausarbeitung „vorsorglich" gestellter Beweisanträge vorzustellen. Denn hierfür müssen ein Beweisthema und ein Beweismittel benannt werden, zwischen beiden muss zudem Konnexität bestehen, da es sich bei Fehlen einer dieser Voraussetzungen lediglich um einen – den Richter nicht zur Beweiserhebung zwingenden – Beweisermittlungsantrag[667] oder um eine bloße Beweisanregung[668] handelt. Damit die Stellung eines „vorsorglichen" Beweisantrages sinnvoll wäre, müsste sich der Verteidiger bzw. die Staatsanwaltschaft eingehend mit der Sachlage auseinandersetzen. Wegen des hiermit verbundenen Aufwandes dürfte damit zu rechnen sein, dass dies nur dann erfolgt, wenn für den Erfolg des Beweisantrags eine gewisse Wahrscheinlichkeit besteht und die spätere Präklusion droht. Sofern dennoch Beweis(ermittlungs)anträge bzw. -anregungen „ins Blaue hinein" erfolgen, dürfte dies zwar zu einer gewissen Verzögerung des Prozesses führen, allerdings wegen der fehlenden Tangierung der Amtsermittlungspflicht noch im Rahmen des Zumutbaren liegen.

Bedenken werden auch insoweit geäußert, als die Einwendungsobliegenheit nur hinsichtlich solcher Einwendungen gelten soll, die im Freibeweisverfahren

---

666 *Bundesministerium der Justiz*, 2015, S. 100; in diese Richtung auch: *Eser*, „Adversatorische und inquisitorische Verfahrensmodelle - Ein kritischer Vergleich mit Strukturalternativen" in: *Schroeder*, „Die strafprozessuale Hauptverhandlung zwischen inquisitorischem und adversatorischem Modell - eine rechtsvergleichende Analyse am Beispiel des deutschen und des zentralasiatischen Strafprozessrechts", S. 11, 20 ff.

667 Hierzu ausführlicher: *Trüg/Habetha* in: MüKo StPO, 1. Auflage 2016, § 244 Rn. 171; zur fehlenden Beweiserhebungspflicht des Gerichts bei einem Beweisermittlungsantrag: Rn. 172.

668 Hierzu ausführlicher: *Trüg/Habetha* in: MüKo StPO, 1. Auflage 2016, § 244 Rn. 175.

erörtert werden können.[669] Letztlich sind damit lediglich Verfahrensfragen betroffen, sodass sich im Einzelfall eine exakte Abgrenzung zu nicht der Einwendungsobliegenheit unterfallenden, im Strengbeweisverfahren zu ermittelnden sonstigen Fragen, gerade als schwierig darstellen kann.[670]

Problematisiert wird zudem die Vereinbarkeit des Vorschlags mit den sich aus der EMRK ergebenden Beschuldigtenrechten, insbesondere des Rechts auf effektive Verteidigung,[671] dessen Wahrnehmung das Gericht zu überwachen habe; eine diesbezügliche Kontrolle sei im Zwischenverfahren allerdings nur schwer möglich.[672] Zudem werde durch eine Auslagerung von Verfahrensfragen in das Zwischenverfahren die Öffentlichkeitsmaxime, welche ebenfalls ein Recht des Beschuldigten darstelle, tangiert.

Insgesamt ist die Idee einer präklusions"sanktionierten" Einwendungs- bzw. Beweisantrags-Obliegenheit als förderlich einzustufen. Hierdurch könnte Einwendungen bereits vorgerichtlich nachgegangen werden, was wiederum zu einer möglichen Einschränkung der Tatvorwürfe oder gar gänzlichen Einstellung des Strafverfahrens führen würde. Insgesamt dürfte die Bereitschaft, ein Verfahren frühzeitig zum Abschluss zu bringen, indem auf vorgebrachte relevante Einwendungen hin ein Nichteröffnungsbeschluss ergeht, welchem eine strafklageverbrauchähnliche Wirkung zukommt,[673] größer sein, als nach einer langen Hauptverhandlung auf Freispruch zu erkennen. Damit kann diese Maßnahme gerade eine lange Gerichtsverhandlung, welche wiederum aus bereits dargestellten Gründen nicht wünschenswert ist,[674] vermeiden. Zusätzlicher positiver Nebeneffekt dürfte sein, dass sich für den Richter im Rahmen der Vorbereitung der Hauptverhandlung eine im Hinblick auf die benannten Beweismittel ausgeglichenere Aktenlage ergibt und hierdurch der oftmals kritisierte pro inertia-Effekt abgemildert wird. Allerdings müsste insoweit gewährleistet sein, dass einem nichtverteidigten Beschuldigten keine Nachteile entstehen können – entweder, indem in Umfangsverfahren immer ein Fall notwendiger Verteidigung

---

669 *Bundesministerium der Justiz*, 2015, S. 100 f.

670 *Bundesministerium der Justiz*, 2015, S. 100 f.

671 Vgl. Art. 6 Abs. 3 lit. c) EMRK; hierzu: *Gaede* in: MüKo StPO, 1. Auflage 2018, Art. 6 EMRK, Rn. 168.

672 *Bundesministerium der Justiz*, 2015, S. 100 f.

673 In diese Richtung unter Verweis darauf, dass nur unter den Voraussetzungen des § 211 StPO ein neues Verfahren in derselben Sache zulässig ist: *Ritscher* in: BeckOK StPO mit RiStBV und Mistra, StPO, Stand: 01.07.2021, § 204 Rn. 1.

674 Vgl. hierzu vor allem die Ausführungen in Kapitel 1 A II.

gegeben ist, oder, indem jedenfalls die Präklusion bei nichtverteidigten Beschuldigten nicht durchgreift.

Zu kritisieren bleibt – neben der erforderlichen intensiven verfassungsrechtlichen Bewertung – lediglich, dass es im Hinblick auf die in der Praxis recht enge Verbindung von Staatsanwaltschaft und Gericht zu befürchten steht, dass nach einem möglicherweise schon länger andauernden Ermittlungsverfahren von der Möglichkeit des Nichteröffnungsbeschlusses wegen der damit verbundenen Konsequenzen Abstand genommen wird; in diesem Fall würden lediglich Rechte des Beschuldigten beschnitten, ohne dass gleichzeitig auch für ihn die Möglichkeit einer effizienteren Verfahrensgestaltung entstehen würde. Zudem erschließt sich nicht ohne Weiteres, wieso das Modell der präklusionsbewehrten Einwendungsobliegenheit erst im Zwischenverfahren eingreifen sollte, da es auch im Ermittlungsverfahren großes Potenzial im Hinblick auf eine sodann noch mögliche Einstellung des Verfahrens nach § 170 Abs. 2 StPO durch die Staatsanwaltschaft selbst bietet – womit zugleich das Problem einer möglichen Hemmnis des Richters vor einem Nichteröffnungsbeschluss gelöst wäre. Auf das grundsätzlich sinnvolle Modell soll daher näher eingegangen werden;[675] ebenso auf die Frage, ob und inwieweit eine Vorverlagerung einer präklusionsbewehrten Beweisantrags- und Einwendungsobliegenheit ins Ermittlungsverfahren in Betracht kommt.[676]

Favorisiert wird zudem eine Trennung von dem über den Eröffnungsbeschluss entscheidenden und dem später die Hauptverhandlung durchführenden Richter, um die Entstehung des pro inertia-Effekts zu vermeiden.[677] Zuzugestehen ist, dass dieser Idee Charme zukommt, da ein von vorherigen Entscheidungen unbelasteter Richter in einer Hauptverhandlung möglicherweise unbefangener entscheiden könnte. Da sich eine absolute Unvoreingenommenheit aber ohnehin nicht umsetzen lässt, da der Richter eine Hauptverhandlung insbesondere in Wirtschaftsstrafsachen nicht ohne vorheriges Aktenstudium beginnen könnte – was auch im Hinblick auf eine effektive Durchführung der Hauptverhandlung nicht wünschenswert wäre – würden die Vorteile, die durch eine vorherige Trennung der Kompetenz zur Eröffnungsentscheidung und zur Entscheidung in der Hauptverhandlung nicht mehr ins Gewicht fallen; vielmehr

675 Vgl. die Ausführungen in Kapitel 5 B I 2.; III. 7.; Kapitel 6 E.

676 Vgl. hierzu die Ausführungen in Kapitel 6 E.

677 So *Stuckenberg* in: LR-StPO, 27. Auflage 2016, Vor § 198, Rn. 20 m. w. N.; ähnlich auch: *Baumann*, Alternativ-Entwurf Novelle zur Strafprozessordnung, Reform der Hauptverhandlung, S. 39.

werden sie überlagert von dem Nachteil des Mehraufwands, der durch eine Befassung zweier Richter mit demselben Verfahren entsteht. Daher ist dieser Ansatz auszuscheiden.

Weiterhin gibt es Stimmen, die die Wirkungsweise des Zwischenverfahrens durch eine verstärkte Kontrolle des von der Staatsanwaltschaft durchgeführten Ermittlungsverfahrens erhöhen wollen.[678] Von der Expertenkommission wurde ebenfalls eine Stärkung des Zwischenverfahrens bei Anklagen vor dem Land- oder Oberlandesgericht erörtert, damit ggf. bereits vor Eröffnung des Hauptverfahrens eine Erledigung erfolgen kann und so die für alle Beteiligten belastende Hauptverhandlung vermieden oder jedenfalls eingegrenzt werden kann.[679]

Beiden Ansätzen ist grundsätzlich zuzustimmen: Bezweifelt wird vor allem aufgrund der beschriebenen faktischen Situation des quasi nicht existenten Zwischenverfahrens indes, dass hieran etwas geändert werden könnte. Realistisch wäre eine dauerhafte Veränderung des gelebten status quo allenfalls insoweit denkbar, als für den Richter höhere Anforderungen aufgestellt werden könnten, sich mit der Aktenlage auseinanderzusetzen. Hierfür wäre der – ebenfalls vertretene – Vorschlag der Einführung einer Begründungspflicht für die richterliche Entscheidung über die Eröffnung des Hauptverfahrens sowie ein diesbezügliches Beschwerderecht des Angeklagten hilfreich.[680] Insbesondere durch das Institut der Beschwerde wäre der Richter gehalten, eine echte Begründung abzuliefern und das Zwischenverfahren nicht als bloße Förmelei abzuhandeln. Insoweit ist der Vorschlag als grundsätzlich positiv zu werten. Zudem würde hierdurch eine Waffengleichheit gegenüber der Staatsanwaltschaft hergestellt, der gem. § 210 Abs. 2 StPO bereits de lege lata ein Beschwerderecht gegen den Nichteröffnungsbeschluss bzw. gegen eine Eröffnung vor einem niedrigeren Gericht zusteht. Daher wird hierauf ebenfalls noch eingegangen werden müssen.[681]

---

678 *Fezer*, "Richterliche Kontrolle der Ermittlungstätigkeit der Staatsanwaltschaft vor Anklageerhebung?", in: *Stree et al.*, Gedächtnisschrift für Horst Schröder, 1978, 407, 420 ff.; *Loritz*, Kritische Betrachtungen zum Wert des strafprozessualen Zwischenverfahrens, 1996, Fn. 40.

679 *Bundesministerium der Justiz*, 2015, S. 95.

680 Dies wurde auch von der Expertenkommission, allerdings nur knapp, erörtert: *Bundesministerium der Justiz*, 2015, S. 95.

681 Vgl. hierzu die Ausführungen in Kapitel 6 B; G.

II. Zwischenfazit

Diese Vorschläge lassen bereits erkennen, dass eine Veränderung der strafprozessualen Regeln, die der Effektivität des Verfahrens zugutekommen sollen, nicht ohne zumindest geringe Einschnitte in andere strafprozessuale Maximen oder der Umgehung der Anwendbarkeit derselben auskommt. Bei einer zwingenden Anhörung des Beschuldigten im Zwischenverfahren bestünde beispielsweise die Gefahr der Beeinträchtigung bzw. jedenfalls der Umgehung des Unmittelbarkeits- und Öffentlichkeitsprinzips durch eine Quasi-Vorwegnahme der Hauptverhandlung[682], wenngleich diese Maximen nur für die strafprozessuale Hauptverhandlung zwingenden Geltungsanspruch besitzen.[683] Sowohl bei einer zeitlichen Begrenzung des Zwischenverfahrens wie auch bei einer bereits in diesem Stadium bestehenden Beweisantrags-/Einwendungspflicht bzw. -obliegenheit sind zwar Berührungen mit dem Prinzip der materiellen Wahrheit denkbar, da zur Absicherung dieser Regelung eine gleichzeitige Einführung von Präklusionen erforderlich wäre. Die Tangierung des Wahrheitsprinzips scheint allerdings aufgrund der fortbestehenden Amtsermittlungspflicht des Gerichts als (noch) hinnehmbar. Möglicherweise wäre letztgenannter Vorschlag allerdings wirkungsvoller, wenn er in das Ermittlungsverfahren vorverlagert würde. Dies wird noch näher zu untersuchen sein.[684]

Weniger vielversprechend erscheinen demgegenüber die Vorschläge, die Gerichte des Zwischen- und Hauptverfahrens zu trennen, sowie eine verstärkte Kontrolle im Zwischenverfahren durchzuführen, wobei letzteres insbesondere angesichts der bislang scheinbar nur oberflächlichen Durchführung des Zwischenverfahrens auch mit Skepsis im Hinblick auf die Realisierbarkeit zu betrachten ist. Daher wäre eine verstärkte Kontrolle des Zwischenverfahrens nur dann zu erwarten, wenn gleichzeitig eine zusätzliche Begründungspflicht für den (Nicht-)Eröffnungsbeschluss sowie ein entsprechendes Beschwerderecht des Beschuldigten vorgesehen würde. In diesem Fall wäre der Vorschlag als positiv zu bewerten. Diese Kombination wird daher noch aufzugreifen sein.[685]

---

682 Ähnlich auch: *Stuckenberg* in: LR-StPO, 27. Auflage 2018, Vor § 198, Rn. 21.
683 In diese Richtung auch: *Weßlau*, 2002, S. 82.
684 Vgl. hierzu die Ausführungen in Kapitel 5 B III 1. a); 6 B.
685 Vgl. hierzu die Ausführungen in Kapitel 6 G.

III. Abschaffung des Zwischenverfahrens

Auf den Zweifeln an der Wirksamkeit des Zwischenverfahrens beruht der Vorschlag, den Eröffnungsbeschluss ganz abzuschaffen.[686] Hierbei soll im Gegenzug die Möglichkeit eingeräumt werden, Anklageschriften wegen erheblicher Fehler oder Unschlüssigkeit nicht anzunehmen.[687] Relevante Einbußen der Beschuldigtenrechte seien nicht zu befürchten, da das Zwischenverfahren ohnehin nicht in dem Maße praktiziert werde, dass es ins Gewicht fallenden Schutz für den Beschuldigten böte.[688]

Dieser Vorschlag kann zwar wegen der dargestellten gelebten Wirkungslosigkeit des Eröffnungsbeschlusses nachvollzogen werden. Dennoch würde damit ein falsches Signal gesetzt. Zudem ist der durch die Durchführung des Zwischenverfahrens eintretende „Zeitverlust" im Vergleich zur Dauer des Strafverfahrens insgesamt relativ gering, während demgegenüber wenigstens die Möglichkeit besteht, dass eine Vorabkontrolle der Anklageschrift erfolgt und damit die gewünschten Wirkungen des Zwischenverfahrens eintreten können. Nicht überzeugend ist darüber hinaus der im Gegenzug zur Abschaffung des Eröffnungsbeschlusses präsentierte Vorschlag der Nichtannahme von Anklagen wegen erheblicher Fehler oder Unschlüssigkeit, da hiermit eine gewissenhafte Prüfung durch den Richter vorausgesetzt würde, welche bisher in den meisten Fällen im Zwischenverfahren unterbleibt – auch jener Vorschlag würde nicht zu einer verstärkten Filterfunktion führen. Dann kann es auch bei der jetzigen Lage sein Bewenden haben.

G. Einführung weiterer bzw. Ausweitung existierender schriftlicher Verfahrensarten

In vielen Facetten diskutiert wird die Möglichkeit einer Erledigung von Strafsachen in einem schriftlichen Verfahren. So wird insbesondere vertreten, dass der Anwendungsbereich des Strafbefehlsverfahrens erweitert, dass ein neues

---

686 *Baumann*, Alternativ-Entwurf Novelle zur Strafprozessordnung, Reform der Hauptverhandlung, S. 40; ablehnend – auch unter Verweis auf die anglo-amerikanische Rechtslage und den dortigen Siegeszug des preliminary hearing – hingegen: *Dengler*, 2003, S. 343 f.

687 *Baumann*, Alternativ-Entwurf Novelle zur Strafprozessordnung, Reform der Hauptverhandlung, S. 40.

688 *Baumann*, Alternativ-Entwurf Novelle zur Strafprozessordnung, Reform der Hauptverhandlung, S. 40.

schriftliches Verfahren oder aber ein Strafbescheidverfahren eingeführt werden müsse. Hierbei werden verschiedene Nuancen diskutiert. Die Darstellung konzentriert sich auf die Vorschläge, die am differenziertesten erscheinen.[689] All diesen Varianten ist die Vermeidung der mit einer Hauptverhandlung einhergehenden Belastungen gemein. Andererseits stellt eine Hauptverhandlung kein Mittel zur Belastung der Verfahrensbeteiligten dar, sondern soll aufgrund der – allein – darin zur Geltung kommenden strafprozessualen Maximen,[690] insbesondere des Öffentlichkeits-, Mündlichkeits- und Unmittelbarkeitsgrundsatzes vor allem den Beschuldigten vor staatlicher Geheim- und Willkürjustiz schützen.[691] Die Hauptverhandlung bietet als über den summarischen Untersuchungsumfang des Ermittlungs- und Zwischenverfahrens[692] hinausgehend die „größte Gewähr für die Erforschung der Wahrheit und zugleich für die bestmögliche Verteidigung des Angeklagten und damit für ein gerechtes Urteil […]".[693] Andererseits sind gerade in Umfangsverfahren Besonderheiten zu beachten, welche die Allgemeingültigkeit dieses Satzes jedenfalls anzweifeln lassen. Dementsprechend ist bei einer Erweiterung des Anwendungsbereichs jedweder schriftlicher Verfahren immer eine Balance zu finden zwischen Effektivierung und Vermeidung der speziell in Umfangsverfahren oftmals entstehenden Schwierigkeiten im Rahmen einer Hauptverhandlung, wodurch die strafprozessualen Maximen ohnehin ihre Sinnhaftigkeit nicht mehr in vollem Umfang entfalten können, und der von vornherein erfolgten Ausgliederung des Verfahrens aus dem Geltungsbereich der wichtigen strafprozessualen Grundsätze. Die im Strafbefehlsverfahren geltenden „Maximen" der Mittelbarkeit, Schriftlichkeit und

---

689 Nicht näher eingegangen wird hier z. B. auf den ebenfalls als Strafbescheidlösung bezeichneten Vorschlag von *Schünemann* in: Ständige Deputation des Deutschen Juristentages, Verhandlungen des achtundfünfzigsten deutschen Juristentages, 1990, B1, B162 f.; ebenfalls nicht näher beleuchtet wird das Konstrukt eines strafbefehlsähnlichen Verfahrens mit Urteilsbegründung: *Weigend*, ZStW 104, 486, 506 ff.

690 Hierzu auch: *Kühne* in: LR-StPO, 27. Auflage 2016, Einleitung Abschnitt I, Rn. 7.

691 Zu den insoweit als zentrale rechtspolitische Säulen bei der Entwicklung vom Inquisitionsprozess zum reformierten Strafprozess zählenden Maximen der Unmittelbarkeit, Mündlichkeit und Öffentlichkeit: *Kühne* in: LR-StPO, 27. Auflage 2016, Einleitung Abschnitt I, Rn. 53.

692 In diese Richtung auch: *Schmitt* in: *Meyer-Goßner/Schmitt*, StPO, 64. Auflage 2021, Vor § 226, Rn. 1.

693 So *Schmitt* in: *Meyer-Goßner/Schmitt*, StPO, 64. Auflage 2021, Vor § 226, Rn. 1; so auch: *BVerfG*, Beschluss vom 26.03.1987 - 2 BvR 589/79, 2 BvR 740/81, 2 BvR 284/85, NStZ 87,421.

Nichtöffentlichkeit[694] können im Einzelfall dem Verfahren insgesamt dienen, z. B. wenn in einer Hauptverhandlung wegen des Umfangs schriftlicher Dokumente oder einer besonders komplexen Sachlage keine sinnvolle Erörterung der Beweislage, im schriftlichen Verfahren hingegen eine vertieftere Auseinandersetzung mit den Beweismitteln gerade möglich wäre. Allerdings kann hierdurch bisweilen eine – objektiv betrachtet – „schlechtere" Entscheidung die Folge sein, wenn gerade der unmittelbare Eindruck eines Zeugen von immenser Bedeutung gewesen wäre für die Wahrheitsgewinnung. Im Hinblick auf die Ausgestaltung weiterer Möglichkeiten der schriftlichen Erledigung eines Verfahrens werden vor allem die nachfolgenden Varianten vertreten:

I. Modifizierung des Strafbefehlsverfahrens

Als eine Möglichkeit der Bewältigung der Problematik von Umfangsverfahren wird die Ausweitung[695] des heute schon sehr effektiven Strafbefehlsverfahrens[696] auf eine größere Anzahl von zu ahndenden Delikten angesehen[697], teils auch auf solche, die nicht vor den Amtsgerichten zu verhandeln sind.[698] Gerade in Wirtschaftsstrafsachen – welche regelmäßig vor den Landgerichten angeklagt werden – könnte hierdurch eine Konzentration einer Hauptverhandlung auf die „Haupt"-Angeklagten bzw. insgesamt eine Entlastung des Verfahrens erzielt werden.[699] Zudem kann durchaus zu erwägen sein, dass gerade in Wirtschaftsstrafsachen ohnehin oftmals die Auswertung von Dokumenten den Schwerpunkt des Strafverfahrens ausmacht, wobei die daraus gewonnenen Erkenntnisse in einer Hauptverhandlung jedoch nur schlecht dargestellt und erörtert werden können. Die Schriftlichkeit kann dem Verfahren mithin dienlich sein. Kritisch zu sehen ist in diesem Zusammenhang demgegenüber das Risiko, dass eine noch höhere Anzahl an Verfahren als bisher lediglich auf Basis der regelmäßig eher einseitig

---

694 Zu diesen sog. Gegenmaximen: *Kühne* in: LR-StPO, 27. Auflage 2016, Einleitung Abschnitt I, Rn. 53.

695 Hierzu bereits: *Kühne* in: LR-StPO, 27. Auflage 2016, Einleitung Abschnitt F, Rn. 19, 23 mit Verweis auf den Reformentwurf von 1903-1911.

696 Hierzu: *BVerfG*, Beschluss vom 04.07.2002, 2 BvR 2168/00, NJW 2002, 3534.

697 *Busch-Gervasoni*, in: *Lüderssen/Volk/Wahle*, Festschrift für Wolf Schiller, 2014, S. 109, 123.

698 Entwurf eines Gesetzes zur Beschleunigung von Strafverfahren (Strafverfahrensbeschleunigungsgesetz), BT-Drucks. 14/1714, S. 20.

699 In diese Richtung auch: Entwurf eines Gesetzes zur Beschleunigung von Strafverfahren (Strafverfahrensbeschleunigungsgesetz), BT-Drucks. 14/1714, S. 20.

geprägten Aktenlage abgeurteilt wird – wenn auch der Richter, zumindest theoretisch, gem. Nr. 178 Abs. 1 RiStBV gehalten ist, ggf. die Staatsanwaltschaft um weitere Ermittlungen zu ersuchen.[700] Da indes die Beschuldigtenrechte insofern ausreichend dadurch gewahrt werden können, dass bei fristgemäßem Einspruch die „normale" Hauptverhandlung durchgeführt wird,[701] erscheint dieser Ansatz zumindest vertretbar. Dieser wird daher aufzugreifen sein.[702]

Von der Expertenkommission wird demgegenüber eine Anpassung des Strafbefehlsverfahrens in Richtung eines Strafbescheidverfahrens vorgeschlagen.[703] Diese Verfahrensart könne auf alle in den Bereich der Amtsgerichte fallenden Delikte sowie in den in § 24 Abs. 1 Nr. 3 GVG genannten Fällen angewandt werden, wodurch eine Strafgewalt von bis zu vier Jahren bestehe.[704] Wie bisher soll ein grundsätzliches Antragserfordernis der Staatsanwaltschaft bestehen bzw. ein Übergang in das Strafbescheidverfahren in den Fällen des § 408a Abs. 1 StPO möglich sein.[705] Da auch beim Strafbescheidverfahren die dem Beschuldigten bzw. seinem Verteidiger in der Hauptverhandlung sonst zustehenden Beteiligungsrechte entfallen, müsste bei einer Ausweitung des Anwendungsbereichs nach Ansicht der Expertenkommission ein Ausbau der Beteiligungsrechte im Strafbescheidverfahren erfolgen, so z. B. durch die Gewährung rechtlichen Gehörs durch Einholung einer schriftlichen Stellungnahme des Beschuldigten vor Erlass des Strafbescheids.[706] Wie nach der bisherigen Ausgestaltung des Strafbefehlsverfahrens kann die Durchführung einer mündlichen Verhandlung vom Beschuldigten dadurch erreicht werden, dass gegen einen Strafbescheid ein „Widerspruch"[707] eingelegt wird.[708] Um der Prämisse der Stärkung der Beteiligungsrechte des Beschuldigten gerecht zu werden, soll § 420 Abs. 4 StPO nicht anwendbar sein, sodass zu Lasten des Beschuldigten keine Beschränkung des Beweisantragsrechts zulässig wäre.[709] Eine Stärkung der Rechte des

---

700 Hierzu auch: *Maur* in: KK-StPO, 8. Auflage 2019, § 408 Rn. 4.

701 Vgl. §§ 410, 411 Abs. 1 Satz 2 StPO; so auch: *BVerfG*, Beschluss vom 04.07.2002, 2 BvR 2168/00, NJW 2002, 3534.

702 Vgl. hierzu: Kapitel 6 D.

703 *Bundesministerium der Justiz*, 2015, S. 104 ff.

704 *Bundesministerium der Justiz*, 2015, S. 104.

705 *Bundesministerium der Justiz*, 2015, S. 104.

706 *Bundesministerium der Justiz*, 2015, S. 104.

707 Inwieweit die Änderung der Begrifflichkeit hier geboten erscheint, erschließt sich nicht; es dürfte auch insoweit beabsichtigt gewesen sein, die Regelungen zum Einspruch fortgelten zu lassen.

708 *Bundesministerium der Justiz*, 2015, S. 104.

709 *Bundesministerium der Justiz*, 2015, S. 104 f.

Beschuldigten soll zudem dadurch erfolgen, dass nicht der gleiche – insoweit potenziell voreingenommene – Richter, der den Strafbescheid erlassen hat, im Rahmen der durch den „Widerspruch" durchzuführenden Hauptverhandlung den Vorsitz haben soll. Dieser Zuwachs an Rechten soll gleichzeitig jedoch wiederum dadurch kompensiert werden, dass eine Berufung gegen das nun ergehende Urteil nur im Falle einer Verböserung zulässig sein soll.[710]

Problematisiert wird hinsichtlich dieses Vorschlags durch die Expertenkommission vor allem, ob angesichts der Tatsache, dass bei Umsetzung des Vorschlags erhebliche (Freiheits-)Strafen im Rahmen des schriftlichen Strafbescheidverfahrens verhängt werden können, dem Prinzip der Erforschung der materiellen Wahrheit noch ausreichend Genüge getan werde, da gerade nicht gewährleistet sei, dass die Aktenlage vollständig ist und zudem die Möglichkeit, einen persönlichen Eindruck vom Beschuldigten zu gewinnen, entfällt.[711] Zudem werden Einbußen im Hinblick auf die Aufrechterhaltung des Strafzwecks Spezialprävention befürchtet, da durch den Strafbescheid weniger auf den Beschuldigten eingewirkt werden könne, als es im Rahmen einer Hauptverhandlung der Fall wäre.[712] Nicht zuletzt wären allerdings die starken Einschnitte betreffend die Funktion der Amtsgerichte im Rahmen der Öffentlichkeitsmaxime hervorzuheben. Durch eine Anhebung des möglichen Strafmaßes bei einem Strafbefehl bzw. Strafbescheid würde eine große Anzahl der Verfahren auf diese Weise erledigt, wodurch sie einer Kontrolle durch die Öffentlichkeit entzogen würden[713] und wegen der geringeren Wahrnehmbarkeit für die Bevölkerung auch an Auswirkungen im Rahmen der Generalprävention einbüßen dürften. Daneben wird vertreten, dass mit der Ausweitung des Strafbefehls- bzw. Strafbescheidverfahrens der Verdacht einer Ungleichbehandlung zwischen Beschuldigten im Normalverfahren und Beschuldigten im Wirtschaftsstrafverfahren entstehen und gerade aufgrund des Wegfalls des Kontrolleffekts nicht widerlegt werden könne.[714] Letztlich wird gegen die Einführung eines Strafbescheidverfahrens vorgebracht, dass nicht auszuschließen ist, dass eine Änderung, vor allem im Bereich der erweiterten Beteiligungsrechte des Beschuldigten, die bestehende, als positiv zu bewertende Lage negativ beeinflussen könnte, insbesondere weil damit eine schlechtere Handhabbarkeit einhergehen könnte.[715]

710 *Bundesministerium der Justiz*, 2015, S. 105.
711 *Bundesministerium der Justiz*, 2015, S. 105 f.
712 *Bundesministerium der Justiz*, 2015, S. 106.
713 *Bundesministerium der Justiz*, 2015, S. 107.
714 *Bundesministerium der Justiz*, 2015, S. 107.
715 *Bundesministerium der Justiz*, 2015, S. 107.

Auch wenn diese Bedenken plausibel erscheinen, ist daran zu erinnern, dass dieselben Aspekte im Rahmen des bereits existenten Strafbefehlsverfahrens zu berücksichtigen sind. Allein der Umstand, dass im Rahmen des Strafbescheidverfahrens noch höhere Strafen verhängt werden können, erscheint für eine Differenzierung nicht ausreichend. Auch im Strafbefehlsverfahren kann gem. § 407 Abs. 2 Satz 2 StPO de lege lata eine Freiheitsstrafe bis zu einem Jahr auf Bewährung festgesetzt werden; dies kann allerdings bereits erhebliche Konsequenzen für den Beschuldigten haben[716]. Vielmehr ist die Frage aufzuwerfen, ob solche erheblichen Rechtsfolgen im Rahmen eines Verfahrens verhängt werden dürfen, bei dem bereits aus der Konstruktion des Verfahrens notwendigerweise folgt, dass nicht unerhebliche Abstriche bei der Wahrheitsermittlung notwendig sind. Andererseits dürfte dies mit Blick auf die Möglichkeit des Einspruchs bzw. „Widerspruchs" weniger schwerwiegend sein. Überzeugender sind demgegenüber die Erwägungen betreffend die Einbuße im Rahmen der Kontrolle durch die Öffentlichkeit. Fokussiert man freilich die Thematik, ergibt sich, dass durch Umfangsverfahren – wie oben bereits dargestellt[717] – ohnehin bei Durchführung einer Hauptverhandlung eine Beeinträchtigung der Strafzwecke und des Öffentlichkeitsgrundsatzes herbeigeführt werden. Daher kann dieser Gesichtspunkt im Rahmen der Suche nach Lösungsansätzen für die Bewältigung speziell von Umfangsverfahren vom Charme des erweiterten Strafbefehlsverfahrens nicht ablenken.

Soweit daneben eine potenzielle Ungleichbehandlung im Sinne einer Begünstigung von Wirtschaftsstraftätern durch eine Ausweitung des Strafbefehls- bzw. Strafbescheidverfahrens befürchtet wird, ist dem entgegenzuhalten, dass eine Ungleichbehandlung nach der gelebten Rechtspraxis längst besteht,[718] sodass diese Situation nicht verschlechtert würde, sondern allenfalls im Hinblick auf weitere mit einem Umfangsverfahren verbundenen Belastungen insgesamt verbessert werden könnte. Hinzuweisen ist insbesondere darauf, dass die Ausweitung des Anwendungsbereichs schriftlicher Verfahrensarten gerade nicht auf Umfangsverfahren beschränkt werden soll, sodass diese Argumentation ohnehin nicht durchzugreifen vermag.

Soweit Bedenken im Hinblick auf eine schlechtere Handhabbarkeit eines veränderten Strafbefehls- bzw. Strafbescheidverfahrens geäußert werden, so dürfte

---

716 Vgl. z.B. § 24 Abs. 1 Satz 1 BeamtStG; bei Rechtsanwälten gem. § 45 Abs. 1 StGB im Fall eines Verbrechens, §§ 7 Nr. 2, 14 Abs. 2 Nr. 2 BRAO.

717 Vgl. die Ausführungen in Kapitel 1 A III.; IV. 3.

718 Vgl. hierzu die Ausführungen in Kapitel 1 A IV. 5.

dies in Relation mit der erheblichen Effektivierung des Verfahrens und der im Regelfall der Akzeptanz des Strafbefehls/Strafbescheids wegfallenden Belastung durch eine Hauptverhandlung zu sehen sein. Da letzterer Aspekt aus bereits dargestellten Gründen[719] ungleich gewichtiger sein dürfte, käme es auf einen Versuch an, inwieweit insgesamt eine Verfahrensförderung gerade bei Umfangsverfahren erfolgen könnte.

Andererseits ist jedoch zu berücksichtigen, dass im Vergleich zu der bereits dargestellten Ausweitung des Anwendungsbereichs des Strafbefehlsverfahrens in der Einführung eines Strafbescheidverfahrens kein Mehrwert gesehen werden kann; einziger – jedoch generell als sinnvoll erachteter – zusätzlicher Vorschlag wäre insoweit, vor Erlass des Strafbefehls zwingend eine Stellungnahme des Beschuldigten einzuholen, da hierdurch die Aktenlage, auf Grund derer er erlassen werden soll, um eine Perspektive bereichert würde und damit ggf. eine gerechtere Entscheidung erfolgen könnte. Daher soll als Idee die Ausweitung des Strafbefehlsverfahrens, nicht jedoch die Einführung eines Strafbescheidverfahrens, mit zusätzlicher Einholung einer Stellungnahme des Beschuldigten vor Erlass des Strafbefehls weiterverfolgt werden.[720]

II. Einführung eines neuen schriftlichen Verfahrens

Von der Expertenkommission wurde unter anderem eine (weitere) Verlagerung des Strafprozesses in ein schriftliches Verfahren thematisiert, sodass neben den dem Anwendungsbereich des Strafbefehlsverfahrens unterfallenden Fällen insbesondere auch bei Verdacht der Begehung schwerer Taten eine mündliche Hauptverhandlung entbehrlich wäre.[721] Anders als das Strafbefehlsverfahren soll diese Verfahrensart unabhängig von einer Antragsstellung durch die Staatsanwaltschaft im Zwischenverfahren vom zuständigen Gericht ausgewählt werden können.[722] Begründet wird die angedachte Abweichung zum Strafbefehlsverfahren damit, dass gewährleistet werden müsse, dass – unabhängig davon, ob im Zwischenverfahren die Eröffnung des Hauptverfahrens beschlossen wird, eine Entscheidung über den Erlass eines Strafbefehls ergeht oder die Durchführung des angedachten neuen schriftlichen Verfahrens angeordnet wird – eine gleichmäßige Ausermittlung der Angelegenheit erfolgt und dem Gericht so eine vernünftige Entscheidungsgrundlage hinsichtlich des weiteren Vorgehens

---

719 Vgl. die Ausführungen in Kapitel 1 A II.

720 Vgl. hierzu: Kapitel 6 D.

721 *Bundesministerium der Justiz*, 2015, S. 103.

722 *Bundesministerium der Justiz*, 2015, S. 103.

vorliegt.[723] Inwiefern dies bei einem Antragserfordernis der Staatsanwaltschaft nicht gewährleistet wäre, wird demgegenüber nicht näher dargelegt.

Gewissermaßen als Gegengewicht zur Beschränkung der Beteiligungsmöglichkeiten des Beschuldigten und seiner Verteidigung, welche im Rahmen der Hauptverhandlung weitgehender sein dürften als in einem schriftlichen Verfahren, soll ein Fall notwendiger Verteidigung anzunehmen sein, wenn das schriftliche Verfahren angeordnet wird.[724] Ähnlich wie im Strafbefehlsverfahren würde in dem schriftlichen Verfahren ein Schuldspruch aufgrund der Aktenlage, soweit ein persönlicher Eindruck vom Beschuldigten nicht erforderlich erscheint, ergehen, wobei insoweit darauf zu achten wäre, dass eine Bestimmung einer angemessen Sanktion aufgrund einer hinreichenden Ermittlung der relevanten Strafzumessungskriterien möglich ist.[725] Bevor eine Entscheidung ergehen kann, wäre eine Stellungnahme des Beschuldigten und seines Verteidigers einzuholen, ob gegen eine Entscheidung im schriftlichen Verfahren Einwände bestehen bzw. gem. §§ 201, 202 StPO Beweisanträge gestellt werden sollen.[726] Für die Entscheidung, welche in Beschlussform ergehen soll, soll § 267 Abs. 4 StPO entsprechend gelten, wobei jedenfalls die wesentlichen Erwägungen betreffend die Beweiswürdigung darzulegen wären.[727] Der Öffentlichkeitsgrundsatz soll jedenfalls insoweit gewahrt werden, als der Beschluss in einer öffentlichen Verhandlung verkündet werden soll.[728]

Dieser Vorschlag hat Potenzial: Durch die zwingend einzuholende Stellungnahme beim Verteidiger des Beschuldigten hinsichtlich des Einverständnisses mit der Durchführung des schriftlichen Verfahrens – was insoweit an entsprechende Vorschriften des Zivil- und Verwaltungsprozessrechts erinnert [729]– dürfte regelmäßig die Interessenwahrnehmung des Beschuldigten ausreichend gesichert werden. Zudem können die mit einer Hauptverhandlung einhergehenden negativen Folgen abgemildert werden. Nichtsdestotrotz ist nicht zu verkennen, dass der Öffentlichkeits-, Mündlichkeits- und Unmittelbarkeitsgrundsatz vor allem dem Schutz des Beschuldigten[730] dient, sodass jedenfalls eine gewisse Vorsicht vor einer zu schnellen Zurückdrängung dieser Grundsätze gewissermaßen

---

723 *Bundesministerium der Justiz*, 2015, S. 103 f.
724 *Bundesministerium der Justiz*, 2015, S. 103.
725 *Bundesministerium der Justiz*, 2015, S. 103.
726 *Bundesministerium der Justiz*, 2015, S. 103 f.
727 *Bundesministerium der Justiz*, 2015, S. 104.
728 *Bundesministerium der Justiz*, 2015, S. 104.
729 Vgl. § 101 Abs. 2 VwGO; § 128 Abs. 1 Satz 2 ZPO.
730 In diese Richtung auch: *Haas*, 2008, S. 165.

durch Umgehung einer Hauptverhandlung und einem leichtfertigen Wechsel in ein rein schriftliches Verfahren an den Tag zu legen wäre; denn in Abgrenzung zum Strafbefehlsverfahren könnten nach der Konzeption dieses neuen schriftlichen Verfahrens grundsätzlich alle Verfahren darin abgeurteilt werden, sodass nicht lediglich eine gewisse Prozentzahl davon betroffen wäre.[731] Andererseits werden diese Grundsätze in Umfangsverfahren ohnehin nur begrenzt realisiert. Daher sprechen – abgesehen von theoretischen „Prinzipienerwägungen" – keine stichhaltigen Gründe gegen die Erweiterung der Schriftlichkeit in Umfangsverfahren durch Einführung eines neuen schriftlichen Verfahrens.

III. Résumé zu schriftlichen Verfahrensarten

Die Einführung eines neuen schriftlichen Verfahrens in der dargestellten Form erscheint sinnvoll: Bei schwereren Straftaten könnte das Gericht nach Ausermittlung des Sachverhalts in geeigneten Fällen im Zwischenverfahren beschließen, dass ein Schuldspruch aufgrund Aktenlage ergehen soll, insbesondere weil die Angelegenheit im Rahmen einer Hauptverhandlung nur ungenügend erörtert werden kann.

Daneben überzeugt die Idee der Ausweitung des Strafbefehlsverfahrens. Eine Differenzierung zwischen diesen beiden Verfahrensarten könnte danach erfolgen, dass bei Vergehen– jedoch auch bei erwartetem höheren Strafrahmen als es bisher der Fall war – das Strafbefehlsverfahren durchgeführt wird, bei Verbrechenstatbeständen hingegen der Richter entscheidet, ob eine Hauptverhandlung erfolgen soll oder ob eine Aburteilung im schriftlichen Verfahren für sinnvoll erachtet wird. In beiden Verfahrensarten wäre es gerade wegen der Höhe der möglichen Strafe ausgehend vom Strafrahmen erforderlich, eine vorherige Stellungnahme des Beschuldigten einzuholen, damit die Aktenlage, auf Grund derer zu entscheiden ist, um eine weitere Perspektive des Beschuldigten ergänzt werden kann. Die Einführung eines Falls der notwendigen Verteidigung sichert die Beschuldigtenrechte hierbei ab. Zu berücksichtigen ist jedoch, dass im Vergleich zu der bereits dargestellten Ausweitung des Anwendungsbereichs des Strafbefehlsverfahrens in der Einführung eines Strafbescheidverfahrens kein eigener Mehrwert gesehen werden kann.

---

731 Wobei teils vertreten wird, dass die Durchführung „vollständiger" Verfahren eher die Ausnahme sei; hierzu: *Kühne* in: LR-StPO, 27. Auflage 2016, Einleitung Abschnitt G, Rn. 33.

H. Ausweitung des beschleunigten Verfahrens

Bereits frühzeitig wurde die Idee aufgeworfen, die Institution des beschleunigten Verfahrens auszuweiten.[732] Diese besondere Verfahrensart ist derzeit beschränkt auf Verfahren vor dem Strafrichter und dem Schöffengericht.[733] Damit würden die meisten in Umfangsverfahren behandelten Fälle eine Ausweitung des möglichen Strafmaßes[734] oder der gerichtlichen Zuständigkeit[735] verlangen. Zudem ist das beschleunigte Verfahren nach seiner derzeitigen Ausgestaltung lediglich geeignet für die Behandlung solcher Fälle, in denen die Sache auf Grund des einfachen Sachverhalts oder der klaren Beweislage zur sofortigen Verhandlung geeignet ist.[736] Anders als es der Gesetzeswortlaut nahe legen würde, sollen diese beiden Voraussetzungen kumulativ vorliegen müssen.[737] Während sich das beschleunigte Verfahren damit zwar im vorliegenden Kontext ggf. in Fällen einer klaren Beweislage anbieten könnte, dürfte es nach dieser Auslegung wegen der in (wirtschaftsstrafrechtlichen) Umfangsverfahren regelmäßig vorliegenden eher komplexen Sachverhalte grundsätzlich ausscheiden.

In seiner derzeitigen Ausgestaltung wäre diese Verfahrensart daher, selbst bei einer Erweiterung des Anwendungsbereichs, für die Behandlung von Umfangsverfahren prinzipiell ungeeignet. Näher zu beleuchten ist, ob möglicherweise eine dem beschleunigten Verfahren ähnliche Verfahrensart für Umfangsverfahren eingeführt werde könnte.[738]

I. Einführung von durch Flexibilität beschleunigter Verfahrensarten

Als ein in eine ähnliche Richtung abzielender Vorschlag ist der Ansatz zu werten, verschiedene Verfahrensarten zuzulassen, je nach Verbrechensstruktur[739],

---

732 Hierzu bereits *Kühne* in: LR-StPO, 27. Auflage 2016, Einleitung Abschnitt F, Rn. 19, 23 mit Verweis auf den Reformentwurf von 1903-1911.

733 Vgl. § 417 StPO.

734 Vgl. § 419 Abs. 1 Satz 2 StPO.

735 Vgl. § 417 StPO.

736 Vgl. § 417 StPO.

737 Hierzu auch: *Wieneck* in: Das beschleunigte Verfahren gem. §§ 417 ff. StPO, JuS 2018, 249; hierzu ebenfalls: *Schmitt* in: *Meyer-Goßner/Schmitt*, StPO, 64. Auflage 2021, § 417 Rn. 16.

738 Vgl. hierzu die Ausführungen in Kapitel 6 F.

739 *Krauß* in: *Kielwein/Jung/Müller-Dietz*, Dogmatik und Praxis des Strafverfahrens, 1989, S. 1, 10 f.

Täterpersönlichkeit und -verhalten[740]: So ließe sich danach differenzieren, ob aufgrund bestimmter Verbrechensarten erweiterte Ermittlungsmaßnahmen zulässig sind,[741] der Beschuldigte geständig ist bzw. ob er auf frischer Tat ertappt wurde,[742] oder ob der Beschuldigte kooperationsbereit ist oder nicht[743], wobei der kooperationsbereite Beschuldigte ähnlich wie beim strafprozessualen Deal Vorteile genießen soll. Die erhoffte Folge einer solchen Differenzierung wäre eine den Anforderungen des jeweiligen Falles angepasste Bearbeitung des Verfahrens, eine erhöhte Geständnisbereitschaft des Beschuldigten und ein durch das Ersparen einer Beweisaufnahme i. e. S. beschleunigtes Verfahren.[744]

Dieser Vorschlag erscheint zwar plausibel, da jedes Verfahren maßgeblich durch das Verhalten des Beschuldigten und seines Verteidigers geprägt ist. Bedenken bestehen aber zum einen im Hinblick auf die praktische Wirksamkeit: Denn der bereits existierende § 417 StPO wird in der Praxis kaum angewandt. Zum anderen kann die Gefahr von willkürlichem Handeln der Strafverfolgungsorgane, da keine rechtssicher abgrenzbaren Verfahrensregeln bestünden, nicht von der Hand gewiesen werden. Zudem wird bereits in der gelebten Praxis z. B. bei kooperativen Beschuldigten aus Gründen der Verhältnismäßigkeit von der Durchführung von Zwangsmaßnahmen abgesehen oder deren Ausmaß abgemildert. Dementsprechend müsste insoweit durch ein Korsett von Verfahrensregeln Missbrauch entgegengewirkt werden. Dann wäre eine gewisse Dienlichkeit einer solchen Verfahrensmöglichkeit durchaus denkbar. Hierauf wird – auch nach Beleuchtung des im US-amerikanischen Recht existierenden Mechanismus des guilty plea und der dadurch eintretenden prozessualen Folgen[745] – einzugehen sein.[746]

740 Dies befürwortend: *Roxin* in: *Töpper*, Wie würden Sie entscheiden?, 1990, S. 183, 190; hierfür auch: *Weßlau*, 2002, 70, 71.

741 *Krauß* in: *Kielwein/Jung/Müller-Dietz*, Dogmatik und Praxis des Strafverfahrens, 1989, S. 1, 10 f.

742 *Lelieur*, „Diskussionsbericht über die I. Arbeitssitzung", in: *Eser/Rabenstein*, Strafjustiz im Spannungsfeld von Effizienz und Fairness, op. 2004, S. 63, 66 f.

743 Dies befürwortend: *Roxin* in: *Töpper*, Wie würden Sie entscheiden?, 1990, S. 183, 190; hierfür auch: *Weßlau*, 2002, 70, 71.

744 *Weßlau*, 2002, 70, 71.

745 Vgl. hierzu Kapitel 4 E II 5. b).

746 Vgl. insoweit Kapitel 6 F.

J. Beschränkung / Modifizierung der Verlesung des Anklagesatzes

In Umfangsverfahren, in denen viele Einzeltaten angeklagt wurden, ist die Verlesung des Anklagesatzes gem. § 243 Abs. 3 Satz 1 StPO mühsam bzw. zeitaufwändig:[747] Nicht nur der Umfang, sondern auch die mitunter zahlreichen Tabellen stellen für den Staatsanwalt, aber auch für die zuhörenden übrigen Beteiligten sowie für die Öffentlichkeit eine Herausforderung bezüglich Dauer und Verständnis dar.[748] Ob die Funktion der Verlesung, nämlich Information und Umgrenzung des Vorwurfs,[749] so noch erfüllt werden kann, ist stark zu bezweifeln; es ist vielmehr zu vermuten, dass kaum jemand, der nicht ohnehin bereits den Akteninhalt kennt,[750] den Zusammenhang des Verlesenen zu erkennen vermag. Hier könnte eine Beschränkung der Verlesung des Anklagesatzes weiterhelfen.[751] Daher wird vereinzelt vorgeschlagen, das Selbstleseverfahren gem. § 249 Abs. 2 StPO im Hinblick auf den Anklagesatz analog durchzuführen,[752] um so zur Unmittelbarkeit der Hauptverhandlung beizutragen, da der Gesetzgeber bei der Regelung des § 243 Abs. 3 Satz 1 StPO Umfangsverfahren wohl noch nicht bedacht habe.[753] Allerdings soll – anders als bei § 249 Abs. 2 StPO[754] – zumindest eine kurze zusammenfassende Information für die Allgemeinheit erfolgen.[755]

Dieser Vorschlag wird aber von der h. M. vehement abgelehnt, da so die Funktion des Anklagesatzes nicht mehr erfüllt werden könne,[756] was aber angesichts

---

747 Dies gilt ungeachtet der zwischenzeitlich durch die Rechtsprechung aufgestellten Erleichterungen bei der Verlesung des Anklagesatzes durch eine teleologische Reduktion des Merkmals „Verlesens“ bei der Norm des § 243 Abs. 3 Satz 1 StPO; denn betreffend die Verlesung von Tabellen ist auf die herrschende Praxis zu verweisen, in der noch in großem Umfang verlesen wird. Hierzu bereits in Kapitel 2 G.

748 *Lindemann*, 2012, S. 273.

749 *Diemer* in: KK-StPO, 8. Auflage 2019, § 249, Rn. 33.

750 *Lindemann*, 2012, S. 273.

751 *Lindemann*, 2012, S. 267 ff.

752 *LG Mühlhausen*, Beschluss vom 16. 06. 2006- 500 Js 53638/05- 6 Kls-, NstZ 2007, 358.

753 *LG Mühlhausen*, Beschluss vom 16. 06. 2006- 500 Js 53638/05- 6 Kls-, NstZ 2007, 358; *Wilhelm*, "Anmerkung zu LG Mühlhausen, Beschluß vom 16. 6. 2006 - 500 Js 53638/05 - 6 Kls", NStZ 2007, 358, 359.

754 Entwurf eines Strafverfahrensänderungsgesetzes 1984 (StVÄG 1984), BT-Drucks. 10/1313, S. 28 (linke Spalte).

755 *Wilhelm*, NStZ 2007, 358, 359.

756 So auch: *Lindemann*, 2012, S. 274; *Diemer* in: KK-StPO, 8. Auflage 2019, § 249, Rn. 33 mit Verweis auf: *BGH*, GSSt 56, 109 Rn. 15, 17.

der angesprochenen fraglichen Funktionserfüllung bei Verlesung nicht überzeugend erscheint. Nachvollziehbarer ist demgegenüber das systematische Argument, dass eine Regelung für die Beweisaufnahme nicht zusammenhangslos auf eine „Einführung in den Verfahrensgegenstand“ angewendet werden könne.[757]

Als weitere Möglichkeit, diesem Dilemma abzuhelfen, wird eine Auslagerung von besonders aufwändig und schwierig zu verlesenden Teilen, wie z. B. Tabellen, in das nicht dem Verlesungsgebot unterfallende wesentliche Ergebnis der Ermittlungen diskutiert.[758] Dies wird indes wegen Berührung der Informationsfunktion teilweise abgelehnt,[759] da es gerade erforderlich sei, „dass die dem Angeklagten im Einzelnen vorgeworfenen Tathandlungen im Anklagesatz nach Tatzeit, Tatort, Tatausführung und anderen individualisierenden Merkmalen ausreichend beschrieben und dargelegt [werden]“[760]. Eine lediglich mit Beginn und Ende des Begehungszeitraums umrissene Bezeichnung reiche nicht aus, auch wenn die Umgrenzungsfunktion durch Wiedergabe in den wesentlichen Ermittlungsergebnissen gewahrt werde.[761] Dem ist ein Teil der Rechtsprechung[762] entgegengetreten, da es keinen Unterschied machen könne, ob die Informationsfunktion wegen Überinformation oder wegen Verschiebens der Details in die wesentlichen Ermittlungen entfalle.[763] Nach dieser Auffassung sollen die Funktionen des Anklagesatzes in Umfangsverfahren gewahrt sein, sofern „über die Angabe der Zahl der Taten, des Gesamtschadens und des gesamten Tatzeitraums hinaus die gleichartigen Taten gruppiert bezeichnet werden, und wenn die Einzelheiten im wesentlichen Ermittlungsergebnis detailliert (etwa tabellarisch) aufgelistet werden“.[764] Die Problematik sehend kam der Große Senat für Strafsachen zu einer vermittelnden Lösung in Form einer teleologischen Reduktion des § 243 Abs. 3 Satz 1 StPO im Hinblick auf das „Verlesen“:[765]

---

757 *Lindemann*, 2012, S. 274.

758 *Lindemann*, 2012, S. 274 f.

759 *Lindemann*, 2012, S. 274 f.

760 *BGH*, Urteil vom 28.04.2006 – 2 StR 174/05, NStZ 2006, 649 f.

761 *BGH*, Urteil vom 28.04.2006 – 2 StR 174/05, NStZ 2006, 649 f.; hierzu auch: *Lindemann*, 2012, S. 274 f.; bzgl. geringerer Anforderungen an die Umgrenzungsfunktion: *BGH*, Beschluss vom 02.03.2011 – 2 StR 524/10, NStZ 2011, 650 f.

762 *BGH*, Beschluss vom 19.02.2008 – 1 StR 596/07, NStZ 2008, 351; *BGH*, Beschluss vom 02.09.2009 – 1 StR 260/09, NStZ 2009, 703, 704.

763 So ähnlich: *BGH*, Beschluss vom 19.02.2008 – 1 StR 596/07, NStZ 2008, 351.

764 *BGH*, Beschluss vom 19.02.2008 – 1 StR 596/07, NStZ 2008, 351.

765 *BGH*, Beschluss vom 12.01.2011 – GSSt 1/10, NJW 2011, 1687, 1690; hierzu bereits in Kapitel 2 G.

Auch dies erscheint nicht allgemein zu überzeugen,[766] vor allem, weil das Wortlautargument[767] sehr gekünstelt wirke.[768] Insgesamt kann hier konstatiert werden, dass die bisherige Rechtsprechung der Not gehorchend gehandelt, für die konstruierte Lösung allerdings keine dogmatisch tragbare Lösung gefunden hat. Da der Zweck eben gerade nicht die Mittel heiligt, müssen andere Wege gefunden werden.

Von den Kritikern dieser Lösung wird de lege ferenda ein Überdenken des status quo im Hinblick auf die Einführung des Verfahrensgegenstands gefordert: So wird teilweise vorgeschlagen, eine bloße „Anklagevorstellung" durch den Staatsanwalt einzuführen, wobei keine zwingenden Modi festzulegen seien, sodass auch kein unbedingtes Verlesen verlangt werden könne.[769] Je nach Umsetzungsart durch den Staatsanwalt könne die Umgrenzungs- und Informationsfunktion bei gleichzeitiger Beschleunigung des Verfahrens maximal gewahrt werden.[770] Hiergegen könnte dagegen die Gesetzgebungshistorie angeführt werden: Im ursprünglichen Entwurf der StPO war die „Mitteilung des Inhalts der Anklageschrift durch die Staatsanwaltschaft" durch „möglichst freien Vortrag" vorgesehen.[771] Von dieser Konzeption wurde dann jedoch Abstand genommen, da die Gefahr bestünde, dass in einem freien Vortrag die Einbeziehung eigener, über die Schilderung des objektiven Sachverhalts hinausgehender eigener Wertungen der Staatsanwaltschaft erfolgen und damit eine unerwünschte Beeinflussung der Geschworenen erfolgen könnte.[772] Andererseits kann die Einbringung von Wertungen auch im Rahmen einer Anklageschrift, welche sodann verlesen wird, nicht ausgeschlossen werden.

Daher kann dem Ansatz der Anklagepräsentation einiges abgewonnen werden, insbesondere, weil dieser Gedanke bereits vom historischen Gesetzgeber

---

766 Kritisch hierzu: *Lindemann*, 2012, S. 280; ebenso: *Börner*, "§ 243 III 1 StPO und der Große Senat für Strafsachen – Die Folgen eines unvollkommenen Anklagesatzes –", NStZ 2011, 436, 438.

767 Vgl. hierzu auch bereits die Ausführungen in Kapitel 2 G.

768 In diesem Sinne: *Börner*, NStZ 2011, 436, 438.

769 So: *Britz*, "Die Verlesung des Anklagesatzes nach § 243 Abs. 3 S. 1 StPO: eine reformbedürftige Vorschrift?", in: FS Müller, 2008, 107, 114 f.

770 *Lindemann*, 2012, S. 282.

771 *Hahn*, Die gesammten Materialien zur Strafprozeßordnung, 2. Auflage Abt. 1 S. 28, 191; hierzu: *Arnoldi* in: MüKo StPO, 1. Auflage 2016, § 243 Rn. 24.

772 *Hahn*, Die gesammten Materialien zur Strafprozeßordnung, 2. Auflage, Abt. 2 S. 1581; hierzu: *Arnoldi* in: MüKo StPO, 1. Auflage 2016, § 243 Rn. 24.

verfolgt worden war[773]; es erscheint lediglich erforderlich, Sicherungsmechanismen einzuführen, die die Unterschreitung des notwendigen Informationsgehalts vermeiden, da gerade bei generalklauselartigen Regelungen das Risiko des Missbrauchs besteht. Sofern letzteres gewährleistet wird, wäre diesem Vorschlag Potenzial im Hinblick auf die Effektivierung der Hauptverhandlung, dem höheren Verständnis des angeklagten Sachverhalts insbesondere bei nichtaktenkundigen Personen und der damit einhergehenden besseren Verhandlungsmöglichkeit für alle Beteiligten insgesamt sowie der daraus ggf. resultierenden Fällung eines gerechteren Urteils zuzugestehen und diese damit weiterzuverfolgen.[774]

K. Abschaffung der Höchstdauer einer Unterbrechung

Weiterhin wird viel Verantwortung für die Misere der Umfangsverfahren der Existenz der Höchstdauer einer Unterbrechung gemäß § 229 Abs. 1-3 StPO zugeschoben: Die Effizienz soll dadurch gefährdet werden, dass bloße Formal- bzw. Schiebetermine[775] abgehalten werden,[776] die aufgrund der bereits dargestellten Auswirkungen, welche mit der zunehmenden Dauer des Verfahrens einhergehen, nicht wünschenswert sind.

Hierzu bleibt festzustellen, dass die jetzige Ausgestaltung des § 229 StPO bereits eine Kompromisslösung darstellt,[777] indem einerseits, dem Unmittelbarkeitsprinzip dienend, an der Einheit der mündlichen Verhandlung festgehalten wird, andererseits aber, um den Prozess zu fördern, Unterbrechungen zugelassen werden, dies aber auch, der Konzentrationsmaxime dienend, nur in gewissem Umfang.[778] Alternativ käme nur entweder eine Abschaffung dieser Norm in Frage, sodass Unterbrechungen per se ausgeschlossen würden, womit

---

773 *Hahn*, Die gesammten Materialien zur Strafprozeßordnung, 2. Auflage 1885, S. 191; vgl. bereits die Formulierung in der damaligen Gesetzesfassung: „Hieran schließt sich die Mittheilung des Inhalts der Anklageschrift durch die Staatsanwaltschaft an".

774 Vgl. hierzu auch die Ausführungen in Kapitel 6 B I.

775 *Meyer-Goßner/Ströber*, ZRP 1996, 354.

776 Hierzu ausführlicher: *Bertram*, "Empfehlen sich Änderungen des Strafverfahrensrechts mit dem Ziel, ohne Preisgabe rechtsstaatlicher Grundsätze den Strafprozeß, insbesondere die Hauptverhandlung, zu beschleunigen?", Neue Kriminalpolitik 1994, 2186, 2187; ebenfalls kritisch: *Kühne* in: LR-StPO, 27. Auflage 2016, Einleitung Abschnitt F, Rn. 159; aA: *Erhard*, StV 2013, 655, 658.

777 Ähnlich auch: *Gmel* in: KK-StPO, 8. Auflage 2019, § 229, Rn. 1.; vgl. hierzu auch die Ausführungen in Kapitel 2 K.

778 Vgl. die Erwägungen zur Vorgängervorschrift § 191 StPO: *Hahn*, Die gesammten Materialien zur Strafprozeßordnung, 2. Auflage, 1885, S. 183.

Umfangsverfahren gar nicht mehr geführt werden könnten, oder die unbegrenzte Ausweitung der Unterbrechung, was aber mit der Konzentrationsmaxime, den Beschuldigtenrechten und auch dem Prinzip der materiellen Wahrheit in Konflikt geraten würde.[779] Damit erscheint eine Änderung des § 229 StPO nicht wünschenswert.

L. Einführung einer allgemeinen prozessualen Missbrauchsklausel

Ein weiterer, sich bereits seit Jahren[780] hartnäckig haltender Vorschlag betrifft die Einführung einer allgemeinen prozessualen Missbrauchsklausel.[781] Diese soll gerade dem Phänomen der sog. Konfliktverteidigung entgegenwirken und (unnötige) Verfahrensverzögerungen bekämpfen. Zudem soll sie der Aufrechterhaltung der Rechtsstaatlichkeit des Verfahrens insgesamt dienen, da der Staat dafür sorgen muss, dass ein gerichtliches Verfahren ordnungsgemäß ohne missbräuchliche Ausnutzung von Verfahrensrechten geführt werden kann.[782] Kritisiert wird an dem Vorschlag, dass eine Missbrauchsklausel der Möglichkeit des Missbrauchs – insbesondere aufgrund der wegen der Vielzahl der dadurch zu erfassenden Konstellationen zu erwartenden Konturlosigkeit einer solchen Klausel[783] – durch das Gericht Vorschub leiste.[784] Diese Erwägung wird von anderen wiederum aufgrund der instanzlichen Kontrolle als irrelevant abgetan.[785] Beachtlich, insbesondere im Hinblick auf den Gewaltenteilungsgrundsatz, erscheint jedenfalls die Konstruktion einer ungeschriebenen Missbrauchsklausel

---

779 Vgl. zu den negativen Auswirkungen einer zunehmenden Dauer von Verfahren bereits die Ausführungen in Kapitel 1 A. II.

780 So bereits 1979: *Rebmann*, "Terrorismus und Rechtsordnung, Erfahrungen mit den Rechtsänderungen der vergangenen Jahre - Vorschläge de lege ferenda", DRiZ 1979, 363, 369.

781 Hierzu: *Fischer*, NStZ 1997, 212, 217; ausführlich auch: Spiekermann, 2001, S 145 ff.

782 Ähnlich auch: *Fischer*, NStZ 1997, 212, 217.

783 So: *Weber*, „Der Mißbrauch prozessualer Rechte im Strafverfahren“, GA 122 (1975), 289.

784 In diese Richtung: *Rüping*, "Der Mißbrauchsgedanke im Strafprozeßrecht und sein Mißbrauch", JZ 1997, 865, 869; *Jahn/Schmitz*, "Rechtsmissbrauch im Strafverfahren bei Verweigerung notwendiger Mitwirkungshandlungen?, Dargestellt am Problem der fehlenden Zustimmung zur Nachtragsanklage durch den Angeklagten", wistra 2001, 328.

785 *Senge*, NStZ 2002, 225, 226.

durch den *BGH*[786]: Danach ist die Inanspruchnahme verfahrensrechtlicher Gestaltungsmöglichkeiten durch die Verfahrensbeteiligten dann unzulässig, wenn damit „rechtlich missbilligte[r]“[787], d. h. „verfahrensfremde oder verfahrenswidrige Zwecke“[788] verfolgt werden.[789]

Aus rechtsstaatlicher Sicht wäre es freilich zu präferieren, dass solch einschneidende Maßnahmen in die Rechte des Beschuldigten im Sinne der Wesentlichkeitslehre[790] nicht von der Rechtsprechung, sondern vom Gesetzgeber geregelt würden. Durch die Einführung einer geschriebenen allgemeinen prozessualen Missbrauchsklausel kann indes keine weitergehende Effektivierung des Verfahrens mehr erreicht werden. Daher soll auch dieser Ansatz nicht vertieft werden.

M. Einführung kommunikativer und konsensualer Elemente

Neben den vorgenannten Aspekten wird teilweise auch die Einführung kommunikativer bzw. konsensualer Elemente in das deutsche Strafverfahren vorgeschlagen, wobei die Befürworter die bereits praktisch nachweisbare Effizienz für sich geltend machen können: So wurden vor den Amtsgerichten durch den kommunikativ beeinflussten § 153a StPO im Jahre 2012 immerhin etwa 7% der Verfahren erledigt.[791] In Wirtschaftsstrafverfahren soll es nach den Ergebnissen einer Umfrage sogar bei 57,4 % der Beschuldigten zu einem Abschluss des Verfahrens durch Konsens gekommen sein.[792] Der Forderung nach der Einführung konsensualer Elemente[793] wird seit jeher das Argument der zweifelhaften Freiwilligkeit des Handelns des Angeklagten entgegengehalten.[794] Des Weiteren

786 *BGH*, Urteil vom 07.11.1991 – 4 StR 252/91, NJW 1992, 1245.
787 *BGH*, Urteil vom 07.11.1991 – 4 StR 252/91, NJW 1992, 1245.
788 *BGH*, Urteil vom 07.11.1991 – 4 StR 252/91, NJW 1992, 1245.
789 Hierzu auch *Peters*, "Anmerkung zum Beschluß des KG 1. StS v. 10. 5.1971 - l Ws 33 u. 35/71", JR 1971, 340; *Weber*, GA 122 (1975), 289, 295.
790 *Grzeszick* in: *Maunz/Dürig*, GG, 94. EL 2021, Art. 20, VI Rn. 106.
791 Statistisches Jahrbuch Deutschland 2014, Kapitel 11: Justiz, S. 6.
792 *Gless*, „Konsensuale Verfahrenserledigung in größeren Wirtschaftsstrafverfahren - Chancen und Risiken“ in: Umfangreiche Wirtschaftsstrafverfahren in Theorie und Praxis - 2. Züricher Tagung zum Wirtschaftsstrafrecht, 2008, S. 115, 116.
793 *Weßlau*, 2002, 16, 17; *Roxin*, in: *Töpper*, Wie würden Sie entscheiden?, 1990, S. 183, 190, der differenzieren möchte zwischen konfrontativem und kooperativem Verfahren, je nach Geständnisbereitschaft des Beschuldigten.
794 *Kühne* in: LR-StPO, 27. Auflage 2016, Einleitung Abschnitt G, Rn. 39.

werden Bedenken dahingehend erhoben, ob sich konsensuale Elemente in das Wesen des deutschen Strafprozesses einfügen.[795]

Entsprechende Vorschläge zur Einführung kommunikativer und konsensualer Elemente sollen im Folgenden knapp dargestellt werden, da diese als „Sprungbrett" für die weitergehenden Überlegungen betreffend die Bewältigung von Umfangsverfahren dienen können.[796] Die Ansätze, welche konsensualen Elemente eingeführt werden sollen, sind vielfältig:

I. Strafprozessuale(r) Absprache/Deal

Hierher gehört natürlich der seit Jahrzehnten ertönende Ruf nach der Legitimierung des strafprozessualen Deals, den der Gesetzgeber im Jahre 2009 erhört hat, der aber spätestens seit dem Urteil des *BVerfG*[797], zumindest bei seiner gesetzeskonformen Anwendung, viel von seiner Effizienz eingebüßt haben dürfte, sodass kritisch zu hinterfragen bleibt, ob er denn wirklich (noch) eine sinnvolle Maßnahme darstellt:[798] Bei seiner bis zum Urteil des *BVerfG* im Jahre 2013 erfolgenden bisherigen Anwendung wurden strafprozessuale Maximen stark eingeschränkt, bei der verfassungskonformen Anwendung nach den Grundsätzen des *BVerfG* dürfte von einer Zeitersparnis kaum noch die Rede sein.[799]

II. Strafprozessualer Deal im Hinblick auf Tatsachen

Daneben wird aber auch eine Art Deal im Hinblick auf die einer Verurteilung zugrunde zulegenden Tatsachen im Sinne eines „Unstreitigstellens" derselbigen

795 Im Hinblick auf strafprozessuale Deals im kontinentaleuropäischen Strafverfahren kritisch und insofern als „misstrauisch beäugten Fremdkörper" bezeichnend: *Gless*, in: Umfangreiche Wirtschaftsstrafverfahren in Theorie und Praxis- 2. Züricher Tagung zum Wirtschaftsstrafrecht, 2008, S. 115, 117.

796 Tiefergehend zum Konsensprinzip im deutschen Strafprozess auch: *Weßlau,* 2002; *Kudlich,* „Erfordert das Beschleunigungsgebot eine Umgestaltung des Strafverfahrens?", 2010, C62, C57; insoweit die Einführung konsensualer Elemente befürwortend: *Satzger* in: Gutachten C zum 65. Deutschen Juristentag, 2004, C 32 ff.; sehr kritisch hingegen: *Stuckenberg* in: LR-StPO, 27. Auflage 2021, § 257c, Rn. 2 ff.

797 *BVerfG*, Urteil vom 19.03.2013 – 2 BvR 2628/10, 2 BvR 2883/10, 2 BvR 2155/11, NJW 2013, 1058, 1060.

798 Etwas zynisch in diesem Sinne: *Busch-Gervasoni* in: *Lüderssen/Volk/Wahle*, Festschrift für Wolf Schiller, 2014, S. 109, 110.

799 *Busch-Gervasoni* in: *Lüderssen/Volk/Wahle*, Festschrift für Wolf Schiller, 2014, S. 109, 110.

vorgeschlagen.[800] Konsequenz hieraus wäre die Ersparnis der diesem Beweisthema dienenden Beweisaufnahme, zumindest bei entsprechender Bindung des Gerichts.[801] Der Vorteil dieser Lösung läge im Zeitgewinn, wodurch mehr Raum für die Erforschung der tatsächlich bestrittenen Punkte bliebe.[802] Endziel wäre ein dem Urteil zugrunde gelegter, der Wahrheit sehr nahe kommender Sachverhalt.[803] Überdies könne diese Lösung dem Opferschutz dienen,[804] wenn so die sekundäre Viktimisierung[805] in unstreitigen Fällen vermieden würde.

Auch diese Lösung kommt allerdings nicht ohne Berührung strafprozessualer Grundsätze aus: Die freie richterliche Beweiswürdigung und das Schuldprinzip werden hier eingeschränkt.[806] Insbesondere bestehen Bedenken auch im Hinblick auf das Urteil des Bundesverfassungsgerichts[807] zum strafprozessualen Deal, in dem betont wurde, dass es z. B. nicht ausreiche, wenn der Beschuldigte ein Formalgeständnis ablege, sondern vielmehr eine Überprüfungspflicht des Gerichts entsprechend § 244 Abs. 2 StPO bestehe.[808] In die Richtung der vom Bundesverfassungsgericht gerügten Art der Prozessführung ginge aber auch das reine Ausdealen von Tatsachen, welche sodann vom Gericht nicht mehr auf ihren Wahrheitsgehalt zu überprüfen wären. Daher scheint diese Lösung mit den Vorgaben des Bundesverfassungsgerichts nicht vereinbar zu sein.

III. Plea-bargaining

Ein weiterer, dem Deal ähnlicher Vorschlag ist eine Einführung des aus dem amerikanischen Recht stammenden, aber nicht zwingend mit dem amerikanischen

800 *Satzger* in: Gutachten C zum 65. Deutschen Juristentag, 2004, S. C 32, C 106 f.; in diese Richtung auch: *Weßlau*, 2002, 70, 71, welcher eine Beweisaufnahme aufgrund eines Geständnisses des Beschuldigten als entbehrlich ansehen möchte.

801 *Satzger* in: Gutachten C zum 65. Deutschen Juristentag, 2004, S. C 32, C 106 f.

802 *Satzger* in: Gutachten C zum 65. Deutschen Juristentag, 2004, S. C 32, C 106 f.

803 *Satzger* in: Gutachten C zum 65. Deutschen Juristentag, S. C 32, C 106 f.

804 *Satzger* in: Gutachten C zum 65. Deutschen Juristentag, 2004, S. C 32, C 106 f.

805 Hierzu: *Kropp*, „Viktimologie - Die Lehre vom Opfer", Jus 2005, 686, 688.

806 *Satzger* in: Gutachten C zum 65. Deutschen Juristentag, 2004, S. C 32, C 106 f.

807 *BVerfG*, Urteil vom 19.03.2013- 2 BvR 2628/10; 2 BvR 2883/10; 2 BvR 2155/11, NJW 2013, 1058, 1060.

808 In diese Richtung führt aber auch *Weßlau*, 2002, S. 78 f. aus, dass z. B. durch vorherigen Abgleich mit den Beweismitteln – welche dem Beschuldigten allerdings nicht bekannt sein dürften – sichergestellt sein müsse, dass das Geständnis kein bloßes Formalgeständnis aus prozessökonomischen Gründen darstellt.

Recht verwobenen[809] plea bargaining.[810] Darunter versteht man „eine Art Vergleich zwischen Staatsanwaltschaft und Beschuldigtem“:[811] Der Beschuldigte bekommt hier als „Belohnung“ für sein Geständnis „Zugeständnisse hinsichtlich der angeklagten Delikte, der Strafe, einer bedingten Verurteilung (probation) oder einer vorzeitigen Entlassung (parol)“.[812] Kritisiert wird das plea bargaining in Deutschland vor allem deshalb, weil keine hinreichende Legitimationsgrundlage für die Verhängung einer Strafe erkennbar sei, hierfür genüge auch nicht das „Einverständnis“ des Angeklagten, da er gar keine Dispositionsbefugnis über die Verhängung einer Strafe besitze, sondern diese vielmehr in den alleinigen Machtbereich des Staates falle.[813] Außerdem könne auch Sinn und Zweck der Strafe niemals erreicht werden, wenn der Bestrafte mit ihrer Verhängung „einverstanden“ gewesen sei.[814]

Diese Kritikpunkte scheinen überzeugend. Insbesondere der Umstand der bereits aufgetretenen Probleme mit dem strafprozessualen Deal lässt offen, wieso das sogar der Mitwirkung des Richters im US-amerikanischen Recht entzogene[815] und damit über den § 257c StPO noch hinausgehende plea bargaining hier die Herausforderungen, die im Rahmen des § 257c StPO aufgeworfen werden, lösen sollte. Insofern sollte – bevor weitere konsensuale Mechanismen dem deutschen Recht inkorporiert werden, die letztlich mit Verfassungsrecht kollidieren – das Augenmerk auf eine verfahrens- und verfassungsrechtskonforme Anwendung des § 257c StPO gelegt werden.[816]

---

809 *Rosenau* in: Strafrechtswissenschaft als Analyse und Konstruktion: Festschrift für Ingeborg Puppe zum 70. Geburtstag, 2011, S. 1597, 1613 f.

810 Ausführlich hierzu: *Schumann*, 1977, S. 185.

811 *Hay*, US-amerikanisches Recht, 7. Auflage 2020, Rn. 722.

812 *Hay*, 2020, Rn. 722.

813 *Schünemann*, "Zur Kritik des amerikanischen Strafprozessmodells", in: *Weßlau/Wohlers*, Festschrift für Gerhard Fezer zum 70. Geburtstag am 29. Oktober 2008, 2008, S. 555, 560, 566.

814 *Schünemann*, in: *Weßlau/Wohlers*, Festschrift für Gerhard Fezer zum 70. Geburtstag am 29. Oktober 2008, 2008, S. 555, 560, 566.

815 Vgl. FRCP 11 (c) (1).

816 *BVerfG*, Urteil vom 19.03.2013 - 2 BvR 2628/10, 2 BvR 2883/10, 2 BvR 2155/11, NJW 2013, 1058 ff.

IV. Zwischenergebnis im Hinblick auf die Einführung kommunikativer/konsensualer Elemente

Auch wenn die Bedenken, die hinsichtlich konsensualer Elemente geäußert werden, vor allem in Anbetracht verfassungsrechtlicher und strafprozessualer Grundsätze, nachvollziehbar erscheinen, sollte man sich einem Überdenken dieser Fragestellung nicht generell verschließen, über die Möglichkeit einer Anpassung der entgegenstehenden Grundsätze nachdenken und entsprechende Anregungen aufgreifen.

N. Résumé

Der dargestellte Diskussionsstand zeigt, dass grundsätzlich eine Vielzahl unterschiedlicher Ansätze in Frage kommt, um die Problematik von Umfangsverfahren einer Lösung zuzuführen. Unabhängig davon, ob man Maßnahmen im Rahmen eines „Komplett-Pakets" in einer Gesamtreform oder als Einzel-Initiativen umsetzen oder ob man eher vorhandene Instrumentarien modifizieren möchte, erscheinen indes manche Ansätze aus praktischer Sicht eher umsetzbar und mit unseren rechtsstaatlichen Grundsätzen vereinbar als andere. Besonderes Potenzial wird solchen Regelungen zuerkannt, welche frühzeitig eingreifen; so dürfte eine Intensivierung organisatorischer Maßnahmen, wodurch für das Strafverfahren aufzuwendende Zeit effektiver genutzt werden kann, ebenso wie eine Vorverlagerung von Entscheidungen ins Ermittlungsverfahren bzw. eine verstärkte Einbeziehung des Beschuldigten bereits im Ermittlungsverfahren im Sinne eines partizipatorischen Ermittlungsverfahrens dazu führen, dass Konflikte vermieden oder frühzeitig gelöst werden. Daneben würde im Rahmen der Hauptverhandlung das Risiko des „Platzens" des Prozesses wegen einer Überschreitung der Frist in § 229 StPO verringert. In eine ähnliche Richtung geht der Gedanke der verstärkten Kontrolle des Ermittlungsverfahrens im Rahmen des Zwischenverfahrens, da dies ebenfalls der frühzeitigen Behebung von Defiziten dient und damit dem Entstehen und der Behandlung von Konflikten im Rahmen der späteren Hauptverhandlung entgegenwirkt. Zur Bewältigung einer oftmals komplexen wirtschaftsrechtlichen Thematik sollte eine stärkere Zusatzausbildung der professionell am Verfahren Beteiligten in Betracht gezogen werden; zudem wird es als sinnvoll erachtet, das Laienrichterelement in Umfangsverfahren kritisch zu hinterfragen. Ebenfalls einer sachlich verfolgbaren und konzentrierten Hauptverhandlung dienlich ist die Präsentationsmöglichkeit des Anklagesatzes.[817]

817 Vgl. Kapitel 3 J.; 6 I.

Demgegenüber kann zwar grundsätzliches Potenzial in einzelnen parteiprozessualen Komponenten gesehen werden, allerdings wäre der Versuch der Einführung eines Parteiprozesses im deutschen Strafverfahren mit Blick auf die verfassungsrechtlich verankerten Prozessgrundsätze sowie die Zweckgebundenheit der Strafe[818] nicht zulässig.

Die wahrscheinlich größte Fülle von Reformvorschlägen betrifft das Zwischenverfahren. Soweit durch die Einführung einer zwingend vom Richter durchzuführenden Anhörung des Beschuldigten dessen Rechte gestärkt und dessen Perspektive recht frühzeitig in das Verfahren eingebunden werden sollen, zeugt dies von einer Aufwertung des Prinzips der materiellen Wahrheit und der Befolgung des Objektivitätspostulats. Allerdings dürfte dieser Ansatz in vielen Fällen leerlaufen, da jedenfalls in Umfangsverfahren aufgrund der regelmäßig beteiligten Strafverteidiger wegen des meist erfolgenden Rats, jedenfalls vorläufig vom Schweigerecht Gebrauch zu machen, das Anhörungsrecht nicht wahrgenommen würde.

Demgegenüber kann dem Ansatz, eine Beweisantragspflicht bereits in einem früheren Verfahrensstadium – z. B. dem Zwischenverfahren – zu verorten, damit eine spätere Verfahrensverzögerung durch Stellen von Beweisanträgen und hiermit potenziell einhergehende anschließende Ermittlungen vermieden werden kann, grundsätzlich mehr mit Blick auf Umfangsverfahren abgewonnen werden. Insoweit wäre lediglich die Zulässigkeit der Konstruktion einer Beweisantragspflicht sowie die Absicherung von deren Einhaltung zentral zu beleuchten.

In eine ähnliche Richtung geht die grundsätzlich zu befürwortende Idee einer Einführung einer präklusionsbewehrten Einwendungsobliegenheit bereits im Zwischenverfahren hinsichtlich Verfahrensfehlern sowie fehlenden Verfahrensvoraussetzungen, wobei eine Eingrenzung dahingehend vorzunehmen wäre, dass dies lediglich hinsichtlich der in der Anklageschrift genannten Beweismittel erfolgen könne. Auf die in diesem Zusammenhang aufzuwerfende, verfassungsrechtlich sensible Frage ist näher einzugehen, ebenso wie auf die Frage, ob eine weitere Vorverlagerung in das Ermittlungsverfahren sinnvoll wäre.

Ebenfalls auf eine objektive Entscheidung ausgerichtet ist der Vorschlag, der auf eine Vermeidung von Personenidentität zwischen dem über den Eröffnungsbeschluss entscheidenden und dem im Rahmen der späteren Hauptverhandlung entscheidenden Richter abzielt. Dennoch ist dieser Ansatz abzulehnen, da die

818 Zum „Unsinn" einer Strafe, die maßgeblich auf dem Wunsch des Beschuldigten beruht: *Schünemann*, „Zur Kritik des amerikanischen Strafprozessmodells", in: Festschrift für Gerhard Fezer, 2008, S. 566.

dadurch notwendig werdende Doppelbearbeitung zu (weiteren) Verfahrensverzögerungen führen würde, während das mit dieser Maßnahme anvisierte Ziel der Unvoreingenommenheit des Richters im Rahmen der Hauptverhandlung wegen des erforderlichen vorherigen Aktenstudiums ohnehin nicht erreichbar wäre.

Ein weiterer im Rahmen des Zwischenverfahrens angesiedelter Vorschlag betrifft eine verstärkte Kontrolle des Ermittlungsverfahrens durch den Richter. Obschon dies in diesem noch frühen Verfahrensstadium sicherlich vorteilhaft erscheint, da hierdurch u. a. spätere Verzögerungen durch Rügen der Verteidigung, welche möglicherweise zu Beweisverwertungsverboten führen, vermieden werden könnten, bestehen angesichts der im status quo bereits nachlässigen Behandlung der Entscheidung über die Eröffnung des Hauptverfahrens große Zweifel, ob weitere richterliche Pflichten befolgt werden würden. Dies könnte allenfalls dann erreicht werden, wenn umgekehrt eine Kontrolle des kontrollierenden Richters eingeführt werden würde. Dies könnte zum einen durch eine Begründungspflicht des Eröffnungsbeschlusses und zum anderen durch die Einräumung eines Beschwerderechts des Beschuldigten, zu gewährleisten sein.

Eher kritisch ist mit dem Vorschlag der Abschaffung des Eröffnungsbeschlusses bzw. des Zwischenverfahrens umzugehen; wenn letzteres derzeit in der Praxis wenig Wirkung entfaltet, so liegen jedenfalls keine Erkenntnisse dergestalt vor, dass es seinen Zweck gänzlich verfehlt. Gleichzeitig entstehen durch die Durchführung des Zwischenverfahrens aber auch keine Nachteile, sodass keine gewichtigen Gründe für die Abschaffung desselbigen, sondern lediglich für seine Stärkung vorliegen.

In vielen Facetten diskutiert wird die Möglichkeit einer Erledigung von Strafsachen im schriftlichen Verfahren. So soll entweder der Anwendungsbereich des Strafbefehlsverfahrens erweitert werden, ein neues schriftliches Verfahren oder ein strafbefehlsähnliches (Strafbescheid-)Verfahren eingeführt werden. Während es als durchaus sinnvoll erachtet wird, das Strafbefehlsverfahren in geeigneten Fällen bei Umfangsverfahren auch in einem Bereich anzuwenden, in dem höhere Strafen zu erwarten sind und somit prinzipiell nicht mehr die Strafgewalt des Amtsgerichts besteht, und ein neues schriftliches Verfahren in der beschriebenen Art einzuführen, wobei bei beiden zwingend vor Abschluss des Verfahrens eine Stellungnahme des Beschuldigten einzuholen wäre, kann das Strafbescheidverfahren letztlich nicht überzeugen.

Daneben hilft eine Ausweitung des beschleunigten Verfahrens in Bezug auf die gerichtliche Zuständigkeit bzw. das Strafmaß im hiesigen Kontext nicht über die fehlende „Einfachheit“ des Sachverhalts hinweg, sodass dieser Ansatz nicht weiter zu verfolgen ist, jedoch als Aufhänger für andere Ansätze zur Verkürzung des Verfahrens genommen wird.

Ebenfalls aus Gründen der Rechtssicherheit abzulehnen ist die Einführung beschleunigender Verfahrensarten, welche durch Flexibilität charakterisiert sein sollen, was aber gleichzeitig deren Kontrolle erschwert bzw. faktisch unmöglich macht. Dementsprechend wird auch dieser Ansatz ausgeschieden.

Vehement entgegenzutreten ist dem Vorschlag, § 229 StPO abzuschaffen, da die fehlende Möglichkeit, die Hauptverhandlung zu unterbrechen, die Durchführung von Umfangsverfahren per se in Frage stellen würde bzw. bei einer bloßen Abschaffung der Drei-Wochen-/Ein-Monats-Frist[819] eine noch weitere Ausuferung des Verfahrens in zeitlicher Hinsicht erfolgen würde. Daher ist auch dieser Ansatz nicht weiter zu verfolgen.

Letztlich lässt sich nicht leugnen, dass bei einer losgelösten Betrachtung des rein zeitlichen Aspekts die Einführung konsensualer bzw. kommunikativer Elemente im Strafverfahren sicherlich förderlich wäre. Allerdings dürfte dies die grundsätzliche Ausrichtung des deutschen Strafverfahrens erschüttern. Deswegen sollen diese Lösungsmodelle nicht weiter vertieft werden.

Zur Abschätzung der notwendigen Praktikabilität der favorisierten Lösungsansätze und zur möglichen Bereicherung des Ideenpools zur Bewältigung von Umfangsverfahren soll im Folgenden ein Blick in die Handhabung der Problematik im Ausland geworfen werden. Es wird dabei zunächst die Zielsetzung der Rechtsvergleichung im vorliegenden Kontext, die Auswahl der zu vergleichenden Rechtsordnung sowie ein kurzer Abriss über die Historie der Straf(prozess)rechtsvergleichung im Besonderen voranzustellen ein, bevor auf den konkreten Vergleich der einzelnen Rechtsordnungen hinsichtlich der Frage der Bewältigung von Umfangsverfahren eingegangen werden soll.

819 Vgl. § 229 Abs. 1, Abs. 2 StPO.

Kapitel 4 – Die Bewältigung von Umfangsverfahren in den USA

Das deutsche Strafprozessrecht, das historisch vom Gedanken der Inquisition geprägt war, wäre heute ein gänzlich anderes, wenn es nicht große Teile der liberalen Idee des französischen und englischen Strafprozesses inkorporiert hätte.[820] Bereits in der Vergangenheit wurden zudem schon beschleunigende Maßnahmen aus anderen Rechtsordnungen in das nationale Recht übertragen.[821] In den 90-er Jahren des letzten Jahrhunderts gab es rechtsvergleichende Bestrebungen mit dem Ziel, die Überlänge von Strafverfahren zu bekämpfen.[822] Hierzu wurden, da man davon ausging, dass das Hauptproblem im Rahmen der Ausgestaltung der Hauptverhandlung zu sehen sei, insbesondere das Beweisantragsrecht und das Unmittelbarkeitsprinzip fokussiert.[823] Es wurde ein Vergleich mit ausgewählten Ländern, so u. a. Frankreich, den Niederlanden, Österreich und Portugal, aber auch mit Common Law-Ländern (England und USA) gezogen.[824] Als Fazit ergab sich, dass die Beweisaufnahme nach deutschem Verfahrensrecht vergleichsweise umfangreich ausgestaltet ist, was teils auf unterschiedliche Prozessmodelle, teils aber auch auf hohe rechtsstaatliche Grundsätze zurückzuführen ist.[825] Die Erkenntnis, dass Strafrechtsvergleichung grundsätzlich geeignet ist, gewachsene, jedoch stagnierende Strukturen aufzubrechen, überholte Elemente herauszulösen, die verbleibenden Strukturen neu zu ordnen und durch das Einfügen „fremder“ Elemente neu zu verzahnen[826], soll den folgenden Ausführungen zugrunde gelegt werden. Daher soll nach Lösungsansätzen im fremden Recht für die Problematik überlanger Strafverfahren gesucht werden,

---

820 *Eser*, „Strafrechtsvergleichung: Entwicklung - Ziele – Methoden“, in: *Eser/Perron*, Strukturvergleich strafrechtlicher Verantwortlichkeit und Sanktionierung in Europa, 2015, S. 929, 1007 m.w.N.

821 *Eser* in: *Eser/Perron*, Strukturvergleich, S. 929, 1016 m.w.N.

822 *Eser* in: *Eser/Perron*, Strukturvergleich, S. 929, 1071.

823 Hierzu: *Perron*, Die Beweisaufnahme im Strafverfahrensrecht des Auslands. Rechtsvergleichendes Gutachten im Auftrag des Bundesministeriums der Justiz, S. 4; *Eser*, in: *Eser/Perron*, Strukturvergleich, S. 929, 1071.

824 *Eser* in: *Eser/Perron*, Strukturvergleich, S. 929, 1071.

825 *Eser* in: *Eser/Perron*, Strukturvergleich, S. 929, 1071.

826 In diese Richtung auch: *Eser*, Comparative Criminal Law- Development, Aims, Methods, 2017, München, S. 58 ff.

die Potenzial aufweisen, allein oder in Kumulation mit anderen möglicherweise bereits bestehenden Instrumentarien des deutschen Strafprozessrechts das Problem, das sich durch die vermehrte Anzahl der Umfangsverfahren im Strafprozess der BRD[827] stellt, zu lösen.

A. Zum Zweck der Rechtsvergleichung im Allgemeinen

Obgleich als „zweckfreie Grundlagenforschung"[828] bezeichnet, kann die Rechtsvergleichung dazu dienen, rechtlich fundierte Lösungen zu finden[829] und ggf. sogar zur „critical method of legal science" aufsteigen.[830] Zudem kann sie vermeiden, dass jeder nationale Gesetzgeber für ähnliche Problemstellungen das „Rad neu erfinden muss"[831]. Mit *Jescheck* ist der Wert der Rechtsvergleichung demnach darin zu sehen, dass sie

> *in der Lage [ist], dem Gesetzgeber, der an die Reform des Strafverfahrens denkt, den 'Lösungsvorrat' für die verschiedenen sozialen Probleme, die sich ihm dabei stellen, systematisch geordnet, praktisch geprüft und kritisch gewürdigt zur Verfügung zu stellen.*[832]

---

827 Dies ist wichtig als Abgrenzung zur Strafrechtsvergleichung mit dem Ziel supranationaler oder universaler Strafrechtsvergleichung, hierzu näher: *Eser* in: *Eser/Perron,* Strukturvergleich, S. 929, 1019 f.

828 *Jescheck*, „Rechtsvergleichung als Grundlage der Strafprozessreform", ZStW 86 (1974), S. 761, 764 u.w.N.; hierzu auch: *Eser* in: *Eser/Perron,* Strukturvergleich, S. 929, 963.

829 Ausführlich hierzu: *Jescheck*, ZStW 86 (1974), S. 761, 765; vorrangig zur Zivilrechtsvergleichung auch: *Dölle*, „Der Beitrag der Rechtsvergleichung zum deutschen Recht", in: *von Caemmerer*, Hundert Jahre deutsches Rechtsleben, Festschrift zum hundertjährigen Bestehen des Deutschen Juristentages 1860-1960, 1960, S. 19 ff.; *Drobnig/Dopffel*, „Die Nutzung der Rechtsvergleichung durch den deutschen Gesetzgeber, Rabels Zeitschrift für ausländisches und internationales Privatrecht", RabelsZ, 46, 253 ff.

830 So *Eser* in: *Eser/Perron*, Strukturvergleich, S. 929, 984.

831 *Kremnitzer*, "Some Reflections on Comparative Criminal Law", in: *Beck/Burchard/Fateh-Moghadam*, Strafrechtsvergleichung als Problem und Lösung, 2011, S. 29, 31: „As legal thinking and determination becomes more sophisticated and refined, comparative research inspires us with new concepts and ideas, and enables us to use the experience of others (which becomes a laboratory for us) and their genial way of thinking. It prevents the reinvention of the wheel that is already rolling."

832 *Jescheck*, ZStW 86 (1974), 761, 765.

Daneben kann sie dazu beitragen, als „gegeben" existente Rechtsinstitute zu hinterfragen[833] und so zur Entwicklung des Rechts beizutragen, welche aufgrund einer vermeintlichen Inflexibilität ins Stocken geraten ist. Soll nämlich nicht das komplette Rechtssystem in Frage gestellt werden und sieht man nur den einen bereits eingeschlagenen Weg der eigenen Rechtsordnung, ist man versucht, daneben bestehende weitere Lösungen, die sich ebenfalls im Rahmen der Grundordnung des eigenen Rechts halten, zu übersehen. Hier kann ein Rechtsvergleich Perspektiven eröffnen. Durch den Rechtstransfer kann der möglicherweise bereits in dem Ursprungsstaat begonnene, dynamische Prozess, der auch andere Rechtsgebiete umfassen kann, ohne Zeitverlust in das Recht des Zielstaats übertragen werden und so den dortigen Gesetzgeber inspirieren.[834] Um es mit *Eser* auszudrücken:

> *So wie man sich selbst erst im Gegenüber zu Anderen und deren Anderssein in seiner eigenen Art voll erkennt, hilft auch im Recht die Erfahrung des fremden das eigene besser zu verstehen.*[835]

Der Rechtsvergleicher hat nach *Radbruch*

> *die Macht, hinter den formalen Ordnungen des geltenden Rechts das soziale Problem klarer zu erkennen und sich stets bewusst zu bleiben, dass es außer der Lösung des eigenen Rechts noch andere juristische Lösungen gibt, die der eigenen möglicherweise überlegen sind.*[836]

Zudem kann sie helfen, nach der Entwicklung einer Reformidee für das nationale Recht von der Wahrscheinlichkeit eines Erfolges nach Durchführung der Reform zu überzeugen unter Hinweis auf das Funktionieren in dem Vergleichsstaat – oder aber von der Einführung unter Hinweis auf das Scheitern der Idee im Vergleichsstaat abzuraten.[837] Hierdurch kann – auch aus wirtschaftlicher Sicht interessant[838] – die Kosten-Nutzen-Abwägung der mit einer größeren Reform meist verbundenen Kosten auf eine belastbare Grundlage gestellt sowie

---

833 So: *Kremnitzer* in: *Beck/Burchard/Fateh-Moghadam*, Strafrechtsvergleichung als Problem und Lösung, 2011, S. 29, 30 f.

834 Ähnlich auch: *Schmid*, Strafverfahren und Strafrecht in den Vereinigten Staaten, 2. Auflage 1993, S. 4.

835 *Rabel*, Aufgabe und Notwendigkeit der Rechtsvergleichung, 1925, S. 7 f.; hierzu auch: *Eser* in: *Eser/Perron*, Strukturvergleich, S. 929, 969.

836 Hierzu: *Eser* in: *Eser/Perron*, Strukturvergleich, S. 929, 1034.

837 So: *Kremnitzer* in: *Beck/Burchard/Fateh-Moghadam*, Strafrechtsvergleichung als Problem und Lösung, 2011, S. 29, 31.

838 Ähnlich auch: *Schmid*, 1993, S. 4.

daneben auch der entsprechende Aufwand einer ggf. zum Scheitern verurteilten Reform vermieden bzw. minimiert werden.

Weitere Zielsetzung der Rechtsvergleichung ist es daher auch, die in der für den Rechtsvergleich heranzuziehenden Rechtsordnung aufgefundenen Mechanismen hinsichtlich Risiken oder Chancen für die weitere Entwicklung der Problematik in der eigenen Rechtsordnung zu bewerten.

B. Zum Ziel der Rechtsvergleichung in der vorliegenden Arbeit

Das konkrete Ziel der Rechtsvergleichung soll es demnach sein, Lösungsperspektiven im fremden Recht zu sondieren, die Potenzial aufweisen, allein oder in Kumulation mit anderen möglicherweise bereits bestehenden Instrumentarien des deutschen Strafprozessrechts, das aufgezeigte nationale Problem, das sich durch die vermehrte Anzahl der Umfangsverfahren im Strafprozess stellt, zu lösen; sei es dadurch, dass sie ebenfalls speziell das Problem der Umfangsverfahren betreffend, geschaffen wurden, sei es, dass sie nur „zufällig“ durch eine generelle Effektivierung des Strafprozesses in der Lage sind, dieses Problem in unserem Recht zu lösen.

Dieses Ziel kann – negativ formuliert – durch kritische Hinterfragung unserer eigenen nationalen Rechtsordnung oder – positiv formuliert – durch Inspiration durch sinnvollere Regelungen in der fremden Rechtsordnung,[839] kurz: durch Rückgriff auf einen möglicherweise bereits bestehenden Lösungsvorrat[840], erreicht werden.

C. Zur Auswahl der zu vergleichenden Rechtsordnung

Für die Auswahl der zu vergleichenden Rechtsordnung ist auf mehrere Kriterien zurückgreifen: Zum einen könnte die zu vergleichende Rechtsordnung so ausgewählt werden, dass sie dem gleichen oder aber einem möglichst unterschiedlichen Rechtskreis angehört. Zum anderen kann für die Auswahl danach differenziert werden, wie Gesellschaftsordnung, Kultur und Politik in dem Land aussehen, mit dem das nationale Recht verglichen werden soll.[841] Des Weiteren spielt die Sprache der zu vergleichenden Rechtsordnung eine Rolle.

---

839 Ähnlich: *Eser* in: *Eser/Perron*, Strukturvergleich, S. 929, 1006.

840 Hierzu auch: *Eser* in: *Eser/Perron*, Strukturvergleich, S. 929, 1009 f.

841 Hierzu auch: *Kremnitzer* in: *Beck/Burchard/Fateh-Moghadam*, Strafrechtsvergleichung als Problem und Lösung, 2011, S. 29, 32 f.; ausführlicher hierzu auch: *Billis*, Die Rolle

Allerdings ist es in der Regel nicht möglich, alle möglichen Vorteile gleichzeitig abzuschöpfen.[842] So können nicht zugleich der Vorteil, dass sich ein in einem Land mit einer ähnlichen Rechtsordnung aufgefundener Lösungsansatz leichter in die eigene Rechtsordnung integrieren lässt und der Vorteil, dass eine möglichst verschiedene Rechtsordnung neue Impulse für einen radikaleren Umbruch geben kann, abgeschöpft werden. Deshalb muss zusätzlich die Frage aufgeworfen werden, von welchem Rechtsvergleich man sich in Bezug auf die konkrete Fragestellung den größtmöglichen Nutzen verspricht.

Auf den ersten Blick läge ein Rechtsvergleich also näher mit einem Land, das ähnliche Rechtsstrukturen und weniger mit einem, welches ein völlig anderes Prozessmodell aufweist. Die Rechtsordnungen der Länder, die dem Common Law-Rechtskreis angehören, unterscheiden sich bereits vom strukturellen Aufbau her stark von der unseren, welche dem Rechtskreis des Civil Law angehört. Dennoch soll gezeigt werden, dass zwischen den auf den ersten Blick grundverschiedenen Rechtsordnungen Gemeinsamkeiten bestehen. Eine innovative Lösung lässt sich zudem eher in einem „fremden“ rechtlichen Gefilde finden, als in einem nahe verwandten.[843] Demgegenüber dürfen die Unterschiede in der mitzubetrachtenden Gesellschaftsstruktur aber nicht zu stark sein, sodass sich der Blick im Rahmen der „westlichen“ Welt halten soll.[844]

Um entsprechende Lösungsmöglichkeiten zu finden, richtet sich die Auswahl der zu vergleichenden Rechtsordnung daher vielmehr danach, wo es ähnliche Probleme zu lösen gibt.[845] Da es sich bei der Thematik der Umfangsverfahren um ein Phänomen handelt, das überwiegend im Zusammenhang mit Wirtschaftsstrafprozessen auftaucht, ist es sinnvoll, den Blick in Industriestaaten zu werfen, die ebenfalls eine ausgeprägte Wirtschaft haben und in denen es ähnliche komplexe Verfahren zu bewältigen gilt. Zudem soll, da der Strafprozess sehr grundrechtsintensiv ist, der Blick nur in solche Länder gewandt werden, die einen vergleichbaren Schutz des Beschuldigten und von Menschenrechten gewährleisten.

---

des Richters im adversatorischen und im inquisitorischen Beweisverfahren, 2015, S. 24 f.

842 Ebenso: *Kremnitzer* in: *Beck/Burchard/Fateh-Moghadam* Strafrechtsvergleichung als Problem und Lösung, 2011, S. 29, 33 f.

843 Im Grunde ebendieser Meinung, wenn auch den anglo-amerikanischen Rechtskreis als unserem sehr ähnlich ansehend: *Kremnitzer* in: *Beck*, Strafrechtsvergleichung als Problem und Lösung, 2011, S. 29, 32 f.

844 Die Vorteile dessen ausführlich herausarbeitend: *Billis*, 2015, S. 24 f.

845 Ähnlich auch: *Trüg*, 2003, S. 2 f.

Wenngleich sich insoweit Länder des kontinentalen Rechtskreis aufgrund ihrer an der Oberfläche im Vergleich zu den Common Law-Ländern stärkeren Kodifizierung als Vergleichsobjekte auf den ersten Blick eher aufdrängen würden[846], sollen dennoch der anglo-amerikanische Rechtskreis und davon beispielhaft die USA näher beleuchtet werden. Denn die Grundausrichtung des in weiten Teilen sehr stark vom deutschen Strafprozess abweichenden Verfahrens und insbesondere dessen straffe und strenge Organisationsstruktur lassen eine Inspiration für den deutschen Strafprozess erwarten.

D. Zur Methode

Bevor mit der Rechtsvergleichung an sich begonnen werden kann, muss in der Phase der „conceptualization“[847] offengelegt werden, wie vorgegangen werden soll. Dies folgt schon aus der Einstufung der Rechtsvergleichung als Wissenschaft,[848] unter der mit dem *BVerfG* ein „planmäßiger Versuch zur Ermittlung der Wahrheit“ zu verstehen ist.[849]

Zu beachten ist hierbei, dass eine Methodenvielfalt existiert, wobei die verschiedenen Methoden sich gegenseitig beeinflussen.[850] Im vorliegenden Kontext wird ein kulturbezogener Ansatz[851] der Rechtsvergleichung vor allem mit Blick auf historisch gewachsene Strukturen gewählt werden, da Kultur und Recht sich untrennbar beeinflussen und daher eine isolierte Betrachtung als nicht zielführend erachtet wird. Bei der kulturbezogenen Rechtsvergleichung wird der Blick über den reinen Rechtsvergleich auf das das Recht umrahmende Gehäuse gelenkt: Die Kultur des in den Vergleich einbezogenen Rechtskreises.[852] Daher

846 In diese Richtung: *Kremnitzer* in: *Beck/Burchard/Fateh-Moghadam,* Strafrechtsvergleichung als Problem und Lösung, 2011, S. 29, 33.

847 *Eser* in: *Eser/Perron*, Strukturvergleich, S. 929, 1042 m.w.N.

848 In diese Richtung auch: *Neuenbäumer*, Die Begründung der Rechtsvergleichung als Wissenschaft, 2014, S. 23 ff.

849 *BVerfG*, Beschluss vom 01.03.1978 - 1 BvR 174, 178, 191/71; 333/75, NJW 1978, 1621.

850 Hierzu näher: *Eser* in: *Eser/Perron*, Strukturvergleich, S. 929, 1038.

851 Ausführlich hierzu: *Kudlich,* „Exportgüter und Exportbeschränkungen, Der Strafrechtsexport aus rechtstheoretischer Sicht“, in: *Streng/Kett-Straub*, Strafrechtsvergleichung als Kulturvergleich, Beiträge zur Evaluation deutschen "Strafrechtsexports" als "Strafrechtsimport", Tübingen 2012, S. 169 ff.

852 Hierzu auch: *Kunz*, „Die Kulturgebundenheit des Strafrechts und seine Übertragbarkeit in fremde Rechtskreise“, in: *Streng/Kett-Straub*, Strafrechtsvergleichung als Kulturvergleich, Beiträge zur Evaluation deutschen "Strafrechtsexports" als "Strafrechtsimport", Tübingen 2012, S. 145, 147 f.

wird das Augenmerk nicht allein auf das zu vergleichende positive Recht, sondern auch auf die Rechtwirklichkeit, das gelebte Recht, gerichtet.[853] Dies gilt umso mehr, als nur so eruiert werden kann, ob ein rein aus Rechtsgründen theoretisch möglicher Transfer potenzieller Errungenschaften in der fremden Rechtsordnung praktisch auch reell umsetzbar wäre.

E. Zum Länderbericht

I. Einleitung

Im Rahmen des Länderberichts bzw. der deskriptiven Rechtsvergleichung ist zum einen das positive Recht, zum anderen aber auch die Rechtswirklichkeit bzw. das „law in action" darzustellen.[854] Um aus den Beschreibungen themenbezogene Schlüsse ziehen zu können, wird sich daran jeweils ein ausdrücklicher Vergleich zwischen den verschiedenen Rechtsordnungen anschließen, der, soweit erforderlich, nicht nur die Unterschiede und Ähnlichkeiten (Phase der identification)[855], sondern auch deren Ursachen näher beleuchten soll (Phase der explanation).[856] Erst abschließend kann eine Evaluation[857] und Bestätigung oder Verwerfung der zu Anfang aufgestellten Thesen – mögliche Übertragung einzelner oder mehrerer Mechanismen des fremden Rechtskreis in das deutsche Recht – (Phase der confirmation)[858] erfolgen.[859] Bei alledem soll zu keiner Zeit die Ebene der respektvollen Anerkennung des anderen Rechtskreises verlassen werden.[860]

---

853 Hierauf ebenfalls verweisend: *Kremnitzer* in: *Beck/Burchard/Fateh-Moghadam,* Strafrechtsvergleichung als Problem und Lösung, 2011, S. 29, 38.

854 Hierzu auch: *Eser* in: *Eser/Perron,* Strukturvergleich, S. 929, 1074 f.

855 *Eser* in: *Eser/Perron,* Strukturvergleich, S. 929, 1042 m.w.N.

856 *Eser* in: *Eser/Perron,* Strukturvergleich, S. 929, 1041 mit Verweis auf: *Reitz,* How to Do Comparative Law, The American Journal of Comparative Law 46, S. 617, 620, wobei *Eser* in zutreffender Weise die von Reitz aufgestellten Kriterien etwas neu ordnet.

857 Gehört nach *Örücü* nicht mehr zur Rechtsvergleichung: *Örücü,* Methodological Aspects of Comparative Law, European Journal of Law Reform 8, S. 40; dies aber kritisch hinterfragend: *Eser* in: *Eser/Perron,* Strukturvergleich, S. 929, 1042 Fn. 524.

858 *Eser* in: *Eser/Perron,* Strukturvergleich, S. 929, 1041.

859 *Eser* in: *Eser/Perron,* Strukturvergleich, S. 929, 1041.

860 *Eser* in: *Eser/Perron,* Strukturvergleich, S. 929, 1041 mit Verweis auf: *Reitz,* "How to Do Comparative Law", The American Journal of Comparative Law 46, S. 617, 634 ff.

II. Konkreter Bericht zur jeweiligen Rechtslage

Die Auswahl der konkret zu vergleichenden Bereiche erfordert die vorherige Herausarbeitung von Kriterien.[861] Denn es ist unmöglich, einen kompletten Vergleich der verschiedenen Rechtsordnungen durchzuführen. Vielmehr sollen die auffälligsten und für die konkrete Fragestellung aus einer ex-ante-Betrachtung als potenziell am wichtigsten anzusehenden Vergleichspunkte extrahiert werden.[862] Aufgrund der durch das Grundgesetz vorgegebenen Schranken besteht ein beschränkter Rahmen für Änderungen des Strafprozesses.[863] Um den Vergleich insbesondere unter diesem Blickwinkel besser verstehen zu können, sind insbesondere die jeweiligen Rechtsquellen, die Grundstruktur der beiden Prozessmodelle im Strafprozess, die jeweilig verfolgten Ziele des Strafverfahrens bzw. die Strafzwecke, die Stellung der Verfahrensbeteiligten im weiteren Sinne[864] im Strafprozess, der Ablauf des Strafverfahrens, das Beweisrecht und der Umgang mit Umfangsverfahren überblicksartig darzustellen. Denn nur der Vergleich der jeweiligen Gesamtausgestaltungen des Verfahrens[865] erlaubt einen Schluss auf Gemeinsamkeiten und Unterschiede sowie ein möglicherweise aus dem fremden Recht transferierbares Entwicklungspotenzial bzw. auf das Bestehen der einem Transfer aufgrund der fehlenden Grundsicherungsmechanismen, die im fremden Rechtskreis, jedoch nicht im deutschen Recht enthalten sind, von vornherein entgegenstehender Hürden. Demgegenüber kommt der alleinige Vergleich von Prozessmaximen nicht in Betracht, da das Prozessmodell gerade die Reichweite derselbigen determiniert.[866] Diese „deskriptive Rechtsvergleichung“[867] dient der späteren Verdeutlichung der hier zu untersuchenden speziellen Rechtsfrage im Wege des Rechtsvergleichs im engeren Sinne.[868] Diese Länderberichte sind nachfolgend nach bestimmten Strukturen aufgegliedert

---

861 Hierzu auch: *Eser* in: *Eser/Perron*, Strukturvergleich, S. 929, 1106.

862 Zu dieser Vorgehensweise: *Eser* in: *Eser/Perron*, Strukturvergleich, S.929, 1106.

863 Beispielsweise zur fehlenden Dispositionsbefugnis des Gesetzgebers über den Wahrheitsbegriff: *BVerfG*, Urteil vom 19.03.2013- 2 BvR 2628/10, 2 BvR 2883/10, 2 BvR 2155/11, NJW 2013, 1058 ff.

864 Vgl. hierzu bereits in Kapitel 2 E.

865 So als Definition für ein Prozessmodell: *Kudlich* in: MüKo StPO, 1. Auflage 2014, Einl. Rn. 123.

866 Zur Bedeutung des Prozessmodells für die Reichweite der Prozessmaximen: *Kudlich* in: MüKo StPO. 1. Auflage 2014, Einl. Rn. 124.

867 So *Eser* in: *Eser/Perron*, Strukturvergleich, S. 929, 969 f.

868 Zu dieser Charakterisierung auch: *Eser* in: *Eser/Perron*, Strukturvergleich, S. 929, 972.

werden, um sodann aus den sich daraus ergebenden Unterschieden Erkenntnisse zu gewinnen.[869]

Damit die verschiedenen Funktionsweisen der Rechtsordnungen zumindest in den Grundzügen bei der Betrachtung möglicherweise bestehender Lösungsansätze einbezogen werden können, sind im Folgenden die Rechtsquellen, die Prozessmodelle in ihren Grundzügen einschließlich vorherrschender Prozessmaximen, das Ziel und der Ablauf des Strafverfahrens, die Beteiligten im Strafprozess, das Beweisrecht sowie der Umgang mit Umfangsverfahren überblicksartig zu skizzieren.

1. Rechtsquellen

Die Rechtsquellen in Deutschland für das Strafprozessrecht setzen sich vor allem aus der Strafprozessordnung, dem Gerichtsverfassungsgesetz, welches hier aber eine geringere Rolle spielen wird, aus dem maßgebenden Verfassungsrecht sowie aus europäisch(em) (geprägtem) Recht, z. B. der Europäischen Menschenrechtskonvention zusammen. Daneben finden sich auch Regelungen im EGGVG, dem StGB (v. a. im Hinblick auf die Verjährung und das Strafantragsrecht[870]) und in der AO die hier aber weniger relevant sein werden. Das Strafprozessrecht liegt in Deutschland im Bereich der konkurrierenden Gesetzgebung.[871] Da der Bund von seiner Gesetzgebungszuständigkeit jedoch Gebrauch gemacht hat, handelt es sich bei dem Strafprozessrecht um Bundesrecht.

Vor der konkreten Befassung mit Einzelheiten des US-amerikanischen Rechts und den entsprechenden Rechtsquellen ist – aufgrund der insoweit teils erheblichen Unterschiede zum Rechtskreis des Civil Law – zum näheren Verständnis des Gesamtkonzepts der zu untersuchenden Rechtsordnung vorab ein knapper Überblick über Eigenheiten des Common Law erforderlich.

Der Geburtsort des Common Law liegt in England. Dort war durch die Eroberung der Normannen im Jahr 1066 ein Bruch mit der Bindung an gewohnheitsrechtlich anerkannte Grundsätze eingetreten, der dazu führte, dass eine Vereinheitlichung von ungeschriebenen Regeln für das gesamte Land eintrat, ein sog. gemeines Recht (common law).[872] Eine Notwendigkeit für eine

---

869 Hierzu näher: *Eser* in: *Eser/Perron*, Strukturvergleich, S. 929, 972 ff.

870 Vgl. §§ 77 ff. und §§ 78 ff. StGB; hierzu auch: *Kudlich* in: MüKo StPO, 1. Auflage 2014, Einleitung, Rn. 22.

871 Vgl. Art. 74 Abs. 1 Nr. 1 GG.

872 Hierzu ausführlicher: *Forster* in: *Sieber/Cornils*, Nationales Strafrecht in rechtsvergleichender Darstellung, 2010, S. 127 (141–142).

Kodifizierung bestand daher in der Folge nie.[873] Das Common Law besteht demnach traditionell weniger aus geschriebenem Recht, welches aber dennoch in zunehmendem Maße existiert, als aus überliefertem Recht – dem eigentlichen Common Law[874] – und bindenden Entscheidungen,[875] des sog. case law im Sinne von Präzedenzfällen, an denen sich die Richter bei ihrer Entscheidungsfindung zu orientieren haben.[876] Diese gerichtlichen Entscheidungen stehen Gesetzen gleich.[877] In der Rechtswirklichkeit kommt dem Common Law im eigentlichen Sinne immer weniger Gewicht zu, während die gerichtlichen Entscheidungen weiterhin eine prägende Rolle spielen.[878] Die USA fällt in den Rechtskreis des Common Law, sodass diese Grundsätze dem Grunde nach dort gelten.

Weitere Besonderheiten betreffend die Existenz von Rechtsquellen im US-amerikanischen Strafprozessrecht folgen aus der historischen Entwicklung der USA. Die USA war von ihrer Gründung an ein demokratischer Bundesstaat. Dies hat zur Folge, dass in vielen Bereichen zwei verschiedene Rechtssysteme existieren: Einmal das Bundesrecht und einmal das Recht der einzelnen Bundesstaaten, welches ebenfalls von unterschiedlichen Gerichten angewendet wird.[879] Die alle Bereiche beeinflussende Verfassung von 1787 trägt den Gedanken der Aufklärung in sich und sollte – als Gegenentwurf zur mächtigen Krone in England – die Rechte des einzelnen Bürgers gegenüber dem Staat stärken. Diese ohnehin bereits sehr weitgehenden Rechte wurden durch die Bill of Rights aus

---

873 Hierzu ausführlicher: *Forster* in: *Sieber/Cornils*, Nationales Strafrecht in rechtsvergleichender Darstellung, 2010, S. 127 (141–142).

874 Oftmals wird der Begriff Common Law oberbegriffsartig für das komplette von der Judikative geschaffene Recht verwendet. Richtigerweise bezeichnet er aber nur die tatsächlich neu geschaffenen Rechtsgrundsätze; alle solchen richterlichen Entscheidungen, die auf Common Law im engeren Sinne beruhend oder auf der Auslegung der statutes, der Gesetze, basieren, fallen in den Bereich des Case Law; hierzu: *Forster*, "Rahmenbedingungen, Vorgaben, Grundlagen und Entwicklung des Strafrechts in England und Wales", in: *Sieber/Cornils*, Nationales Strafrecht in rechtsvergleichender Darstellung, 2010, S. 127, 169.

875 Sog. stare decisis, doctrine of precedent.

876 Hierzu auch: *Forster* in: *Sieber/Cornils*, Nationales Strafrecht in rechtsvergleichender Darstellung, 2010, S. 127, 142.

877 So: *Forster* in: *Sieber/Cornils*, Nationales Strafrecht in rechtsvergleichender Darstellung, 2010, S. 127, 142 f.

878 So: *Forster* in: *Sieber/Cornils*, Nationales Strafrecht in rechtsvergleichender Darstellung, 2010, S. 127, 143.

879 Näher hierzu auch: *Schmid*, 1993, S. 17.

dem Jahre 1791 noch tiefer verwurzelt. Auch heute hält diese Entwicklung durch extensive Auslegung der Rechte des Beschuldigten an.[880]

Da es somit Bundes- wie auch Einzelstaatenrecht gibt, muss der Blick wegen der Fülle der Maßstäbe konzentriert werden. Es geht deshalb primär um das Bundesrecht unter Berücksichtigung einzelstaatlicher Besonderheiten mit einem Fokus auf dem kalifornischen Recht.

Die Hauptrechtsquelle ist in den USA – untypisch für als dem Rechtskreis des Common Law angehörig und damit dem deutschen Recht ähnlicher als vermutet – das geschriebene Recht[881].[882] Daneben existiert – als typisches Charakteristikum für das Common Law – auch das case law.[883] Im Rahmen des case law ist zu beachten, dass das entscheidende Gericht grundsätzlich an die tragenden Gründe vorhergehender Urteile[884] der gleichen und übergeordneten Instanz gebunden ist[885].[886] Ausnahmen werden lediglich im Bereich des Verfassungsrechts gemacht, da dieses sonst zu starr würde, weil eine Änderung dann lediglich im schwierigen Verfahren einer Verfassungsänderung möglich wäre.[887]

Eine der wichtigsten Quellen für die Rechte des Beschuldigten ist auf der Bundesebene die Verfassung. In deren 4., 5., 6., 8., 14. Zusatzartikel[888] ist der Nemo-tenetur-Grundsatz, der Anspruch auf ein faires Verfahren[889], auf ein beschleunigtes Verfahren sowie auf Konfrontation geregelt. Ihre möglicherweise als etwas unbestimmt anmutenden Formulierungen wurden durch eine Vielzahl von Entscheidungen durch den Supreme Court konkretisiert.[890] Weitere Rechtsquellen finden sich im United States Code[891], z. B. in Titel 18, in den Federal Rules of Criminal Procedure[892] sowie den Federal Rules of Evidence[893].[894]

---

880 Näher hierzu: *Schmid*, 1993, S. 18.
881 Sog. statute law.
882 Hierzu: *Kautenburger-Behr*, 2004, S. 45 f.
883 Hierzu: *Kautenburger-Behr*, 2004, S. 45 f.
884 Sog. ratio decidendi.
885 Sog. binding precedents.
886 Hierzu: *Kautenburger-Behr*, 2004, S. 45 f.
887 Hierzu: *Kautenburger-Behr*, 2004, S. 45 f. m.w.N.
888 Sog. amendment
889 Sog. due process-clause; hierzu: *Kautenburger-Behr*, 2004, S. 45 f. m.w.N.
890 Hierzu: *Kautenburger-Behr*, 2004, S. 46 m.w.N.
891 Im Folgenden: U.S.C.
892 Im Folgenden: FRCP.
893 Im Folgenden: FRE.
894 Hierzu auch: *Kautenburger-Behr*, 2004, S. 46.

Auf Landesebene sind neben der Bundesverfassung die Landesverfassung, der jeweilige Code of Criminal Procedure, die Court Rules of Criminal Procedure sowie die Court Rules of Evidence zu beachten.[895]

Außerdem gibt es oftmals auch sog. Local Rules, wie z. B. die des Superior Court of California – County of Los Angeles.

2. *Historie, Prozessmodelle und -maximen*

Um ein Verständnis für Gemeinsamkeiten und Unterschiede der zu vergleichenden Rechtsordnungen zu entwickeln, sind die jeweiligen Prozessmodelle einschließlich der diese prägenden Prozessmaximen näher zu beleuchten. Unter einem Prozessmodell versteht man die essentiellen strukturellen Bestandteile im Strafprozessrecht eines Landes.[896] Sie werden meist durch die Prozessmaximen, den in der Regel unverzichtbaren Grundsätzen im Strafverfahren, bestimmt.[897]

a) Prozessmodell und Prozessmaximen in der deutschen Rechtsordnung

Pointiert könnte man das heutige deutsche Strafprozessmodell charakterisieren als „staatlich betriebene[n] Anklageprozess mit einer gerichtlichen Amtsaufklärung".[898] Demgegenüber galt im altdeutsch-germanischen Strafverfahren das Parteiprinzip.[899] Auch in der Zeit des Nationalsozialismus wurden entsprechende Tendenzen vertreten: So sollte die Rolle der Staatsanwaltschaft bei gleichzeitiger Schwächung der Rolle des Richters gestärkt werden. Allerdings korrespondierte damit eine schwache Beschuldigtenrolle, da dessen Rechte stark eingeschränkt wurden.[900] Erst als Gegengewicht zu den Dysbalancen im Rahmen des Nationalsozialismus wurde es als notwendig erachtet, dass der einzelne Bürger gerade nicht wie im Zivilprozess als Partei weitgehend allein für die Geltendmachung seiner Rechte verantwortlich ist, sondern dass grundsätzlich eine neutrale Instanz vorhanden ist, die umfassend ermittelt.[901] An sich widersprüchlich zu der

---

895 *Kautenburger-Behr*, 2004, S. 47 m.w.N.

896 In diese Richtung auch: *Kühne* in: LR-StPO, 27. Auflage 2016, Einleitung Abschnitt G, Rn. 9.

897 In diese Richtung auch: *Kühne* in: LR-StPO, 27. Auflage 2016, Einleitung Abschnitt G, Rn. 9.

898 So: *Kühne* in: LR-StPO, 27. Auflage 2016, Einleitung Abschnitt G, Rn. 9.

899 Hierzu: *Meyer*, 1999, S. 15 f.

900 Hierzu: *Kühne* in: LR-StPO, 27.Auflage 2016, Einleitung Abschnitt F, Rn. 62 ff.

901 Ausführlicher hierzu: *Haas*, 2008, S. 44 ff.; eine stärkere Parteiausrichtung befürwortend: *derselbige*, S. 63.

Abkehr vom Parteiverfahren entwickelten sich dennoch bestimmte Grundsätze wie der Grundsatz der Waffengleichheit[902], welcher nur dann zur Entfaltung gelangen kann, wenn jedenfalls eine Tendenz zu einem kontradiktorischen Verfahren vorliegt.[903]

Als besonders prägende Elemente für den deutschen Strafprozess haben sich das Legalitätsprinzip, die Gewaltenteilung mit den Mechanismen der „Checks and Balances", welche u. a. als Grund für das Anklagemonopol der Staatsanwaltschaft herangezogen werden kann, sowie die im Vergleich mit anderen Rechtsordnungen bedeutende Pflicht der Staatsanwaltschaft, sowohl zulasten als auch zugunsten des Beschuldigten zu ermitteln, entwickelt.[904]

Im deutschen Strafprozess ist die Staatsanwaltschaft Herrin des Vorverfahrens,[905] was sich auch im Anklagegrundsatz[906] bzw. dem Anklagemonopol der Staatsanwaltschaft[907] widerspiegelt. Anders als im Parteiprozess, der in der Regel durch die Dispositionsmaxime charakterisiert wird, entscheidet der Staatsanwalt – unter Beachtung des Legalitäts-[908] und Opportunitätsprinzips[909] –, ob er Anklage erhebt. Notwendige Konsequenz des Anklagemonopols der Staatsanwaltschaft ist, dass auch die Ermittlungen dem Staat obliegen und ex officio erfolgen, sog. Offizialmaxime.[910] Der einzelne Bürger kann den Umfang der Ermittlungen sowie die Anklageerhebung in der Regel[911] nicht beeinflussen. Als Korrektiv wird die Staatsanwaltschaft allerdings zur objektiven Ermittlung[912] verpflichtet und dem Beschuldigten ein Beweisantragsrecht[913] eingeräumt.

902 Hierzu ausführlich: *Müller*, „Der Grundsatz der Waffengleichheit im Strafverfahren", NJW 1976, 1063 ff.

903 Kritisch hierzu auch: *Haas*, 2008, S. 15, 44 ff.

904 Hierzu auch: *Kühne* in: LR-StPO, 27. Auflage 2016, Einleitung Abschnitt G, Rn. 14; ebenfalls hierzu: *Haas*, 2008, S. 63.

905 So: *BVerfG*, Beschluss vom 26.11.1975 - 2 BvR 883/75, NJW 1976, 231; hierzu auch: *Griesbaum* in: KK-StPO, 8. Auflage 2019, § 163 Rn. 2 ff.

906 Vgl. § 151 StPO.

907 Vgl. § 152 Abs. 1 StPO.

908 Hierzu ausführlicher: *Schmitt* in: *Meyer-Goßner/Schmitt*, StPO, 64. Auflage 2021, § 152 Rn. 2.

909 Hierzu ausführlicher: *Schmitt* in: *Meyer-Goßner/Schmitt*, StPO, 64. Auflage 2021, § 152 Rn. 7.

910 So auch: *Schmitt* in: *Meyer-Goßner/Schmitt*, StPO, 64. Auflage 2021, § 152 Rn. 2.

911 Als Ausnahmen sind anzuführen: Privatklage-, absolute Antrags- und Ermächtigungsdelikte.

912 Vgl. § 160 Abs. 2 StPO.

913 Vgl. § 245 Abs. 2 StPO.

Wichtige Konsequenz des Anklagemonopols ist es ebenfalls, dass die Staatsanwaltschaft innerhalb der gesetzlichen Grenzen bestimmt, in welchem Umfang Taten angeklagt werden, was insoweit für das Gericht bindend ist.[914] Das Gericht darf nur das angeklagte Geschehen, also die prozessuale Tat, aburteilen, allerdings ist es dabei an die rechtliche Bewertung der Staatsanwaltschaft nicht gebunden.[915]

An der tatsächlichen Geltung dieser Grundsätze bestehen in der Praxis insoweit gewichtige Zweifel, als die Staatsanwaltschaft jedenfalls ihrer Verpflichtung zur objektiven Ermittlung nicht regelmäßig nachkommt.[916] Wie *Wierig* am Beispiel des NSU-Prozess zutreffend ausführt, ist dies bisweilen sogar menschlich nachvollziehbar:

> *Und für viereinhalb Jahre Hauptverhandlung können unter Umständen auch persönliche Opfer gefordert worden sein. Und das ist das Dilemma mit der Staatsanwaltschaft – ob nun Bundesanwaltschaft oder Amtsanwalt; wie kann man von dem Menschen, der akribisch die Puzzleteilchen der Tat zusammengetragen hat, noch Objektivität erwarten.*[917]

Das Legalitätsprinzip[918] verpflichtet den Staatsanwalt grundsätzlich zur Anklageerhebung, wenn der hierfür erforderliche hinreichende Tatverdacht vorliegt. Zweifel schaden demgegenüber nicht, sondern er kann diese der endgültigen Klärung in der Hauptverhandlung überlassen.[919] Hintergrund des Legalitätsprinzips ist die grundsätzliche Pflicht des Staates zur Gleichbehandlung seiner Bürger[920]; durch das Legalitätsprinzip wird eine Willkürjustiz vermieden. Daneben basiert das Legalitätsprinzip historisch auch auf den absoluten Straftheorien.[921] Teils wird insoweit vertreten, dass nur durch eine konsequente Verfolgung jeden Verstoßes durch Vergeltung die Gerechtigkeit wiederhergestellt werden könne.[922] Die Einhaltung des Legalitätsprinzips wird legislatorisch abgesichert durch das prozessuale Instrument des Klageerzwingungsverfahrens

---

914 Vgl. §§ 200 Abs. 1, 151, 155 StPO.

915 Vgl. § 264 StPO.

916 Zur psychologischen und epistemologischen Überforderung des Objektivitätspostulats für die Ermittlungspersonen: *Kölbel* in: MüKo StPO, 1. Auflage 2016, § 160 Rn. 7.

917 So: *Wierig*, 2018, S. 261.

918 Hierzu ausführlicher: *Schmitt* in: *Meyer-Goßner/Schmitt*, StPO, 64. Auflage 2021, § 152 Rn. 2

919 Hierzu: *Dengler*, 2003, S. 164 ff.

920 Hierzu auch: *Weichbrodt*, Das Konsensprinzip strafprozessualer Absprachen, 2006, 145, 147.

921 Vgl. zu den Strafzwecken bereits die Ausführungen in Kapitel 1 A.III.

922 So: *Weichbrodt*, 2006, S. 147; vgl. aber bereits die Ausführungen in Kapitel 1 A. III.

und materiell durch den Straftatbestand der Strafvereitelung im Amt.[923] Ob dem Legalitätsprinzip faktisch noch die legislatorisch bezweckte Bedeutung zukommt, insbesondere angesichts der vielfältigen Einstellungsmöglichkeiten dürfte fraglich sein. Die wachsende Belastung der Justiz und der Polizei führen faktisch dazu, dass die Regel des Legalitätsprinzips und die Ausnahme des Opportunitätsprinzips jedenfalls in Umfangsverfahren weitgehend die Rollen tauschen.[924] Dies resultiert schon daraus, dass z. B. der Begriff der „Schwere der Schuld", die gemäß § 153a StPO nicht entgegenstehen darf, die Grenzen für die Einstellungspraxis nur schemenhaft zieht.[925]

Die Konzentrationsmaxime[926] verlangt zum Zwecke der Überschaubarkeit - welche nicht zuletzt dem Unmittelbarkeitsprinzip dient –[927] die Durchführung einer möglichst konzentrierten Hauptverhandlung in dem Sinne, dass diese möglichst ohne Unterbrechungen durchzuführen ist.[928] Dieses ehrgeizige Ziel lässt sich in Umfangsverfahren aufgrund der für einen Hauptverhandlungstag zu großen Stofffülle regelmäßig nicht verwirklichen.[929] In der Praxis werden indes darüber hinausgehend regelmäßig gezielt die Vorgaben der Konzentrationsmaxime missachtet, indem gerade in Umfangsverfahren sog. Schiebetermine abgehalten werden, um die Vorgaben des § 229 Abs.1, Abs. 2 StPO zu umgehen.[930] Dem wurde zwischenzeitlich durch die Rechtsprechung jedenfalls in rechtlicher Hinsicht dadurch ein Riegel vorgeschoben, dass Handlungen in solchen zur Umgehung der Vorgaben des § 229 Abs.1, Abs. 2 StPO anberaumten

---

923 Hierzu auch: *Geisler*, "Anspruch und Wirklichkeit des Legalitätsprinzips", in: *Geisler*, Das Ermittlungsverhalten der Polizei und die Einstellungspraxis der Staatsanwaltschaften, 1999, S. 11, 14.

924 Ähnlich auch: *Geisler* in: *Geisler*, Das Ermittlungsverhalten der Polizei und die Einstellungspraxis der Staatsanwaltschaften, 1999, S. 11, 14 mit dem Vergleich des Legalitätsprinzips mit einem „Schweizer Käse"; zur Krise bzw. zur Grabesstimmung betreffend das Legalitätsprinzip: *Rieß*, „Die Zukunft des Legalitätsprinzips", NStZ 1981, 2; in diese Richtung auch: *Kühne* in: LR-StPO, 27. Auflage 2016, Einleitung Abschnitt B, Rn. 62.

925 Hierzu auch: *Erb*, "Legalitäts- und Opportunitätsprinzip als normative Prinzipien", in: *Geisler*, Das Ermittlungsverhalten der Polizei und die Einstellungspraxis der Staatsanwaltschaften, 1999, S. 27, 33 f.

926 Gesetzlich verankert in § 228 Abs. 1, §§ 229, 268 Abs. 3 StPO; hierzu: *Kühne* in: LR-StPO, 27. Auflage 2016, Einleitung Abschnitt I, Rn. 69.

927 So auch: *Kühne* in: LR-StPO, 27. Auflage 2016, Einleitung Abschnitt I, Rn. 67.

928 Hierzu: *Kudlich* in: MüKo StPO, 1. Auflage 2014, Einl. Rn. 150 ff.

929 So auch: *Kudlich* in: MüKo StPO, 1. Auflage 2014, Einl. Rn. 151.

930 Hierzu auch: *Kudlich* in: MüKo StPO, 1. Auflage 2014, Einl. Rn. 153.

Schiebeterminen nicht als „Verhandeln zur Sache" angesehen werden.[931] Dies gilt selbst dann, wenn in dem Hauptverhandlungstermin Verfahrenshandlungen erfolgen, die an sich zur Unterbrechung der Fristen des § 229 StPO geeignet sind, wenn die hierdurch erfolgende Verfahrensförderung neben dem Umgehungszweck nicht ins Gewicht fällt.[932] Dennoch kann nicht in Abrede gestellt werden, dass in der Praxis entsprechende Verhaltensweisen weiterhin vorkommen, jedoch oftmals von keinem der Verfahrensbeteiligten gerügt werden.

Der Beschleunigungsgrundsatz, der für das komplette Strafverfahren aus Art. 20 Abs. 3 GG i.V.m. Art. 6 Abs. 1 EMRK gefolgert wird,[933] verlangt, dass das Strafverfahren insgesamt – nicht nur die Hauptverhandlung –[934] ohne rechtsstaatswidrige Verzögerungen durchzuführen ist und der Beschuldigte in angemessener Frist verurteilt oder freigesprochen werden soll. Die unterschiedlichen Anknüpfungspunkte der beiden Grundsätze bewirken, dass Konzentrationsmaxime und Beschleunigungsgrundsatz in Teilen deckungsgleich sein können, dies allerdings nicht notwendigerweise sein müssen.[935]

Bereits die beschriebenen Auswirkungen von Umfangsverfahren im Hinblick auf die Dauer lassen erahnen, dass in der Rechtswirklichkeit der Geltung des Beschleunigungsgrundsatzes nicht der Stellenwert eingeräumt wird bzw. werden kann, wie es vom Gesetzgeber und der Rechtsprechung intendiert wurde.[936]

Der fair-trial-Grundsatz folgt aus Art. 6 Abs. 1 EMRK i.V.m. Art 20 Abs. 3 GG und gebietet von Beginn der Ermittlungen bis zum Abschluss der Vollstreckung die Einhaltung eines fairen Verfahrens.[937] Aufgrund des recht weiten Begriffs der „Fairness" fällt eine genaue Definition, welche Verfahrensweisen zu wahren sind, damit der Fairnessgrundsatz nicht verletzt wird, schwer.[938] Maßgeblich dürften jedenfalls die Gewährung adäquater Beteiligungsrechte sowie die hierfür grundlegenden Informationen im Strafverfahren sein.[939] Ausfluss des

---

931 Vgl. hierzu: *BGH*, Urteil vom 25.07.1996 – 4 StR 172/96.

932 Vgl. hierzu: *BGH*, Urteil vom 02.02.2012 – 3 StR 401/11, NStZ 2012, 343.

933 Hierzu auch: *Kudlich* in: MüKo StPO, 1. Auflage 2014, Einl. Rn. 155.

934 Zur Abgrenzung Konzentrationsmaxime und Beschleunigungsgebot: *Kühne* in: LR-StPO, 27. Auflage 2016, Einleitung Abschnitt I, Rn. 67.

935 So auch: *Kudlich* in: MüKo StPO, 1. Auflage 2014, Einl. Rn. 150.

936 Hierzu auch: *Kühne* in: LR-StPO, 27. Auflage 2016, Einleitung Abschnitt I, Rn. 69.

937 Ausführlich hierzu: *Kühne* in: LR-StPO. 27. Auflage 2016, Einleitung Abschnitt I, Rn. 103 ff.

938 So auch: *Kühne* in: LR-StPO, 27. Auflage 2016, Einleitung Abschnitt I, Rn. 107.

939 In diese Richtung auch: *Kühne* in: LR-StPO, 27. Auflage 2016, Einleitung Abschnitt I, Rn. 108.

fair-trial-Grundsatzes ist auch der Grundsatz der Waffengleichheit.[940] Hiernach soll versucht werden, die durch das Strafprozessrecht angelegte Ungleichstellung von Staatsanwaltschaft und Beschuldigtem auszugleichen, soweit dies erforderlich ist, um dem Beschuldigten eine effektive Wahrnehmung seiner Beteiligungsrechte zu ermöglichen.[941]

Eine praktische Umsetzung des Grundsatzes der Waffengleichheit ist jedoch– wohl auch aufgrund der an sich eher anzunehmenden Verwandtschaft mit dem Parteiprinzip[942] – nur beschränkt möglich. Dies ist insbesondere auf die – zumindest gesetzliche – Stellung der Staatsanwaltschaft als objektive Ermittlungsbehörde, die jedoch gleichzeitig notwendigerweise subjektiv geprägte Stellung des Beschuldigten zurückzuführen.[943] Der Grundsatz der Waffengleichheit wird de facto jedenfalls regelmäßig dadurch beeinträchtigt, dass gerade in Umfangsverfahren oftmals mehrere Jahre gewissermaßen Aktenberge von Seiten der Behörde angesammelt und ausgewertet werden, die sodann nach Abschluss der Ermittlungen auf einen Schlag der Verteidigung im Rahmen der Akteneinsicht mit einer nicht selten kurzen Stellungnahmefrist von zwei Wochen oder in Teilen gar nicht übergeben werden[944]; dass eine seriöse Auswertung der Aktenmenge durch die Verteidigung in dieser Zeit regelmäßig nicht möglich ist, wird hierbei oftmals unberücksichtigt gelassen.

Der Unmittelbarkeitsgrundsatz ist eng verknüpft mit dem Ziel der Erforschung der materiellen Wahrheit[945], der Konzentrationsmaxime[946], sowie mit dem Mündlichkeitsprinzip. Er verlangt, dass der Richter sich grundsätzlich einen unmittelbaren Eindruck von einem Beweismittel zu verschaffen hat. Nur auf diese Weise kann er die Glaubwürdigkeit einer Person beurteilen, da er, und auch die übrigen Verfahrensbeteiligten,[947] in die Lage versetzt werden – anders

---

940 Hierzu auch: *Kühne* in: LR-StPO, 27. Auflage 2016, Einleitung Abschnitt I, Rn. 117.

941 So auch: *Kühne* in: LR-StPO, 27. Auflage 2016, Einleitung Abschnitt I, Rn. 117.

942 So auch: *Haas*, 2008, S. 15, 44 ff.

943 In diese Richtung auch: *Kühne* in: LR-StPO, 27. Auflage 2016, Einleitung Abschnitt I, Rn. 119.

944 Vgl. hierzu: Stellungnahme der BRAK 29/2016 zum Regierungsentwurf eines Gesetzes zur Einführung der elektronischen Akte in Strafsachen und zur weiteren Förderung des elektronischen Rechtsverkehrs vom 04.05.2016, S. 6

945 *Kintzi*, DRiZ 1994, 325, 330 m.w.N.

946 Vgl. hierzu bereits Kapitel 1 A II. 3.; hierzu ebenfalls: *Kintzi*, DRiZ 1994, 325, 330.

947 Hierzu mit Verweis auf die daraus folgende Verknüpfung des Unmittelbarkeitsgrundsatzes mit dem Konfrontationsrecht: *Kreicker* in: MüKo StPO, 1.Auflage 2016, § 250 Rn. 2.

als beim Vorliegen einer bloß protokollierten Aussage – etwaige Ungereimtheiten durch Nachfragen aufzuklären und auch die Mimik und Gestik des Befragten mit in seine Beurteilung übernehmen kann. Ausnahmen kommen u. a. in den gesetzlich geregelten Fällen der §§ 251-256 StPO in Betracht.

Soweit der Unmittelbarkeitsgrundsatz sich nicht ohnehin aufgrund der Geltung der diesen einschränkenden Normen in Gänze entfalten kann,[948] wird er in der Praxis weitgehend schonend behandelt.[949]

Ein wichtiges Prinzip des deutschen Strafprozesses ist auch das Mündlichkeitsprinzip.[950] Danach dürfen nur in der Hauptverhandlung mündlich vorgetragene und erörterte Umstände dem Urteil zugrunde gelegt werden.[951] Dieser Grundsatz beruht historisch gesehen darauf, dass auch die Bevölkerung im Rahmen der Öffentlichkeit des Verfahrens in die Lage versetzt werden sollte, das Prozedere des staatlichen Strafens zu überwachen. Dies konnte jedoch nur dann gelingen, wenn alle Umstände, auf die ein Urteil gestützt wird, mitverfolgt werden können und nicht in den Akten verschriftlicht verborgen bleiben. Angesichts der großen Bedeutung des Strafbefehlsverfahrens und der Einstellungsmöglichkeiten bereits vor einer mündlichen Verhandlung hat das Mündlichkeitsprinzip – wenn es auch grundsätzlich erst in der Hauptverhandlung seine volle Wirkung entfalten kann – jedenfalls faktisch erheblich an Bedeutung verloren.[952] Weitere – indessen eher theoretische[953] – Einschränkungen des Mündlichkeitsprinzips ergeben sich durch das Selbstleseverfahren[954] sowie

---

948 Z. B. § 251 StPO; vgl. hierzu auch: *Kintzi,* DRiZ 1994, 325, 330.

949 Ausführlich zur praktischen Handhabung des Unmittelbarkeitsgrundsatzes: *Beulke,* „Der Grundsatz der Unmittelbarkeit der Hauptverhandlung, Neue Entwicklungen, Chancen und Anfechtungen", in: *Böttcher/Huther/Rieß*, Verfassungsrecht - Menschenrechte - Strafrecht: Kolloquium für Walter Gollwitzer zum 80. Geburtstag am 16. Januar 2004 in München, S. 1, 19.

950 Näher hierzu: *Fischer* in: KK-StPO, 8. Auflage 2019, Einleitung, Rn. 15 ff.

951 Vgl. §§ 250, 261, 264 StPO ; hierzu auch: *Eisenberg*, Beweisrecht der StPO, 10. Auflage 2017, Rn. 64.

952 Hierzu auch: *Albrecht*, 2005, S. 47; etwas vorsichtiger: *Engelhard,* in: *Eyrich,* Festschrift für Kurt Rebmann zum 65. Geburtstag, 1989, S. 45, 57 f.

953 Hierzu auch: *Michaelsen,* Kriminalistik 1982, 498, 500.

954 Hierzu bereits oben in Kapitel 2 J I.; hierzu auch der Entwurf eines Strafverfahrensänderungsgesetzes 1984 (StVÄG 1984), BT-Drucks. 10/1313, S. 28 (linke Spalte), der jedoch statuiert, dass das Mündlichkeitsprinzip im Kern nicht berührt sei; zustimmend auch *Tiedemann*, Gutachten 1972, S. C 103.

durch die von der Judikative aufgestellten Möglichkeiten zur vereinfachten Anklageverlesung[955].

Gemäß § 261 StPO muss das Gericht sein Urteil aus dem Inbegriff der Hauptverhandlung schöpfen, wobei es bei der Würdigung der Beweismittel frei ist.[956] Einschränkungen dieses Grundsatzes ergeben sich unter anderem aufgrund gesetzlicher Beweisregeln, z. B. § 190 StGB, § 274 StPO, und durch Beweisverwertungsverbote.[957] Wegen im Laufe der Jahre immer strenger werdenden Anforderungen an die Urteilsbegründung[958] wird dieser Grundsatz in der Verfahrenswirklichkeit weitestgehend gewahrt.

Eng verwandt mit dem Mündlichkeitsprinzip und stark historisch geprägt[959] ist das in § 169 Abs. 1 Satz 1 GVG verankerte Öffentlichkeitsprinzip. Danach hat grundsätzlich jeder Bürger Zugang zu einer öffentlichen Hauptverhandlung. Dies wird als Gegenentwurf zur früheren Geheim- und Willkürjustiz verstanden, da die Öffentlichkeit in die Lage versetzt wird, das Geschehen bei Gericht zu kontrollieren.[960] Gerade im Hinblick auf Umfangsverfahren ergaben und ergeben sich Probleme, da bei diesen Verfahren regelmäßig ein besonderes öffentliches und dadurch auch ein besonderes Medieninteresse besteht, sodass bisweilen die Frage aufgeworfen wurde und wird, ob größere Gerichtssäle oder gar Stadien zu nutzen sind, ob entsprechende Live-Übertragungen erfolgen sollen und wie mit Personen umzugehen ist, welche der Hauptverhandlung wegen Platzmangels nicht beiwohnen können.[961] Bezüglich letzterer Personengruppe ist herauszustellen, dass kein Zugangsanspruch besteht, sondern lediglich das „Recht auf eine Chance an einer gleichberechtigten Teilhabe“ zu beachten ist.[962] Aufgrund einer Gesetzesreform[963] im Jahre 2017 ist

955 Vgl. hierzu bereits obige Ausführungen; *BGH*, Beschluss vom 12.01.2011 – GSSt 1/10, NJW 2011, 1687, 1690.

956 Hierzu ausführlicher: *Kühne* in: LR-StPO, 27. Auflage 2016, Einleitung Abschnitt I, Rn. 39.

957 So auch: *Kühne* in: LR-StPO, 27. Auflage 2016, Einleitung Abschnitt I, Rn. 41.

958 Ähnlich auch: *Kühne* in: LR-StPO, 27. Auflage 2016, Einleitung Abschnitt I, Rn. 39.

959 Hierzu näher: *Britz*, Fernsehaufnahmen im Gerichtssaal – ein rechtsvergleichender Beitrag zum Öffentlichkeitsgrundsatz im Strafverfahren, 1999, S. 15.

960 In diese Richtung auch: *Kudlich* in: MüKo StPO, 1. Auflage 2014, Einleitung, Rn. 193.

961 Zu dieser Problematik: *BVerfG*, Beschluss vom 12.04.2013 – 1 BvR 990/13, StV 2013, 417 („NSU-Prozess“); hierzu auch: *Kühne* in: LR-StPO, 27. Auflage 2016, Einleitung Abschnitt I, Rn. 70.

962 So: *BVerfG*, Beschluss vom 12.04.2013 – 1 BvR 990/13, StV 2013, 417 („NSU-Prozess“).

963 Gesetz vom 08.10.2017, BGBl. I S. 3546.

nunmehr auch die Tonübertragung in einen Arbeitsraum für Medienvertreter zulässig.[964]

Eine besondere rechtsstaatliche Errungenschaft stellt der in dubio pro reo-Grundsatz dar, der es verbietet, einen Beschuldigten, dessen Schuld nicht frei von vernünftigen Zweifeln festgestellt werden kann, zu verurteilen.[965] Er wird aus Art. 6 Abs. 2 EMRK und dem Instruktionsprinzip hergeleitet.[966] Rechtstatsächlich wird dieser Grundsatz angesichts der allgegenwärtigen strafprozessualen Absprachen und der trotz der vom BVerfG in seinem Absprachen-Urteil vom 19.03.2013[967] aufgestellten Grundsätze in diesem Rahmen hingenommenen Formalgeständnisse sozusagen mit Füßen getreten. Zugegebenermaßen kann die Anzahl der rechtsstaatswidrig abgeschlossenen „Deals", welche entgegen den Vorgaben in § 257c StPO zustande kommen, nicht in Zahlen gemessen werden. Allerdings dürfte die Dunkelziffer – insbesondere in Wirtschaftsstrafsachen, bei denen die Quote der Absprachen ohnehin überdimensional hoch ist – [968] recht hoch sein.

Der deutsche Strafprozess ist – zumindest nach seinem Grundkonzept – auf die Ermittlung der materiellen Wahrheit ausgerichtet.[969] Diese Ausrichtung wurzelt bereits im römischen Strafprozess.[970] Hinter dieser Begrifflichkeit verbirgt sich das Verständnis des Versuchs der Offenlegung eines durch Beweismittel retrospektiv reproduzierten Sachverhalts, der eine möglichst große Deckungsgleichheit mit der Wirklichkeit aufweist.[971] Da der tatsächliche Versuch, das äußere Geschehen einer prozessualen Tat detailgetreu zu rekonstruieren und

964 Vgl. § 169 Abs. 1 Satz 3 GVG.

965 Ausführlich hierzu auch: *Kühne* in: LR-StPO, 27. Auflage 2016, Einleitung Abschnitt I, Rn. 48 ff.

966 *Kühne* in: LR-StPO, 27. Auflage 2016, Einleitung Abschnitt I, Rn. 50.

967 *BVerfG*, Urteil vom 19.03.2013 - 2 BvR 2628/10, 2 BvR 2883/10, 2 BvR 2155/11, NJW 2013, 1058 ff.

968 Hierzu jedenfalls Anfang der 90-er Jahre mit der Annahme einer Absprachequote von 80% bei manchen Wirtschaftsstrafkammern: *Schünemann* in: FS Baumann, 1992, 361, 368; ähnlich auch: *Weigend*, JZ 1990, 774.

969 Hierzu auch: *BVerfG*, Urteil vom 19.03.2013 – 2 BvR 2628/10, 2 BvR 2883/10, 2 BvR 2155/11, NJW 2013, 1058, 1061; *Trüg/Habetha* in: MüKo StPO, 1. Auflage 2016, § 244 Rn. 47.

970 Hierzu ausführlich: *Meyer*, 1999, S. 16 ff.

971 Ähnlich auch: *Trüg/Habetha* in: MüKo StPO, 1. Auflage 2016, § 244 Rn. 47; in diese Richtung gehen auch die Ausführungen von *Jung*, „Über die Wahrheit und ihre institutionellen Garantien", JZ 2009, 1129, 1130.

damit die materielle Wahrheit zu ermitteln, aufgrund des meist wichtigsten wie auch unzuverlässigsten Beweismittels „Zeuge“ von vornherein zum Scheitern verurteilt ist,[972] kann es in der praktischen Ausführung lediglich darum gehen, ein dem tatsächlichen Geschehensablauf möglichst nahekommendes Bild zu ermitteln: die sog. relativ-objektive Wahrheit.[973] Dies ist indes unverzichtbare Grundlage für den Strafprozess, da nur so der Strafprozess als Institution, welcher im Einzelfall auch „falsche“ Urteile als Ergebnis vorweist, legitimiert werden kann.[974] Daneben ist bei der praktischen Anwendung des Prozessrechts zu berücksichtigen, dass diese nicht nur von rechtlichen – z. B. die mit der Anwendung der Strengbeweisregeln einhergehenden Folgen[975] –, sondern auch von sozialwissenschaftlichen Faktoren beeinflusst wird; so werden zu Erreichung milderer Strafen oftmals „falsche Geständnisse“ abgelegt, da Richter regelmäßig geneigt sind, diese eher zu glauben als die Wahrheit, und so eine jedenfalls gegenüber einem die Anklagevorwürfe bestreitenden Beschuldigten mildere Strafe verhängt wird.[976]

b) Prozessmodell und Prozessmaximen in der US-amerikanischen Rechtsordnung

Bei der Betrachtung der US-amerikanischen Rechtsordnung ist deren Einordnung in den größeren Zusammenhang des Common Law vorwegzuschicken.[977] Dennoch gelten für die USA, anders als im Ursprungsland England, einige Besonderheiten, die im Folgenden darzustellen sind.

Während die USA von Beginn an ein föderalistisch organisierter, demokratischer Staat waren, war England ein zentral organisiertes Königreich.[978] Daneben beeinflusste die Tatsache, dass dem Schutz des einzelnen Bürgers in den USA ein ganz besonderes Gewicht zukam, während England sich nur langsam von der

---

972 Zum daher eigentlich verfolgten „relativ-objektiven“ Wahrheitsbegriff: *Gössel* in: Ständige Deputation des Deutschen Juristentages, Gutachten, 1994, C 1, C 25.

973 Hierzu: *Gössel* in: Ständige Deputation des Deutschen Juristentages, Gutachten, 1994, C 1, C 25.

974 In diese Richtung auch: *Kühne* in: LR- StPO, 27. Auflage 2016, Einleitung Abschnitt B, Rn. 22

975 Hierzu auch: *Jung*, „Über die Wahrheit und ihre institutionellen Garantien“, JZ 2009, 1129, 1131.

976 In diese Richtung auch: *Kühne* in: LR-StPO, 27. Auflage 2016, Einleitung Abschnitt B, Rn. 64.

977 Vgl. hierzu bereits die Ausführungen in Kapitel 4 E. II. 1.

978 *Schmid*, 1993, S. 17.

Macht der Krone löste,[979] das heute in den USA geltende Recht. Zudem führte die Zwei-Gleisigkeit der bundes- und einzelstaatlichen Gesetze sowie der Rechtsprechung der unterschiedlichen Gerichte zu einer stärkeren Dynamisierung des Rechts als es in England der Fall war.[980] Auch die stark unterschiedliche Entwicklung in territorialer Hinsicht im Rahmen der Ausdehnung der Neuenglandstaaten sowie der vergleichsweise schnelle gesellschaftliche Wandel in den USA, verursacht u. a. durch die Abschaffung der Sklaverei sowie der Rassentrennung um nur einige Beispiele zu nennen, stehen in deutlichem Gegensatz zum eher statischen englischen System.[981] Eine starke Dynamisierung der Rechtsentwicklung trat in den USA zudem durch die Tatsache ein, dass es sich bei den USA seit jeher um ein Einwanderungsland handelte.[982] Daneben wurden Gebiete der USA eingegliedert, die nicht dem Common Law unterlagen, sodass auch partiell Rechtsinstitute anderer Rechtssysteme in das US-amerikanische Recht einflossen.[983]

Obschon jede Entwicklung in gesellschaftlicher, wirtschaftlicher und territorialer Hinsicht früher oder später Einfluss auf die Fortentwicklung des Rechts nimmt, sei es durch Rechtsfortbildung durch Gerichte oder durch aktives Tätigwerden des Gesetzgebers, kam den beschriebenen Faktoren für die Prägung des US-amerikanischen Rechts ein außergewöhnlich großes Gewicht zu.

Ein wichtiges Grundprinzip im Common Law ist das System der Checks and Balances. Dieses beruht rechtshistorisch darauf, dass ersteres eher gewachsenes Recht und – zumindest ursprünglich – nicht positives Recht darstellt(e). Eine bereits Jahrhunderte alte Weisheit bringt es auf den Punkt: Nicht der König macht das Recht, sondern das Recht den König.[984] Entstammt das Recht aber aus der Sphäre der Bürger und nicht aus dem Kreis des Herrschers, dann ergibt sich hieraus gerade die Notwendigkeit der Kontrolle[985] der Ausübung der einem Machtorgan verliehenen Befugnisse sowie der Etablierung von Gegengewichten[986], die

---

979 *Schmid*, 1993, S. 18.

980 *Schmid*, 1993, S. 18.

981 *Schmid*, 1993, S. 19.

982 *Schmid*, 1993, S. 19.

983 Hierzu auch: *Schmid*, 1993, S. 19 mit Verweis auf den sog. Louisiana Purchase (1803), in dessen Folge französische und spanische Rechte dem US-amerikanischen Recht inkorporiert wurden.

984 In diese Richtung bereits: *Radbruch*, Der Geist des englischen Rechts, 2. Auflage, 1947, S. 26; ebenso: *Schmid*, 1993, S. 9.

985 Sog. checks.

986 Sog. balances.

geeignet sind, ein Überhandnehmen staatlicher Macht zu verhindern.[987] Obwohl mittlerweile das Common Law auch von positivem Recht[988] durchzogen wird, hat dieser Grundsatz nicht an Bedeutung verloren.[989] Folge der gegenseitigen Kontrolle ist die zeitliche Ausdehnung des Verfahrens. Dem soll die Möglichkeit des verfahrensverkürzenden guilty plea[990], das konträr zum System der Checks and Balances nur sehr wenige Schutzmechanismen zugunsten des Beschuldigten vorsieht,[991] entgegenwirken.

Im Strafprozess des Common Law wird die Wahrheit – aufgrund der Ausgestaltung als adversatorisches Verfahren[992] – durch den Widerstreit der Parteien ermittelt.[993] Die Staatsanwaltschaft steht dem Beschuldigten als gleichrangige Partei gegenüber.[994] Jede der Parteien muss ihren „Prozessstoff" selbst sammeln und aufbereiten, womit auch die Zeugenvernahme und die Einholung von Sachverständigengutachten einhergeht. Im Prozess gilt es sodann, den regelmäßig zum eigenen Vortrag im Widerspruch stehenden Sachvortrag der Gegenpartei durch Argumente, Gegenbeweise sowie regelmäßig durch die im Rahmen des Kreuzverhörs[995] erfolgende Erschütterung der Glaubhaftigkeit einer Zeugenaussage unschlüssig werden zu lassen.[996]

Aufgrund der parteiprozessual bedingten Geltung der Dispositionsmaxime kann die Wahrheit zugleich durch bloßes Übereinstimmen der Aussagen der Parteien, ähnlich unserem Zivilprozess, ermittelt werden, was als formeller oder auch disponibler[997] Wahrheitsbegriff bezeichnet werden

---

987 In diese Richtung auch: *Schmid,* 1993, S. 9.

988 Sog. acts.

989 *Schmid*, 1993, S. 9.

990 Hierzu näher noch sogleich in Kapitel 4 E. II. 5.b).

991 Ähnlich auch: *Perron*, "Funktion und Zusammensetzung des Gerichts im Ermittlungs- und Hauptverfahren", in: *Eser*, Strafjustiz im Spannungsfeld von Effizienz und Fairness, op. 2004, 291, 301.

992 Hierzu noch sogleich in Kapitel 4 E. II. 2. b).

993 Hierzu auch: *Forster*, in: *Sieber/Cornils*, Nationales Strafrecht in rechtsvergleichender Darstellung, 2010, S. 127, 142.; *Kautenburger-Behr*, 2004, S. 53.

994 Hierzu auch: *Forster*, in: *Sieber/Cornils*, Nationales Strafrecht in rechtsvergleichender Darstellung, 2010, S. 127, 142.

995 Sog. cross-examination.

996 Hierzu auch: *Kautenburger-Behr*, 2004, S. 53.

997 Hierzu auch: *Lüderssen*, „Die Verständigung im Strafprozeß – Überlebensstrategie oder Paradigmawechsel?", StV 1990, 415, 416; diesen Begriff hingegen ablehnend: *Weßlau*, 2002, 96, 98 f.

kann.[998] Hierauf beruht auch die Möglichkeit des sog. guilty plea.[999]

Beispielsweise liegt es in der Hand des Angeklagten, ob er auf die Erhebung bestimmter Beweise besteht oder ob er damit einverstanden ist, dass sie nicht erhoben werden. Außerdem werden entlastende Umstände teilweise wie zivilprozessuale Einreden im deutschen Recht behandelt: Sofern sich der Angeklagte nicht darauf beruft, werden sie nicht berücksichtigt.[1000]

Als Ausprägung des Parteiprinzips gibt es gerade keine objektiven Ermittlungen, sondern es wird nur im Interesse der Strafverfolgungsbehörde ermittelt, was allerdings nicht automatisch heißt, dass nur belastende Umstände ermittelt werden.[1001] Stattdessen ist der Effizienzgedanke ermittlungsleitend und um nicht nach umfangreichen Ermittlungen in der Hauptverhandlung zu unterliegen, bedarf es gerade staatsanwaltlicher Ermittlungen in alle Richtungen.[1002]

In Wechselwirkung mit dem formellen Wahrheitsbegriff und dem Parteiprinzip steht die im US-amerikanischen Strafprozess anzuwendende Dispositionsmaxime, die das Gericht an die von den Parteien vorgebrachten Tatsachen, welche insoweit entweder vom Beschuldigten im Rahmen einer einseitigen Erklärung dem Gericht zur Kenntnis gegeben[1003], zugestanden[1004] oder bilateral mit dem Ankläger schriftlich vereinbart werden können[1005], weitgehend bindet.[1006] Der Richter ist zwar in gewissem Rahmen zu weiteren Ermittlungen befugt, in der Rechtswirklichkeit kommt dieser Befugnis allerdings eine untergeordnete Bedeutung zu.[1007] Vielmehr sitzt er eher dem Gerichtsverfahren als eine Art Schiedsperson vor und überwacht die Einhaltung der „Spielregeln“ bei

---

998 So: *Lüderssen*, StV 1990, 415, 416.

999 Hierzu auch: *Dengler*, 2003, S. 158 f.

1000 *Weßlau*, 2002, 96, 98 f.

1001 *Perron* in: *Eser*, Strafjustiz im Spannungsfeld von Effizienz und Fairness, op. 2004, 291, 296.

1002 So: *Perron* in: *Eser*, Strafjustiz im Spannungsfeld von Effizienz und Fairness, op. 2004, 291, 296.

1003 Sog. judicial admission.

1004 Sog. guilty plea; hierzu ausführlich: *Kautenburger-Behr*, 2004, S. 53 f.; zum Hintergrund des Verständnisses bezüglich des guilty plea, insbesondere, dass davon ausgegangen wird, dass auch nur ein schuldiger Beschuldigter auf schuldig plädieren wird, entsprechend kritisch: *Paulsen*, „Grundzüge des amerikanischen Strafprozesses“, ZStW 77 (1965), 637, 653 f.

1005 Sog. stipulation.

1006 Ausführlicher hierzu: *Kautenburger-Behr*, 2004, S. 53 f. m.w.N.

1007 Hierzu: *Lützner*, "USA" in: *Gropp*, Besondere Ermittlungsmaßnahmen zur Bekämpfung der organisierten Kriminalität, 1993, S. 721, 740.

der im Rahmen eines kontradiktorischen Verfahrens durch die Parteien erfolgenden Herausarbeitung der Tatsachengrundlage.[1008] Ausfluss der Dispositionsmaxime ist daneben das Institut des plea bargaining.[1009]

Insgesamt kann die Dispositionsmaxime als der Grundsatz bezeichnet werden, der die Eigenarten des US-amerikanischen Strafprozesses am meisten prägt.[1010]

3. *Ziel des Strafverfahrens und Strafzwecke*

Für die Existenz und Ausrichtung des Strafprozesses maßgebend ist die Frage, welche Ziele mit der Durchführung des Strafverfahrens sowie mit der Verhängung von Strafen verfolgt werden.

a) *Ziele des Strafverfahrens und Strafzwecke in Deutschland*

Heutiger primärer Strafzweck in Deutschland ist der Rechtsgüterschutz durch Abschreckung bzw. Einüben der geltenden Regeln wie Stärkung des Normvertrauens in gleich vierfacher Hinsicht: Die positive und negative General- und Spezialprävention,[1011] wobei eng mit dem Aspekt der positiven Spezialprävention auch der Gedanke der Rehabilitation des Täters verwandt ist.[1012] Mit letzterem einhergehen kann im Einzelfall auch eine vorausgehende „Absonderung von der Gesellschaft" zum Schutz der Allgemeinheit.[1013]

Die Erforschung der Wahrheit ist ein herausragendes Ziel des deutschen Strafprozesses.[1014] Diese ist deshalb Voraussetzung für die Realisierung der Strafzwecke;[1015] zur Erreichung einer Abschreckungswirkung bei der Bevölkerung und beim Beschuldigten selbst bedarf es der Erforschung der materiellen Wahrheit, da nur so dem Gerechtigkeitsgefühl Rechnung getragen werden kann. Soll das Strafrecht dauerhaft Akzeptanz finden, muss es – jedenfalls nach deutschem

---

1008 So: *Dengler*, 2003, S. 158 f.

1009 Ebenfalls: *Dengler*, 2003, S. 158 f.; ausführlich zum plea bargaining noch in Kapitel 4 E. II. 5. b)).

1010 Zu dem hohen Stellenwert dieses Grundsatzes auch: *Dengler*, 2003, S. 158 f.

1011 Ausführlich hierzu: *Viering*, 2009, S. 20, 32 ff.

1012 Hierzu auch: *Viering*, 2009, S. 20, 32 ff.

1013 Hierzu auch: *Hassemer/Neumann* in: *Kindhäuser/Neumann/Paeffgen*, StGB, 5. Auflage 2017, Vorb. zu § 1, Rn. 105.

1014 Hierzu auch: *Kühne* in: LR-StPO, 27. Auflage 2016, Einleitung Abschnitt B, Rn. 20; hierzu auch: *Weßlau*, 2002, 19, 20.

1015 In diese Richtung auch: *Kudlich* in: MüKo StPO, 1. Auflage 2014, Einleitung Rn. 7.

Verständnis – den Anspruch erheben und den Anschein erwecken, dass Antwort auf eine deliktische Handlung eine gerechte Strafe ist. Diskutiert wird, ob auch die Verwirklichung der Grundrechte, sowohl des Opfers, als auch des Täters, Ziel des Strafverfahrens ist.[1016] Dies kann allerdings deshalb dahinstehen, da die Grundrechte jedenfalls reflexartig in diesen Bereich einwirken.[1017] Daneben wird auch der Hochstufung der Effektivität als Ziel des Strafverfahrens vehement entgegengetreten.[1018] *Viering* meint hierzu, dass das Effizienz-Erfordernis zwar konsequent aus dem Rechtsgüterschutz folge[1019]. Es müsse jedoch in Ausgleich zu den Prozessmaximen gebracht werden.[1020] Dem ist zuzustimmen. Verfahrenseffizienz kann kein Selbstzweck sein, da die Einleitung eines Verfahrens das Bestehen eines weiterführenden Zwecks voraussetzt. Die Einleitung eines Verfahrens zur Erzielung von Verfahrenseffizienz wäre paradox. Effizienz ist definitionsgemäß ein Beurteilungskriterium, mit dem sich beschreiben lässt, ob eine Maßnahme geeignet ist, ein vorgegebenes Ziel in einer bestimmten Art und Weise zu erreichen.[1021]

Die Einleitung eines Verfahrens ohne Verfolgung eines bestimmten Ziels unter der Prämisse einer möglichst schnellen oder gründlichen Abwicklung ist bereits deshalb zum Scheitern verurteilt, da nicht erkennbar ist, wann – aufgrund des fehlenden Ziels – das Stadium der Abwicklung erreicht ist. Insofern kann (Verfahrens-)Effizienz selbst kein Ziel sein, sondern lediglich ein Beurteilungskriterium zur Frage der Erreichung eines bestimmten Ziels in einem rechtsstaatlichen Regeln folgenden Verfahren.

Seit einiger Zeit wird von einigen Autoren ein weiteres in der Rechtwirklichkeit existierendes Ziel des Strafprozesses wahrgenommen: Herstellung von Rechtsfrieden durch Konsens.[1022] Ob die vermehrte Anwendung konsensualer Elemente tatsächlich auf eine Erweiterung der Ziele des Strafprozesses zurückgeht, ist stark zu bezweifeln. Zu konstatieren ist, dass konsensuale Lösungen aufgrund der damit regelmäßig einhergehenden Möglichkeit der Einbuße hinsichtlich der Erforschung der materiellen Wahrheit bzw. eines dieser möglichst

---

1016 Hierzu: *Viering*, 2009, S. 32 ff.

1017 So auch: *Viering*, 2009, S. 20, 32 ff.

1018 So: *Viering*, 2009, S. 20, 32 ff.

1019 *Viering*, 2009, 20, 32 ff.

1020 *Viering*, 2009, 20, 32 ff.

1021 http://wirtschaftslexikon.gabler.de/Definition/effizienz.html, letzter Abruf: 11.09.2021.

1022 So auch: *Weßlau*, 2002, S. 7, 8.

nahekommenden Geschehensverlaufs[1023] und damit auch des Gerechtigkeitserfordernisses mit den traditionellen Zielen des Strafprozesses nur schwer vereinbar sind.[1024] Zwar dürfte das Ziel der Herstellung von Rechtsfrieden als übergeordnetes Ziel eng verwandt mit den hergebrachten Zielen des Strafverfahrens sein. Gerade deshalb bleibt aber offen, wieso nunmehr aufgrund der „Einführung" des – ohnehin durch die Verfolgung dieser Strafziele verwirklichten – angeblich neuen Ziels des Rechtsfriedens, konsensuale Lösungen ermöglicht werden sollen. Vielmehr liegt der Schluss nahe, dass aufgrund der in der Rechtswirklichkeit festzustellenden vermehrten Existenz konsensualer Elemente eine Rechtfertigung für dieses an sich dem deutschen Strafprozess in dem praktizierten exzessiven Ausmaß fremden Instrumentariums konstruiert werden soll.

Dies kann letztlich in vorliegendem Kontext jedoch dahinstehen, da die über die traditionellen Strafzwecke hinausgehenden Strafzwecke jedenfalls regelmäßig als Durchgangsstadien für die Erreichung ersterer anzusehen sind.

b) Ziele des Strafverfahrens und Strafzwecke im US-amerikanischen Strafprozess

aa) Entwicklung der Strafzwecke in den USA

In den USA gab es – jedenfalls historisch gesehen – andere Ansätze zur Begründung der Notwendigkeit der Verhängung einer Strafe, insbesondere das nicht zuletzt auf die liberal-reformerische declaration of principles in Cincinnati zurückgehende „Behandlungskonzept"[1025].[1026] Hiernach sollten vor dem Hintergrund der Auffassung, dass Kriminalität heilbar sei, Kriminelle rehabilitativ behandelt werden.[1027] Es herrschte das Verständnis, dass Strafe zukunfts- und nicht vergangenheitsgerichtet sein soll.[1028] Insbesondere der Generalprävention

---

1023 Vgl. hierzu die Ausführungen in Kapitel 4 E. II. 2. a).

1024 Hierzu ausführlicher: *Weßlau*, 2002, S. 20.

1025 Sog. medial model.

1026 Hierzu näher: *Otto*, Generalprävention und externe Verhaltenskontrolle – Wandel vom soziologischen zum ökonomischen Paradigma in der nordamerikanischen Kriminologie?, 1982, S. 5 ff.

1027 So: *Otto*, 1982, S. 5; hierzu auch: *Alschuler*, „The Changing Purposes of Criminal Punishment: A Retrospective of the Past Century and Some Thoughts about the Next", The University of Chicago Law Review, 2003, Volume 70, Number 1, 1.

1028 Hierzu: *Alschuler*, The University of Chicago Law Review, 2003, Volume 70, Number 1, 1, 2.

kam keine oder allenfalls geringe Bedeutung zu[1029]; teils wurde sie als „reaktionär“ abgelehnt.[1030] Erst ab Ende der 60-er bzw. Anfang der 70-er Jahre des letzten Jahrhunderts wurde das Thema Abschreckung[1031] näher beleuchtet und sodann sprunghaft umgesetzt.[1032] Letzteres dürfte mit einem gravierenden Anstieg der Kriminalitätsrate in den 60-er und 70-er Jahren des letzten Jahrhunderts sowie einer gewissen ökonomisierten Beurteilung von Kriminalität zu erklären sein, wodurch der Glauben in die Behandlungsfähigkeit erschüttert und die Überzeugung von der Effektivität der Abschreckung begründet wurde.[1033] Dieser reine Abschreckungsgedanke wurde dann jedoch zeitweise durch den sog. Labeling-Ansatz[1034] ergänzt[1035], wonach gesellschaftliche soziale Kontrolle eigentlicher Zweck des Strafverfahrens und der Strafe sein soll.[1036] Daneben trat der Gedanke hinzu, dass Strafe auch aufgrund eines bloßen Vergeltungsgedankens[1037] gerechtfertigt sei,[1038] was jedoch recht schnell dahingehend idealisiert wurde, dass der wichtigste Strafzweck die Erlangung von Gerechtigkeit sei.[1039] Erst im späten 20. Jahrhundert wurde der Gedanke der „Unfähigmachung“[1040] und der Abschreckung[1041] in den Vordergrund gestellt.[1042]

1029 So: *Otto*, 1982, S. 3.

1030 Hierzu auch: *Otto*, 1982, S. 4 m.w.N.

1031 Sog. deterrence.

1032 So: *Otto*, 1982, S. 6; kritisch hierzu dieser auf Seite 8 f.; zu den Hintergründen ausführlicher: *Alschuler*, The University of Chicago Law Review, 2003, Volume 70, Number 1, 1, 9 f.

1033 Hierzu: *Otto*, 1982, S. 5; 78 ff., 83.

1034 Sog. social reaction approach.

1035 Ausführlicher: *Otto*, 1982, S. 46 f.

1036 Ausführlicher hierzu: *Otto*, 1982, S. 39 ff.

1037 Sog. retribution.

1038 Hierzu: *Alschuler*, The University of Chicago Law Review, 2003, Volume 70, Number 1, 1, 10.

1039 Ebenfalls: *Alschuler*, The University of Chicago Law Review, 2003, Volume 70, Number 1, 1, 10.

1040 Sog. incapacitation.

1041 Sog. deterrence.

1042 So: *Alschuler*, The University of Chicago Law Review, 2003, Volume 70, Number 1, 1, 11.

bb) *Strafzwecke in den USA nach heutigem Verständnis*

In der jüngeren Vergangenheit änderten sich die Strafzwecke nicht mehr maßgeblich, sodass vor allem deterrence und incapacitation im Vordergrund stehen.[1043] Allerdings gab es einen Wandel bezüglich der Maßnahmen im Rahmen der Kriminalitätskontrolle: Besonders hervorzuheben sind insoweit die Überwachung, das Risikomanagement und die Kontrolle gefährlicher Gruppen.[1044] Die negative Generalprävention dürfte – gefolgt von einem nicht zu leugnenden Vergeltungsgedanken – in den USA dadurch besonders im Vordergrund stehen, dass sich die Rechtsprechung besonders an dem Empfinden der Öffentlichkeit orientiert[1045] und zugleich das Interesse der Bevölkerung am Prozessverlauf durch die Präsenz von Medien im Gerichtssaal, durch welche die Bevölkerung in die Lage versetzt wird, den Verhandlungen in Gänze zu folgen, [1046] befriedigt wird.

4. *Stellung der Verfahrensbeteiligten*

Besondere Bedeutung – gerade im Kontext mit den geltenden Prozessmaximen – kommt der Stellung der Verfahrensbeteiligten im Strafverfahren (im weiteren Sinn)[1047] zu, da diese das Verständnis der strafprozessualen Regeln maßgeblich prägt. Daher sind die jeweiligen Ausgestaltungen im Folgenden näher zu beleuchten.

a) *Stellung der Verfahrensbeteiligten im deutschen Strafprozess*

Die (Haupt-)[1048] Beteiligten im deutschen Strafprozess sind der Beschuldigte, sein Verteidiger, sein Beistand, die Staatsanwaltschaft und – vordringend – der Neben- oder Privatkläger.[1049] Für die Ausgestaltung des deutschen Strafprozessrechts bezeichnend ist der Umstand, dass das Gericht bzw. der jeweilige

---

1043 Hierzu: *Alschuler*, The University of Chicago Law Review, 2003, Volume 70, Number 1, 1, 11.

1044 Hierzu: *Alschuler*, The University of Chicago Law Review, 2003, Volume 70, Number 1, 1, 12.

1045 Hierzu auch: *Roberts/Stalans*, „Crime, Criminal Justice and Public Opinion", S. 31 f. in: *Tonry*, The handbook of Crime and Punishment, 2000.

1046 Hierzu auch: *Roberts/Stalans*, „Crime, Criminal Justice and Public Opinion", S. 31 f. in: *Tonry*, The handbook of Crim and Punishment, 2000.

1047 Vgl. hierzu bereits in Kapitel 2 E.

1048 Zu den Haupt- und Nebenbeteiligten: *Schmitt* in: *Meyer-Goßner/Schmitt*, StPO, 64. Auflage 2021, Einl. Rn. 72 f.

1049 Hierzu: *Schmitt* in: *Meyer-Goßner/Schmitt*, StPO, 64. Auflage 2021, Einl. Rn. 72.

(Vorsitzende) Richter nicht als Verfahrensbeteiligter angesehen wird.[1050] Dies unterstreicht die vom Gesetzgeber konzipierte Neutralität des Richters, die in Frage gestellt wäre, wenn der Richter selbst als Verfahrensbeteiligter anzusehen wäre.[1051] Rein faktisch gesehen, ist jedoch eine gewisse Nähe zwischen Gericht und Staatsanwaltschaft nicht zu leugnen, wodurch zugleich die „triadische Struktur" des Prozessrechts, die nicht zuletzt der Wahrheitsermittlung dienen soll, ins Wanken gebracht wird.[1052]

aa) Bedeutung der Staatsanwaltschaft im deutschen Strafprozess

Die Staatsanwaltschaft ist die Herrin des Ermittlungsverfahrens.[1053] Die Staatsanwaltschaft nimmt im deutschen Strafprozess eine objektive Stellung ein, da sie gem. § 160 Abs. 2 StPO nicht nur die zur Belastung, sondern auch die zur Entlastung dienenden Umstände zu ermitteln hat.[1054] Zumindest in der Rechtswirklichkeit dürfte diese Objektivität jedoch jedenfalls in der laufenden Hauptverhandlung in Frage zu stellen sein[1055]; nachdem die Staatsanwaltschaft und ihre Ermittlungspersonen mitunter mit viel Zeitaufwand die Ermittlungen betrieben und ein hinreichender Tatverdacht bejaht wurde, möchte die Staatsanwaltschaft sich psychologisch nachvollziehbar den „Erfolg" des Prozesses nicht von vermeintlich fadenscheinigen Aussagen des Beschuldigten oder eines „windigen" Zeugen stehlen lassen.[1056]

bb) Stellung des Gerichts im deutschen Strafprozess

Dem deutschen Richter kommt aufgrund von § 238 StPO ein Bündel an Rechten und Pflichten zu: Neben der formellen und materiellen Verhandlungsleitung nimmt er die Aufgaben der Beweisaufnahme und damit der Sachaufklärung,

---

1050 Hierzu: *Schmitt* in: *Meyer-Goßner/Schmitt*, StPO, 64. Auflage 2021, Einl. Rn. 71; vgl. hierzu bereits in Kapitel 2 E.

1051 *Schmitt* in: *Meyer-Goßner/Schmitt*, StPO, 64. Auflage 2021, Einl. Rn. 71 mit Verweis auf: *BVerfG*, Beschluss vom 26.01.1971 – 2 BvR 443/69.

1052 So auch: *Kühne* in: LR-StPO, 27. Auflage 2016, Einleitung Abschnitt B, Rn. 65.

1053 So: *BVerfG*, Beschluss vom 26.11.1975 - 2 BvR 883/75, NJW 1976, 231; hierzu auch: *Griesbaum* in: KK-StPO, 8. Auflage 2019, § 163 Rn. 2 ff.

1054 Hierzu: *Köhler* in: *Meyer-Goßner/Schmitt*, StPO, 64. Auflage 2021, § 160 Rn. 14.

1055 In diese Richtung auch: *Weigend*, "Wechselverhör in der Hauptverhandlung", ZStW 100 (1988), 733, 738.

1056 Zur psychologischen und epistemologischen Überforderung des Objektivitätspostulats für die Strafverfolgungsorgane: *Kölbel* in: MüKo StPO, 1. Auflage 2016, § 160 Rn. 78 m.w.N.

der Urteilsfindung sowie der Sitzungspolizei[1057] wahr.[1058] Ihm wird daher das Charakteristikum einer „Zentralfigur“[1059] oder sogar eine „Hyperaktivität“ [1060] zugeordnet. Während in Deutschland früher[1061] Laienrichter als Schwurgericht autonom über die Schuldfrage urteilen durften, wurde dies im Laufe des 19. Jahrhunderts in Richtung des heute existierenden Schöffengerichts, bei dem Laienrichter zusammen mit Berufsrichtern richten[1062] revolutioniert.[1063] Im Übrigen werden die richterlichen Aufgaben ausschließlich von Berufsrichtern wahrgenommen.

Im Rahmen der mit den Umfangsverfahren einhergehenden Belastungen ist die faktische Rolle des Richters allerdings als im Vergleich zur Staatsanwaltschaft recht schwach einzustufen: Aufgrund der nicht immer – insbesondere in Fällen, in denen ohnehin eine verfahrenserledigende Absprache angestrebt wird – ausreichenden Aktenkenntnis des Richters sowie der bisweilen fehlenden Wahrnehmung der Kontrollkompetenz im Zwischenverfahren kann nicht geleugnet werden, dass er faktisch teils eine Stellung als Vollzugsorgan der Staatsanwaltschaft einnimmt.[1064]

cc) Stellung des Beschuldigten im deutschen Strafprozess

Hervorzuheben ist die Stellung des Beschuldigten, der nicht bloßes „Objekt“ des Strafverfahrens sein darf,[1065] sondern dem weitreichende Beschuldigtenrechte eingeräumt sind,[1066] z. B. hat er das Recht auf Hinzuziehung eines Verteidigers

---

1057 Zum Unterschied formelle Verhandlungsleitung und Sitzungspolizei ausführlicher: *Gröner*, Strafverteidiger und Sitzungspolizei, 1998, S. 157.

1058 *Weigend*, ZStW 100 (1988), 733.

1059 *Weigend*, ZStW 100 (1988), 733.

1060 *Weigend*, ZStW 100 (1988), 733.

1061 Hierzu ausführlich: *Grube*, 2005, S. 23 mit Verweis darauf, dass bereits im 1. Jahrhundert v. Chr. eine Laienbeteiligung im Strafverfahren stattgefunden habe.

1062 Vgl. § 28 GVG.

1063 *Grube*, 2005, S. 23, ausführlich hierzu ab S. 51 ff.

1064 In diese Richtung und zu dieser Begrifflichkeit auch: *Schünemann*, ZStW 114 (2002), 1, 26.

1065 Hierzu: *Schmitt* in: *Meyer-Goßner/Schmitt*, StPO, 64. Auflage 2021, Einl. Rn. 80.

1066 Hierzu auch: *Schmitt* in: Meyer-Goßner/Schmitt, StPO, 64. Auflage 2021, Einl. Rn. 80 mit Verweis auf: *BVerfG*, Beschluss vom 26.05.1981- 2 BvR 215/81, NJW 1981,1719, 1722 u.w.N.; vgl. auch die Neuerungen aufgrund des Zweiten Gesetzes zur Stärkung der Verfahrensrechte von Beschuldigten im Strafverfahren, BGBl. I, 2017, 3295 ff.; BT-Drucks. 17/12578.

seiner Wahl[1067], ein Aussageverweigerungsrecht[1068], ein Beweisantragsrecht[1069] sowie ein Fragerecht[1070]. In bestimmten Fällen, insbesondere wenn dem Beschuldigten ein Verbrechen zur Last gelegt wird[1071] ist dem Beschuldigten ein Pflichtverteidiger zu bestellen.[1072]

dd) Die Rolle der Verteidigung im deutschen Strafprozess

Die Rolle der Verteidigung ist seit jeher umstritten. Die Verteidigung nimmt eine Doppelstellung ein; sie ist zum einen den Interessen des Mandanten, dem Beschuldigten, verpflichtet, zum anderen ist sie unabhängiges Organ der Rechtspflege, §§ 1, 3 Abs. 1 BRAO.[1073] Ihr stehen grundsätzlich die gleichen Rechte zu wie dem Beschuldigten – soweit diese durch die Verteidigung sinnvollerweise ausgeübt werden können[1074] und nicht dem Angeklagten ausnahmsweise persönlich vorbehalten sind[1075] – sowie zusätzlich teilweise der Verteidigung vorbehaltene eigene Rechte, wie z. B. das Akteneinsichtsrecht[1076] und die Vernehmung von Zeugen und Sachverständigen[1077]. In praxi ist allerdings – wie bereits oben ausführlich dargelegt wurde – zu konstatieren, dass die Wahrnehmung der Rechte durch den Beschuldigten bzw. seinen Verteidiger von Gericht und Staatsanwaltschaft oftmals als rechtsmissbräuchlich und lästig – oder als

---

1067 Vgl. § 137 Abs. 1 Satz 1 StPO.

1068 § 136 Abs.1 Satz 2 StPO.

1069 § 136 Abs. 1 Satz 5 StPO.

1070 § 240 Abs. 2 StPO.

1071 § 140 Satz 1 Nr. 2 StPO.

1072 Gerade in vorliegendem Kontext wird nunmehr häufiger auch die durch das Gesetz zur Neuregelung der notwendigen Verteidigung vom 19.12.2019 (BGBl. I, S. 2128 ff.) geänderte Fassung des § 140 Abs. 1 Nr. 1 StPO relevant werden, wonach ein Fall der notwendigen Verteidigung bereits dann vorliegt, wenn zu erwarten ist, dass die Hauptverhandlung im ersten Rechtszug vor dem Oberlandesgericht, dem Landgericht oder dem Schöffengericht stattfindet.

1073 Hierzu auch: *Schmitt* in: *Meyer-Goßner/Schmitt*, StPO, 64. Auflage 2021, Einl. Rn. 82.

1074 Daher z. B. nicht das Recht, sich einen Verteidiger zu bestellen, und das Schweigerecht.

1075 So z. B. das Recht, auf die Einhaltung der Ladungsfrist zu verzichten, § 217 Abs. 3 StPO; Entbindung von der Erscheinenspflicht in der Hauptverhandlung, § 233 StPO; die originäre Zustimmung zur Verlesung durch den Angeklagten, § 251 Abs. 1 Nr. 1 StPO.

1076 Vgl. § 147 Abs. 1 StPO.

1077 Vgl. § 239 Satz 1 StPO.

„Konfliktverteidigung" – empfunden wird,[1078] sodass zumindest psychologisch betrachtet eine gewisse höhere Wahrscheinlichkeit besteht, dass (begründete) Anträge zu Unrecht abgelehnt werden.

b) Die Stellung der Verfahrensbeteiligten in den USA

aa) Die Stellung der Staatsanwaltschaft im US-amerikanischen Strafprozess

In den USA wird ein Strafverfahren nur bei Anklageerhebung durch den Staatsanwalt eröffnet[1079].[1080] Insgesamt haben die Strafverfolgungsbehörden große Freiheiten, z. B. gilt hier kein Legalitäts-[1081], sondern das Opportunitätsprinzip[1082], was auch den begrenzten finanziellen und personellen Ressourcen geschuldet ist. Eine intensive Verfolgung aller bzw. der Großzahl der Fälle wäre nicht möglich. Vielmehr kann eine Erledigung des Ermittlungsverfahrens bereits durch die Polizei im Wege einer informellen Einstellung herbeigeführt werden, was insbesondere bei Bagatelldelikten[1083], teils unter Anwendung einer sog. diversion, worunter eine Art Auflagenauferlegung zu verstehen ist, erfolgt.[1084] Im Übrigen ist der Staat daran interessiert, in großem Umfang Verfahren durch die Inanspruchnahme des plea bargaining[1085] zum Abschluss zu bringen.[1086] Staatsanwälte werden in den USA nicht ernannt, sondern gewählt.[1087] Zudem gibt es wenig Hierarchieaufbau bei der Staatsanwaltschaft. Dies macht den jeweiligen Staatsanwalt unabhängiger gegenüber staatlichen Einrichtungen und vor allem gegenüber seinen Vorgesetzten, zugleich ist er aber seinen Wählern gegenüber verantwortlich.[1088]

1078 Tiefergehender zu dieser Problematik: *Fischer*, „Konfliktverteidigung, Mißbrauch von Verteidigungsrechten und das Beweisantragsrecht", StV 2010, 423 ff.

1079 Sog. Anklageprinzip.

1080 *Lützner*, in: *Gropp*, Besondere Ermittlungsmaßnahmen zur Bekämpfung der organisierten Kriminalität, 1993, S. 721, 739.

1081 Das auch in USA existierende principle of legality entspricht eher unserem nulla poena Prinzip; hierzu: *Dubber*, Einführung in das US-amerikanische Strafrecht, 2005, S. 9.

1082 Hierzu: *Dengler*, 2003, S. 161.

1083 Sog. misdemeanors.

1084 *Schmid*, 1993, S. 38.

1085 Hierzu ausführlich in Kapitel 4 E. II. 5. b).

1086 *Perron* in: *Eser*, Strafjustiz im Spannungsfeld von Effizienz und Fairness, op. 2004, 291, 296.

1087 Hierzu: *Dengler*, 2003, S. 162 f.

1088 So: *Dengler*, 2003, S. 162 f.

Das im US-amerikanischen Strafverfahren vorherrschende System führt dazu, dass der Staatsanwalt sich als „Gegner“ des Beschuldigten ansieht und diesen auch „besiegen“ will. Dies wird dadurch verstärkt, dass er allein für die Beweisführung gegen den Beschuldigten zuständig ist.[1089] Im Rahmen des Verfahrens werden daher von ihm benannte Zeugen regelmäßig auf die zu erwartenden Fragen – insbesondere im Rahmen des von der Verteidigung geführten Kreuzverhörs – vorbereitet,[1090] um so deren Beweisqualität zu sichern. Es gleicht also einer persönlichen Niederlage, wenn er es nicht schafft, die Jury von der Schuld des Angeklagten zu überzeugen.[1091] Dieser „Parteirolle“ des Staatsanwalts entspricht es auch, dass der Staatsanwalt auch darüber disponieren darf, ob und inwieweit[1092] er Anklage erhebt. Lehnt er eine Anklageerhebung ab, kann er selbständig, ohne dass es einer richterlichen Zustimmung bedürfte, das Verfahren – teils sogar noch nach Beginn des Gerichtsverfahrens – einstellen.[1093] Diese vergleichsweise große Macht des Staatsanwalts in den USA ist dort aber nicht unumstritten.[1094]

bb) Die Stellung des Gerichts im US-amerikanischen Strafprozess

Die Institution des jury trial geht zum einen zurück auf die simple Tatsache, dass es zu Beginn der Übersiedlung der englischen Kolonialisten nach Nordamerika zu wenige Berufsrichter gab. Zum anderen waren viele der englischen Auswanderer geprägt von der Willkürherrschaft der englischen Krone, sodass eine „Monarchie“ im Gerichtssaal möglichst vermieden werden sollte.[1095] Das trial by jury wurde deshalb sogar verfassungsrechtlich verbürgt.[1096]

Die Jury ist für die Feststellung der Tatsachen zuständig und entscheidet über die Schuldfrage[1097],[1098] wobei es ihr in manchen Bundesstaaten untersagt ist, auch über Rechtsfragen zu entscheiden.[1099] Da das Interesse an einer schnelleren und kostengünstigeren Erledigung von Strafverfahren im Laufe der Jahre

1089 So auch: *Dengler*, 2003, S. 164 ff.
1090 Hierzu: *Dengler*, 2003, S. 164 ff.
1091 So: *Dengler*, 2003, S. 164 ff.
1092 Hierzu: *Dengler*, 2003, S. 168 ff.
1093 Hierzu: *Dengler*, 2003, S. 168 ff.
1094 Ausführlicher: *Dengler*, 2003, S. 168 ff.
1095 Ausführlicher hierzu: *Grube*, 2005, S. 163.
1096 Hierzu: *Grube*, 2005, S. 165 ff.
1097 Sog. verdict.
1098 Hierzu: *Kautenburger-Behr*, 2004, S. 49 f.
1099 So: *Grube*, 2005, S. 172.

wuchs, stieg die Anzahl der Verfahren, in denen der Beschuldigte auf eine Aburteilung durch eine Jury verzichtete und stattdessen vom Einzelrichter verurteilt wurde.[1100] Dies verdeutlicht, dass die Bedeutung des jury trials etwas nachgelassen hat.[1101]

Als Ausprägung des adversatorischen Systems ist es nicht Aufgabe des Richters, die Wahrheit zu ermitteln.[1102] Er nimmt vielmehr während der Beweisführung bzw. des Kampfes um die Wahrheit durch die „Parteien" eine Art schiedsrichterliche Stellung ein. Er beobachtet den Ablauf der Hauptverhandlung und nimmt die Aufgabe der Intervention wahr, wenn die Parteien sich nicht an die „Spielregeln" halten.[1103] Charakteristisch für ihn ist, dass er neutral ist und in der Regel unvorbereitet in die Verhandlung geht.[1104] Rügt eine Partei einen „Regelverstoß", zumeist in Form einer Verletzung des law of evidence,[1105] muss der Richter entscheiden, ob ein solcher Verstoß vorliegt oder nicht. Zwar darf er grundsätzlich auch ohne Rüge eingreifen[1106], allerdings ist dies in der Praxis selten.[1107] Zudem muss der Richter der Jury die im konkreten Fall einschlägigen rechtlichen Regelungen sowohl in materieller Hinsicht als auch bezüglich des Verfahrensrechts, v. a. in Bezug auf das Beweisrecht und die jury-Entscheidung, erläutern[1108].[1109]

Auf der einen Seite steht damit die dem Common Law immanente Aufgabe zur Rechtsfortbildung, auf der anderen Seite die Kontrolle der Verwaltung und der Legislative im Wege der „Checks and Balances".[1110] Diese besondere Stellung des Richters lässt sich daran erkennen, dass alle Bundesrichter vom Präsidenten

1100 Hierzu: *Grube*, 2005, S. 172.
1101 So: *Grube*, 2005, S. 172 mit der Anmerkung, dass auch Verfahren wie das O. J. Simpson-Verfahren zu einem Reputationsverlust des jury trials geführt hat.
1102 Hierzu: *Dengler*, 2003, S. 158 f.
1103 Hierzu: *Kautenburger-Behr*, 2004, S. 63 f.
1104 Hierzu: *Kautenburger-Behr*, 2004, S. 63 .
1105 Sog. objection.
1106 FRE 614, 706, 201.
1107 So: *Kautenburger-Behr*, 2004, S. 64; zu dieser „Judicial notice" auch: *Perron*, Das Beweisantragsrecht des Beschuldigten im deutschen Strafprozeß – Eine Untersuchung der verfassungsrechtlichen und verfahrensstrukturellen Grundlagen, gesetzlichen Regelungen und rechtstatsächlichen Auswirkungen sowie eine Erörterung der Reformperspektiven unter rechtsvergleichender Berücksichtigung des adversatorischen Prozeßmodells, 1995, S. 466 f.
1108 Sog. jury instructions.
1109 Hierzu: *Kautenburger-Behr*, 2004, S. 64.
1110 Hierzu: *Schmid*, 1993, S. 45.

persönlich ernannt werden. Auf der Ebene der einzelnen Bundesstaaten werden die Richter teils vom Gouverneur ernannt[1111] oder aber gewählt.[1112] Insbesondere letzteres führt dazu, dass Entscheidungen oftmals daran orientiert werden, wie sich die Stimmung in der Bevölkerung darstellt und weniger an rechtlichen Vorgaben. Denn es kann auch um eine Wiederwahl gehen. [1113]

Die Bedeutung des Case Law lässt sich auch an dem Aufbau der Gerichtsbarkeit verdeutlichen: In den USA gibt es zwei Arten von Gerichten zweiter Instanz: Zum einen die Intermediate Courts, die sich mit allen Fällen befassen müssen, und zum anderen die Supreme Courts, die die zu behandelnden Fälle aussuchen können und nur eine geringe Anzahl (meistens unter 85 Fälle im Jahr) entscheiden müssen. Diese Fälle weisen indes in der Regel eine besondere Komplexität auf. Dies ist dem Umstand geschuldet, dass den Entscheidungen der ganz oben in der Gerichtsstruktur angesiedelten Supreme Courts besondere Bedeutung für alle Instanzen zukommt. Da im Endeffekt alle Unterinstanzen von dem Präjudiz des Obergerichts in komplexen Fällen profitieren, dient diese Maßnahme der Bewältigung der immer umfangreicher werdenden Verfahren.[1114]

cc) Die Stellung des Beschuldigten im US-amerikanischen Strafprozess

Der Beschuldigte ist „vollwertige“ Partei des Strafprozesses. Es herrscht der Grundsatz der Eigenverantwortung.[1115] Dies umfasst – wegen der Geltung des Beibringungsgrundsatzes – die selbständige Aufklärung, Aufbereitung und Präsentation des Sachverhalts einschließlich entsprechender Beweiserhebungen.[1116] Dies ist vor allem deshalb von besonderer Bedeutung, da ihm bzw. seinem Verteidiger kein Akteneinsichtsrecht nach deutschem Verständnis zusteht.[1117] Wie

---

1111 Z. B. in Alaska, Arizona, Hawaii; vgl. http://web.archive.org/web/20150222053432/http://judicialselection.us/judicial_selection/methods/selection_of_judges.cfm?state=, letzter Abruf am 11.09.2021.

1112 Vgl. den Überblick über die jeweiligen Methoden der einzelnen Staaten: http://judicialselection.us/judicial_selection/methods/selection_of_judges.cfm?state=, letzter Abruf am 11.09.2021; vgl. für Kalifornien: Art. 6 Sec. 16 California Constitution.

1113 In diese Richtung auch: *Roberts/Stalans*, “Crime, Criminal Justice, and Public Opinion”, in: *Tonry*, The handbook of Crime and Punishment, 2000, S. 31.

1114 Hierzu: *Neubauer/Fradella*, America's courts and the criminal justice system, 13. Auflage 2018, S. 10.

1115 So: *Kautenburger-Behr*, 2004, S. 65 f.

1116 Hierzu auch: *Kautenburger-Behr*, 2004, S. 53.

1117 Hierzu: *Perron*, 1995, S. 413.

bereits erläutert[1118], darf der Beschuldigte über den Tatsachenstoff und seine Verfahrensrechte disponieren[1119] und kann ein Schuldanerkenntnis abgeben,[1120] wodurch das Verfahren erheblich abgekürzt wird. Daneben hat er das Recht auf Verteidigerbeistand[1121].

dd) Die Stellung des Verteidigers im US-amerikanischen Strafprozess

Dem Verteidiger kommt eine dem Staatsanwalt vergleichbare Stellung zu, da er als Jurist die vom Beschuldigten eigenverantwortlich zu leistende Sachverhaltsaufklärung auf Augenhöhe mit der gegenüber dem Beschuldigten ungleich stärkeren Staatsanwaltschaft vorantreiben muss.[1122] Diese Parität setzt sich in den zu Beginn der Hauptverhandlung abzugebenden opening statements, welche sowohl von Seiten des Anklägers, als auch von Seiten des Verteidigers abzugeben sind, fort.[1123] Ein großer Unterschied im Hinblick auf die Stellung der Beteiligten besteht jedoch in der Art und dem Umfang der möglichen Ermittlungen: der Verteidiger kann bzw. darf im Gegensatz zur Polizei im Rahmen der Ermittlungen keine Zwangsmaßnahmen anwenden.[1124] Als Ausgleich wird daher nicht selten auf einen privat beauftragten Detektiv zurückgegriffen.[1125] Diese besondere Stellung des Verteidigers als Ermittler ist rechtlich nicht unkritisch, braucht vorliegend jedoch nicht vertieft zu werden.[1126]

5. Ablauf des Strafverfahrens

Für das Verständnis der Existenz einzelner Mechanismen ist die jedenfalls in Grundzügen vorhandene Kenntnis des Ablaufs des Strafverfahrens unverzichtbar, sodass dieser für beide Rechtsordnungen im Folgenden überblicksartig dargestellt werden soll.

1118 Vgl. die Ausführungen in Kapitel 4 E II. 2. b).
1119 Hierzu: *Kautenburger-Behr*, 2004, S. 65 f.
1120 Hierzu: *Kautenburger-Behr*, 2004, S. 66 f.
1121 U.S. Constitution Amendment VI.
1122 Ähnlich auch: *Perron*, 1995, S. 413.
1123 Hierzu: *Kautenburger-Behr*, 2004, S. 8 f.
1124 Hierzu: *Perron*, 1995, S. 414.
1125 Hierzu: *Perron*, 1995, S. 414.
1126 Ausführlich aber hierzu: *Perron*, Das Beweisantragsrecht des Beschuldigten im deutschen Strafprozeß, 1995, S. 414 f.

a) Struktur des deutschen Strafprozesses

Das deutsche Strafverfahren ist bis zum erstinstanzlichen Abschluss dreigeteilt: Es gliedert sich in das Ermittlungs-, das Zwischen- und das Hauptverfahren.[1127] Das Ermittlungsverfahren muss von der Staatsanwaltschaft oder ihren Ermittlungspersonen beim Vorliegen des Verdachts einer Straftat, dem sog. Anfangsverdacht, eingeleitet werden[1128]. Bei den Ermittlungen sind – wie bereits dargestellt[1129] – auch zugunsten des Beschuldigten sprechende Umstände zu berücksichtigen[1130]. Bei der Gestaltung des Ermittlungsverfahrens sind die Staatsanwaltschaft bzw. ihre Ermittlungspersonen – unter Beachtung der in weiten Teilen auch im Ermittlungsverfahren geltenden strafprozessualen Grundsätze – weitgehend frei.[1131] Die Staatsanwaltschaft ist die Herrin des Ermittlungsverfahrens.[1132] Dennoch macht das Gesetz eine Vielzahl von Zwangsmaßnahmen im Ermittlungsverfahren von der Zustimmung des Richters abhängig[1133]. In der Rechtspraxis fehlt es – wie bereits ausgeführt wurde – zuweilen an der Ermittlung und Berücksichtigung auch entlastender Umstände sowie insgesamt an der erforderlichen Objektivität.[1134] Zum Teil lässt sich in praxi der Eindruck nicht vermeiden, dass bei Erhebung der Anklage ein gewisser Zuschlag hinsichtlich belastender Umstände vorgenommen wird, um eine bereits einkalkulierte Relativierung des Tatvorwurfs auszugleichen, damit Straferwartungen fundiert erscheinen.

Kommt die Staatsanwaltschaft nach Abschluss der Ermittlungen zu dem Ergebnis, dass ein hinreichender Tatverdacht gegeben ist, erhebt sie in der Regel Anklage,[1135] sofern sie nicht das Verfahren insbesondere gem. §§ 153 ff. StPO

1127 Hierzu auch: *Kudlich* in: MüKo StPO, 1. Auflage 2014, Einleitung, Rn. 206.

1128 Vgl. § 152 Abs. 2 StPO; § 152 GVG.

1129 Vgl. die Ausführungen in Kapitel 4 E II. 2 a).

1130 Vgl. § 160 Abs. 2 StPO.

1131 *Schmitt* in: *Meyer-Goßner/Schmitt*, StPO, 64. Auflage 2021, Einl. Rn. 60.

1132 So: *BVerfG*, Beschluss vom 26.11.1975 - 2 BvR 883/75, NJW 1976, 231; hierzu auch: *Griesbaum* in: Karlsruher Kommentar StPO, 7. Auflage 2013, § 163 Rn. 3.

1133 Vgl. z. B. §§ 81a Abs. 2 Satz 1 1. Alt., 98 Abs. 1 Satz 1 1. Alt., 105 Abs. 1 Satz 1 1. Alt. StPO.

1134 Ausführlich zu den Hintergründen der faktisch fehlenden Objektivität der heutigen Staatsanwaltschaft: *Kelker*, „Die Rolle der Staatsanwaltschaft im Strafverfahren - Objektives Organ der Rechtspflege oder doch „parteiischer“ Anwalt des Staates?“, ZStW Bd. 118, (2006), 389, 402 f.

1135 Vgl. § 170 Abs. 1 StPO; hierzu ausführlicher m.w.N.: *Schmitt* in: *Meyer-Goßner/Schmitt*, 64. Auflage 2021, § 170 Rn. 1 ff..

einstellt. Fehlt ein hinreichender Tatverdacht, stellt sie das Verfahren gemäß § 170 Abs. 2 StPO ein. Mit Anklageerhebung wird das Verfahren in das Stadium des Zwischenverfahrens[1136] übergeleitet, in welchem der Richter prüft, ob das Hauptverfahren zu eröffnen ist.[1137] Wenn auch das Gericht das Vorliegen eines hinreichenden Tatverdachts bejaht, eröffnet es das Hauptverfahren,[1138] wobei es an die rechtliche Würdigung der Tat durch die Staatsanwaltschaft nicht gebunden ist;[1139] andernfalls beschließt es die Nichteröffnung des Verfahrens.[1140] Möglich sind in diesem Stadium auch „Erörterungsgespräche" zwischen den Verfahrensbeteiligten.[1141] Der Umstand, dass das „Filter"-Potenzial[1142] des Zwischenverfahrens rechtstatsächlich nicht genutzt und regelmäßig ohne weitere Prüfung die Anklage zugelassen wird, wurde bereits ausführlich dargelegt.[1143]

Sofern das Gericht das Hauptverfahren eröffnet hat, wird ein Hauptverhandlungstermin anberaumt.[1144] Der Ablauf der Hauptverhandlung richtet sich nach § 243 StPO. Nach dem Aufruf der Sache wird die Anwesenheit der Beteiligten festgestellt[1145], sodann folgt die Vernehmung des Angeklagten über seine persönlichen Verhältnisse[1146]. Daran schließt sich die Verlesung des Anklagesatzes an[1147] – wie bereits dargestellt[1148] dient dies der Verwirklichung des Mündlichkeits- und Öffentlichkeitsgrundsatzes. Es folgt die Mitteilung über etwaige Erörterungen[1149] und sodann die Vernehmung des Angeklagten zur Sache[1150]. Anschließend wird in die – zumindest bei die Schuld- und Rechtsfolgenseite betreffende Fragen strikten Regeln folgende[1151] – Beweisaufnahme[1152]

1136 Hierzu auch: *Schmitt* in: *Meyer-Goßner/Schmitt*, 64.Auflage 2021, Einl. Rn. 63.
1137 § 199 Abs. 1 StPO.
1138 § 203 StPO.
1139 §§ 206, 207 Abs. 2 StPO.
1140 § 204 Abs. 1 StPO.
1141 § 202a StPO.
1142 So: *Stuckenberg* in: LR-StPO, 27. Auflage 2018, Vor § 198 Rn. 12.
1143 Vgl. hierzu die Ausführungen in Kapitel 2 C.
1144 § 213 StPO.
1145 § 243 Abs. 1 Satz 2 StPO.
1146 § 243 Abs. 2 Satz 2 StPO.
1147 § 243 Abs. 3 Satz 1 StPO.
1148 Vgl. hierzu die Ausführungen in Kapitel 4 E II. 2. a).
1149 §§ 202a, 212, 243 Abs. 4 StPO.
1150 § 243 Abs. 5 StPO.
1151 Hierzu ausführlicher: *Schmitt* in: *Meyer-Goßner/Schmitt*, StPO, 64. Auflage 2021, § 244 Rn. 6.
1152 §§ 244 ff. StPO.

eingetreten. Abschließend halten der Vertreter der Staatsanwaltschaft, der Verteidiger und ggf. der Nebenkläger ihre Plädoyers.[1153] Bevor das Gericht sich zur Beratung zurückzieht[1154], gebührt dem Angeklagten das letzte Wort[1155]. Schließlich verkündet das Gericht sein Urteil.[1156]

Aufgrund der möglichen Relevanz eines Verfahrensfehlers für eine Revision[1157] wird in der Rechtswirklichkeit weitgehend versucht, den Verfahrensablauf korrekt durchzuführen.

b) *Struktur des US-amerikanischen Strafprozesses*

Für die USA wird überblicksartig dargestellt, wie das Strafverfahren abläuft, wobei insoweit zu berücksichtigen ist, dass es ein (bundes-)einheitliches Strafprozessrecht nicht gibt, sondern jeweils einzelstaatliche Besonderheiten maßgeblich sein können,[1158] auf welche wegen der Fülle der Regelungen hier nicht eingegangen werden kann und soll.

Das Strafverfahren wird in der Regel eingeleitet aufgrund von Ermittlungen durch die Polizei. Wenn die Beweissituation als hinreichend aussichtsreich[1159] einzustufen ist, wird der Beschuldigte festgenommen oder anderen Zwangsmaßnahmen unterworfen, sofern die Polizei den Beschuldigten nicht nur verwarnt.[1160] Sodann werden weitere Ermittlungen vorgenommen[1161], nach deren Abschluss die Polizei entscheiden kann, ob sie Ersatzmaßnahmen ergreift und damit von einer (weiteren) Strafverfolgung absieht[1162] oder ob sie einen arrest report an die Anklagebehörde weiterleitet.[1163]

Sofern keine diversion, sondern vielmehr eine Verhaftung erfolgt, wird der Beschuldigte im Rahmen der sog. initial/first appearance – „ohne unnötige

---

1153 §§ 258 Abs. 1, 397 Abs. 1 Satz 1 StPO.
1154 § 260 Abs. 1 StPO.
1155 § 258 Abs. 1, Abs. 3 StPO.
1156 § 260 Abs. 1 StPO; zum Verfahrensablauf auch: *Kudlich* in: MüKo StPO, 1. Auflage 2014, Einleitung, Rn. 247.
1157 § 337 StPO.
1158 Hierzu: *Schmid*, 1993, S. 17.
1159 Sog. probable cause.
1160 *Lützner* in: *Gropp*, Besondere Ermittlungsmaßnahmen zur Bekämpfung der organisierten Kriminalität, 1993, S. 721, 742 mit Verweis auf die Häufigkeit dieses Vorgehens bei „Nicht-felonies", also Nicht-Verbrechen, d. h. Vergehen.
1161 Sog. post-arrest investigations.
1162 Sog. diversion; hierzu auch: *Kautenburger-Behr*, 2004, S. 73.
1163 Hierzu: *Kautenburger-Behr*, 2004, S. 73.

Verzögerung“[1164] nach seiner Festnahme – erstmalig dem Friedensrichter[1165], bei dem es sich in der Regel um einen unabhängigen Nicht-Juristen handelt,[1166] vorgeführt. In dem Termin wird der Beschuldigte zunächst über die ihm vorgeworfene Tat aufgrund einer regelmäßig durch die Polizei gefertigten vorläufigen Anklage und über seine Rechte belehrt[1167] sowie ihm ggf. ein Verteidiger bestellt[1168].[1169] Sofern sich der Beschuldigte noch in Haft befand, wird darüber verhandelt, ob er auf Kaution auf freien Fuß zu setzen ist; und wenn ja, in welcher Höhe die Kaution festzusetzen ist.[1170] Zudem wird zu diesem Zeitpunkt bereits ein Termin für das preliminary hearing festgelegt.

Im darauffolgenden Verfahrensabschnitt nimmt die Staatsanwaltschaft genauere Ermittlungen auf.[1171] Es wird nun im Rahmen eines sog. screening geprüft, ob für die Erhebung einer Anklage eine genügende Beweislage besteht und ob – angesichts des bestehenden Anklagermessens – von einer Anklage aus Opportunitätsgründen im Rahmen eines sog. diversion programme,[1172] abgesehen werden soll.[1173] Dies bemisst sich u.a. an der Schädlichkeit des Täterverhaltens und einer etwaigen Schadenswiedergutmachung.[1174]

Sofern Anklage erhoben werden soll, findet vor dem eigentlichen Gerichtsverfahren[1175], in dem entschieden wird, ob der Angeklagte schuldig[1176] oder

1164 FRCP 5 (a) (1) (A).

1165 Sog. magistrate.

1166 So: *Schmid*, 1993, S. 43.

1167 Hierzu: *Lützner* in: *Gropp*, Besondere Ermittlungsmaßnahmen zur Bekämpfung der organisierten Kriminalität, 1993, S. 721, 737 f.; FRCP 5 (d) (1) „felony“ cases bzw. FRCP 5 (e) i.V.m. 58 (b) (2).

1168 Sog. retained counsel, FRCP 5 (d) (1) (B).

1169 Hierzu auch: *Kautenburger-Behr*, 2004, S. 74; ebenfalls: *Lützner* in: *Gropp*, Besondere Ermittlungsmaßnahmen zur Bekämpfung der organisierten Kriminalität, 1993, S. 721, 736.

1170 Hierzu auch: *Kautenburger-Behr*, 2004, S. 74; ebenfalls hierzu: *Lützner* in: *Gropp*, Besondere Ermittlungsmaßnahmen zur Bekämpfung der organisierten Kriminalität, 1993, S. 721, 736.

1171 Hierzu: *Lützner* in: *Gropp*, Besondere Ermittlungsmaßnahmen zur Bekämpfung der organisierten Kriminalität, 1993, S. 721, 736.

1172 Hierzu: *Kautenburger-Behr*, 2004, S. 73.

1173 Hierzu auch: *Schmid*, 1993, S. 40 f.

1174 Ausführlicher: *Lützner* in: *Gropp*, Besondere Ermittlungsmaßnahmen zur Bekämpfung der organisierten Kriminalität, 1993, S. 721, 743 f.

1175 Sog. trial.

1176 Zu Englisch: guilty.

nicht schuldig[1177] ist, ein Vorprüfungsverfahren[1178] statt.[1179] Dieser Verfahrensabschnitt, der dem Schutz des Beschuldigten dient, ist fakultativ und steht zur Disposition des Beschuldigten, sodass er auch ein sofortiges trial verlangen kann.[1180] Ist letzteres der Fall, reicht die Staatsanwaltschaft die endgültige Anklageschrift als information[1181] bei dem zuständigen Hauptsachegericht, dem trial court ein.[1182] Wird kein sofortiges trial verlangt, reicht die Staatsanwaltschaft den Fall an den Magistrat weiter.[1183] In diesem Verfahren können vor allem das discovery-Verfahren[1184] sowie mögliche Anträge konturiert werden.[1185] Potenzielle Probleme betreffend das Strafverfahren sollen bereits zu diesem Zeitpunkt gelöst werden.[1186] Insbesondere letzteres wird als eine der effektivsten Maßnahmen des Case Managements wahrgenommen.[1187]

1177 Zu Englisch: not guilty.

1178 Sog. pre trial.

1179 Ausführlich hierzu: *Schmid*, 1993, S. 58; 42 f.

1180 So: *Schmid*, 1993, S. 42 f.

1181 Bei Verbrechen muss nach FRCP 7 (a) (1) ein indictment erfolgen, es sei denn, der Beschuldigte verzichtet hierauf im Sinne der FRCP 7 (b); dann darf in Fällen, in denen eine Freiheitsstrafe von mehr als einem Jahr droht, im Rahmen einer öffentlichen Verhandlung und nach entsprechender Belehrung auch eine information erfolgen; bei Vergehen besteht nach FRCP 7 (a) (2), 58 (b) (1) ein Wahlrecht zwischen complaint, information und indictment. Während unter „complaint" ein unter Eid bestätigtes schriftliches Statement über die maßgeblichen Tatsachen, auf die der Straftatvorwurf gestützt wird, zu verstehen ist (FRCP 3), welches von jedem denkbaren Ankläger eingereicht werden kann, handelt es sich bei indictment und information zwar ebenfalls um schriftliche Statements, welche leicht verständlich, prägnant und klar abgegrenzt die für den Straftatvorwurf maßgeblichen Tatsachen darlegen müssen; jedoch können letztere zum einen nur von Staatsanwälten eingereicht werden, zum anderen bedürfen sie keines Eides (FRCP 7 (c) (1)). Der Unterschied zwischen indictment und information besteht vor allem im sich daran anschließenden Verfahren und der dabei bestehenden Rechte des Beschuldigten. Einer weiteren Vertiefung bedarf es an dieser Stelle jedoch nicht.

1182 Hierzu: *Kautenburger-Behr*, 2004, S. 75.

1183 Hierzu: *Kautenburger-Behr*, 2004, S. 74 f.

1184 Hierzu sogleich.

1185 Insoweit zum Ablauf bei Sexualdelikten: *Couzens/Bigelow*, Sex Crimes: California Law and Procedure, §1:1.

1186 So: *Mahoney/Sipes*, "Toward Better Management of Criminal Litigation", 72 Judicature, (1988), S. 29, 35 f.

1187 So: *Bailey/Fishman*, Criminal Trial Techniques, 2017, § 37: 6; ausführlich zum Case Management noch in Kapitel 4 E II 7. b).

Sofern der Beschuldigte nicht auf das pre trial verzichtet, findet – soweit kein Ausnahmefall nach FRCP 5.1 (a) vorliegt – beim inhaftierten Beschuldigten spätestens 14 Tage, sonst 21 Tage nach der initial appearance[1188] das preliminary hearing statt. Diese Zeitlimits können verlängert werden, wenn außergewöhnliche Umstände dargelegt werden, welche die Verzögerung erfordern.[1189] Das preliminary hearing stellt eine Art Zwischenverfahren im Sinne eines summarischen Verfahrens vor einem Friedensrichter[1190] dar, bei dem geprüft wird, ob die von der Staatsanwaltschaft angenommene sog. probable cause[1191] unter Berücksichtigung der benannten Beweismittel tatsächlich besteht.[1192]

Bei seinem Fehlen fordert er die Staatsanwaltschaft zu weiteren Ermittlungsmaßnahmen oder zur Freilassung des Beschuldigten auf.[1193] Sofern ein hinreichender Tatverdacht bejaht wird, muss der Beschuldigte eine Erklärung[1194] abgeben. Sodann wird das Verfahren an die grand jury zur Vorprüfung überwiesen, sofern der Beschuldigte nicht sowieso von diesem Verfahrensstadium absehen möchte.[1195] In diesem Verfahrensabschnitt erfolgt – sofern nicht die grand jury selbst Zeugen lädt – lediglich eine sog. ex parte presentation, d. h. eine Präsentation der Aktenlage durch die Anklagebehörde.[1196]

In der richterlichen[1197] Ausprägung[1198] verfolgt das preliminary hearing zuvörderst den Zweck, den Beschuldigten vor einem ungerechtfertigten Verfahren zu schützen.[1199] Daneben soll es auch dem Zweck dienen, Missverständnisse schnellstmöglich auszuräumen.[1200] Außerdem kann durch das preliminary hearing einem unschuldigen Beschuldigten die „Schmach“ einer öffentlichen

---

1188 FRCP 5.1 (c).

1189 FRCP 5.1 (d).

1190 Hierzu: *Schmid*, 1993, S. 43.

1191 Hierzu: *Lützner* in: *Gropp*, Besondere Ermittlungsmaßnahmen zur Bekämpfung der organisierten Kriminalität, 1993, S. 721, 737.

1192 Hierzu: *Schmid*, 1993, S. 43; *Dengler*, 2003, S. 158 f. zur Kontrollbefugnis des Richters.

1193 Hierzu: *Kautenburger-Behr*, 2004, S. 74.

1194 Sog. plea.

1195 Hierzu: *Kautenburger-Behr*, 2004, S. 75.

1196 Hierzu: *Kautenburger-Behr*, 2004, S. 75.

1197 In Abgrenzung zum inquisitorial preliminary hearing: *Miller*, "The Preliminary Hearing", *American Bar Association Journal* vol. 15, no. 7 (1929), 414 in Fußnote 2, welches in manchen europäischen Ländern wie England, Schottland, Frankreich und Italien auftaucht.

1198 Sog. judicial preliminary hearing.

1199 Hierzu: *Miller*, American Bar Association Journal, vol. 15, no. 7 (1929), 414.

1200 Hierzu: *Miller*, American Bar Association Journal, vol. 15, no. 7 (1929), 414.

Hauptverhandlung erspart werden.[1201] Auf Seiten der Staatsanwaltschaft bietet es die Möglichkeit, die Aussagen der „eigenen" Zeugen zu testen und auf ihren Wahrheitsgehalt zu überprüfen, wodurch die Vorwürfe beschränkt oder sogar gänzlich verworfen werden können.[1202] Im Rahmen des preliminary hearing kann zudem der Beschuldigte insbesondere die von der Gegenseite benannten Zeugen einem Kreuzverhör unterziehen und selbst Beweismittel anbieten.[1203] Positive Folge aus alledem ist die hieraus potenziell resultierende Zeit-, Kosten- und Ressourcenschonung für alle Prozessbeteiligten, indem die Notwendigkeit einer weiteren Verfolgung vorab eruiert wird.[1204]

An die Zustellung der information schließt sich das Anklageeröffnungsverfahren[1205] an.[1206] In diesem soll dem Beschuldigten der ihm vorgeworfene Sachverhalt bekannt gegeben, er soll über seine Rechte belehrt und dazu aufgefordert werden, ein „plea" abzugeben.[1207] Um zu gewährleisten, dass sich der Schuldspruch nicht zu weit von der materiellen Wahrheit entfernt, muss sich der Angeklagte selbst vor Gericht erklären, damit das Gericht feststellen kann, ob er frei von Zwängen handelt und die Tragweite sowohl der Anklage als auch seiner Erklärung richtig einschätzen kann.[1208] Zudem muss er in der Regel einen Verteidiger haben,[1209] der ihn vor unbedachten Erklärungen schützen kann. Der Angeklagte kann auf schuldig, nicht schuldig sowie auf nolo contendere[1210] plädieren.[1211] Erklärt sich der Angeklagte als nicht schuldig, wird der Fall in der Regel an das Geschworenengericht[1212] weiterverwiesen[1213] und der Richter setzt Fristen fest für die sog. pre trial motions[1214]. Wenn er sich aber als schuldig auch

---

1201 Hierzu: *Miller*, American Bar Association Journal, vol. 15, no. 7 (1929), 414.

1202 Hierzu: *Miller*, American Bar Association Journal, vol. 15, no. 7 (1929), 414.

1203 FRCP 5.1. (e).

1204 Hierzu: *Miller*, American Bar Association Journal, vol. 15, no. 7 (1929), 414.

1205 Sog. arraignment.

1206 Hierzu: *Schmid*, 1993, S. 58; hierzu auch: *Kautenburger-Behr*, 2004, S. 76.

1207 FRCP 10 (a); hierzu: *Schmid*, 1993, S. 58; ebenfalls hierzu: *Lützner* in: *Gropp*, Besondere Ermittlungsmaßnahmen zur Bekämpfung der organisierten Kriminalität, 1993, S. 721, 737.

1208 Hierzu: *Schmid*, 1993, S. 58.

1209 So: *Schmid*, 1993, S. 58.

1210 Dies bedeutet gewissermaßen „nichtbestreitend".

1211 FRCP 11 (a) (1).

1212 Sog. trial court.

1213 Hierzu: *Schmid*, 1993, S. 58.

1214 Vgl. hierzu sogleich.

im Sinne des rechtlichen Vorwurfes bekennt,[1215] kann er ohne weiteres für schuldig gesprochen werden und es schließt sich das Strafzumessungsverfahren[1216] an.[1217] Hierbei verzichtet er auf wichtige verfassungsrechtlich gesicherte Rechtspositionen wie das Recht eines Gerichtsverfahrens vor einer jury, das Recht einer Zeugenkonfrontation und das Recht, sich nicht selbst belasten zu müssen.[1218] Erklärt der Angeklagte das sog. nolo contendere, no contest,[1219] kann dies so verstanden werden, dass der Angeklagte an sich zwar ein Geständnis ablegt, dessen spätere Bindungswirkung und Verwendbarkeit gegen sich aber ausschließen will.[1220] Eine Besonderheit hierbei stellt die Notwendigkeit einer Zustimmung des Gerichts für eine solche Erklärung dar.[1221] Nach der daraufhin erfolgenden Verweisung an das zuständige Gericht, ergeht wie beim guilty plea in der Regel ein sofortiger Schuldspruch.[1222]

Da der Beschuldigte in diesem vorgerichtlichen Verfahrensstadium jederzeit sein plea ändern kann,[1223] werden in diesem Zusammenhang regelmäßig plea negotiations bzw. ein sog. plea bargaining, d. h. sozusagen Verhandlungen über die Frage, ob sich der Beschuldigte für schuldig erklärt, durchgeführt.[1224] Dieses Phänomen ist als Ausfluss der „Dispositionsbefugnis“ über die Wahrheit anzusehen.[1225] Das plea bargaining selbst erfolgt zwischen Staatsanwaltschaft und dem Angeklagten bzw. dessen Verteidigung.[1226] Das Gericht muss dem gefundenen Ergebnis zustimmen, darf sich an dem plea bargaining selbst jedoch nicht beteiligen.[1227] Regelmäßig wird hierbei vereinbart, dass der Angeklagte für eine weniger schwere oder eine geringere Anzahl von Straftat(en) als dem ursprünglichen

---

1215 Zu dieser Besonderheit: *U.S. Supreme Court*, Decision from 23.01.1989, U.S. v. Broce, 488 U.S. 563.

1216 Sog. sentencing.

1217 Hierzu: *Schmid*, 1993, S. 58.

1218 Hierzu: *Leonard*, “The Pressure to Plead: How Case Management Mediation Will Alter Criminal Plea Bargaining”, 2014 J. Disp. Resol. 161, 164.

1219 Hierzu: *Schmid*, 1993, S. 58.

1220 So: *Schmid*, 1993, S. 58.

1221 So: *Schmid*, 1993, S. 58 mit Verweis auf FCRCP 11 (b).

1222 Hierzu: *Schmid*, 1993, S. 58.

1223 Hierzu: http://www.winneshiekcounty.org/wp-content/uploads/2016/12/Basic-Steps-of-the-Criminal-Justice-System.pdf; letzter Abruf: 11.09.2021.

1224 FRCP 11 (c); hierzu: *Schmid*, 1993, S. 58.

1225 Hierzu: *Dengler*, 2003, S. 158 f.

1226 So: *Leonard*, 2014 J. Disp. Resol. 161, 163.

1227 FRCP 11 (c) (1).

Vorwurf zugrundeliegend auf schuldigt plädiert – also ein „guilty plea“ abgibt – und sich so eine geringere Strafe sichert.[1228] Allerdings ist der Richter an die Zusage der Staatsanwaltschaft nicht gebunden.[1229]

Hat sich der Angeklagte für nicht schuldig erklärt und nicht auf das pre trial verzichtet, können die Parteien im Rahmen der vom Gericht festgesetzten Fristen[1230] von gewissen Anträgen und Verfahrensrügen Gebrauch machen bzw. müssen dies in speziell benannten Fällen sogar in diesem Verfahrensstadium,[1231] wenn vernünftigerweise davon auszugehen ist, dass die Grundlagen für den Antrag bereits zu diesem Zeitpunkt vorliegen. Das Gericht kann eine Deadline für pre trial-Anträge setzen und eine entsprechende Anhörung terminieren, in der Anträge zu stellen sind.[1232] Auch wenn keine entsprechende Frist von Seiten des Gerichts gesetzt wurde, gilt als Deadline der Beginn der Hauptverhandlung.[1233] Ein danach vorgebrachter Antrag ist als verspätet zurückzuweisen.[1234] Das Gericht kann den Antrag jedoch berücksichtigen, wenn die Verspätung genügend entschuldigt wird.[1235]

Die Parteien können beispielsweise vor Beginn der mündlichen Verhandlung die Durchführung eines sog. pre trial discovery[1236] beantragen, indem sie einen Antrag auf ein sog. disclosure stellen,[1237] d. h. die Parteien werden zu Offenlegung ihrer Beweismittel verpflichtet.[1238] Hiervon umfasst ist das Recht, die Beweismittel der Staatsanwaltschaft einzusehen. Die Pflicht zum disclosure[1239] umfasst – unter Beachtung des Nemo-tenetur-Grundsatzes– protokollierte Aussagen des Angeklagten, einen Auszug aus seinem Vorstrafenregister, vorhandene Sachverständigen-Gutachten, Urkunden und Augenscheinsobjekte.[1240] Dabei ist

1228 Hierzu: *Leonard*, 2014 J. Disp. Resol. 161, 163 f.
1229 Hierzu: *Grube*, 2005, S. 172.
1230 FRCP 12 (b).
1231 FRCP 12 (b) (3).
1232 FRCP 12 (c) (1).
1233 FRCP 12 (c) (1).
1234 FRCP 12 (c) (3).
1235 FRCP 12 (c) (3).
1236 FRCP 16.
1237 Hierzu: *Kautenburger-Behr*, 2004, S. 76.
1238 Hierzu: *Kautenburger-Behr*, 2004, S. 54 f.
1239 Hierunter versteht man die Offenlegung der wechselseitigen (also zwischen Staatsanwaltschaft und der Sphäre des Beschuldigten) Beweise vor Beginn der Hauptverhandlung; hierzu auch: *Kühne* in: LR-StPO, 27. Auflage 2016, Einleitung Abschnitt G, Rn. 22.
1240 FRCP (16 (a) und (b).

insbesondere dem sich aus der sog. Brady-Rule[1241] ergebenden Verfahrensrecht des Beschuldigten, dass alles Entlastende durch die Staatsanwaltschaft gegenüber den Verteidigern offengelegt werden muss, Rechnung zu tragen. Die Anklagebehörde muss demgegenüber keine Aktenvermerke oder Interna herausgeben, sog. work product exemption.[1242]

Zu berücksichtigen ist, dass der Antrag auf disclosure automatisch das Entstehen des Rechts der Gegenseite, ebenfalls Einblick in die Beweisunterlagen zu nehmen[1243], bewirkt.[1244] Hierdurch soll einem „trial by surprise" im Sinne einer Anwendung von Überraschungstaktiken, vorgebeugt werden.[1245]

Einer der Gründe für die umfassende frühzeitige Information des Beschuldigten wird darin gesehen, dass hierdurch die Wahrscheinlichkeit, dass sich das Verfahren durch ein plea erledigt, erhöht wird. Insgesamt soll versucht werden, einen Anreiz für die frühzeitige – außerhalb einer Gerichtsverhandlung erfolgende – Erledigung des Verfahrens zu schaffen.[1246] Eine frühzeitige Beilegung erfordert allerdings eine frühzeitige Information aller Beteiligten über die Sach- und Rechtslage. Insoweit kann das Gericht die erforderlichen Schritte unternehmen, um sicherzustellen, dass ein frühzeitiges discovery stattfindet.[1247] Der Verteidiger soll das Gericht vor der Einholung psychologischer Gutachten hierüber informieren, um zu verhindern, dass dem Gutachter übermäßig viel Zeit zur Verfügung steht zur Erstellung des Gutachtens.[1248]

Ein weiterer Schritt soll das Ziel der maximalen Vorsehbarkeit des Verfahrensablaufs und -ausgangs sein.[1249] Auch dies soll im Ergebnis wiederum der Willigkeit zum Abschluss eines pleas dienlich sein: Nur wenn der Verteidiger die mit einem plea verbundenen Konsequenzen abschätzen kann, kann er seinen Mandanten entsprechend beraten. Daher sollen Richter Unsicherheiten abbauen.[1250] In diesem Zusammenhang wird vor allem betont, dass es einer

---

1241 Diese aufstellend: *Brady v. Maryland*, 373 U.S. 83 (1963).

1242 FRCP 16 (a) (2); hierzu: *Kautenburger-Behr*, 2004, S. 55.

1243 FRCP 16 (b) (1) (A).

1244 Hierzu: *Kautenburger-Behr*, 2004, S. 54 f.

1245 Hierzu: *Kautenburger-Behr*, 2004, S. 55.

1246 So: *Greacen Associates*, Developing Effective Practices in Criminal Caseflow Management- A Manual Prepared for the California Administrative Office of the Courts 2005, Revised 2012, S. 17.

1247 So: *Greacen Associates*, S. 19.

1248 Hierzu: *Greacen Associates*, S. 19 f.

1249 Hierzu: *Greacen Associates*, S. 20 f.

1250 So: *Greacen Associates*, S. 20.

Abschätzbarkeit der Rechtsfolgen zuträglich sei, wenn derselbe Richter in allen Anhörungen anwesend ist. Dem Verständnis der Beteiligten im weiteren Sinne füreinander soll zudem die Schaffung von Teams bestehend aus Staatsanwalt, Richter und Verteidiger für einen gewissen Zeitraum dienlich sein, welche alle aufkommenden Verfahren gemeinsam bearbeiten.[1251]

Bemerkenswert ist in diesem Zusammenhang die zwangsweise Durchsetzbarkeit der Offenlegung der Beweismittel durch den Beschuldigten bzw. dessen Verteidiger. So ist im kalifornischen Recht vorgesehen, dass bei Verweigerung der Offenlegung der begehrten Beweismittel und einer informellen diesbezüglichen Anfrage bei der Gegenseite ein entsprechender Antrag an das Gericht zum Erlass einer entsprechenden gerichtlichen Verfügung, welche die Offenlegung erzwingt, gestellt werden kann.[1252]

Zudem kann jede Partei – ebenfalls mit der Folge eines Rügeverlusts bei Versäumung der Frist[1253] – gemäß FCRP 12 (b) (3) (C) die Unverwertbarkeit von Beweismitteln beantragen, sog. exlusionary rules.[1254]

Auf Antrag einer der Parteien oder auf Eigeninitiative des Gerichts kann das Gericht eine oder mehrere pre trial conferences abhalten mit dem Ziel, eine faire und beschleunigte Hauptverhandlung zu fördern.[1255] Hierbei können insbesondere die pre trial motions gestellt und Gespräche über die potenzielle außergerichtliche Erledigung des Verfahrens geführt werden.[1256] Das Gericht ist verpflichtet, alle Punkte, über die Konsens im Rahmen dieser Sitzung(en) erzielt wurde, in einem Memorandum niederzulegen.[1257] Der Vorteil der Durchführung von pre trial conferences wird vor allem darin gesehen, dass hierdurch die Vorbereitung der Anwälte – wobei hierunter auch die Staatsanwälte zu verstehen sein dürften – auf das gerichtliche Verfahren und die Beweiserhebung verbessert wird.[1258]

Mit Abschluss des pre trial durch Bejahung des hinreichenden Tatverdachts durch die grand jury und einer fehlenden Verständigung über ein guilty plea,

1251 So: *Greacen Associates*, S. 22.
1252 2019 California Penal Code Section 1054.5 (b).
1253 FRCP 12 (c) (3).
1254 Hierzu. *Kautenburger-Behr*, 2004, S. 57.
1255 FRCP 17.1.
1256 Hierzu auch: *Anggelis*, "Procedure-Pre-Trial Conference", 38 Ky. L.J. (1950), 302, 304.
1257 FRCP 17.1.
1258 *Church*, Justice Delayed – The Pace of Litigation in Urban Trial Courts, Williamsburg, 1978, S. 75.

wird die alleinige Zuständigkeit des Gerichts durch Zulassung der Anklage zum trial court begründet.

Sofern die plea negotiations nicht erfolgreich sind, schließt sich das trial-Verfahren, das eigentliche Gerichtsverfahren, an.[1259] Dieses endet – sofern es sich um ein jury-Verfahren handelt[1260] – mit einer Entscheidung der Jury über die Frage der Schuld[1261], während der Richter über Verfahrensfragen und Rechtsfolgen entscheidet[1262].[1263] Auf schriftlichen Antrag einer jeden Partei wird die Jury vor ihrer Entscheidung von Seiten des Gerichts im Hinblick auf rechtliche Fragen instruiert[1264], sodass die komplexen Beweisregeln[1265] der Jury erläutert werden.

6. *Zum Beweisrecht*

a) *Überlegungen zum Beweisrecht im deutschen Strafprozess*

In Deutschland gilt zum einen der Amtsaufklärungsgrundsatz, sodass das Gericht gem. § 244 Abs. 2 StPO grundsätzlich verpflichtet ist, von sich aus die Beweisaufnahme auf alle Tatsachen und Beweismittel zu erstrecken, die für die Entscheidung von Bedeutung sind. Daneben steht der Staatsanwaltschaft, dem Angeklagten und seinem Verteidiger sowie weiteren Nebenbeteiligten, ein Beweisantragsrecht zu.[1266] Die zuvor recht geringen Möglichkeiten der Ablehnung eines Beweisantrags wurden durch das Gesetz zur Modernisierung des Strafverfahrens vom 10.12.2019[1267] stark erweitert. Während § 246 Abs.1 StPO regelt, dass das bloß verspätete Stellen eines Beweisantrags keinen gesetzlichen Ablehnungsgrund darstellt,[1268] sieht § 244 Abs. 6 Satz 2 StPO nunmehr vor, dass dem Beweisantrag jedenfalls nicht stattgegeben werden muss, wenn die beantragte Beweiserhebung nichts Sachdienliches zu Gunsten des Antragstellers erbringen kann, der Antragsteller sich dessen bewusst ist und er die

---

1259 Hierzu: *Schmid*, 1993, S. 58; hierzu auch: *Kautenburger-Behr*, 2004, S. 76.

1260 FRCP 23.

1261 FRCP 31.

1262 FRCP 32.

1263 Hierzu: *Kautenburger-Behr*, 2004, S. 49 f.

1264 FRCP 30 (a).

1265 Vgl. hierzu: Federal Rules of Evidence, FRE.

1266 §§ 244 ff. StPO; hierzu auch: *Kudlich* in: MüKo StPO, 1. Auflage 2014, Einleitung, Rn. 428.

1267 BGBl. I, 2121.

1268 Hierzu auch: *Kudlich* in: MüKo StPO, 1. Auflage 2014, Einleitung, Rn. 433.

Verschleppung des Verfahrens bezweckt. Insbesondere die Unbestimmtheit des neuen § 244 Abs. 6 Satz 2 StPO wird kritisiert.[1269] Besondere Brisanz gewinnt die Neuregelung dadurch, dass insoweit die Besonderheit besteht, dass es eines grundsätzlich erforderlichen gerichtlichen Ablehnungsbeschlusses, wie ihn § 244 Abs. 6 Satz 1 StPO vorsieht, nicht bedarf. Wie die Praxis diese Vorschrift handhaben wird, wird jedoch noch abzuwarten sein.

Daneben haben sich in der Praxis – wie bereits oben dargestellt[1270] – sog. Fristenmodelle bzw. -lösungen herausgebildet, welche das Beweisantragsrecht und die damit einhergehende Amtsermittlungspflicht des Gerichts (weiter) beschränken.

Zudem gilt im deutschen Strafprozess die Prämisse: Keine Wahrheitserforschung um jeden Preis[1271], sodass bei unzulässiger Beweiserhebung unter bestimmten Voraussetzungen Beweisverwertungsverbote entstehen.[1272] Der Wirkungsbereich dieser Beweisverwertungsverbote wurde jedoch von der Rechtsprechung insoweit eingedämmt, als beim verteidigten Angeklagten für bestimmte Fälle von Beweisverwertungsverboten die sog. Widerspruchslösung[1273] entwickelt wurde, wonach ein Beweisverwertungsverbot nur eingreift, wenn der Verwertung des betreffenden Beweismittels bis zu dem in § 257 Abs. 1 StPO genannten Zeitpunkt in der Hauptverhandlung widersprochen wurde.[1274]

b) Überlegungen zum Beweisrecht im US-amerikanischen Strafprozess

Die grundlegende Ausrichtung des Beweisrechts in den USA ergibt sich aus der Erwägung, dass die Jury davor bewahrt werden soll, mit Beweismitteln konfrontiert zu werden, die letztlich für die rechtliche Beurteilung irrelevant sind oder welche gar nicht erst verwertet werden dürfen, um so gleichzeitig zu gewährleisten, dass die Jury die Beweismittel auch tatsächlich nicht berücksichtigen kann.[1275]

1269 So: *Beukelmann*, „Die angebliche Modernisierung des Strafverfahrens“, NJW-Spezial 2019, 760.

1270 Hierzu bereits ausführlich in Kapitel 2 J IV.1., 3.

1271 So: *BGH*, Urteil vom 14.06.1960 - 1 StR 683/59, NJW 1960, 1580, 1582; in diese Richtung mit Blick auf die Existenz von Beweisverwertungsverboten auch: *BGH*, Urteil vom 27.01.1978 - RiZ (R) 3/77, NJW 1978, 1425, 1426.

1272 Hierzu ausführlich: *Kudlich* in: MüKo StPO, 1. Auflage 2014, Einleitung Rn. 437 ff.

1273 *BGH*, Beschluss vom 27.02.1992 - 5 StR 190/91, NJW 1992, 1463, 1466.

1274 Hierzu auch näher: *Kudlich* in: MüKo StPO, 1. Auflage 2014, Einleitung, Rn. 476.

1275 Ebenso: *Perron*, 1995, S. 462.

Ein Beweismittel wird gemäß FRE 301 nur dann als zulässig erachtet, wenn es „relevant", also entscheidungserheblich sein kann. Voraussetzung hierfür ist wiederum, dass es zum einen eine relevante Beweistatsache beweisen soll und zum anderen dem jeweiligen Beweismittel auch Beweiswert zu kommt.[1276] Als relevant anzusehen sind auch solche Beweise, die zur Erschütterung der Glaubwürdigkeit eines Zeugen dienen sollen.[1277] Eine Regelung für den Ausschluss von Beweismitteln enthält FRE 403, welche vorsieht, dass ein Beweismittel z. B. dann unzulässig ist, wenn die Gefahr besteht, dass die Jury diesbezüglich befangen ist, das Beweismittel den Prozess unangemessen verzögert oder die Jury durch das Beweismittel in die Irre geführt werden wird.[1278] Des Weiteren ist ein Beweismittel auch nur dann zuzulassen, wenn seine Herkunft lückenlos belegt werden kann.[1279]

7. Zum Umgang mit Umfangsverfahren

Zentrale Bedeutung für den potenziellen Transfer von möglichen Bewältigungsmechanismen in den USA in den deutschen Strafprozess kommt dem Handling von Umfangsverfahren in den jeweiligen Strafverfahren zu. Voraussetzung für die Entwicklung von Bewältigungsmechanismen ist die Existenz von Umfangsverfahren, sodass insbesondere der Blick in die Verfahrensrealität in den USA interessiert, ob sich auch der US-amerikanische Strafprozess mit dieser besonderen Verfahrensausprägung konfrontiert sieht.

a) Bewältigung von Umfangsverfahren im deutschen Strafverfahren

Die Existenz von Umfangsverfahren, der Umgang mit und die Bewältigung derselbigen im deutschen Strafverfahren wurden bereits ausgiebig beleuchtet[1280]

1276 Sog. relevancy test; hierzu: *Kautenburger-Behr*, 2004, S. 58 f.; ausführlicher hierzu auch: *Perron*, 1995, S. 456 ff.

1277 Sog. impeachment, FRE 607; hierzu auch: *Kautenburger-Behr*, 2004, S. 58 f.

1278 Ausführlicher hierzu: *Perron*, 1995, S.458 ff.; ebenfalls hierzu: *Kautenburger-Behr*, 2004, S. 59.

1279 Sog. foundation, FRE 901 (a); hierzu: *Kautenburger-Behr*, 2004, S. 59; hierzu auch: *Perron*, 1995, S.465.

1280 Vgl. hierzu die Ausführungen in Kapitel 1 und 2.

b) Bewältigung von Umfangsverfahren im US-amerikanischen Strafverfahren

In Ländern des Common Law stellt sich das Problem der Bewältigung von Umfangsverfahren gleichermaßen. *Henry* führt hierzu – unter Bezugnahme auf die Länder, die dem adversatorischen System unterliegen – aus:

> *This problem is not restricted to this country. In the common law world, wherever the adversarial system obtains, the problems are the same and no solution has yet been found: all suffer from mega-trials, and all agree as to how unsatisfactory such trials are. But no-one has yet found the answer.*[1281]

Obwohl *Henry* behauptet, es gäbe bis dato keine Lösung des Problems, ist dies näher zu beleuchten.

Teilweise wird im Common Law zwar die Auffassung vertreten, dass die Probleme, die durch Umfangsverfahren hervorgerufen werden, im adversatorischen System wurzeln[1282], sodass man der Auffassung sein könnte, dass Ineffizienz diesem System angehörigen strukturellen Mechanismen untrennbar anhaftet. Andererseits erscheint es aber auch denkbar, dass einzelne Mechanismen per se sehr wohl hilfreich sind, lediglich im Gesamtkontext des adversatorischen Systems nicht fruchten.[1283] Daher sind die existierenden, speziell für Umfangsverfahren geschaffenen Mechanismen ebenso wie exemplarisch im US-amerikanischen Recht existierende, als effizient angesehene, für das Strafverfahren im Allgemeinen geltende Mechanismen in den Blick zu nehmen. Hierzu sind zunächst der rechtliche Hintergrund der im US-amerikanischen Recht existierenden, auf Beschleunigung angelegten Mechanismen aufzuhellen und sodann konkrete Beschleunigungsmechanismen einschließlich deren Historie zu erörtern.

1281 *Henry*, "Serious Fraud, Long Trials and Criminal Justice", THE DENNING LAW JOURNAL, 1992, 75, 77.

1282 *Henry*, THE DENNING LAW JOURNAL, 1992, 75, 79.

1283 Zu einem ähnlichen Gedankengang bezüglich der Notwendigkeit der isolierten Betrachtung einzelner Mechanismen außerhalb des Systems, denen diese angehören: *Eser*, in: *Schroeder*: Die strafprozessuale Hauptverhandlung zwischen inquisitorischem und adversatorischem Modell - eine rechtsvergleichende Analyse am Beispiel des deutschen und des zentralasiatischen Strafprozessrechts, S. 11, 16.

aa) Konkrete Beschleunigungsmaßnahmen in den USA: Case Management

In den USA gibt es – auf Grundlage des Sixth Amendment zur US-Verfassung und auf einzelstaatlicher Ebene[1284],– Regelungen über das „Speedy Trial", die Verfahrensbeschleunigung. Der Speedy Trial Act[1285] nach dieser Norm und das Recht aus dem Sixth Amendment zur US-Verfassung bestehen nebeneinander.[1286] Nach dem Sixth Amendment gilt das Recht auf ein Speedy Trial allerdings nicht, wenn weder eine Anklage vorliegt noch dem Beschuldigten Freiheitsbeschränkungen irgendeiner Art auferlegt werden.[1287] Das Recht auf Speedy Trial nach 18 U.S.C. § 3161 ist weitgehender, allerdings durchsetzt mit einer Vielzahl von Ausnahmen: So werden z. B. Verspätungen, die durch die Erstellung eines Gutachtens über die geistige oder physische Verfassung des Beschuldigten[1288] oder die Nichtanwesenheit des Beschuldigten oder eines wichtigen Zeugen[1289] verursacht werden, nicht eingerechnet.

Sofern ein Beschuldigter auf ein Gerichtsverfahren innerhalb der 60-Tages-Frist des California Penal Code 1382 (a) (2) verzichtet, verliert er hierdurch aber nicht sein verfassungsrechtlich verbürgtes Recht auf ein Speedy Trial. Grundsätzlich muss der Fall daher innerhalb einer angemessenen Zeit nach Ablauf der Frist, welcher der Beschuldigte zugestimmt hat, vor Gericht gebracht werden. Eine Ausnahme besteht nur dann, wenn die Staatsanwaltschaft hinreichende Gründe[1290] für die Verspätung anbringen kann.[1291]

Die Sinnhaftigkeit und Effektivität des Speedy Trial Acts wurde vor seinem Inkrafttreten, bisweilen aber auch danach, bezweifelt.[1292] So wurde teilweise festgestellt, dass durch die Einhaltung der Vorgaben des Speedy Trial Acts die Anzahl der verfolgten Straftaten um etwa 20% sank.[1293] Insgesamt werden die stringenten Zeitvorgaben von allen Prozessbeteiligten als eher belastend als

---

1284 Z. B. in 18 U.S.C. § 3161.

1285 Public Law 93 -619 (1975).

1286 *State v. Loyd*, 269 Neb. 762, 696 N.W.2d 860 (2005).

1287 American Law Reports ALR Federal 3d, 2016, mit Verweis auf: *U.S. v. Loud Hawk*, 474 U.S. 302, 106 S. Ct. 648, 88 L. Ed. 2d 640 (1986).

1288 18 U.S.C. § 3161(h)(1)(A).

1289 18 U.S.C. § 3161(h)(3).

1290 Sog. good cause.

1291 *Greacen Associates*, S. 6.

1292 Hierzu: *Meltzer*, "Preindictment Speedy Trial Right Under The Speedy Trial Act", 45 Brook. L. Rev. 1978-1979, 1049, 1050, 1076 m.w.N.

1293 Hierzu: *Meltzer*, 45 Brook. L. Rev. 1978-1979, S. 1049, 1077 m.w.N.

hilfreich empfunden.[1294] Andererseits bewirkte einer Studie zufolge der Speedy Trial Act, dass überlange Verfahren vermieden werden, da die Prozessbeteiligten ihr Case Management überarbeitet haben.[1295] Teils wird „vermittelnd" die Auffassung vertreten, dass kein zwingender Zusammenhang zwischen der Existenz einer Speedy Trial rule und der Verfahrensdauer bestehen muss. Allerdings sind solche Speedy Trial rules, die „Krallen zeigen", also für den Fall einer Zuwiderhandlung Konsequenzen androhen, und auf die auch nicht schlicht durch die Verteidigung verzichtet werden kann, grundsätzlich geeignet, die Verfahrensdauer (positiv) zu beeinflussen.[1296] Als Konsequenz aus den erhöhten Effizienzanforderungen entwickelten sich vor allem sog. Case Management-Ansätze zur Bewältigung von Verfahren insgesamt, aber auch insbesondere mit Blick auf strafprozessuale Umfangsverfahren bzw. sog. mega trials. Vor allem im Hinblick auf Umfangsverfahren wurde das Case Differentiation Management geschaffen. Hierbei gelten gerade bei besonders komplexen Verfahren, wie es in der Regel bei Umfangsverfahren der Fall ist, besondere Fristen und ein besonderes Konzentrationsgebot.[1297]

Das Konzept des Case Managements spielt überwiegend im Kontext der Common Law-Rechtsprechung eine Rolle, in der Richtern weniger eine inquisitorische als eine leitende, überwachende und strukturierende Funktion zukommt. Richter übernahmen immer mehr die Rolle eines Managers mit dem Ziel, durch Effizienz Verfahrenslängen zu kürzen und Verzögerungen vorzubeugen. In den USA erscheint das Case Management am weitesten entwickelt. So gibt es Gerichtsregeln[1298] und Richtlinien[1299] sowie spezielle richterliche Trainingseinheiten bezüglich Case Flow Management.[1300] Dennoch stellt das Case

1294 Hierzu: *Meltzer,* 45 Brook. L. Rev. 1978-1979, S. 1049, 1077.

1295 Hierzu: *Meltzer,* 45 Brook. L. Rev. 1978-1979, S. 1049, 1077.

1296 *Church*, 1978, S. 49

1297 Hierzu auch: *Bakke / Solomon*, 73 Judicature 17 1989-1990, Case differentiation: an approach to individualized case management, S.2.

1298 Sog. court rules.

1299 Sog. guidelines.

1300 *Boas*, The Miloševic trial, 2007, S. 171: "The idea of case management has largely been discussed in the context of common law jurisdictions, where judges and courts have retreated from a strict adversarial approach and have been prepared to play a more interventionist role in structuring, supervising and controlling trial proceedings. In an effort to reduce the length of proceedings and prevent delay, judges have increasingly taken on the role of managers in an attempt to ensure that justice is delivered in a timely and efficient manner. It is in the United States that case management appears to be most developed, with court rules and guidelines, special

Management immer noch eine starke Belastung für den zuständigen Richter dar, vor allem im Hinblick auf die Zulässigkeit von einzelnen Beweismitteln, der Terminierung und der Verwaltung im Allgemeinen.[1301]

Unter dem Begriff des Case Managements ist ein durch den Richter erfolgendes leitendes, überwachendes und strukturierendes Führungsverhalten zu verstehen, das darauf gerichtet ist, durch „Effizienz Verfahrenslängen zu kürzen und Verzögerungen vorzubeugen.“[1302]

Den Sinn des Case Managements beschreibt *Boas* sehr treffend[1303]:

> *Die oftmals zitierten Ziele des Case Management sind es, Verzögerungen zu verringern, die effiziente Erledigung des Falles zu gewährleisten, die Gerichtskosten zu senken, zu gewährleisten, dass es einen gleichmäßigen Zugang zur Gerichtsbarkeit gibt. Implizit enthalten in diesen Zielen ist die Idee, dass der Fairness und dem Gerechtigkeitsinteresse am besten gedient ist, indem gewährleistet wird, dass Gerichtsverfahren zügig abgehandelt werden. Ebenfalls anerkannt ist, dass Case Management kein Selbstzweck ist, sondern einfach ein Mechanismus um diese höheren Ziele zu erreichen.*

Bereits im Jahre 1956 wurden in Kalifornien die ersten Regelungen zu den oben beschriebenen pre trial conferences eingeführt.[1304] Die American Bar Association hatte bereits frühzeitig, im Jahre 1968, vor Erlass des Speedy Trial Acts entsprechende Standards im Hinblick auf die Gewährleistung eines „Speedy Trials“ erlassen. Diese wurden immer wieder angepasst. 1986 wurde der California Trial Court Delay Reduction Act verabschiedet.[1305] Hierdurch wurden in Cal. Gov.C. §68600 ff. Regelungen eingefügt, die vermitteln sollen, dass Verfahrensverzögerungen gegen das öffentliche Interesse verstoßen und zu einem Vertrauensverlust

---

judicial training sessions addressing case flow and management issues, and a body of academic literature tracking these developments."

1301 Hierzu auch: *Judge*, 66 Notre Dame L. Rev. 1990-1991, 211, 216.

1302 *Boas*, The Miloševic trial, 2007, S. 171.

1303 *Boas*, The Miloševic trial, 2007, S. 185; aus dem Englischen ins Deutsche übersetzt; Originalzitat: „The frequently cited goals of case management are to reduce delay, to ensure the efficient disposition of cases, to reduce the costs of litigation, to ensure that there is equal access to court services. Implicit in these goals is the idea that fairness and the interests of justice will be best served by ensuring that trials are conducted expeditiously. It has also been recognised that case management is not an end in itself, but simply a mechanism for reaching these broader goals."

1304 *Kincaid*, "Pre-trial conference procedure in California", UCLA Law Review 1957, 4 (3), 377.

1305 Hierzu ausführlich. *Pemberton/Ratfield*, California's Trial Court Delay Reduction Act: A First Look, 1 J.F.K. U. L. Rev. 1988, 87.

in die Justiz führen.[1306] Letzteres sollte durch Erlass entsprechender Richtlinien durch den judicial council vermieden werden[1307], wobei ihm auch die Berechtigung zuerkannt wurde, existierende Standards der American Bar Association[1308] oder der National Conference of State Trial Judges zu übernehmen.[1309] Überdies sollte ein case differentiation classification system geschaffen werden, das verschiedene Zeitstandards für unterschiedlich komplexe Systeme vorsieht[1310].

Nachdem im Rahmen einer Umfrage 57% der Befragten geäußert hatten, dass sie der Meinung sind, dass Effizienz im Gerichtssaal ein „ernstes nationales Problem" sei, wobei zu betonen ist, dass dieser Ausdruck gewöhnlich für solche Umstände wie Kriegsbedrohung, Rassismus und Umweltverschmutzung benutzt wird,[1311] nahm sich die Justice Delayed study[1312] diesem Problem an. In den Jahren 1976 – 1978 wurden in der Justice Delayed study, welche eine Zusammenarbeit von drei Organisationen, dem National Center for State Courts, der National Conference of Metropolitan Courts und der Courts Division of the Law Enforcement Assistance Administration, darstellte,[1313] das Ausmaß, die Gründe und die vielversprechendsten „Heilmittel" für dieses Problem untersucht.[1314] Hierbei wurde unter anderem die Erkenntnis gewonnen, dass, vor allem in Strafverfahren, der Umfang der ausgeübten Management-Maßnahmen bzw. der gerichtlichen Kontrolle hinsichtlich des pre trial-Verfahrensstadiums eine wichtige Rolle spielt.[1315] Eine weitere interessante Schlussfolgerung der Studie ist darin zu sehen, dass informellen Praktiken von Richtern und Anwälten[1316] größerer Einfluss auf Verfahrensverzögerungen im negativen Sinne zukommt als dem dem Verfahren zugrunde liegenden gerichtlichen System.[1317]

1306 Vgl. v. a. Cal. Gov.C § 68601; hierzu ausführlich: *Pemberton/Ratfield*, 1 J.F.K. U. L. Rev. 1988, 87 ff.

1307 Cal. Gov.C. § 68603 (a).

1308 Im Folgenden: ABA- Standards; zu diesen Standards noch sogleich: Kapitel 4 E II. 7. b) aa) (6).

1309 Cal. Gov.C. § 68603 (b).

1310 Cal. Gov. C. § 68603 (c).

1311 Hierzu: *Church*, 1978, S. VII.

1312 *Church*, 1978.

1313 *Church*, 1978, S. VII.

1314 *Church*, 1978, S. VII.

1315 *Church*, 1978, S. 5.

1316 Hier dürften sowohl Staatsanwälte als auch Verteidiger gemeint sein.

1317 *Church*, 1978, S. 5.

Eine weitere Studie untersuchte daraufhin erste Änderungen im Zeitraum zwischen 1976 – 1985.[1318]

Im Rahmen eines Pilotprojekts, an dem neun counties[1319] teilnehmen sollten,[1320] war beabsichtigt, die neuen Regelungen zu erproben. Die betroffenen Richter wurden angewiesen, hierbei darauf achten, dass sie von Beginn an die Kontrolle über das Verfahren behalten, wozu auch gehörte, dass Verfahren identifiziert werden, die engmaschiger überwacht werden müssen. Überdies war die Maßgabe, dass Verfahren herausgegriffen werden, die sich für eine Erledigung außerhalb eines Hauptverfahrens eignen. Nicht zuletzt sollte darauf geachtet werden, dass eine ordnungsgemäße und realistische Terminierung erfolgt und (Frist-)Verlängerungen weitgehend ausgeschlossen werden.[1321] Allerdings entschieden sich alle Gerichte, Strafverfahren nicht unter das Pilotprogramm zu fassen,[1322] sodass für die Tauglichkeit der neuen Regelungen für Strafverfahren zu diesem Zeitpunkt keine Erkenntnisse vorliegen. Nichtdestotrotz kann bereits aus der Ausrichtung der Studie eine gewisse Tendenz dahingehend hergeleitet werden, dass Case Management-Maßnahmen ein generelles Prozessförderungspotenzial zuerkannt wird.

In den 1990er Jahren wurde gerade mit Blick auf die bereits im 1. Kapitel dargestellten negativen Auswirkungen und erhöhten Anforderungen eines Umfangsverfahrens die Notwendigkeit des Case Managements erkannt.[1323] Als Konsequenz darauf wurden vom Berufungsgericht der Vereinigten Staaten[1324] sog. benchmarks[1325] für die zukünftige Behandlung von sog. mega-trials aufgestellt.

Das Case Management im Strafprozess wurde und wird seither fortlaufend weiterentwickelt. So wurde das auf mehrere Jahre angelegte Projekt „The Effective Criminal Case Management project (ECCM)" initiiert, mit dem Ziel, die effektivsten Case Flow Management-Praktiken für Vergehens- und Verbrechens-Verfahren zu erkennen, zu dokumentieren, und eine Auflistung derselbigen

---

1318 *Mahoney/Sipes*, 72 Judicature, (1988), 29, 30.

1319 Contra Costa, Sacramento, Alameda, San Francisco, San Diego, Riverside, Orange, Kern und Los Angeles; counties sind vergleichbar mit den deutschen Landkreisen.

1320 Hierzu ausführlich. *Pemberton/Ratfield*, 1 J.F.K. U. L. Rev. 1988, 87, 88 f.

1321 Hierzu ausführlich: *Pemberton/Ratfield*, 1 J.F.K. U. L. Rev. 1988, 87, 89.

1322 Hierzu ausführlich: *Pemberton/Ratfield*, 1 J.F.K. U. L. Rev. 1988, 87, 89.

1323 *Judge*, 66 Notre Dame L. Rev. 1990-1991, 211, 216.

1324 Dem United States Court of Appeals for the Second Circuit.

1325 Vgl. hierzu die Ausführungen in Kapitel 4 E. II. 7. b) aa) (9).

herauszugeben.[1326] Hierbei sollte unter anderem die empfohlene Dauer des Verfahrensstadiums zwischen der Verhaftung und dem pre trial-Verfahren erörtert werden.[1327] Die Studie war zunächst angelegt bis September 2018. Insgesamt wurden 1,2 Millionen Fälle von über 130 Gerichten in 21 Bundesstaaten untersucht.[1328]

Der Faktor „Leitung des Gerichts“ umfasst unter anderem ein aktives Case Flow Management.[1329] Ein solches setzt voraus, dass seitens des Gerichts transparent kommuniziert wird, welche Erwartungen an Verteidigung und Staatsanwaltschaft für den konkreten Gerichtstermin gestellt werden und welche Konsequenzen drohen, wenn nicht entsprechend dieser Maßgaben gehandelt wird.[1330] Zur „frühzeitigen Intervention und Kontrolle durch das Gericht“ gehört, dass das Gericht den Fortschritt von Verfahren und den Austausch von Erkenntnissen managt und letztlich das Gericht und nicht andere Verfahrensbeteiligte den Verfahrensfortschritt kontrollieren.[1331] Unterbrechungen oder Verlängerungen erfordern stets einen wichtigen Grund.[1332] Hier soll es insbesondere dienlich sein, wenn ein Beschuldigter frühzeitig Rechtsrat erlangt, damit schnellstmöglich abgestimmt werden kann, ob er sich für schuldig der nicht schuldigt bekennt[1333]. Gerichtsverfahren sollen darüber hinaus dadurch vorhersehbar und produktiv werden, dass Termine so durchgeführt werden, wie sie terminiert wurden,[1334] streng auf den Verfahrensfortgang geachtet wird und in geeigneten Fällen frühzeitig eine „Streitbeilegung“ erfolgt.[1335] Ob eine Erledigung durch die Fixierung von Cut-Off-Dates für sog. pleas gefördert werden

1326 *National Center for State Courts* – The Effective Criminal Case Management Project – Project Overview, S.1.

1327 *National Center for State Courts* – The Effective Criminal Case Management Project – Project Overview.

1328 *Ostrom u.a.*, 2020, S. 4.

1329 *Ostrom u.a.*, 2020, S. 5 f.

1330 *Ostrom u.a.*, 2020, S. 9.

1331 *Ostrom u.a.*, 2020, S. 5 f., 6.

1332 *Ostrom u.a.*, 2020, S. 5 ff., 8.

1333 *Ostrom u.a.*, 2020, S. 5 ff., 9.

1334 D.h., dass insbesondere für den Fall der Verhinderung des Richters entweder ein „Ersatz“-Richter vorgehalten wird oder aber die Verfahrensbeteiligten frühzeitig über eine Terminverschiebung informiert werden, damit sie nicht umsonst vorbereitet bei Gericht erscheinen und den Vorbereitungsaufwand mit Blick auf eine potenzielle Verschiebung fortan minimieren; hierzu: *Ostrom u.a.*, 2020, S. 5 ff.

1335 *Ostrom u.a.*, 2020, S. 5.

kann, ist nach der Studie nicht gänzlich geklärt.[1336] Als verfahrensförderlich ist nach den Studienergebnissen jedoch anzusehen, wenn alle Verfahrensbeteiligten für jede Anhörung gut vorbereitet sind und ihre Erwartungen kommunizieren, sodass die Möglichkeit besteht, das Verfahren effektiv zu erledigen.[1337] Daneben hat sich auch das Differentiated Case Management als verfahrensförderlich herausgestellt.[1338] Im Rahmen eines Ziel- und Informationsmanagements sollen Zeitstandards und Richtlinien jeweils für bestimmte Verfahrenstypen eingeführt werde, wobei stetig eine Evaluation erfolgen muss.[1339] Nicht zuletzt soll insbesondere zwischen Partnern der Strafrechtspflege Kommunikation und Zusammenarbeit betreffend gemeinsame Themen erfolgen.[1340] Hervorzuheben ist, dass selbst von den positiv hervorzuhebenden Gerichten nicht alle der aufgeführten Maßnahmen verfolgt wurden.[1341] Wenngleich die Evaluierung der Case Management-Prozesse noch längst nicht abgeschlossen ist, kann konstatiert werden, dass eine grundsätzliche Überzeugung von der Sinnhaftigkeit des Case Managements im Strafprozess besteht.

Das Case Management in seiner Allgemeinheit muss unterschieden werden vom Case Flow Management: Während man unter dem Case Management als solchem eher das Management eines Falles durch einen Einzelrichter versteht, umfasst das Case Flow Management systematisches Gerichtsmanagement durch Einrichtung besonderer Abläufe, beispielsweise verschiedener Zeitvorgaben und Managementprozesse. Ein Unterfall des Case Flow Managements ist auch das Differential/Differentiated Case Management.[1342] Hinter letzterem steckt die Idee, dass Kriterien herausgearbeitet werden müssen, nach denen eine Kategorisierung von Fällen erfolgen kann.[1343] Je nach Kategorisierung sind verschiedene Zeitpläne zu beachten und Maßnahmen zu ergreifen.[1344] Die Einordnung in

1336 *Ostrom u.a.*, 2020, S. 9 f.

1337 *Ostrom u.a.*, 2020, S. 5 ff.

1338 *Ostrom u.a.*, 2020, S. 8 f.

1339 *Ostrom u.a.*, 2020, S. 5 f.; vgl. auch *NCSC*, Model Time Standards for State Trial Courts, 2011, S. 3 wonach bei Verbrechen 75% der Verfahren innerhalb von 90 Tagen, 90% innerhalb 180 Tagen, 98% innerhalb 365 Tagen und bei Vergehen 75% innerhalb von 60 Tagen, 90% innerhalb von 90 Tagen und 98% innerhalb von 180 Tagen abgeschlossen sein sollen. Eine nähere Differenzierung, insbesondere betreffend Umfangsverfahren oder Wirtschaftsstrafverfahren erfolgt indes nicht.

1340 *Ostrom u.a.*, 2020, S. 5 f.

1341 *Ostrom u.a.*, 2020, S. 5 f.

1342 Hierzu auch: *Boas*, The Miloševic trial, 2007, S. 172 f.

1343 Hierzu auch: *Boas*, The Miloševic trial, 2007, S. 172 f.

1344 Hierzu auch: *Boas*, The Miloševic trial, 2007, S. 172.

Kategorien kann z. B. danach erfolgen, wie komplex der Fall oder sein Hauptproblem ist oder danach, wieviel Zeit die ordnungsgemäße Aufarbeitung des Falls voraussichtlich in Anspruch nehmen wird.[1345] Verkürzt lässt sich das Differential Case Management dadurch veranschaulichen, dass verschiedene Arten von Fällen auch verschieden zu behandeln sind und nicht alle der gleichen Lösungsstruktur zugänglich sind,[1346] bzw. zutreffend wird es auch beschrieben als

> *technique courts can use to tailor the case management process to the requirements of individual cases.*[1347]

Hierbei kann es natürlich keine völlige Losgelöstheit der Bereiche Case Management und Case Flow Management geben. Vielmehr überlappen Case Management und Case Flow Management. Überdies müssen beide Bereiche angesprochen werden, wenn man Verspätung und Ineffizienz bekämpfen will.[1348]

Als Beispiele für das (Individual)[1349] Case Management sind vor allem die Durchführung von Vorverfahren, den pre trial conferences bzw. status conferences, das Einschreiten bei zu langen nicht weiterführenden Kreuzverhören, das Einräumen von Unterbrechungen oder Pausen im Rahmen von Verhandlungsterminen nur beim Vorliegen zwingender Gründe, das Aufstellen von Deadlines für den Eingang von Schriftsätzen sowie für andere Ereignisse und das ständige Überprüfen des Verfahrensstandes zu nennen.[1350] Hierbei wird es als wünschenswert angesehen, wenn der Richter weniger eine kontrollierende als eine beobachtende bzw. beaufsichtigende Rolle einnimmt und alle Parteien im Sinne eines kooperativen Zusammenwirkens auf einen effektiven, beschleunigten Verfahrensablauf hinarbeiten.[1351] Ob einem Transfer in das deutsche Recht per se entgegensteht, dass dem Richter im deutschen Strafprozess eine gänzlich andere Funktion eingeräumt ist und dem deutschen Recht konsensuale Elemente noch weitestgehend fremd sind, wird noch näher darzustellen sein.[1352]

1345 *Boas*, The Miloševic trial, 2007, S. 173.

1346 Hierzu auch: *Boas*, The Miloševic trial, 2007, S. 172.

1347 *Gist*, Differentiated Case Management, Bureau of Justice Fact Sheet, 1995, Washington D.C., S.1; zu Deutsch: Technik, die Gerichte nutzen können, um den Case Management-Prozess auf die Anforderungen des individuellen Falles zuzuschneiden.

1348 Hierzu auch: *Boas*, The Miloševic trial, 2007, S. 172.

1349 In Abgrenzung zum systematischen Gerichtsmanagement, dem Case Flow Management, wird das (Individual) Case Management durch den einzelnen Richter betrieben.

1350 So: *Boas*, The Miloševic trial, 2007, S. 174 f.

1351 So: *Boas*, The Miloševic trial, 2007, S. 176.

1352 Vgl. hierzu die Ausführungen in Kapitel 5 B III. 1. a) aa); 5 B III. 4.

Problematisch erscheint, dass keine objektiv messbare Überprüfbarkeit der Effektivität von Case Management-Maßnahmen möglich ist. Die Bewertung von Case Management-Entscheidungen und -Ansätzen hängt vielmehr entscheidend von der mit ihnen verbundenen Erwartungshaltung ab. Untrennbar verknüpft mit der Frage, ob eine Case Management-Maßnahme als „gut" oder „schlecht" einzustufen ist, ist das jeweils mit dem Strafverfahren verfolgte Ziel. Zudem scheidet wegen der Unmöglichkeit der uneingeschränkten Vereinbarkeit aller maßgeblichen Punkte eine Verwirklichung aller Interessen aus: Eine der Beschleunigung des Verfahrens dienende Maßnahme kann zum einen der Wahrheitsfindung dienen, da die Erinnerungen der Zeugen noch frisch sind[1353] bzw. das Gericht sich bei einer konzentrierten Hauptverhandlung ein besseres Bild machen kann als bei einer sich über Jahre hinziehenden Hauptverhandlung.[1354] Andererseits bedeutet die Beschleunigung des Verfahrens möglicherweise zugleich, dass z. B. Beweisanträge zurückgewiesen werden, womit – in den Grenzen des ohnehin geltenden Amtsermittlungsgrundsatzes – unter Umständen das Detail, welches bei der Wahrheitssuche geholfen hätte, verloren geht.[1355] Nicht abdingbar sind jedoch für jede Case Management-Praxis die Grundsätze des fair trial.[1356]

Die Entwicklung des Case Managements ist in den USA zwischenzeitlich so weit fortgeschritten, dass eine vermehrte Kodifizierung von Case Management-Regeln zu konstatieren ist. Konzentriert auf die wichtigsten Regelungen in diesem stark einzelstaatlich und regional geprägten Rechtsbereich sind exemplarisch diejenigen des Bundesstaats Kalifornien näher zu untersuchen.

(1) Verpflichtung zur Schaffung von Mechanismen, die eine frühzeitige Beilegung des Falls erleichtern

Die Rule 10.953 der California Court Rules begründet eine Pflicht der superior courts, in Kooperation mit dem Bezirksstaatsanwalt und der Rechtsanwaltschaft Mechanismen zu schaffen, die eine Beilegung des Falls noch vor dem preliminary

1353 In diese Richtung auch: *BVerfG*, Beschluss vom 15.01.2009 – 2 BvR 2044/07, NJW 2009, 1469; ebenfalls: *BVerfG*, Urteil vom 19.03.2013 – 2 BvR 2628/10, 2 BvR 2883/10; 2 BvR 2155/11, NJW 2013,1058 ff.

1354 Zum bei einer zu langen Hauptverhandlung lediglich noch vorliegenden „Konglomerat" von Erinnerungsbruchstücken, schriftlichen Notizen und Teilen des Akteninhalts: *Dahs*, NJW 1974, 1538, 1540.

1355 Zu diesem ambivalenten Verhältnis des Beschleunigungsgebots zur Wahrheitsfindung: *Kintzi*, DRiZ 1994, 325, 328.

1356 Hierzu ausführlich: *Boas*, The Miloševic trial, 2007, S. 185.

hearing, aber auch in jedem folgenden Verfahrensstadium erleichtern. Hierbei sind gemäß Rule 10.953 (a) der California Court Rules unter anderem zu erwägen: frühzeitige[1357], freiwillige[1358] bzw. informelle[1359] Beweiseröffnungsmöglichkeiten[1360] (1), die Nutzung von superior court-Richtern als Magistrate zur Durchführung von dem preliminary hearing vorgelagerten readiness conferences sowie die Hilfe – soweit zulässig – bei einer frühzeitigen Einstellung des Verfahrens (2).

(2) Straffung des Verfahrens durch einzelstaatliche Regelungen

Der oben bereits beschriebene recht straffe Ablauf des Strafverfahrens wird durch einzelstaatliche Regelungen weiter konzentriert. So wird durch Rule 4.110 (1) der California Rules of Court vorgeschrieben, dass die information innerhalb von 15 Tagen, nachdem eine Person für eine Straftat zur Rechenschaft gezogen wurde, eingereicht werden muss. Am gleichen Tag oder jedenfalls schnellstmöglich danach, muss das arraignment durchgeführt werden.[1361] Weiterhin sieht Rule 4.110 (3) der California Court Rules vor, dass ein plea grundsätzlich nur innerhalb von sieben Tagen nach dem arraignment zulässig ist, wobei diese Frist vom Gericht aus „gutem Grund" verlängerbar ist.

(3) Kontrolle der Befolgung von Zeitlimits bzw. Fristen

Die Effektivität der Konzentrationsregelungen wird dadurch abgesichert, dass die Handhabung der (Verlängerung von) Fristen kontrolliert wird.[1362] Die sog. Cut-off-Deadlines beschneiden zwar das grundsätzliche Recht der Staatsanwaltschaft und des Angeklagten zur Verhandlung über ein guilty plea; dieses Interesse tritt aber hinter dem öffentlichen Interesse an einer zügigen Erledigung des Strafverfahrens und damit hinter der Aufrechterhaltung des Vertrauens der Öffentlichkeit in die Funktionsfähigkeit der Justiz zurück.[1363] Zwar könnte man kritisieren, dass der Wegfall der Möglichkeiten zum plea bargaining nach Ablauf der Frist sogar kontraproduktiv sein könnte, falls der Angeklagte auf „guilty"

1357 Zu Englisch: early.
1358 Zu Englisch: voluntary.
1359 Zu Englisch: informal.
1360 Sog. discovery.
1361 Rule 4.110 (2) der California Court Rules.
1362 Rule 4.115 (a) der California Court Rules.
1363 Hierzu: *People v. Jasper*, Supreme Court of Colorado, En Banc., January 29, 200117 P.3d 8072001 CJ C.A.R. 552.

plädieren möchte, weil sich die Beweissituation verschärft. Andererseits dürfte sich diese Erwägung mit der Möglichkeit, dass die Gesprächsbereitschaft der Parteien vor Ablauf der Frist wegen der für beide Seiten bestehenden Unsicherheiten noch am größten sein dürfte, die Waage halten, sodass die getroffene Regelung jedenfalls nicht per se als ungünstig einzustufen ist.

(4) Der Jencks-Act – gerichtliche Sanktionierung von Verstößen gegen Deadlines

Der Jencks Act, auf den in Rule 17.1-1 der Criminal Local Rules des United States District Court – Northern District of California Bezug genommen wird, regelt die Bedeutung der Local Rules für gemeinsame discovery-Konferenzen, da hierdurch die Federal Rules in mehrfacher Hinsicht überformt werden. Durch die Local Rules wird die gerichtliche Sanktionierung von Verstößen gegen vorher vereinbarte Deadlines erleichtert. Außerdem werden die Anforderungen an die discovery-Verpflichtungen der Beteiligten näher spezifiziert. Dies hat wiederum zur Folge, dass das Gericht leichter gegen Verstöße vorgehen kann.[1364]

(5) Das Case Flow Management

Das Case Flow Management beruht auf einigen grundlegenden Erwägungen. So soll effektives Case Flow Management insbesondere folgende Punkte berücksichtigen: Zum einen sollen ganz grundsätzliche Praktiken festgelegt und befolgt werden, die sich als einer zügigen Beilegung von Strafverfahren dienlich erwiesen haben. Daneben sollen Prozessabläufe implementiert werden, die den Bedürfnissen aller Komponenten des Strafjustizsystems dienen. Außerdem soll eine Selbstverpflichtung durch die Gerichte ausgesprochen werden, Case Management-Ziele zu erreichen, welche sodann auch zu erhalten ist. Außerdem sollen „allgemeine Fallgruben" vermieden werden.[1365] In concreto können im Rahmen des Case Flow Management die im Folgenden aufgeführten Maßnahmen benannt werden.

Als grundlegender Mechanismus zur Überwachung des Prozessfortschritts wird eine vollständige Datenbank angesehen, die ständig aktualisiert wird und aus der zum einen der Erfolg des Gerichts bei der Erreichung der selbstgesteckten Case Management-Ziele ersichtlich wird, zum anderen aber der Fortschritt aller laufenden Verfahren abgebildet ist, wodurch leicht Schwachstellen identifiziert werden können.[1366] Beispielhaft sollen hier die California Rules of Court,

---

1364 *McConkie,* The local rules revolution in criminal discovery, 39 Cardozo L. Rev., S. 37.

1365 *Greacen Associates*, S. 4.

1366 *Greacen Associates*, S. 5.

Section 2.2. (l) erwähnt werden. Hieraus ergibt sich, dass 90% der im Hinblick auf einen Verbrechensvorwurf geführten Verfahren innerhalb von 30 Tagen (1), 98% innerhalb von 45 Tagen (2) und spätestens 90 Tage nach dem arraignment (3) abgeschlossen sein sollen.[1367] Wegen der Bedeutung einer Verletzung der Speedy Trial-Vorschriften[1368] soll insoweit auch eine Überwachung der hiernach geltenden Fristen erfolgen.[1369]

Zur Vermeidung verschwendeter Zeiten im Gerichtssaal sollen die Anwälte[1370] zudem die geschätzte Dauer der Anhörungen angeben. Vor Beginn der Anhörung erinnert der Richter erneut an die angegebene Zeit. Bei einer Zeitüberschreitung wird die Zeitschätzung mit dem jeweiligen Beteiligten durch den Richter besprochen und die weitere Vernehmung weitestgehend beschränkt.[1371] Insbesondere wird die Vernehmung eines Zeugen zu einem Thema, zu dem bereits ein anderer Zeuge vernommen wurde, abgelehnt.[1372]

Zur Disziplinierung aller Verfahrensbeteiligten soll das Gericht als gutes Beispiel für Pünktlichkeit und Effizienz vorangehen.[1373] Überragende Wichtigkeit wird der Vermeidung von Rückständen im Hinblick auf andere laufende Verfahren zuerkannt – sofern diese Rückstände dazu führen, dass einzelne Termine nicht eingehalten werden können, kann dies schlimmstenfalls dazu führen, dass die Anforderungen des Penal Code Section 1382 verletzt werden, sodass zusätzliche Termine notwendig werden.[1374] Sofern eine Überlastung des Gerichts absehbar wird, ist daher durch Schaffung zusätzlicher Ressourcen dafür Sorge zu tragen, dass eine solche nicht eintreten wird.[1375]

Nicht zuletzt ist der Einsatz moderner Technologien hilfreich im Hinblick auf effizientes Arbeiten. So sollen alle Beteiligte jederzeit Zugriff auf aktuelle und richtige Informationen zum laufenden Verfahren sowie auf Tools zur automatischen Vervollständigung während gerichtlicher und außergerichtlicher Termine haben.[1376]

1367 *Greacen Associates*, S. 31.
1368 Insbesondere geregelt in California Penal Code Section 1382.
1369 *Greacen Associates*, S. 34.
1370 Gemeint wohl: Staatsanwälte und Verteidiger.
1371 *Greacen Associates*, S. 26.
1372 *Greacen Associates*, S. 26.
1373 *Greacen Associates*, S. 26.
1374 *Greacen Associates*, S. 26.
1375 *Greacen Associates*, S. 28.
1376 *Greacen Associates*, S. 29.

Daneben wird auch eine Kooperation der Berufsbeteiligten im Hinblick auf die Lösung auftretender Probleme allgemeiner Art als sinnvoll erachtet. Hierfür sollen „Criminal Justice policy committees“ eingesetzt werden, welche sich u. a. zusammensetzen aus Strafrichtern, Staatsanwälten, Verteidigern, Polizeibeamten, Bewährungshelfern und dem Direktor der „Health and Human Services“.[1377] Außerdem sollen generelle Vertrauensbildungsmaßnahmen zwischen Staatsanwaltschaft, Gericht und Verteidigern angestrengt werden, um der Entwicklung, dass jeder der Verfahrensbeteiligten einem anderen Verfahrensbeteiligten die Schuld für die Ineffizienz des Verfahrens in die Schuhe schieben wollte, entgegenzuwirken.[1378]

Schließlich bedarf es einer Beobachtung und ggf. Anpassung der Mechanismen.[1379]

(6) ABA-Standards

Neben den bereits dargestellten Case Management-Ansätzen im Bundesrecht folgen weitere Case Management-Regelungen aus den ABA Standards der American Bar Association, welche von staatlichen Institutionen zur Rechtfortbildung herangezogen werden (können). Diese wiederholen teilweise Bundesrecht, teilweise ergänzen sie es jedoch auch.

Den in der 3. Auflage der ABA Standards for Criminal Justice – Speedy Trial and Timely Resolution of Criminal Cases vorgestellten Maßnahmen ist gemeinsam, dass möglichst frühzeitig („early“)[1380] und vorausschauend gehandelt wird. Diese werden – für den vorliegenden Kontext relevant – ergänzt durch die ABA Standards for Criminal Justice: Discovery and Trial by Jury, 3. Auflage. Im Vordergrund dieser Standards steht ebenfalls der Gedanke einer fairen und zügigen Erledigung des Verfahrens.[1381]

So soll ein effektives frühzeitiges Case Screening[1382] durch den Staatsanwalt durchgeführt werden, sodass die Anklage auf eine realistische Grundlage gestützt wird. Hierdurch können unhaltbare Vorwürfe frühzeitig aussortiert

---

1377 *Greacen Associates*, S. 37.

1378 *Greacen Associates*, S. 38.

1379 *Greacen Associates*, S. 43.

1380 Vgl. den Wortlaut in: ABA Standards for Criminal Justice – Speedy Trial and Timely Resolution of Criminal Cases in Standard 12-4.3 e)-i) und l).

1381 ABA Standards for Criminal Justice: Discovery and Trial by Jury, 3d ed.,1996, Standard 11.1.1 *(a) i)*.

1382 ABA Standards for Criminal Justice – Speedy Trial and Timely Resolution of Criminal Cases, Standard 12-4.3 e).

werden, bevor die Prozessbeteiligten zu viel Aufwand in die (Gegen-)Beweisführung investiert haben.

Zudem ist dem Beschuldigten, der Anspruch auf die Bestellung eines Verteidigers hat, ein solcher frühzeitig zu bestellen bzw. in anderen Fällen soll durch entsprechende Gerichtsabläufe gewährleistet werden, dass eine zügige Beteiligung eines Rechtsanwalts erfolgen kann.[1383] Hierdurch kann insbesondere erreicht werden, dass tatsächlich frühzeitig entsprechende sinnvolle Beweisanträge bzw. Verfahrensrügen gestellt bzw. erhoben werden können.

In diese Richtung geht auch die Maßgabe, dass Überraschungen zu vermeiden sind,[1384] da paritätisch-informierte Prozessbeteiligte dem Prozess dienlicher sind.

Außerdem sollen frühzeitig Möglichkeiten einer außergerichtlichen Beilegung des Falls eruiert werden.[1385]

Daneben ist bemerkenswert, dass eine frühzeitige Case Scheduling Conference[1386] vorgesehen ist. In diesem Rahmen sollen der Stand des discovery bzw. der Verhandlungen über eine außergerichtliche Beilegung überprüft, eine Terminierung für das Stellen von Anträgen[1387] erfolgen, sowie notwendige Verfügungen vorgenommen werden. Desweiteren sollen auch vom Richter in Abstimmung mit der Staatsanwaltschaft und der Verteidigung Zeitpläne ausgearbeitet werden, in denen Deadlines für das discovery, das Einreichen von Anträgen sowie weitere zu erwartende Verfahrensstadien fixiert werden.[1388]

Ergänzt werden diese Regelungen durch die grundsätzliche Befürwortung eines Differentiated Case Managements[1389]. So soll vor einer Terminierung geprüft werden, ob es sich um einen einfach gelagerten Fall handelt, sodass eine zügige Beilegung forciert werden soll, oder ob ein Fall vorliegt, bei dem

---

1383 ABA Standards for Criminal Justice – Speedy Trial and Timely Resolution of Criminal Cases, Standard 12-4.3 f).

1384 ABA Standards for Criminal Justice: Discovery and Trial by Jury, ed. Ed., 1996 Standard 11.1.1. a) iii).

1385 ABA Standards for Criminal Justice – Speedy Trial and Timely Resolution of Criminal Cases Standard 12-4.3 h).

1386 ABA Standards for Criminal Justice – Speedy Trial and Timely Resolution of Criminal Cases Standard 12-4.3 i).

1387 Sog. motions.

1388 ABA Standards for Criminal Justice – Speedy Trial and Timely Resolution of Criminal Cases Standard 12-4.3 k).

1389 ABA Standards for Criminal Justice – Speedy Trial and Timely Resolution of Criminal Cases Standard 12-4.3 j).

voraussichtlich längere Fristen erforderlich sind und der größerer richterlicher Kontrolle bedarf.[1390]

Abgesichert werden die durch die Case Scheduling Conference und das Differentiated Case Management erzielten Konzentrationserfolge zum einen dadurch, dass Fristverlängerungen nur in Ausnahmefällen erlaubt sind, wobei nicht lediglich das Interesse der Staatsanwaltschaft oder der Verteidigung, sondern auch das öffentliche Interesse an einer zügigen Erledigung eines Falles zu berücksichtigen sind.[1391] Bei einem Verstoß kann das Gericht gegen die nicht-regel-konform agierende Partei Sanktionen verhängen[1392] bis hin zu einem Ausschluss des nicht offengelegten Beweismittels.[1393]

Eine zügige Erledigung des Verfahrens – insbesondere mit Blick auf die potenzielle Abgabe eines guilty plea – soll dadurch erreicht werden, dass der Beschuldigte hinreichend über die Vorwürfe und den Verfahrensstand informiert wird.[1394]

Weiterhin soll das vorgerichtliche Verfahren – entsprechend den verfassungsrechtlich gewährleisteten Beschuldigtenrechten – so ausgestaltet sein, dass sich die Beteiligten gründlich auf das Gerichtsverfahren vorbereiten können und so Überraschungen im Gerichtsverfahren vermieden werden.[1395] Welche Maßnahmen von den Verfahrensbeteiligten in diesem Kontext konkret erwartet werden, wird jedoch nicht näher dargelegt.

Zur Vermeidung von unnötigen Wiederholungen in mehrfachen Gerichtsverfahren ist zudem eine vorgerichtliche Identifizierung und Lösung jeglicher prozessualer bzw. verfassungsrechtlicher Begleitproblematiken geboten.[1396]

1390 ABA Standards for Criminal Justice – Speedy Trial and Timely Resolution of Criminal Cases Standard 12-4.3 j).

1391 ABA Standards for Criminal Justice – Speedy Trial and Timely Resolution of Criminal Cases Standard 12-4.3 n).

1392 ABA Standards for Criminal Justice: Discovery and Trial by Jury, 3d ed.,1996, Standard 11-7.1.

1393 ABA Standards for Criminal Justice: Discovery and Trial by Jury, 3d ed.,1996, Standard 11-7.1 a) iii).

1394 ABA Standards for Criminal Justice: Discovery and Trial by Jury, 3d ed.,1996, Standard 11.1.1 *(a) ii).*

1395 ABA Standards for Criminal Justice: Discovery and Trial by Jury, 3d ed.,1996, Standard 11.1.1 *(a) iii).*

1396 ABA Standards for Criminal Justice: Discovery and Trial by Jury, 3d ed.,1996, Standard 11.1.1 *(a) iv).*

(7) Criminal Case Management-Handbuch

Zum Criminal Case Management im Allgemeinen existiert seit 2005 in Kalifornien auch ein Handbuch,[1397] welches durch eine Kooperation unter anderem mehrerer Richter, Verwaltungsangehörigen und Rechtsberatern entstand.[1398] Bezüglich der Anwendbarkeit dieser Erkenntnisse auf die hiesige Zielsetzung ist zu berücksichtigen, an welche Zielgruppe sich das Manual richtet: Es dient gerade vorrangig dem gerichtsinternen Case Management und lässt die gerichtsexternen Beteiligten weitgehend außer Acht,[1399] während mit Blick auf die Bewältigung von Umfangsverfahren nach deutschem Rechtsverständnis eine umfassendere Zielsetzung zu verfolgen ist. Gleichwohl erscheinen die Ansätze geeignet, als Ausgangspunkt für eine Entwicklung eigener Lösungen herangezogen zu werden.

Maßgeblicher Einleitungssatz des Handbuchs ist folgender:

> *Efficient*[1400] *criminal case management improves not only the timeliness of disposition of criminal cases but also the quality of justice in their resolution.*[1401]

Vor allem auch im Hinblick auf die Ausgangsthese, dass angesichts beschränkter Ressourcen eine Lösung der beschriebenen Problematik erforderlich ist, gibt folgendes Forschungsergebnis Hoffnung:

> *Research has shown that none of these factors is consistently related to slow case disposition. Courts in large cities, with high crime rates, large percentages of serious crimes, and high jury trial rates, often perform better than courts in the same state in communities that do not experience these phenomena. Further, courts with higher caseloads per judge, per prosecutor, and per defender often perform better than courts with proportionally more resources. In fact, judges, prosecutors and defenders in well performing courts are more likely to report that they have adequate resources than their counterparts in better resourced courts that do not operate efficiently.*[1402]

1397 *Greacen Associates*, Developing Effective Practices in Criminal Caseflow Management - A Manual Prepared for the California Administrative Office of the Courts 2005, Revised 2012.

1398 *Greacen Associates*, S. 2.

1399 *Greacen Associates*, S. 5.

1400 Entgegen früherer Praxis wird Effizienz in dem Sinne einer Effizienz für alle Beteiligten und nicht nur für den Richter verstanden, vgl. auch: *Greacen Associates*, S. 23.

1401 Zu Deutsch: Effizientes Case Management im Strafprozess verbessert nicht nur die frühzeitige Erledigung von Strafverfahren, sondern auch die – aus Gerechtigkeitsgesichtspunkten zu beurteilende – Qualität der Lösung der Fälle.

1402 So: *Greacen Associates*, S. 6 m.w.N.; zu Deutsch: „Studien haben gezeigt, dass keiner dieser Faktoren [u. a. fehlende Ressourcen, die Struktur von Gesetzen, eine hohe Bevölkerungszahl, hohe Verbrechensraten, eine hohe Anzahl von Jury Trials]

(8) *Zusammenfassung der diesen Case Management-Ansätzen zugrundeliegenden Gedanken*

Übergreifend kann konstatiert werden, dass die dargelegten Case Management-Ansätze wie folgt zu kondensieren sind:

Zunächst soll möglichst frühzeitig eine Zusammenkunft der Verfahrensbeteiligten erfolgen. Dies dient u.a. dem Zweck, unhaltbare Vorwürfe baldigst auszusortieren, Probleme bereits bei deren Absehbarkeit zu benennen und möglichst zügig zu lösen. Damit eine vernünftige Entscheidung über eine (außergerichtliche) Beilegung der Vorwürfe, vor allem die Abgabe eines guilty pleas, erfolgen kann, soll der Beschuldigte so früh wie möglich umfassend über die Sach- und Beweislage informiert werden. Des Weiteren zielen die Regelungen darauf ab, dem Gericht – jedenfalls bei Verbrechen – rechtzeitig einen Eindruck von der Beweislage zu vermitteln, um so eine ggf. erforderliche Einstellung wegen fehlender probable cause veranlassen zu können. Insgesamt werden eine Vorverlagerung und vorgerichtliche Erledigung sowie eine engmaschige Planung und Kontrolle des Verfahrens angestrebt. Daneben wird auf eine engere Kooperation aller Beteiligten hingewirkt, nicht zuletzt durch regelmäßige Zusammenkünfte derselbigen. Hierdurch können insbesondere sich anbahnende Konflikte schnellstmöglich geklärt werden, anstatt diese bis zur Eskalation schwelen zu lassen, wie es ohne Beteiligung eines objektiven Dritten zwischen den sich gegenüberstehenden Parteien bisweilen geschieht.[1403] Zudem kann so gewährleistet werden, dass sowohl die Staatsanwaltschaft, als auch die Anwälte „on top of the case" bleiben. In diesen Zusammenkünften kommt dem Richter hauptsächlich die Rolle eines Moderators („facilitators") zu.

---

maßgeblich zur Verzögerung der Verfahrensbeendigung beiträgt. Gerichte in großen Städten, in denen es hohe Verbrechensraten, eine hohe Anzahl von schweren Straftaten und eine hohe Anzahl von Jury Trials gibt, stehen oftmals besser da als Gerichte im selben Bundesstaat in Gebieten, in denen diese Phänomene nicht auftreten. Zudem kommen Gerichte mit einer höheren Fallzahl pro Richter, Staatsanwalt und Verteidiger oftmals besser zurecht als Gerichte mit einer proportional gesehen besseren Ressourcenausstattung. Tatsächlich ist es sogar so, dass Richter, Staatsanwälte und Verteidiger in gut organisierten Gerichten häufiger berichten, dass aus ihrer Sicht eine angemessene Ressourcenausstattung vorhanden ist, als die entsprechenden Personen in besser ausgestatteten Gerichten, welche nicht effizient agieren."

1403 Insoweit zum Ablauf bei Sexualdelikten: *Couzens/Bigelow*, § 1:4.

(9) Casamento benchmarks

Neben diesen kodifizierten bzw. in Form von „Standards" niedergelegten Regelungen wurden von der Rechtsprechung weitere Grundsätze entwickelt. Die sog. Casamento benchmarks wurden als Antwort auf die bereits in den 1990er Jahren erkannte Notwendigkeit des Case Managements für Umfangsverfahren vom *United States Court of Appeals for the Second Circuit* für die zukünftige Behandlung von sog. mega-trials aufgestellt.[1404] Die Casamento benchmarks sehen für diese mega-trials vor, dass die Staatsanwaltschaft dem Gericht eine ungefähre Zeitangabe nennen muss, wie lange es voraussichtlich dauern wird, den Fall auszuermitteln und inklusive der Beweismittel zu präsentieren.[1405] Sobald eine geschätzte Dauer von vier Monaten überschritten wird, muss der Staatsanwalt eine Einschätzung abgeben, ob es vernünftiger ist, eher ein gemeinsames Gerichtsverfahren für die Beschuldigten als getrennte Gerichtsverfahren für jeden Beschuldigten einzeln durchzuführen. Diese Einschätzung wird vom Gericht anhand einer Abwägung der Parteiinteressen, der Interessen des Gerichts, der jury und der Allgemeinheit überprüft.[1406] Sofern eine Abtrennung der Verfahren in Betracht gezogen wird, soll das Gericht mit der Staatsanwaltschaft erörtern, ob die Strafverfolgung auf leicht zu beweisende Taten, die eine angemessene Höchststrafe tragen würden, zu begrenzen ist.[1407] Sobald in dem Gerichtsverfahren mehr als zehn Beschuldigte beteiligt wären und das Verfahren aus der Sicht des Staatsanwalts mehr als vier Monate in Anspruch nehmen würde, muss der Staatsanwalt eine besonders überzeugende Argumentation für ein gemeinsames Verfahren liefern.[1408] Diese Regeln werden von den Gerichten teilweise als bindend aufgefasst.[1409]

Insbesondere aus Kompetenzgründen wird – soweit hinsichtlich des Umfangs der Anklage eine Mitwirkung des Gerichts vorgesehen wird – an den Casamento benchmarks, bzw. an deren Handhabung Kritik geübt, da hierin ein

---

1404 *Judge*, 66 Notre Dame L. Rev. 1990-1991, 211, 216 mit Verweis auf: Casamento, 887 F.2d 1141, 1149.

1405 Sehr frei übersetzt; im Original: "to present the government's case".

1406 *Judge*, 66 Notre Dame L. Rev. 1990-1991, 211, 218 zu Ziff. 1; vgl. als Beispiel hierfür: *U.S. District Court for the Northern District of Illinois* - United States v. Andrews, 06.11.1990, 754 F. Supp. 1161, 1170 ff. (N.D. Ill. 1990.)

1407 *Judge*, 66 Notre Dame L. Rev. 1990-1991, 211, 218 zu Ziff. 2; dies dürfte vergleichbar sein mit unseren §§ 154/154 a StPO.

1408 *Judge*, 66 Notre Dame L. Rev. 1990-1991, 211, 219. zu Ziff. 3.

1409 *Judge*, 66 Notre Dame L. Rev. 1990-1991, 211, 219 mit Verweis auf: *United States v. Gambino* und auf *United States v. Carrozza*, 728 F. Supp. 266 (S.D.N.Y. 1990).

Verstoß gegen das Gewaltenteilungsprinzip gesehen wird.[1410] Außerdem wird die grundsätzliche Annahme der Vorzugswürdigkeit einer „häppchenweise" Abarbeitung anstelle einer umfassenden Erledigung des Prozesses im Gesamten in Frage gestellt.[1411] Auf der anderen Seite ist indes zu beachten, dass gemeinsame Verfahren Nachteile haben können.[1412] Insgesamt stellen die Casamento benchmarks aber jedenfalls insofern einen wichtigen Meilenstein dar, als die Notwendigkeit bestimmter Mechanismen für Umfangsverfahren erkannt und sodann entsprechend gehandelt wurde.

bb) Zur tatsächlichen Lage des Case Managements im US-amerikanischen Strafprozess

In einigen Städten, so Dayton, Detroit und Portland, wird besonders auf das Treffen frühzeitiger Entscheidungen geachtet: Direkt nach einer Verhaftung durch die Polizei wird von „Hilfsstaatsanwälten" ein Screening des Falles daraufhin durchgeführt, wegen welcher (Verbrechens-)Tatbestände eine Strafverfolgung zu erfolgen hat und welche Beweismittel voraussichtlich erforderlich sein werden.[1413] Bereits in diesem Stadium können entweder zusätzliche Beweiserhebungen von der Polizei erbeten oder aber die Vorwürfe können abgeschwächt bzw. ganz fallen gelassen werden. Dabei wird von der Annahme ausgegangen, dass in den meisten Fällen zu den Beweismitteln, welche die Polizei bereits im Zeitpunkt der Verhaftung hat, keine weiteren stichhaltigen Beweismittel mehr hinzukommen.[1414]

cc) Zum Nutzen des Case Managements in den USA

Das Case Management wurde schon früh als hilfreich eingestuft.[1415] Allerdings werden frühzeitigen Maßnahmen größere Bedeutung beigemessen als Management-Mechanismen, die erst im späteren Verlauf des Verfahrens zum Tragen kommen.[1416] Prinzipiell kann zwar allen Case Management-Maßnahmen eine prozessfördernde Wirkung zugestanden werden. Eine spürbare

1410 *Judge*, 66 Notre Dame L. Rev. 1990-1991, 211, 236 f.

1411 *Judge*, 66 Notre Dame L. Rev. 1990-1991, 211, 223 ff.

1412 Hierzu: *U.S. District Court for the Northern District of Illinois* - United States v Andrews, 06.11.1990, 754 F. Supp. 1161, 1172 ff. (N.D. Ill. 1990.)

1413 *Mahoney/Sipes*, 72 Judicature, (1988), 29, 35.

1414 *Mahoney/Sipes*, 72 Judicature, (1988), 29, 35.

1415 *Mahoney/Sipes*, 72 Judicature, (1988), 29, 33.

1416 *Mahoney/Sipes*, 72 Judicature, (1988), 29, 33.

Veränderung soll aber vor allem solchen Instrumentarien zukommen, die dem Gericht „Überwachungsbefugnisse“ im Hinblick auf den Prozessfortschritt von Beginn des Verfahrens an einräumen.[1417] Dies war auch eines der Ergebnisse der justice delayed study: Dabei wurde beobachtet, dass eine stärkere und vor allem frühzeitig erfolgende Kontrolle im Hinblick auf das Voranschreiten des Strafverfahrens zu einer schnelleren Verfahrenserledigung führt.[1418] Zudem besteht offenbar ein Zusammenhang zwischen der Erwartungshaltung aller Beteiligten hinsichtlich einer zügigen Erledigung und der tatsächlichen Geschwindigkeit der Erledigung des Falles.[1419]

Anschaulich können die positiven Wirkungen der pre trial conferences anhand der Auswirkungen nach der Einführung der pre trial conferences beschrieben werden[1420]: Nachdem die pre trial conferences mit entsprechender Anwesenheitspflicht der Beteiligten eingeführt worden sind, reduzierte sich die Verspätung bei Gericht in Detroit, welche sich im Jahr 1931 bei 40 Monaten befand, bis zum Jahr 1938 auf zehn Monate, obwohl in der Zwischenzeit keine zusätzlichen Richter eingestellt worden waren.[1421]

F. Ergebnis zur kulturbezogenen Rechtsvergleichung der Bewältigung von Umfangsverfahren im deutschen und US-amerikanischen Strafprozess

Zu konstatieren ist, dass ein kulturbezogener Ansatz innerhalb der Rechtsvergleichung zwischen dem deutschen und US-amerikanischen Strafprozess mit Blick auf die Bewältigung von Umfangsverfahren deutlich erkennen lässt, dass jedenfalls bei Analyse des gelebten Rechts in vielen Bereichen große Ähnlichkeiten zwischen der deutschen und der US-amerikanischen Rechtsordnung bestehen. Zugleich ist jedoch das „Partei“-Element im US-amerikanischen Recht viel stärker ausgeprägt als es im deutschen Strafprozessrecht der Fall ist. Daneben ist der US-amerikanische Strafprozess ungleich stärker durch organisatorische Elemente geprägt, was nicht zuletzt dadurch bedingt sein dürfte, dass nicht allein der Gesetzgeber und die Rechtsprechung das Recht beeinflussen

1417 *Mahoney/Sipes*, 72 Judicature, (1988), 29, 33.

1418 *Church*, S. 60; 71.

1419 *Church*, S. 46.

1420 Hierzu ausführlicher und die Einführung der pre trial conferences als bemerkenswerte Meisterleistung bezeichnend: *Anggelis*, 38 Ky. L.J. (1950), 302, 304.

1421 *Anggelis*, 38 Ky. L.J. (1950), 302, 304.

können, sondern daneben auch die Anwaltschaft mittels ABA Standards. Hierdurch ist die Rechtslage insgesamt als in besonderem Maße anpassungsfähig, dynamisch und vielschichtig anzusehen, wodurch auf neu auftretende Phänomene vergleichsweise schnell reagiert werden kann. Hervorzuheben sind in diesem Kontext vor allem die starke Herausbildung eines Case Managements, dem hohe Relevanz für die beschleunigte Erledigung vor allem komplexer Fälle zuerkannt wird, sowie die insgesamt auf die Disziplinierung aller Berufsverfahrensbeteiligten gerichteten strengen prozessualen Regeln, die teilweise z. B. zu einer Präklusion von Antragsrechten bzw. Einwendungen führen. Da gerade bei Umfangsverfahren eine besondere Disziplin aller Beteiligten erforderlich erscheint, sind die dargestellten Rechtsordnungen einem engeren Vergleich zu unterziehen, der Voraussetzung für die Bewertung ist, ob und inwiefern einzelne Maßnahmen des US-amerikanischen Rechts Entwicklungspotenzial für das deutsche Recht bieten können.

Kapitel 5: Perspektiven für Umfangsverfahren im deutschen Strafprozess auf der Basis von Erkenntnissen aus dem US-amerikanischen Strafprozess

Nachdem deskriptiv die Ergiebigkeit von rechtsvergleichenden Überlegungen dargestellt wurde, ist im Folgenden ein Vergleich im engeren Sinne vorzunehmen. Hierbei sind Gemeinsamkeiten und Unterschiede der beiden betrachteten Rechtsordnungen als Folge herauszuarbeiten, wodurch das Entwicklungspotenzial für den deutschen Strafprozess erschlossen wird.

A. Überblicksmäßige Gegenüberstellung der Rechtssysteme Deutschland – USA

Ein Vergleich verschiedener Rechtsordnungen im engeren Sinne erfordert eine Auseinandersetzung mit der Frage, welche im vorliegenden Zusammenhang relevanten Rechtsinstitute und – prinzipien im deutschen und im US-amerikanischen Recht vergleichbar sind bzw. in welchen Bereichen Regelungen sich diametral gegenüberstehen. Hierbei ist der Blick auf einige herausragende Grundmanifeste der jeweiligen strafprozessualen Systeme zu lenken.

I. Zum Vergleich der Prozessmodelle

Insgesamt haben die Strafverfolgungsbehörden in den USA große Freiheiten, beispielsweise gilt hier kein Legalitäts-[1422] sondern das Opportunitätsprinzip[1423], das allerdings weitergehender ist als das deutsche[1424], wobei letzteres auf die begrenzten finanziellen und personellen Ressourcen zurückzuführen ist. Bei einem direkten Vergleich dieses fehlenden Legalitätsprinzips mit dem in Deutschland vorherrschenden „Legalitätsprinzip mit Ausnahmen“ stellt sich die Frage, ob in Deutschland nicht de facto auch ein derart perforiertes Legalitätsprinzip besteht, dass Unterschiede zwischen beiden Ländern eingeebnet

---

1422 Das auch in USA existierende principle of legality entspricht eher unserem nulla poena Prinzip; hierzu: *Dubber*, 2005, S. 9.

1423 Hierzu: *Dengler*, 2003, S. 161.

1424 Hierzu ausführlicher: *Schmid*, 1993, S. 40 f.

worden sind. Klar hervorzuheben ist indes, dass ein Verfahren im deutschen Strafprozess nicht gemäß § 170 Abs. 2 StPO mangels Tatverdachts eingestellt werden kann, wenn eine Straftat mit hinreichender Wahrscheinlichkeit nachweisbar wäre, während die Staatsanwaltschaft in den USA insoweit freier ist und weitere Erwägungen in die Entscheidung mit einbeziehen kann. Zudem sind die in Deutschland geltenden Opportunitätsvorschriften nicht grenzenlos anwendbar, sondern nur bei Vorliegen bestimmter Voraussetzungen.

Zu konstatieren ist, dass die Prozessmaximen in enger Wechselwirkung mit der jeweiligen Stellung der Verfahrensbeteiligten und des Gerichts stehen. So ist insbesondere der Unterschied im Hinblick auf die Stellung des Staatsanwalts im vorliegenden Vergleich von herausragender Bedeutung. Anders als in Deutschland werden die Staatsanwälte in den USA nicht ernannt, sondern gewählt.[1425] Zudem existieren bei der US-amerikanischen Staatsanwaltschaft aufgrund der im Vergleich zur deutschen Staatsanwaltschaften dezentralisierten Struktur weniger Hierarchieebenen.[1426] Dies macht den US-amerikanischen Staatsanwalt unabhängiger gegenüber der Justiz und Weisungen innerhalb der Behörde, zugleich ist er aber seinen Wählern gegenüber verantwortlich.[1427] Dieser „Parteirolle“ des Staatsanwalts entspricht es, dass der Staatsanwalt darüber disponieren darf, ob und inwieweit[1428] er Anklage erhebt. Wenngleich insoweit Übereinstimmung mit dem deutschen Recht besteht, liegt ein Unterschied in der Endgültigkeit und der fehlenden zeitlichen Begrenzung dieser Entscheidung: Wird eine Strafverfolgung abgelehnt, kann er selbständig, ohne dass es einer richterlichen Zustimmung bedürfte, das Verfahren teils sogar noch nach Beginn des Gerichtsverfahrens einstellen.[1429] Zudem existiert kein dem deutschen Privatklageverfahren vergleichbares Prozedere.[1430]

Die von der Staatsanwaltschaft benannten Zeugen werden regelmäßig auf die zu erwartenden Fragen vorbereitet,[1431] um so ihre Beweisqualität zu sichern, was in dieser Weise im deutschen Rechtssystem mit Blick auf die gesetzlich manifestierte Objektivität der Staatsanwaltschaft[1432] undenkbar wäre.

1425 Hierzu: *Dengler*, 2003, S. 162 f.

1426 Hierzu: *Dengler*, 2003, S. 162 f.; hierzu näher auch: *Trüg*, 2003, S.88.

1427 Hierzu: *Dengler*, 2003, S. 162 f.

1428 Hierzu: *Dengler*, 2003, S. 168 ff.

1429 Hierzu: *Dengler*, 2003, S. 168 ff.

1430 Hierzu: *Dengler*, 2003, S. 168 ff.

1431 Hierzu: *Dengler*, 2003, S. 164 ff.

1432 Vgl. § 160 Abs. 2 StPO; vgl. zur Objektivitätspflicht des Staatsanwalts auch: *Gertler* in: BeckOK StPO mit RiStBV und Mistra, Stand 01.07.2021, Nr. 1 RiStBV, Rn. 15.

Dem amerikanischen Richter kommt im Vergleich zum amerikanischen Staatsanwalt eine schwächere Rolle zu.[1433] Die hervorgehobene Stellung des Staatsanwalts ist eher vergleichbar mit der Richterstellung in Deutschland, obgleich es aber in den USA an der für das deutsche (Straf-)Recht unverzichtbaren richterlichen Unabhängigkeit beim US-amerikanischen Staatsanwalt fehlt, der als Gewählter sein Amt nicht frei von politischen Erwägungen ausübt.[1434] Zugleich ergibt sich aus der Parteirolle des Staatsanwalts und der zugleich schwachen Rolle des Richters im US-amerikanischen Strafprozess die Notwendigkeit der Geltung der Dispositionsmaxime und einer jedenfalls faktisch (weitgehend) fehlenden Inquisitionsmaxime[1435], was im Gegensatz zu dem gerade in Abkehr zu dem Inquisitionsprozess konzipierten deutschen Strafprozess steht. Dieser Unterschied beeinflusst die jeweilig geltenden Wahrheitsbegriffe immens: Im US-amerikanischen Strafprozess wird um die Wahrheit in einer Art „Wettstreit", kontrolliert durch den Schiedsrichter, „duelliert" – der Gewinner „bestimmt" sozusagen die Wahrheit.[1436] Das Ziel des deutschen Strafprozesses ist hingegen die Ermittlung der materiellen Wahrheit.[1437] Dem US-amerikanischen Wahrheitsbegriff entspringen auch Mechanismen wie das guilty plea, welches zwingend mit dem im US-amerikanischen Recht geltenden formellen Wahrheitsbegriff verknüpft ist. So kommt im Gegensatz zum deutschen Geständnis, das nur als ein „Beweismittel"[1438] neben weiteren angesehen wird, dem guilty plea eine Bindung zu, die einem (deutschen) zivilprozessualen Anerkenntnis vergleichbar ist,[1439] wodurch eine Disposition über den Verfahrensgegenstand

---

1433 Die – zumindest für ausländische Betrachter – auffallend starke Stellung der Richter in den USA indes hervorhebend, wobei maßgeblich auf das hohe Ansehen der Richter abgestellt wird: *Schmid*, 1993, S. 45.

1434 Hierzu: *Schmid*, 1993, S. 40.

1435 Hierzu auch: *Lützner* in: *Gropp*, Besondere Ermittlungsmaßnahmen zur Bekämpfung der organisierten Kriminalität- Ein rechtsvergleichendes Gutachten im Auftrag des Bundesministeriums der Justiz und des Bayerischen Staatsministeriums der Justiz, 1993, S. 721, 740.

1436 Hierzu: *Dengler*, 2003, S. 158 f.

1437 So: *Schünemann* in: *Weßlau/Wohlers*, Festschrift für Gerhard Fezer zum 70. Geburtstag am 29. Oktober 2008, 2008, S. 555, 558 f.; vgl. hierzu auch: *BVerfG*, Urt. v. 19. 3. 2013 – 2 BvR 2628/10, 2 BvR 2883/10, 2 BvR 2155/11, NJW 2013, 1058, 1061.

1438 Nur im weiteren Sinne, vgl. § 244 Abs.1 StPO, der regelt, dass die Vernehmung des Angeklagten vor der eigentlichen Beweisaufnahme stattfindet.

1439 Ähnlich auch: *Schünemann* in: *Weßlau/Wohlers*, Festschrift für Gerhard Fezer zum 70. Geburtstag am 29. Oktober 2008, 2008, S. 555, 565.

getroffen wird. Eine weitere gerichtliche Überprüfung, ob das plea einer materiellen/objektiven Wahrheit entspricht, erfolgt nicht.[1440] Dementsprechend ist der Mechanismus des plea bargaining lediglich bei Geltung des formellen Wahrheitsbegriff und der Dispositionsmaxime und gleichzeitiger Nichtgeltung der Inquisitionsmaxime umsetzbar.[1441]

Zu berücksichtigen ist in diesem Zusammenhang die Tatsache, dass der Richter sich am plea bargaining nicht beteiligen darf, während bei einer Verständigung gem. § 257c StPO der Richter in Deutschland zwingend mitwirken muss. Eine minimale Kontrolle des Ergebnisses eines plea bargaining in den USA wird jedoch durch das Zustimmungserfordernis des Richters zum plea hergestellt. Hierdurch wird ein wichtiger Unterschied des deutschen und US-amerikanischen Strafprozesses deutlich: Während im deutschen Strafprozess die Rollen des Richters und Staatsanwalts beide darauf gerichtet sein sollen, die objektive Wahrheit zu ermitteln und sich die jeweiligen Rollenunterschiede maßgeblich mit der Verschiebung der Zuständigkeit in den verschiedenen Verfahrensstadien erklären lässt, sind die Rollen im US-amerikanischen Strafprozess deutlicher verteilt: Der Staatsanwalt nimmt eine Parteirolle ein, wobei dies durch eine ganz klare, betont neutrale Position des Richters kompensiert wird. Diese in den USA vorherrschende Neutralität des Richters lässt den bei uns zur Objektivität verpflichteten Richter in einem ebenfalls nicht mehr gänzlich unbefangenen Licht erscheinen: Kritisieren könnte man insoweit gerade, dass der Richter in Deutschland, der für sämtliche Beweiserhebungen zuständig ist, schon fast natürlicherweise entgegen seiner Neutralitätspflicht handeln müsse, da er selbst über die von ihm erhobenen Beweise urteilen muss. Zudem hat er vor Eröffnung des Hauptverfahrens bereits über das Vorliegen eines hinreichenden Tatverdachts aufgrund der Aktenlage entschieden, sodass man von einer rechtlichen Voreingenommenheit des deutschen Richters ausgehen könnte, während der amerikanische Richter in der Regel ohne Vorkenntnisse in den Prozess geht. Dennoch: Sowohl in den USA als auch in Deutschland findet eine richterliche Kontrolle der durch die Staatsanwaltschaft erhobenen Anklage statt,[1442] womit

---

1440 Entsprechend kritisch betrachtend auf den Umstand hinweisend, dass dies letztlich darauf zurückzuführen ist, dass davon ausgegangen wird, dass auch nur ein schuldiger Beschuldigter auf schuldig plädieren wird: *Paulsen*, ZStW 77 (1965), 637, 653 f.

1441 In diese Richtung auch zur Nichtexistenz des plea bargaining im deutschen Strafprozess wegen der fehlenden Möglichkeit eines "plea": *Dubber*, 49 Stan. L. Rev. 547, 551 f.

1442 Hierzu näher und diese Kontrolle befürwortend: *Dengler*, 2003, S. 343 f.

ein System der „Checks and Balances" besteht. Zudem ist in beiden Rechtssystemen die Frage, welche prozessualen Taten strafrechtlich zu verfolgen sind, grundsätzlich[1443] dem Einfluss des Richters entzogen.

Im Vergleich zum deutschen Recht nehmen Laienrichter in den USA eine noch stärkere Rolle ein. Während diese im deutschen Strafprozess bei der Entscheidung über das „Ob" und „Wie" einer Bestrafung insgesamt mitwirken, ist ihre faktische Mitwirkung – insbesondere bei Umfangsverfahren – eher verschwindend gering, da zum fehlenden Rechtsverständnis oftmals noch fehlender Sachverstand hinzutritt.[1444] Im US-amerikanischen Strafprozess entscheiden die Laienrichter demgegenüber selbständig über das „Ob" im Sinne einer Frage nach der „guilt"- der Schuld[1445] – erst, wenn diese bejaht wird, entscheidet der Berufsrichter über die Strafzumessung.[1446] Diese strikte Trennung zwischen Schuld und Strafzumessung geht weit über die ebenfalls erfolgende Differenzierung im deutschen Strafprozess hinaus. Denn im US-amerikanischen Strafprozess hat es der Beschuldigte in der Hand, durch die Abgabe eines entsprechenden guilty plea den kompletten Prozess zur Schuldfeststellung zu überspringen, sodass direkt in den Strafzumessungsprozess eingestiegen wird, was so im deutschen Strafprozess – nicht zuletzt auch vor dem strengen Hintergrund der Vorgaben des BVerfG zum Schuldgrundsatz[1447] – undenkbar wäre.

Gemeinsamkeiten bestehen in beiden Prozessmodellen außerdem insofern, als in beiden Rechtssystemen eine Konzentration des Verfahrens als hilfreich angesehen wird und dementsprechend versucht wird, durch verschiedene Mechanismen eine solche abzusichern.

Im Hinblick auf die Existenz konsensualer Elemente ist zu konstatieren, dass diese im US-amerikanischen Recht historisch stärker verwurzelt sind, während sie in Deutschland eher in der Praxis entstanden und über das Richterrecht sodann in einem zweiten Schritt kodifiziert wurden.[1448] De lege lata stellt sich die

---

1443 Vgl. in den USA jedoch insoweit die Casemento Benchmarks: Kapitel 4 E II. 7. b) aa) (9).

1444 Vgl. hierzu bereits Kapitel 3 B.

1445 Vgl. hierzu bereits die Ausführungen in Kapitel 4 E. II. 4. b) bb).

1446 Vgl. hierzu bereits die Ausführungen in Kapitel 4 E. II. 4. b) bb).

1447 *BVerfG*, Urteil vom 19.03.2013 – 2 BvR 2628/10, 2 BvR 2883/10, 2 BvR 2155/11, NJW 2013, 1058 ff.

1448 Hierzu auch: *Britz*, „„Le „deal" en France: Absprachen im französischen Strafverfahren", JM 2018, 167; zum Hintergrund des § 257c StPO vgl. Gesetzesentwurf der Bundesregierung, Entwurf eines Gesetzes zur Regelung der Verständigung im Strafverfahren vom 18.03.2009, BR-Drucks. 16/12310, S.1.

Situation nunmehr jedoch vergleichbar dar: In beiden Rechtsordnungen existieren konsensuale Elemente. Maßgeblicher Unterschied ist lediglich der, dass diese im US-amerikanischen Recht aufgrund der Geltung des Partei- bzw. Dispositionsprinzips auf einem entsprechenden Fundament im Prozessmodell beruhen, während sie im deutschen Strafprozess eher als Fremdkörper einzustufen sind,[1449] sodass größere Schwierigkeiten bei der Lösung von mit der Anwendung konsensualer Elemente einhergehender Probleme im deutschen Recht bestehen. Zudem besteht in der Praxis noch ein großer Bereich, der sich außerhalb der geltenden Prozessordnung bewegt,[1450] sodass insgesamt die US-amerikanische Praxis an dieser Stelle als verfahrensrechtsnäher beschrieben werden kann.

Da wegen der in der Folgezeit nach dem BVerfG-Urteil[1451] weitgehend unveränderten Absprachen-Praxis – nicht damit zu rechnen ist, dass sich das Normenprogramm und die dahinter stehenden Vorstellungen vollständig durchsetzen und vielmehr auch weiterhin eine gewissermaßen kreative Verfahrenspraxis praeter legem existiert, kann nicht ausgeschlossen werden, dass auf Dauer an eine Änderung der gesetzlichen Ausgangssituation zu denken ist. Z. B. indem für bestimmte Verfahren, – vor allem Umfangsverfahren – in denen ohnehin die Strafzwecke nicht in Gänze umzusetzen sind,[1452] eine Beschränkung der Strafzwecke erfolgt auf einen Rechtsgüterschutz durch negative General- und Spezialprävention. Denn eine Abschreckung dürfte noch zu gewährleisten sein, wenn eine irgendwie geartete Strafe verhängt wird. Hierbei dürfte die Wirkung der negativen Generalprävention jedoch bedingt dadurch sein, ob es überhaupt zu einer Hauptverhandlung und einem Urteil kommt, da nur so das Strafverfahren von der Allgemeinheit wahrgenommen werden kann, was jedoch für eine Abschreckungswirkung unbedingt erforderlich ist. Eine positive General- wie Spezialprävention dürfte indes – jedenfalls sofern mit den konsensualen Maßnahmen eine Entfernung von der materiellen Wahrheit erfolgt – nicht zu erreichen sein, da das Normvertrauen durch ein Aushandeln der Rechtsfolgen durch die Parteien nicht bzw. jedenfalls in stark abgeschwächter Form eingeübt wird und zugleich durch den „Basar"-Charakter dieses Vorgehens die Besserung

1449 *Gless* in: Umfangreiche Wirtschaftsstrafverfahren in Theorie und Praxis- 2. Züricher Tagung zum Wirtschaftsstrafrecht, 2008, S. 115, 117.

1450 Vgl. hierzu: *Altenhain/Jahn/Kinzig*, Die Praxis der Verständigung im Strafprozess – Eine Evaluation der Vorschriften des Gesetzes zur Regelung der Verständigung im Strafverfahren vom 29. Juli 2009, 2020, S. 530 f.

1451 *BVerfG*, Urteil vom 19.03.2013 – 2 BvR 2628/10, 2 BvR 2883/10, 2 BvR 2155/11, NJW 2013, 1058 ff.

1452 Vgl. hierzu bereits die Ausführungen in Kapitel 1 A. III.

des Einzelnen weniger stark im Vordergrund steht. Ob sich vor diesem Hintergrund konsensuale Elemente im deutschen Strafverfahren möglicherweise unter Anpassung der Strafzwecke (weiter) etablieren werden, bleibt abzuwarten.

II. Zum Vergleich des Ziels des Strafverfahrens unter Berücksichtigung der Strafzwecke

Die Strafzwecke sind in den Rechtsordnungen der USA und Deutschlands als in großen Teilen übereinstimmend anzusehen. In beiden Rechtsordnungen kommt der Generalprävention und dem Schutz der Gesellschaft – nicht zuletzt durch „Unfähigmachen" des Täters durch „Absonderung von der Gesellschaft"[1453] – eine besondere Bedeutung zu. Im Vergleich zu Deutschland dürfte die negative Generalprävention in den USA gefolgt von einem daneben existierenden akzentuierten Vergeltungsgedanken dadurch besonders im Vordergrund stehen, dass sich die Rechtsprechung sensibel an dem Empfinden der Öffentlichkeit orientiert[1454] und zugleich das Interesse der Bevölkerung am Prozessverlauf durch die Medienpräsenz im Gerichtssaal, durch welche die Bevölkerung in die Lage versetzt wird, den Verhandlungen in Gänze zu folgen,[1455] befriedigt wird. Während zwischenzeitlich Vergeltung in beiden Rechtsordnungen eine untergeordnete, eher strafbegrenzende Rolle spielt[1456], kommt den relativ-präventiven Strafzwecken in beiden Rechtsordnungen erhebliche Bedeutung zu.[1457] Ein Unterschied wird jedoch im Gesamtzusammenhang mit der weiteren Ausgestaltung der Prozessmodelle deutlich: Während das deutsche Strafprozessrecht

---

1453 Hierzu auch: *Britz*, "Gefängnis und Gefangenschaft aus literarischer Sicht: ein Streifzug", JM 2019, 254.

1454 Hierzu auch: *Roberts/Stalans* in: *Tonry*, The handbook of Crime and Punishment, 2000, S.31 f.

1455 Hierzu auch: *Roberts/Stalans* in: *Tonry*, The handbook of Crime and Punishment, 2000, S. 31 f; zur sog. mittelbaren Öffentlichkeit auch: *Britz*, Fernsehaufnahmen im Gerichtssaal – Ein rechtsvergleichender Beitrag zum Öffentlichkeitsgrundsatz im Strafverfahren, 1999, S. 87.; *derselbige* zur sog. Medienöffentlichkeit, „Court TV? – Zum Stand der Diskussion um § 169 Satz 2 GVG", JM 2015, 127, 130.

1456 In diese Richtung die deutsche Rechtsordnung betreffend auch: *Hassemer/Neumann* in: *Kindhäuser/Neumann/Paeffgen*, StGB, 5. Auflage 2017, Vorbemerkungen zu § 1, Rn. 286 f.; vgl. für die USA: *Alschuler*, The University of Chicago Law Review, 2003, Volume 70, Number 1, 1, 1 ff.

1457 Vgl. für die USA: *Alschuler*, The University of Chicago Law Review, 2003, Volume 70, Number 1, 1, 1 ff.; vgl. für Deutschland: *Maier* in: MüKo StGB, 4. Auflage 2020, § 46 Rn. 46.

eine enge Verknüpfung der Strafe mit der Schuld voraussetzt[1458] kann dies im US-amerikanischen Strafprozess nicht der Anknüpfungspunkt der Strafe sein, da dort gerade aufgrund des formellen Wahrheitsbegriffs, des Partei- und Dispositionsprinzips, für die Verhängung einer Strafe das tatsächliche Vorliegen von Schuld nicht zwingende Voraussetzung ist – wenngleich historisch gesehen davon ausgegangen wird, dass nur der tatsächlich schuldige Täter ein guilty plea abgibt.[1459]

Damit kann zusammenfassend festgestellt werden, dass zwar die jeweils verfolgten Strafzwecke einander sehr ähnlich, die zu überwindenden Hürden zur Erreichung dieser Strafzwecke jedoch unterschiedlich ausgestaltet sind.

III. Zum Vergleich der Struktur des Strafverfahrens

Während der deutsche Strafprozess mit der klar strukturierten Drei-Teilung leicht zu überblicken ist, ist der Ablauf des US-amerikanischen Strafrechts durch seine Vielzahl von Verfahrensstadien komplexer. Obgleich im deutschen Verfahren Möglichkeiten zur Erörterung des Verfahrensstandes bestehen, wird hiervon nicht in einem mit den teils obligatorischen verschiedenen vorgerichtlichen Anhörungen des US-amerikanisches Strafprozesses vergleichbaren Maße Gebrauch gemacht. Vergleichbar sind allenfalls die „initial appearance“ und die in Deutschland existierende Vorführung bei Erlass eines U-Haft-Befehls. Ein mit dem US-amerikanischen Vorprüfungsverfahren vergleichbarer Verfahrensabschnitt existiert jedoch nicht, selbst wenn bereits zu einem frühen Zeitpunkt eine Verfahrenserörterung stattfinden würde, da gerade kein unabhängiger Richter beteiligt werden würde. Zudem existiert kein Pendant zum pre trial discovery. Zwar wird im deutschen Strafprozess dem Beschuldigten Akteneinsicht und damit auch ein Überblick über die Beweismittel der Staatsanwaltschaft gewährt.[1460] Es existiert aber gerade nur in Ausnahmefällen[1461] die frühzeitige Möglichkeit, Zeugen im vorgerichtlichen Bereich zu befragen und deren Aussage zu überprüfen bzw. zu erschüttern. Die Kompetenz zur sanktionsbewehrten Fristsetzung für die Stellung von Anträgen vor dem Gerichtsverfahren existiert in Deutschland gleichfalls nicht. In diese Richtung geht aber die Fristsetzung

---

1458 Zur schuldangemessenen Strafe: *BVerfG*, Urt. v. 19. 3. 2013 – 2 BvR 2628/10, 2 BvR 2883/10, 2 BvR 2155/11; NJW 2013, 1058; 1060.

1459 Hierzu kritisch: *Paulsen*, ZStW 77 (1965), 637, 653 f.

1460 Hierzu: *Thomas/Kämpfer* in: MüKoStPO, 1. Auflage 2014, § 147 Rn. 49.

1461 Bei der richterlichen Vernehmung besteht ein Fragerecht nach § 168 c Abs. 2 Satz 2 StPO.

zur Antragsstellung, welche im Zusammenhang mit der Zustellung der Anklage ergeht. Jedoch hat deren Versäumung keine Sanktion dergestalt zur Folge, dass der Antrag danach als verspätet zurückgewiesen wird, sondern lediglich, dass das Gericht bei der Entscheidung über die Eröffnung des Hauptverfahrens nur die Aktenlage berücksichtigen kann.

IV. Vergleichbarkeit grundlegender Strukturen als Ausgangspunkt für einen möglichen Rechtstransfer

Auf eine mögliche Implementierung bestimmter US-amerikanischer Mechanismen im deutschen Strafprozess begünstigend wirkt sich jedenfalls aus, dass die Rechtssysteme der USA und Deutschland nicht so weit voneinander entfernt sind, wie es vielleicht auf den ersten Blick wirken mag, sondern sich bestimmte Mechanismen bereits angenähert haben.[1462]

Anschaulich beschreibt dies *Weigend*:

> *So entspricht das Klischee vom vollkommen passiven Schiedsrichter, der nur punktuell über die prozessuale Zulässigkeit bestimmter Beweismittel oder Fragen entscheidet, vielleicht noch der Verfahrenswirklichkeit beim jury trial in manchen US-amerikanischen Jurisdiktionen, aber schon im amerikanischen Verfahren ohne jury und insbesondere in England verstehen viele Richter ihre Rolle so, dass sie sich zwar während der Beweispräsentation durch die Parteien zurückhalten, aber durchaus ergänzend eingreifen, wenn dies für die Wahrheitsfindung notwendig ist.*[1463]

Insgesamt ist daher festzuhalten, dass die grundsätzliche Basis des Strafprozesses, der in beiden Rechtsordnungen in der Verfassung verwurzelt ist, welche wiederum untrennbar mit rechtsstaatlichen Grundsätzen verknüpft ist, vergleichbar ist.[1464]

Auf der Basis einer Gegenüberstellung des Normenprogramms zum Strafverfahren sowie der Verfahrenswirklichkeit in beiden zu vergleichenden Rechtsordnungen stellen sich die Fragen nach einer Überlegenheit von Ansätzen zur Bewältigung von Umfangsverfahren im US-amerikanischen System, welche eine Implementierung im deutschen Recht als sinnvoll erscheinen lassen sowie nach den hierfür erforderlichen Voraussetzungen.

1462 So auch: *Weigend*, "Rechtsvergleichende Bemerkungen zur Wahrheitssuche im Strafverfahren", in: Festschrift für Ruth Rissing-van Saan zum 65. Geburtstag: am 25. Januar 2011, S. 749, 760 f.

1463 So: *Weigend*, in: Festschrift für Ruth Rissing-van Saan zum 65. Geburtstag: am 25. Januar 2011, S. 749, 760 f.

1464 Hierzu auch: *Kautenburger-Behr*, 2004, S. 129.

1. *Überlegungen zum Strafprozessmodell*

Auch wenn ein direkter Vergleich nicht in Gänze möglich ist, stellt sich die Frage, ob die adversatorische Ausrichtung des Verfahrens für den deutschen Strafprozess die „bessere“ Alternative wäre. Interessant erscheint es daher, den Blickwinkel eines Betrachters nachzuvollziehen, der den deutschen Strafprozess aus externer Perspektive wahrnehmen kann.

So führte *Thaman* aus:

> *Eines der größten Probleme der europäischen Länder [ist] die Effizienz der vorbereitenden Ermittlungen. Nicht in jedem Fall [ist] eine ausgiebige Voruntersuchung nötig, vielmehr sollte es möglich sein, schneller Anklage zu erheben und den Prozess einzuleiten, beispielsweise in Fällen typischer Straßenkriminalität oder der Festnahme auf frischer Tat. In anderen Fällen wiederum [ist] eine lange geheime Ermittlung essentiell, um überhaupt erst einmal feststellen zu können, wer festgenommen werden müsse. […] [Es sollte] niema-n[d] seiner Freiheit […] beraub[t werden], bevor ein wirklicher Verdacht dafür besteht, dass die Person die Straftat begangen habe. […] Weiterhin könn[te] Effizienz […] dadurch erreicht werden, dass man unterschiedliche Verfahrensmöglichkeiten einrichtet, beispielsweise einen unverzüglichen, aber dennoch vollständigen Prozess in bestimmten Fällen, bei denen der Täter auf frischer Tat ertappt wurde, oder einen für solche Fälle, bei denen der Täter schon vor der Festnahme oder währenddessen geständig ist. […]*[1465]

Zuzustimmen ist dem insoweit, als die meisten Probleme der Umfangsverfahren ihre Ursache im Ermittlungsverfahren haben.[1466] Andererseits hängt dies weniger mit der Ausgestaltung als inquisitorischem oder adversatorischem System zusammen, wenngleich einzelne Mechanismen des adversatorischen Systems, – so letztlich auch die auf eine gewisse Kooperation der Beteiligten abzielenden[1467] Case Management-Maßnahmen, die eine gewisse Disposition ermöglichen, – als dem Verfahren äußerst dienlich angesehen werden können. Ein adversatorisches System mit der Konsequenz der gänzlichen Disposition der Parteien über den Verfahrensgegenstand wäre jedoch nicht mit dem im deutschen Recht maßgeblichen Schuldgrundsatz und dem Ziel der Ermittlung der materiellen Wahrheit vereinbar.[1468] Zudem wird vertreten, dass jedenfalls in der Hauptverhandlung

---

1465 *Lelieur*, in: *Eser/Rabenstein*, Strafjustiz im Spannungsfeld von Effizienz und Fairness, op. 2004, S. 63, 66 f.

1466 Vgl. hierzu bereits die Ausführungen in Kapitel 1 B II. 1.

1467 In diese Richtung auch: *Boas*, The Milosevic Trial, 2007, S. 176.

1468 Hierzu: *BVerfG*, Urteil vom 19.03.2013 – 2 BvR 2628/10, 2 BvR 2883/10, 2 BvR 2155/11, NJW 2013, 1058, 1062.

die richterliche Aufklärungspflicht einen größeren Beschleunigungseffekt bewirkt als das adversatorische Vorgehen der Parteien.[1469]

Hervorzuheben ist die mit dem adversatorischen bzw. inquisitorischen System einhergehende Herangehensweise im Hinblick auf die Beweisermittlung. Während im US-amerikanischen Strafprozess diese den jeweiligen Parteien obliegt, werden die Ermittlungen im deutschen Strafprozess grundsätzlich von der Staatsanwaltschaft geleitet. Sie ist prinzipiell zur Führung objektiver Ermittlungen verpflichtet.[1470] Da die Staatsanwaltschaft in beiden Rechtssystemen umfassendere Ermittlungsmöglichkeiten besitzt, als sie dem Beschuldigten zur Verfügung stehen, dürfte die Beweislage insgesamt im deutschen Strafprozess nach der gesetzlichen Konzeption vollständiger sein als dies im US-amerikanischen Strafprozess der Fall ist. Dort ist aufgrund des Beibringungsgrundsatzes grundsätzlich jede Partei verpflichtet, die für sie günstigen Beweismittel vorzulegen.[1471] Etwas abgemildert wird dieses Ergebnis dadurch, dass die Staatsanwaltschaft, sofern sie auf entlastende Beweismittel stößt, als Ausprägung des defendant's right of access to evidence verpflichtet ist, diese dem Beschuldigten zugänglich zu machen.[1472] Sie ist jedoch – anders als im deutschen Recht – nicht gehalten, entlastend zu ermitteln.[1473] Andererseits wird in der Praxis des deutschen Strafprozesses die Objektivität der Ermittlungen oftmals vernachlässigt, sodass letztlich die Unterschiede in den Systemen nicht mehr gravierend erscheinen. Dennoch bleibt festzuhalten, dass allein im deutschen Prozessrecht eine Pflicht zur objektiven Ermittlung und damit auch zur Ermittlung entlastender Umstände existiert.

Vor allem mit Blick auf die Gefahren eines „Formalgeständnisses" für die Strafzwecke unter Berücksichtigung eines Machtungleichgewichts, das im Rahmen der Ermittlungsmöglichkeiten begründet liegt, lässt sich vorsichtig schlussfolgern, dass das inquisitorische System durchaus seine Vorteile hat, sofern ein „Normalprozess" mit Hauptverhandlung durchgeführt wird. Da gerade dies in Umfangsverfahren jedoch meist sehr aufwändig ist bzw. bereits die vorgeschalteten Verfahrensstadien sehr viel Zeit in Anspruch nehmen, bietet sich für diese Konstellation eine verstärkte Implementierung von aus dem adversatorischen System entnommenen Mechanismen in den deutschen Strafprozess an.

1469 So: *Boas*, The Milosevic Trial, 2007, S. 179.

1470 Vgl. § 160 Abs. 2 StPO.

1471 Hierzu auch: *Kautenburger-Behr*, 2004, S. 53.

1472 *Kautenburger-Behr*, 2004, S. 68.

1473 Hierzu auch: *Kautenburger-Behr*, 2004, S. 65.

2. *Überlegungen zum Wahrheitsbegriff: Formelle oder materielle Wahrheit als Anspruch des Strafprozesses?*

Von Bedeutung ist die Frage, ob als absoluter Anspruch des Strafprozesses die Erforschung der materiellen Wahrheit anzusehen ist oder ob auch eine formelle Wahrheit als ausreichend erachtet werden kann. Teilweise wird zwar vertreten, dass es „unverbrüchliches Primärziel des Strafverfahrens" sein müsse, den tatsächlich so passierten Geschehensablauf zu rekonstruieren, um zu beurteilen, ob gegen die Verhaltensnorm verstoßen wurde und daher strafwürdiges Unrecht vorliege.[1474] Nur so könne das mit dem Strafverfahren weiterhin verfolgte Ziel der Generalprävention erreicht werden.[1475] Zwar kann dies in diesem Ausmaß nicht geleistet werden, sodass Abstriche im Hinblick auf die Erforschung auch unter der Prämisse „keine Wahrheitserforschung um jeden Preis"[1476] gemacht werden müssen. Nichtsdestotrotz lässt sich an den aus dem Schuldgrundsatz und damit eng mit dem Rechtsstaatsprinzip verbundenen, folgenden verfassungsrechtlichen Anforderungen an die materielle Wahrheit[1477] nicht rütteln. Zudem können die Strafzwecke nur unter diese Prämisse in größtmöglichem Ausmaß bedient werden, da einer Verurteilung aufgrund einer Verständigung letztlich immer ein schaler Beigeschmack beiwohnt.[1478] Die im Strafprozess formell erzielte Wahrheit kann daher nicht für eine „gerechte" Strafe, die der Verwirklichung der mit Verhängung einer Strafe verfolgten Zwecke der General- und Spezialprävention dient, herangezogen werden – jedenfalls, wenn Transparenz dahingehend besteht, dass lediglich die formelle Wahrheit maßgeblich für die Verurteilung war.

1474 *Schünemann*, in: *Weßlau/Wohlers*, Festschrift für Gerhard Fezer zum 70. Geburtstag am 29. Oktober 2008, 2008, S. 555, 558 f.; in diese Richtung auch: *BVerfG*, Urt. v. 19. 3. 2013 – 2 BvR 2628/10, 2 BvR 2883/10, 2 BvR 2155/11, NJW 2013, 1058, 1061.

1475 *Schünemann*, in: *Weßlau/Wohlers*, Festschrift für Gerhard Fezer zum 70. Geburtstag am 29. Oktober 2008, 2008, S. 555, 558 f.

1476 So: *BGH*, Urteil vom 14.06.1960 - 1 StR 683/59, NJW 1960, 1580, 1582; in diese Richtung mit Blick auf die Existenz von Beweisverwertungsverboten auch: *BGH*, Urteil vom 27.01.1978 - RiZ (R) 3/77, NJW 1978, 1425, 1426.

1477 *BVerfG*, Urt. v. 19. 3. 2013 – 2 BvR 2628/10, 2 BvR 2883/10, 2 BvR 2155/11, NJW 2013, 1058, 1061.

1478 Vgl. hierzu ausführlicher bereits die Ausführungen in Kapitel 1 A III.; Kapitel 5 A. I.

3. *Überlegungen zur Stellung der Beteiligten*

Unter der Prämisse, dass gerade die materielle Wahrheit im Rahmen des Strafprozesses erforscht werden soll, dürfte die Idee eines objektiv ermittelnden Staatsanwalts und eines unabhängigen neutralen Richters sowie eines zur Stellung von Beweisanträgen berechtigten Beschuldigten überzeugender sein als ein im Rahmen eines „Wettstreits" ermittelter Sachverhalt durch zwei sich gegenüberstehende Parteien. Andererseits ist jedoch zu berücksichtigen, dass diese Idealvorstellung der Rollenverteilung im deutschen Strafprozess durch die Verfahrenswirklichkeit konterkariert wird, sodass letztlich ein Machtungleichgewicht zu Lasten des Beschuldigten besteht, während dies im US-amerikanischen Recht aufgrund des geltenden Parteienprinzips und eines mehr moderierenden Richters besser austariert ist. Das beschriebene Machtungleichgewicht gilt es im deutschen Strafprozess auszugleichen, was unter anderem durch eine Stärkung von Beteiligungsrechten des Beschuldigten vor Eintritt einer belastenden, einseitig geprägten Aktenlage sowie zum anderen durch eine frühzeitige Kontrolle durch den Richter gefördert werden könnte. Gleichwohl gilt für das Hauptverfahren, dass der Richter im inquisitorischen Strafprozess effizienter vorgeht als die im Wettstreit agierenden Parteien.

4. *Überlegungen zum Ablauf des Strafverfahrens*

a) *Erwägungen zum Charakter des Ermittlungs- bzw. Vorverfahrens*

Die frühzeitige Ausrichtung spezieller Verfahrensweisen im US-amerikanischen Differentiated Case Management anhand der Frage, welche Verfahrensart- bzw. -ausprägung vorliegt, ist ein maßgebliches Charakteristikum. Hierdurch kann nämlich verhindert werden, dass es späterhin zu nicht mehr zu behebenden Fehlstellungen in einem frühen Verfahrensstadium durch nicht hinreichende Förderung des Verfahrens kommt. Dieser Mechanismus ist dem deutschen Strafprozess um einiges voraus.

Im Ermittlungs- und Vorverfahren erfolgt im US-amerikanischen Recht zudem eine viel stärkere Kontrolle durch unabhängige Personen als es im deutschen Strafprozess der Fall ist – beispielsweise durch den Magistrat im Rahmen einer sog. magistrate review und im preliminary hearing sowie erneut durch die grand jury.[1479] Hierdurch wird in vielen Fällen sichergestellt, dass nur die Fälle und ebendiese nur in dem Umfang im Rahmen einer Hauptverhandlung streitig verhandelt werden, bei denen die Vorwürfe auf einer belastbaren tatsächlichen

---

1479 Hierzu ausführlich: *Kautenburger-Behr*, 2004, S. 74 f.

wie rechtlichen Grundlage beruhen – im Gegensatz zum deutschen Strafprozess, in welchem in vielen Fällen grundlegende Fragestellungen erstmalig in der Hauptverhandlung erörtert werden. Dies erscheint nicht wünschenswert, da im Rahmen der Hauptverhandlung in viel größerem Ausmaß aufgrund der Präsenzpflicht einer Vielzahl Beteiligter Ressourcen aufgewendet werden müssen, als es im Ermittlungs- bzw. Zwischenverfahren der Fall ist.

Daneben erfolgen im US-amerikanischen Recht frühzeitig Zusammenkünfte der Verfahrensbeteiligten, was im deutschen Strafprozess nur vereinzelt der Fall ist; aus den bereits dargestellten Gründen ist in diesem Aspekt das US-amerikanische Recht dem deutschen Strafprozess überlegen.

Obwohl das US-amerikanische Verfahren insgesamt gewissermaßen als „zerstrukturiert" im Vergleich zum deutschen Strafprozessrecht, bei dem das Ermittlungsverfahren fast ausschließlich in den Händen der Staatsanwaltschaft liegt, zu charakterisieren ist, sind diese mehrfach erfolgende Kontrolle sowie frühzeitige Zusammenkunft der Verfahrensbeteiligten als konstruktiv zu bewerten, da hierdurch frühzeitig die Staatsanwaltschaft auf weitere oder andere Perspektiven aufmerksam gemacht werden kann, was dem gesamten Strafverfahren förderlich erscheint.

Daneben ist die Bedeutung der im Rahmen des fakultativen preliminary hearing möglichen Befragung von Belastungszeugen eine Besonderheit gegenüber dem deutschen Recht, wonach dies grundsätzlich[1480] erst im Rahmen der Hauptverhandlung möglich ist. Hierdurch kann dem pro inertia-Effekt bereits früh entgegengewirkt werden und eine Reduzierung der Vorwürfe auf den nachweisbaren Kern erfolgen, womit wiederum eine Straffung des Verfahrens eintritt.

Im Hinblick auf die Gewährleistung einer ausgeglichenen Aktenlage bzw. der Vermeidung eines pro inertia-Effekts kann daneben das im US-amerikanischen Recht existierende pre trial discovery mit der damit als ultima ratio verknüpften Möglichkeit, nicht offengelegte Beweismittel auszuschließen[1481], als verfahrensförderlich hervorgehoben werden. Hierdurch werden beide Parteien angehalten, sich frühzeitig mit der Sach- und Beweislage auseinanderzusetzen, wodurch

---

1480 Vgl. aber: § 168c Abs. 2 Satz 2 StPO; zudem ist insoweit zu berücksichtigen, dass im deutschen Recht gemäß Art. 6 Abs. 3 lit. d EMRK ein Konfrontationsrecht besteht, welches letztlich ebenfalls auf den anglo-amerikanischen kontradiktorischen Strafprozess zurückzuführen ist. Dieses gilt indes nicht uneingeschränkt im Ermittlungsverfahren; vgl. hierzu näher: *Meyer-Ladewig/Harrendorf/König* in: *Meyer-Ladewig/Nettesheim/von Raumer*, Europäische Menschenrechtskonvention, 4. Auflage 2017, Art. 6 EMRK, Rn. 239.

1481 Vgl. FRCP 16 (d) (2) (C); hierzu auch: *Kautenburger-Behr*, 2004, S. 57.

unter Umständen ein Beweisverlust vermieden werden kann. Insgesamt dient dieser Anreiz faktisch der Ermittlung der materiellen Wahrheit – wenngleich durch einen entsprechenden Ausschluss diese auch beeinträchtigt werden kann.[1482]

b) Erwägungen zur Bedeutung der Hauptverhandlung

Die Hauptverhandlung stellt nach einer überkommenen Diktion das Herzstück des Hauptverfahrens im deutschen Strafprozess dar. Außerhalb dieser kommt allenfalls eine außerhalb der Hauptverhandlung erfolgende Erörterung des Verfahrensstands mit den Verfahrensbeteiligten gem. §§ 212, 202a StPO in Betracht. Im US-amerikanischen Strafprozess ist dieses Verfahrensstadium demgegenüber unterteilt in das Anklageeröffnungsverfahren, in dem oftmals von Seiten des Beschuldigten – aufgrund eines außerhalb des Anklageeröffnungsverfahrens mit der Staatsanwaltschaft erfolgten plea bargaining – ein guilty plea abgegeben wird.[1483] Durch letzteres wird die sich anschließende Hauptverhandlung insoweit verkürzt, als die Hauptverhandlung vor der jury, in der ein Schuldspruch ergehen würde, entbehrlich wird, sodass direkt zur Strafzumessung durch den Richter übergegangen werden kann.[1484] Im deutschen Recht erfolgt hingegen Schuldspruch und Strafzumessung durch die gleiche Person und es fehlt an der für das Überspringen der Feststellung der Schuldfrage erforderlichen Disponibilität, was insbesondere mit dem geltenden Schuldgrundsatz zusammenhängt.

Die Hauptverhandlung selbst ist im US-amerikanischen Strafprozess in zwei Teile aufgeteilt – dem trial vor der jury, also der eigentlichen Hauptverhandlung und dem Verurteilungsverfahren vor dem Berufsrichter, in dem die Strafe festgesetzt wird.[1485] Wenngleich die Trennung zwischen Feststellung der Schuld und der konkreten Strafzumessung im deutschen Recht ebenfalls erfolgt, so wird das deutsche System insoweit als effektiver angesehen, als im Rahmen der Feststellung der Schuld gerade nicht nur die Beurteilung tatsächlicher Fragen notwendig ist. Vielmehr steht in untrennbarem Zusammenhang damit auch die Berücksichtigung verfahrensrechtlicher Fragen wie z. B. dem Eingreifen von Beweisverwertungsverboten, was gerade eine Berücksichtigung bestimmter Beweismittel bei der Beurteilung der Schuldfrage verbietet. Letzteres dürfte

---

1482 Hierzu und der Präklusion insgesamt ablehnend gegenüberstehend: *Trüg/Habetha* in: MüKo StPO, 1. Auflage 2016, § 246 Rn. 1.

1483 Hierzu auch: *Kautenburger-Behr*, 2004, S. 76.

1484 Hierzu auch: *Kautenburger-Behr*, 2004, S. 54.

1485 Hierzu auch: *Kautenburger-Behr*, 2004, S. 76, 83.

aber – auch bei einem entsprechenden richterlichen Hinweis – von Laienrichtern nicht in dem erforderlichen Umfang praktiziert werden, sodass gerade in solchen Fällen ein sog. verdict[1486] oftmals trotz aus rechtlicher Sicht, beispielsweise wegen des Eingreifens eines Beweisverwertungsverbots, fehlender tatsächlicher Grundlage ergehen dürfte. Insoweit wird das deutsche System, in dem zumindest immer Berufsrichter bei der Beurteilung der Schuldfrage mitentscheiden, als für die Erzielung von aus rechtlicher Sicht „gerechter" Ergebnisse als geeigneter angesehen.

5. *Résumé*

Insgesamt ist festzuhalten, dass sowohl im deutschen als auch im US-amerikanischen System Elemente vorhanden sind, die mit Blick auf die Bewältigung von Umfangsverfahren als förderlich anzusehen sind; zugleich existieren in beiden Rechtsordnungen Prinzipien bzw. Mechanismen, die als eher hinderlich eingestuft werden können. Das deutsche inquisitorische System ist, sofern der „Normalprozess" mit einer Hauptverhandlung durchgeführt wird, auf eine größtmögliche Verwirklichung des verfassungsrechtlich verbürgten Schuldgrundsatzes ausgerichtet. Da gerade die Durchführung einer Hauptverhandlung in Umfangsverfahren meist sehr aufwändig ist bzw. bereits die vorgeschalteten Verfahrensstadien sehr viel Zeit in Anspruch nehmen, bietet sich für diese Fälle eine verstärkte Integration von aus dem adversatorischen System entnommenen Mechanismen in den deutschen Strafprozess an. Insoweit dürfte das Differential Case Management dem deutschen Strafprozessrecht voraus sein. Zudem bietet auch eine verstärkte Kontrolle des Ermittlungsverfahrens und der Bejahung eines hinreichenden Tatverdachts sowie das Vorliegen einer ausgeglicheneren Ausgangslage durch die Ermöglichung der Befragung von Belastungszeugen Vorteile für die Gesamtausrichtung des Verfahrens. Nicht zuletzt wird auch der Anreiz, Beweismittel bereits vor der Hauptverhandlung offenlegen zu müssen, da sie sonst schlechtestenfalls im Rahmen der Hauptverhandlung nicht berücksichtigt werden, als positiv bewertet, da hierdurch sowohl die Staatsanwaltschaft, als auch der Beschuldigte bemüht sein werden, rechtzeitig entsprechende Beweise zu ermitteln und vorzulegen, wodurch die Hauptverhandlung entweder gänzlich vermieden oder zumindest erheblich gefördert werden kann.

1486 Zu deutsch: Schuldspruch.

V. Zwischenergebnis

Da trotz vieler Gemeinsamkeiten zwischen dem deutschen und dem US-amerikanischen Rechtssystem auch grundlegende Unterschiede festgestellt werden konnten, ist zu konstatieren, dass eine Implementierung von Mechanismen aus dem US-amerikanischen Recht im deutschen Strafprozess nur in den durch die deutsche Verfassung gesetzten Grenzen in Betracht kommt. Aufgrund des Umstandes, dass das deutsche Prozessmodell maßgeblich verfassungsrechtlich geprägt ist, ist ein Transfer von Lösungsansätzen aus dem US-amerikanischen Recht daher nur insoweit möglich, als dieser keine grundlegende Änderung des deutschen Prozessmodells erfordert. Damit scheiden jedenfalls solche Regelungen, die die Geltung der Dispositionsmaxime bzw. eines formellen Wahrheitsbegriffs voraussetzen für eine Integration in deutsches Strafprozessrecht aus.

Gleichwohl ist festzustellen, dass einige der insbesondere im Rahmen von Case Management-Maßnahmen und damit mehr organisatorisch angelegten und die Ausgestaltung des Prozessmodells weitestgehend unantastenden im US-amerikanischen Recht anzutreffenden Ideen für das deutsche Strafprozessrecht weiterführend sein könnten. So erscheint vor allem der Ansatz einer frühzeitigen Zusammenkunft der Verfahrensbeteiligten Richter, Staatsanwaltschaft, Beschuldigter und Verteidiger als Beitrag zur Lösung der Problematik von Umfangsverfahren geeignet. Denn hierdurch können bestehende einseitige Beleuchtungen des Sachverhalts frühzeitig um eine andere oder weitere Perspektive bereichert und rechtliche Fragestellungen erörtert, Ressourcen sinnvoll konzentriert und Einwendungen frühzeitig geprüft werden. Unter Umständen wird hierdurch sogar einer Einstellung noch in einem sehr frühen Verfahrensstadium der Boden bereitet. Demgegenüber dürfte angesichts des stark parteiprozessual geprägten Instituts des guilty plea eine Integration ins deutsche Recht schwierig sein; dennoch bleibt die dahinterstehende Idee eines informierten Beschuldigten, der – soweit er schuldig ist – möglicherweise frühzeitig darin bestärkt wird, ein umfassendes Geständnis abzulegen, wodurch die weiteren Ermittlungen erleichtert werden, diskussionswürdig. Auch der Ansatz zur engmaschigen Kontrolle aller Verfahrensbeteiligten wäre grundsätzlich für das deutsche Strafverfahren von Vorteil. Zudem wird der Charme der Casamento benchmarks-Idee nicht verkannt: Es kann durchaus Sinn machen, anhand einer frühzeitig zu entwerfenden Zeitschiene die Entscheidung festzumachen, ob ein Verfahren mit mehreren Beschuldigten zusammen oder getrennt durchzuführen ist.

Nach alledem sind einige der US-amerikanischen (Case Management-) Maßnahmen als durchaus interessant und als nicht evident unvereinbar mit deutschem Recht einzustufen. Im Folgenden ist mithin zu untersuchen, ob einer

Verfolgung der dargestellten Grundideen im deutschen Recht reales Entwicklungspotenzial zukommt. Der Schwerpunkt liegt auf dem Ziel einer möglichen Implementierung konkreter Instrumentarien in den deutschen Strafprozess.

B. Entwicklungsperspektiven im deutschen Recht

Das US-amerikanische Recht enthält viele positiv zu bewertende Ansätze. Daher ist zu beleuchten, ob ihnen entsprechendes Entwicklungspotenzial für das deutsche Recht zuerkannt werden kann. Der Maßstab für die Bewertung dieser Fragestellung kann insoweit negativ abgrenzend dahingehend angelegt werden, ob eine Kontraindikation dergestalt vorliegt, dass andere im deutschen Recht vorhandene Mechanismen den gleichen Zweck ebenso gut erfüllen, oder ob insbesondere verfassungsrechtliche Erwägungen entgegenstehen.

I. Bewertung des zu erwartenden Mehrwerts der dem US-amerikanischem Recht entlehnten strafprozessualen Mechanismen für das deutsche Strafprozessrecht

Zunächst ist der Frage nachzugehen, ob und inwieweit den als grundsätzlich positiv bewerteten US-amerikanischen Ansätzen über das geltende deutsche Strafprozessrecht hinausgehendes Entwicklungspotenzial zukommt.

1. *Zu erwartender Mehrwert von Case Management-Maßnahmen für das deutsche Recht?*

Aufgrund der weitreichenden Auswirkungen des Case Managements in den USA soll zunächst untersucht werden, ob durch Einführung einzelner Case Management-Maßnahmen ein Entwicklungsschub im deutschen Recht zu erwarten ist. Dies hängt maßgeblich davon ab, wie der status quo in Deutschland das Case Management betreffend einzustufen ist.

a) Status quo in Deutschland

In Deutschland existieren initiale Case Management-Ansätze. So „sollen" Termine in Umfangsverfahren mit den Verfahrensbeteiligten (im weiteren Sinne) abgesprochen werden[1487]. Des Weiteren besteht die Möglichkeit, das Verfahren

1487 So der neue § 213 Abs. 2 StPO, vgl. indes bereits die kritischen Ausführungen in Kapitel 2 E; mit Blick auf die freie Wahl des Verteidigers durch den Beschuldigten und die prozessuale Fürsorgepflicht des Gerichts bereits im Rahmen des früheren Gesetzeswortlautes in Richtung eines Konsenses tendierend: *Britz* in: *Radtke/Hohmann*,

vorgerichtlich zu erledigen mittels Verfahrenserörterungen[1488]. Daneben ist die Staatsanwaltschaft dazu aufgerufen, bereits in der Anklage die der Staatsanwaltschaft vorliegenden Beweismittel zu benennen bzw. spätestens ab Abschluss der Ermittlungen Akteneinsicht zu gewähren[1489], sodass jedenfalls ab diesem Zeitpunkt die Beweise der Staatsanwaltschaft eingesehen werden können. Der Beschuldigte hat prinzipiell ebenfalls in diesem Stadium schon die Möglichkeit, etwaige Beweiserhebungen zu beantragen und damit den angenommenen Sachverhalt zu seinen Gunsten zu beeinflussen.[1490] Aber auch noch nach Erhebung der Anklage und vor Eröffnung des Hauptverfahrens kann der Beschuldigte gem. § 201 Abs. 1 StPO Beweiserhebungen beantragen. Deswegen stellt sich die Frage, ob diese Ansätze im deutschen Recht ausreichend sind oder ob die zusätzliche Implementierung der oben beschriebenen US-amerikanischen Case Management-Ansätze noch Vorteile bietet.

b) *Entwicklungspotenzial von US-amerikanischen Case Management-Maßnahmen für das deutsche Recht*

Inwieweit einzelne als grundsätzlich verfahrensförderlich anzusehende Case Management-Maßnahmen als in das deutsche Strafprozessrecht implementierungswürdig einzustufen sind, hängt von einer Prognose der hierdurch eintretenden Auswirkungen ab. Soweit einzelnen Mechanismen Entwicklungspotenzial zuerkannt werden kann, ist dieses gänzlich dahingehend auszuschöpfen, dass zu untersuchen ist, ob durch eine Fortentwicklung des implementierten Rechts eine Maximierung der erstrebten Effekte erfolgen kann.

aa) *Entwicklungspotenzial von status conferences/pre trial conferences im deutschen Recht*

(1) *Grundsätzliche Bewertung des Entwicklungspotenzials*

Insbesondere die Institution der status conferences/pre trial conferences erscheint sinnvoll, jedenfalls wenn durch sie abgesichert wird, dass die

---

StPO, 2011, § 213, Rn. 10; ausführlich zum Diskussionsstand: *Kasten*, 2017, S.300 ff.; konkret zum Vorgehen bei Umfangsverfahren: *derselbige*, S. 327 f.;vgl. auch Gesetzesentwurf der Bundesregierung, Entwurf eines Gesetzes zur effektiveren und praxistauglicheren Ausgestaltung des Strafverfahrens, vom 30.12.2016, BR-Drucks- 796/16, S. 10.

1488 Vgl. §§ 160 b, 202 a, 212, 257 b StPO.

1489 Vgl. § 147 Abs. 1, Abs. 2 StPO.

1490 Vgl. §§ 114 b Abs. 2 Satz 1 Nr. 3, 136 Abs. 1 Satz 5, 166 Abs. 1 StPO.

Verfahrensbeteiligten frühzeitig zusammenkommen, dazu angehalten werden, regelmäßig Verfahrensfortschritte nachzuweisen und alle Verfahrensbeteiligten „on top of the case" bleiben. Vor allem die frühzeitige Beteiligung des bzw. der späteren Hauptsacherichter wäre bemerkenswert: Durch die kurzfristige Zusammenkunft der Verfahrensbeteiligten (im weiteren Sinne)[1491] in einem sehr frühen Verfahrensstadium, kann das Verfahren insgesamt beschleunigt werden.[1492] Jahrelange Ermittlungen, die (erst) kurz vor Eintritt der Verjährung oder sogar danach in eine Anklage münden, würden hierdurch eingedämmt. In letzterem Fall ist die Ressourcenverschwendung offensichtlich, in ersterem Fall erlangt der Angeklagte ggf. erst nach Jahren Kenntnis vom Ermittlungsverfahren. Insofern fehlt es dann ggf. an entsprechender Erinnerung, mit der Ungereimtheiten hätten aufgeklärt bzw. entlastende Umstände hätten mitgeteilt werden können.

Zwar sehen die Vorschriften der § 160 b StPO und § 202a Satz 1 StPO Möglichkeiten vor, im Ermittlungs- und Zwischenverfahren den Verfahrensstand erörtern zu können. Hiervon wird indes in praxi jedenfalls im Ermittlungsverfahren nur selten Gebrauch gemacht. Sofern es überhaupt zu Erörterungsgesprächen kommt, liegt das Bestreben auf Seiten der Staatsanwaltschaft und des Gerichts meist darin begründet, dass man sich eine zügige Erledigung durch ein entsprechendes Geständnis des Beschuldigten erhofft.[1493] Zudem ist die Regelung mit der Voraussetzung, dass eine Erörterung nur stattfindet, wenn das Gericht die Eröffnung des Hauptverfahrens erwägt, sehr einseitig gefasst. Sofern also im Rahmen einer Status Conference zu einem bereits recht frühen Zeitpunkt im Vorverfahren Erörterungsgespräche als allgemeine Regel institutionalisiert werden würden, könnte dies dazu führen, dass tiefgehendere und ernstgemeintere Gespräche geführt werden, welche geeignet wären, einen für alle Beteiligten tragbaren Konsens hervorzubringen.[1494] Dies könnte insgesamt

---

1491 Vgl. Kapitel 2 E.

1492 Zum Institut der Vorgespräche vor umfangreichen Hauptverhandlungen im Rahmen der Neuerung des § 213 Abs. 2 StPO und der damit verbundenen „gefühlten" Verkürzung der Dauer der Hauptverhandlung um ca. 50- 75% auch die Stellungnahme des Deutschen Anwaltvereins durch den Ausschuss Strafrecht zum Entwurf eines Gesetzes zur effektiveren und praxistauglicheren Ausgestaltung des Strafverfahrens (Referentenentwurf des BMJV), Stellungnahme Nr.: 40/2016, August 2016, S. 7.

1493 In diese Richtung für das Zwischenverfahren auch: *Hamm* in: Beck'Sches Formularbuch für den Strafverteidiger, 6. Auflage 2018, Kapitel VI, Vorbemerkungen.

1494 Insoweit ablehnend und eher für einen frühen Erörterungstermin im Rahmen der Hauptverhandlung plädierend: *Bundesministerium der Justiz*, 2015, S. 95.

der sehr wichtigen Kommunikation zwischen allen Verfahrensbeteiligten dienlich sein.[1495] Insgesamt würde sich durch die Etablierung solcher Konferenzen voraussichtlich wiederum die Anzahl der vorgerichtlichen Erledigungen erhöhen. Insofern kann auch dieser Lösung gewisses Potenzial zuerkannt werden.

Soweit die Idee eines Erörterungstermins zur Strukturierung des weiteren Verfahrens bereits von der Expertenkommission 2015 diskutiert wurde, verlagerte diese den wünschenswerten Zeitpunkt eines solchen Termins ins Hauptverfahren.[1496] Dem kann für Umfangsverfahren aus den dargestellten Gründen nicht gefolgt werden. Die bis zur Eröffnung des Hauptverfahrens eingetretenen Verzögerungen wären nicht mehr zu kompensieren. Eine status conference sollte daher zu einem frühestmöglichen Zeitpunkt stattfinden. Nicht zuzustimmen ist auch dem Ansinnen der Expertenkommission, dass solche Gespräche auf den äußeren Ablauf der Hauptverhandlung zu beschränken seien;[1497] diese Aussage dürfte im Kontext mit der Annahme zu sehen sein, dass Erörterungsgespräche erst nach Eröffnung der Hauptverhandlung durchzuführen seien. Wenn jedoch status conferences bereits im Ermittlungsverfahren stattfinden, sind Gespräche inhaltlicher Art über eine Beschränkung der Ermittlungen auf Kernvorwürfe und gleichzeitiger Einstellung von nicht ins Gewicht fallenden Vorwürfen wünschenswert, da mit hoher Wahrscheinlichkeit spätestens zu Beginn der Hauptverhandlung ohnehin so verfahren würde. In diesem Fall wären die Ermittlungen jedoch jedenfalls hinsichtlich des ohnehin einzustellenden Teils als – im Hinblick auf den notwendigen Überblick über den meist komplexen Verfahrensstoff – eher hinderlich und letztlich als Zeit- und Ressourcenverschwendung anzusehen. In diesem Zusammenhang ist daran zu erinnern, dass im Rahmen einer Studie als eine Ursache für außergewöhnlich lange Hauptverhandlungen unter anderem auch umfangreiche Verfahrensgegenstände verantwortlich gemacht wurden.[1498]

Damit ist status conferences/pre trial conferences zu einem frühestmöglichen Zeitpunkt im Ermittlungsverfahren ein hohes Verfahrensförderungspotenzial zuzuerkennen.

1495 *Bundesministerium der Justiz* , 2015, S. 113 f.

1496 *Bundesministerium der Justiz*, 2015, S. 95; 113 f.

1497 *Bundesministerium der Justiz*, 2015, S. 113 f.

1498 *Nehm/Senge*, NStZ 1998, 377, 389.

(2) *Skizzierung einer status conference/pre trial conference im deutschen Recht*

Im Einzelnen könnten im Rahmen einer status bzw. pre trial conference folgende Inhalte etabliert werden:

Im Rahmen der Durchführung einer status conference/pre trial conference wäre es sinnvoll, dass der Beschuldigte – unter der Voraussetzung, dass dies ohne Gefährdung des Ermittlungserfolges möglich ist – frühzeitig über das gegen ihn laufende Ermittlungsverfahren sowie die gegen ihn sprechenden Umstände entsprechend informiert wird. Hierdurch würde ihm die Möglichkeit eingeräumt, frühzeitig entsprechende Weichen zu stellen, um einer eindimensionalen Aktenlage entgegenzuwirken. Das gleiche gilt für weitere prozessuale Anträge, aus denen sich evtl. Verzögerungen des Strafverfahrens ergeben können. Eine frühzeitige Zusammenkunft der Verfahrensbeteiligten kann daher auch insoweit der Verfahrenseffizienz dienlich sein, als in diesem Rahmen die beabsichtigte Stellung von Anträgen konturiert wird. Hierdurch können vor allem frühzeitig potenzielle Missverständnisse, welche sich beispielsweise durch ungenaue oder fehlerhafte Angaben in Ermittlungsberichten, aufgrund sprachlicher Nuancen oder sonstiger Missstimmigkeiten zwischen den Verfahrensbeteiligten ergeben können, aufgeklärt werden. Mögliche Folge kann damit sein, dass der Beschuldigte aufgrund der Konturierung der einschätzbaren Beweislage ein Geständnis ablegt,[1499] oder aber ggf. erschwerend angenommene Umstände entkräftet werden könnten, wodurch wiederum der Anwendungsbereich eines Strafbefehls eröffnet wird,[1500] oder aber eine gänzliche Einstellung des Verfahrens in Betracht kommt. Die Erwägung ist im deutschen Recht indes nicht gänzlich neu: So sollte der Beschuldigte nach einem Entwurf einer StPO aus dem Jahre 1908 gemäß dem dortigen § 191 Abs. 2 vor dem Abschluss der Voruntersuchung bzw. nach Abschluss der Ermittlungen vom Staatsanwalt vernommen, über das bisherige Ergebnis der Ermittlungen und die vorzunehmende rechtliche Würdigung unterrichtet und ihm die Möglichkeit gegeben werden, entlastende Ausführungen und Beweisanträge zu tätigen, um so auf die Abschlussentscheidung der Staatsanwaltschaft einzuwirken.[1501] Die Vorschrift wurde lediglich deswegen

---

1499 Zum insoweit zwar in tatsächlicher Hinsicht vergleichbaren Fall des guilty plea in diesem Verfahrensstadium: *Schünemann*, in *Weßlau/Wohlers*, Festschrift für Gerhard Fezer zum 70. Geburtstag am 29. Oktober 2008, 2008, S. 555, 565, aber unter Hinweis auf die rechtlichen Unterschiede zwischen Geständnis und guilty plea.

1500 Vgl. insbesondere § 407 Abs. 2 S. 2 StPO.

1501 Hierzu ausführlicher: *Strauß*, „Das Ende der Ermittlungsbefugnis der Staatsanwaltschaft, NStZ 2006, 556, 558 mit Verweis auf: BT-Drucks. IV/ 178, S. 17.

abgeschafft, da sie – wohl ähnlich den Vorschriften über das Zwischenverfahren – nicht hinreichend umgesetzt worden war.[1502]

Daneben wirkt es sich bisweilen nachteilig auf die „Prozessstimmung" aus, wenn von Seiten des Gerichts ohne vorherige Kommunikation mit den Verfahrensbeteiligten terminiert wird, da sodann vom Verteidiger vorgebrachte Angriffs- und Verteidigungsmittel trotz ihrer Legitimation als störend empfunden werden.[1503] Auch dies kann durch ein frühzeitiges weitgehend transparentes Handeln – das selbstverständlich ein taktisches Vorgehen nicht per se beeinträchtigen darf – vermieden werden.

Daneben könnte mit der status conference/pre trial conference auch die Erwartungshaltung verbunden werden, dass beim sog. Case Screening nicht belastbare Vorwürfe durch die Mitwirkung des Richters aussortiert werden sollen.

Es stellt sich insoweit jedoch die Frage, ob es eines solchen Sicherheitsmechanismus im deutschen Strafverfahren überhaupt bedarf. Durch die strafrechtliche Absicherung der Sanktionierung einer Verfolgung Unschuldiger[1504] wird in der Regel bereits die grundsätzlich selbständig tätig werdende Polizei erst ab Bestehen von bestimmten Anhaltspunkten für das Vorliegen einer Straftat ermitteln. Jedenfalls ab Befassung der Staatsanwaltschaft mit dem Fall wird diese nur dann die Ermittlungen weiterführen, wenn entsprechend § 152 Abs. 2 StPO ein Anfangsverdacht vorliegt. Sofern zusätzlich noch die Involvierung eines Ermittlungsrichters im Hinblick auf die Verhängung einer Zwangsmaßnahme erfolgt, wurde eine weitere „Instanz" mit der Prüfung des Tatverdachts betraut, sodass es dieser zusätzlichen Kontrolle nicht zwingend bedürfte.

Allenfalls kommt eine solche Prüfung in Betracht, wenn keine Zwangsmaßnahme bzw. gar keine Befassung eines Richters mit dem Fall erfolgt war, damit eine Kontrolle der Gewalten untereinander im Sinne eines „Vier-Augen-Prinzips" bereits in diesem frühen Stadium durchgeführt wird. Zudem könnte dies im Hinblick auf die rechtliche Würdigung der Straftat sinnvoll sein. Gerade in komplexeren Materien sind die Polizeibeamten als Ermittlungspersonen der Staatsanwaltschaft oftmals rechtlich nicht ausreichend geschult, sodass – jedenfalls sofern noch kein Richter mit der Sache befasst war – das angenommene Delikt nur durch die Staatsanwaltschaft bestimmt bzw. kontrolliert wurde.[1505]

1502 *Strauß*, NStZ 2006, 556, 558.

1503 In diese Richtung auch: *Bundesministerium der Justiz*, 2015, S. 113 f.

1504 Vgl. § 344 StGB.

1505 In diese Richtung auch: *Große Strafrechtskommission* des deutschen Richterbundes im Auftrag des Bundesministeriums der Justiz, „Das Verhältnis von Gericht,

Problematisch erscheint das bereits an anderer Stelle thematisierte Dilemma, dass prinzipiell die Möglichkeit besteht, dass das Ermittlungsverfahren bereits seit längerem in Gange ist, bevor eine Zwangsmaßnahme beantragt und damit ein Richter mit dem Fall befasst wird. Dem könnte entgegengewirkt werden, indem bestimmte Fristen zur Durchführung einer Zwangsmaßnahme bzw. zur Durchführung einer status conference/pre trial conference bzw. Befassung des Richters mit der Angelegenheit eingeführt werden.[1506]

Daher ist auch das Case Screening im Rahmen der Status Conference/pre trial conference potenziell verfahrensförderlich. Um eine Maximierung des hiermit bezweckten Effektes herbeiführen zu können, kommt eine Fortentwicklung des Case Screenings dahingehend in Betracht, dass zusätzlich eine Absicherung dieser frühzeitigen Kontrolle erfolgt.[1507]

Zudem können in diesem Zusammenhang organisatorische Probleme/Vorgänge behandelt werden, die sonst in der Hauptverhandlung erörtert werden müssten,[1508] was wegen der recht strengen Formalien der Hauptverhandlung und der Beteiligung einer größeren Anzahl an Personen wesentlich mehr Zeit in Anspruch nimmt.

Daneben könnte die Terminierung in diesem Rahmen zwischen den Verfahrensbeteiligten abgestimmt werden. Das US-amerikanische Recht geht durch die im Rahmen der status conferences durchgeführten Terminabsprachen über das deutsche Recht hinaus. Hierzulande werden zwar aus Vereinfachungsgründen in Umfangsverfahren Termine häufig abgestimmt; allerdings gibt es insoweit weder eine umfassende gesetzliche Regelung[1509], noch – wie im Vergleichsstaat USA – einen abgesteckten verfahrensrechtlichen Rahmen[1510]. Zwar wurde durch das Gesetz zur effektiveren und praxistauglicheren Ausgestaltung des Strafverfahrens vom 17.08.2017 in Absatz 2 des § 213 StPO, der die grundsätzliche Terminbestimmungskompetenz des Vorsitzenden des Gerichts regelt, eine Soll-Vorschrift der Terminabstimmung für umfangreiche Verfahren vor

---

Staatsanwaltschaft und Polizei im Ermittlungsverfahren, strafprozessuale Regeln und faktische (Fehl-?)Entwicklungen", Miltenberg, 2008, S.13.

1506 Vgl. hierzu noch später die Ausführungen in Kapitel 5 B III. 1. a) aa).

1507 Vgl. hierzu noch später die Ausführungen in Kapitel 5 B III 1. a) aa).

1508 Zur durch die Erörterung von Vorgängen, die auch außerhalb der Hauptverhandlung erledigt werden können, in der Hauptverhandlung entstehenden Verfahrensverzögerung bereits oben: *Nehm/Senge*, NStZ 1998, 377, 389.

1509 So schon: *Britz* in: *Radtke/Hohmann*, StPO, 2011, § 213 Rn. 1 mit Verweis auf *OLG Frankfurt*, Beschluss vom 10.02.1997- 3 Ws 111/97, NStZ-RR 1997, 177.

1510 Vgl. z.B. Rule 17.1 Federal Rules of Criminal Procedure.

dem Landgericht oder Oberlandesgericht aufgenommen. Dies geht zwar in die richtige Richtung;[1511] wird allerdings der Bedeutung, die mit der Terminierung einhergeht,[1512] noch nicht ausreichend gerecht. Vielmehr wäre für den Regelfall eine Pflicht zur Terminabstimmung mit den anderen Prozessbeteiligten in Umfangsverfahren erforderlich und nur für den Ausnahmefall eine eigene Terminbestimmungskompetenz des Vorsitzenden Richters angezeigt gewesen.

Daher wird auch in der außerhalb der Hauptverhandlung erfolgenden Erörterung organisatorischer Fragen und insbesondere der zwingenden Terminabsprache in Umfangsverfahren ein großes Entwicklungspotenzial gesehen.

Desweiteren erscheint die Vereinbarung entsprechender Cut-Off-Deadlines für die Stellung von Anträgen, ggf. auch für die außergerichtliche Beilegung des Falls, im Rahmen der Status Conferences/pre trial conferences sinnvoll. Indem sog. Cut-Off-Deadlines vereinbart werden, nach deren Ablauf ein Deal dergestalt, dass z. B. ein Geständnis gegen eine Einstellung nach § 153a StPO erfolgt, nicht mehr zulässig ist, kann die Bereitschaft der Beteiligten zum Abschluss eines solchen Deals möglicherweise noch erhöht werden. Andererseits kann dies dazu führen, dass generell die Anzahl der über § 153a StPO erledigten Fälle zurückgeht. Zudem stellt sich die Frage, ob angesichts der sich im Rahmen der Anwendung des § 153a StPO stellenden – vor allem dogmatischen – Probleme[1513] die Erledigung über § 153a StPO ein aus rechtlicher Sicht erstrebenswertes Ziel ist.

Gleichwohl wäre dieser Vorschlag jedenfalls nicht pauschal zu verwerfen. Denn es ist nicht auszuschließen, dass hierdurch die Verständigungsbereitschaft gefördert werden kann. Dies hätte zur Folge, dass die negativen Auswirkungen von Umfangsverfahren[1514], die u. a. dadurch entstehen, dass nach jahrelangen Ermittlungen doch noch eine einvernehmliche Erledigung erfolgt, abgemildert werden. Allerdings wird durch eine hierdurch zu erwartende noch steigende Anzahl von „Deals“ ebenfalls das deutsche Strafprozessmodell tangiert. Daher kann eine gewisse Ambivalenz bezüglich dieser Maßnahme nicht geleugnet werden. Möglicherweise könnte eine zeitlich beschränkte Einführung von Cut-Off-Deadlines Erkenntnisse darüber liefern, wie hilfreich diese für Deals wären.

1511 Bereits 2011 zur Überkommenheit der „Terminshoheit“ des Vorsitzenden Richters: *Britz* in: *Radtke/Hohmann*, StPO, 2011, § 213 Rn. 2.

1512 Zur Bedeutung der Terminierung für die Verfahrensgrundsätze: *Britz* in: *Radtke/Hohmann*, StPO, 2011, § 213 Rn. 1.

1513 Hierzu: *Lindemann*, 2012, S. 513; *Weßlau*, 2002, S. 39; *Hamm*, StV 2013, 652, 653; *Trüg*, 2003, S. 85 f.

1514 Vgl. Kapitel 1 A.

Sodann könnte der praktische Nutzen einer solchen Maßnahme, die letztlich etliche oben beschriebene negative Auswirkungen[1515] vermeiden und dem Strafprozess insgesamt damit dienlich sein könnte, gegen die rechtlichen Bedenken, die konkret gegen diese Maßnahme sprechen, abgewogen werden.

Daneben können die Konferenzen für einen Einstieg in die Diskussion über Beilegungsmöglichkeiten genutzt werden. Insbesondere durch die frühzeitige Information über die bestehenden Vorwürfe und voraussichtlich anwendbaren Beweismittel könnte der Beschuldigte – unabhängig von der genauen rechtlichen Ausgestaltung der Beilegungmöglichkeit – frühzeitig seine Chancen abwägen und damit selbstbestimmt entscheiden, ob er an einer vorgerichtlichen Erledigung des Strafverfahrens interessiert ist.

bb) Enwicklungspotenzial einer guilty plea-ähnlichen Abkürzung des Verfahrens

Im US-amerikanischen Recht spielt eine – nicht direkt mit dem US-amerikanischen Case Management-System zusammenhängende, aber dennoch prozessförderliche – weitere Maßnahme eine große Rolle: Das guilty plea erleichtert im amerikanischen Strafprozess das Verfahren außerordentlich. Bekennt sich der Beschuldigte schuldig, so ist auf diese Art die zeitaufwändige Beweiserhebung verzichtbar. Andererseits ist bereits ein vergleichbares Instrument durch die Einführung des § 153a StPO im deutschen Strafprozess vorhanden, wenngleich § 153a StPO im Gegensatz zu einem guilty plea die Unschuldsvermutung unberührt lässt.[1516] Ob dieses an sich jedenfalls verfassungsrechtlich bedenkliche[1517], wenn auch in praxi als äußerst hilfreich einzustufende, Element noch weiter durch die Einführung eines guilty pleas ausgedehnt werden sollte, ist zweifelhaft. Vorauszuschicken ist in diesem Zusammenhang aber, dass die Frage nach der Integrierbarkeit eines guilty pleas, welches ebenfalls außerhalb einer Hauptverhandlung abgegeben wird und zur Beschleunigung des Verfahrens beiträgt, in diesem Rahmen nicht abschließend beantwortet werden kann.[1518]

1515 Vgl. Kapitel 1 A.

1516 Hierzu: *Peters* in: MüKo StPO, 1. Auflage 2016, § 153a StPO, Rn. 99.

1517 Hierzu auch: *Peters* in: MüKo StPO, 1. Auflage 2016, § 153a StPO Rn. 4 f.

1518 Zum Vergleich des § 153a StPO und des Strafbefehlsverfahren mit dem guilty plea: *Weßlau*, 2002, S. 42; 56; zum Vergleich des guilty plea mit einem "Kamelmarkt": *Dubber*, 2005, S. VII; im Allgemeinen zum guilty plea: *Rosenau*, in: Strafrechtswissenschaft als Analyse und Konstruktion: Festschrift für Ingeborg Puppe zum 70. Geburtstag, 2011, S. 1597, 1613 f.; zur fehlenden Legitimationswirkung zwischen guilty plea und Strafe: *Schünemann*, in: *Weßlau/Wohlers*, Festschrift für

Anzumerken ist an dieser Stelle lediglich, dass aufgrund des Entfallens des Erfordernisses des Schuldnachweises[1519] bei Abgabe eines guilty pleas jedenfalls erhebliche Bedenken der Vereinbarkeit eines guilty pleas mit dem verfassungsrechtlich geschützten Schuldgrundsatz im deutschen Recht besteht. Andererseits würde die Möglichkeit der Anwendbarkeit von Beilegungsmöglichkeiten auch für solche Verfahren erweitert, in denen der Anwendungsbereich des §153a StPO nicht eröffnet wäre. Dies beträfe insbesondere Verbrechen und solche Vergehen, bei denen nicht von einer geringen Schuld auszugehen wäre.

Denkbar wäre jedoch, dass eine Abkürzung des Verfahrens bei klarer Beweislage auf anderem, verfassungsrechtskonformem Wege erfolgen kann.[1520]

cc) Zwischenergebnis

Da in der derzeitigen Lage des deutschen Strafprozesses Gespräche zwischen den Verfahrensbeteiligten in diesem Verfahrensstadium allenfalls im Rahmen einer möglichen, jedoch weniger gelebten Erörterung nach § 160b StPO erfolgen könnten und meist zu einem sehr viel späteren Zeitpunkt stattfinden, bieten frühzeitig im Ermittlungsverfahren erfolgende status conferences/pre trial conferences mithin großes Entwicklungspotenzial für den deutschen Strafprozess. Grundsätzlich sollten die status conferences/pre trial conferences, jedenfalls aber ein entsprechendes Case Screening durch den Richter, innerhalb von drei bis vier Monaten nach Einleitung des Ermittlungsverfahrens erfolgen, damit der Mechanismus seine volle Wirkung entfalten kann. Die obligatorisch durchzuführende(n) Konferenz(en) soll(en) zur Information des Beschuldigten über den Fall sowie der vorliegenden Beweislage, der Konturierung potenzieller Anträge, der Aussortierung unhaltbarer Vorwürfe, der Behandlung organisatorischer Vorgänge, der Vereinbarung von Cut-Off-Deadlines, dem Einstieg in die Diskussion über Beilegungsmöglichkeiten, sowie nicht zuletzt in die mögliche Abkürzung des Verfahrens durch die Entwicklung einer guilty plea-ähnlichen Verfahrensart dienen.

Gerhard Fezer zum 70. Geburtstag am 29. Oktober 2008, 2008, S. 555, 560; 566; zur grundsätzlichen Verknüpfung des guilty plea mit dem zweistufigen, zwischen Schuld und Rechtsfolgen differenzierenden amerikanischen Strafprozess: *Rieß*, "Prolegomena zu einer Gesamtreform des Strafverfahrensrechts", in: *Schäfer/Hassenpflug*, Festschrift für Karl Schäfer zum 80. Geburtstag am 11. Dezember 1979, 1980, 155, 188.

1519 Vgl. hierzu näher: Kapitel 4 E II. 5. b).

1520 Vgl. hierzu näher: Kapitel 6 F.

dd) *Entwicklungspotenzial eines Differentiated Case Managements für den deutschen Strafprozess*

Die (Vorab-) Präsentation des Verdachtsfalles sowie der Stellungnahmen der Beteiligten erlaubt es dem Gericht, abzuschätzen, wie sich das Verfahren voraussichtlich entwickeln wird, ob besonders schwierige Fragestellungen zu behandeln sind und ob die Angelegenheit rechtlich oder tatsächlich besonders komplex oder umfangreich ist. Dementsprechend wird es in die Lage versetzt, dies bei der weiteren Planung des Verfahrens zu berücksichtigen. Dies wäre ebenso in Deutschland sinnvoll. Insbesondere die Wirtschaftsstrafkammern richten ihre Terminierung in der Praxis zwar auch anhand des zu erwartenden Umfangs eines Verfahrens aus[1521], allerdings ohne zuvor eine explizite Einstufung als Umfangsverfahren vorzunehmen. Zur besseren Koordinierung dieser Verfahren, sollte dies vorab anhand der bereits beschriebenen Kriterien erfolgen. Zudem wäre insbesondere bei Umfangsverfahren eine engmaschigere Kontrolle angezeigt.

Damit bietet sich eine Weiterentwicklung der Ansätze des Differentiated Case Managements in Deutschland an.

ee) *Chancen und Risiken eines Transfers eines preliminary hearings bzw. einer readiness conference in das deutsche Recht*

Als weiteres Instrumentarium kommt in bestimmten Fällen – entsprechend dem US-amerikanischen Recht bei Verbrechen – vor allem in Umfangsverfahren, zeitlich vor dem anberaumten Hauptverhandlungstermin auf Antrag des Beschuldigten die Durchführung einer „Voranhörung" im Sinne eines preliminary hearing bzw. einer Readiness conference in Betracht.

Die im Rahmen der späteren Hauptverhandlung zu präsentierenden Beweismittel, insbesondere die Zeugen, könnten in diesem Rahmen vom Beschuldigten bzw. dessen Verteidiger z. B. einem Kreuzverhör[1522] unterzogen werden und dem Beschuldigten stünde die Möglichkeit offen, entlastendes Beweismaterial zu präsentieren. Beispielsweise könnte Widersprüchlichkeiten bei den Aussagen der von der Staatsanwaltschaft benannten Zeugen bereits in diesem Stadium nachgegangen und ggf. versucht werden, weitere entlastende Beweismittel zu finden. Hierbei könnte ebenfalls daran gedacht werden, dass – entsprechend

---

1521 Vgl. insbesondere den neuen § 213 Abs. 2 StPO; hierzu bereits Kapitel 2 E; vgl. auch: Kapitel 5 B I 1. b) aa) (2).

1522 § 239 StPO; wobei zuzugeben ist, dass diesem im deutschen Strafprozess eine eher untergeordnete Rolle zukommt.

dem amerikanischen Vorbild – der Verteidiger des Beschuldigten, bzw. sofern die Staatsanwaltschaft die Anhörung durchführt, diese vorab angeben muss, wie lange die Anhörungen voraussichtlich erfolgen sollen. Andererseits spricht dagegen, dass – zur Vermeidung der oben beschriebenen Sanktionen – immer eine übermäßig lange Dauer angegeben wird, sodass gerade keine Effektivitätssteigerung zu erwarten wäre. Im Rahmen der „Voranhörung" können Anträge gestellt werden. Da diese spätestens sieben Tage vor der Anhörung gestellt werden müssen, ist gewährleistet, dass die Verfahrensbeteiligten vorbereitet sind, was sich auch im potenziell später stattfindenden Hauptverhandlungstermin positiv auswirkt. Daneben können Gespräche über eine außergerichtliche Erledigung des Verfahrens geführt werden.

Insbesondere eine Befragungsmöglichkeit der Zeugen vor der Hauptverhandlung durch den Beschuldigten bzw. seinen Verteidiger ist dem deutschen Strafprozess bislang grundsätzlich[1523] fremd, sodass insoweit durchaus Entwicklungspotenzial besteht.

Gegen eine Voranhörung könnte man einerseits vorbringen, dass hierdurch jedenfalls teilweise Verfahrensschritte mehrfach erfolgen, da spätestens in der späteren Beweisaufnahme die Vernehmung der beiderseits benannten Zeugen erfolgen würde, womit auch eine Doppelbelastung der Zeugen einhergeht. Nachteilig an dieser Lösung wäre zudem, dass – sofern der Richter im preliminary hearing die Schuld des Beschuldigten für gegeben hält – er im kurze Zeit später anzuberaumenden Hauptverhandlungstermin voreingenommen sein wird, und das Verfahren nur noch aus Formalismus zur Wahrung des äußeren Scheines des Öffentlichkeitsprinzips durchgeführt werden wird. Da letztere Variante – angesichts der bereits vorab erfolgten Kontrolle durch Staatsanwaltschaft und Gericht hinsichtlich der jedenfalls voraussichtlichen Stichhaltigkeit der Beweismittel im Rahmen der status conference und der Anklageerhebung – abgesehen von einer möglichen Vereinbarung über eine außergerichtliche Erledigung – den Regelfall darstellen wird, bestehen jedenfalls Zweifel, ob die Vor- die Nachteile überwiegen.

Als vorteilhaft zu bewerten ist die Möglichkeit des Gerichts, welches nach Durchführung dieser beschränkten Beweisaufnahme von der Schuld des Beschuldigten nicht überzeugt ist, das Strafverfahren einzustellen. Hierdurch könnte in Fällen, in denen sich erhebliche Zweifel an der Schuld des Beschuldigten ergeben, ein längeres Strafverfahren, in dem die Anklage zu verlesen wäre, alle – und gerade nicht wie im Rahmen des preliminary hearing einzelne – Beweismittel zu

---

1523 Vgl. aber die Ausnahme in der recht seltenen Situation des §168 c Abs. 2 Satz 2 StPO.

erheben, die Schöffen zu beteiligen wären, und bei welchem immer, vor allem im Hinblick auf die Unterbrechungsfristen, eine gewisse Unsicherheit besteht, ob das Verfahren zu einem vernünftigen Abschluss gebracht werden wird, vermieden werden. Demnach könnte auch einem preliminary hearing eine beschleunigende Wirkung zukommen.

Trotz der dargestellten Bedenken wäre die vor die „Klammer“ der Hauptverhandlung gezogene mögliche Befragung der (Belastungs-)Zeugen mithin eine sinnvolle Möglichkeit, eine aufwändige Hauptverhandlung zu vermeiden; insbesondere, wenn sich in diesem Rahmen herausstellt, dass der Tatverdacht nicht bestätigt werden kann. Da das preliminary hearing fakultativ ausgestaltet werden könnte, würde dieses Verfahrensstadium ohnehin nur dann genutzt werden, wenn von Seiten der Verfahrensbeteiligten insoweit entsprechendes Potenzial der Verfahrensförderung erkannt wird.

Zudem könnte die oben dargestellte Angabe der voraussichtlichen Anhörungsdauer als „Soll“-Vorschrift ausgestaltet werden. Hierdurch könnte zwar kein Zwang ausgeübt werden, die befürchtete sicherheitshalber erhöhte Angabe der prognostizierten Anhörungsdauer dürfte sich hierdurch jedoch vermeiden lassen, sodass letztlich doch damit zu rechnen ist, dass das preliminary hearing besser zu planen ist.

Als positiv zu bewerten ist zudem die – ebenfalls über das deutsche Recht hinausgehende und insofern gewisses Entwicklungspotenzial bietende – Obliegenheit, Anträge sieben Tage vor dem preliminary hearing zu stellen, sodass eine entsprechende Vorbereitung der Beteiligten gewährleistet ist. Dies müsste ebenfalls durch eine entsprechende Präklusionsvorschrift abgesichert werden.

2. Entwicklungspotenzial eines Discovery-Verfahrens einschließlich der Einführung von präklusionsbewehrten Mitwirkungsobliegenheiten

Im Hinblick auf die „Offenlegung" der Beweismittel im Rahmen des discovery-Verfahrens[1524] vor einer möglichen Hauptverhandlung besteht eine gewisse Ähnlichkeit zum deutschen Strafprozess: Auch im deutschen Strafprozess muss die Staatsanwaltschaft spätestens mit Anklageerhebung erstens wegen des

1524 Die Parteien können vor Beginn der mündlichen Verhandlung die Durchführung eines sog. pre trial discovery (FRCP 16) beantragen, indem sie einen Antrag auf ein sog. disclosure stellen, d. h. die Parteien werden zu Offenlegung ihrer Beweismittel verpflichtet. Hiervon umfasst ist das Recht, die Beweismittel der Staatsanwaltschaft einzusehen; vgl. hierzu bereits in Kapitel 4 E II 5. b).

Abschlusses der Ermittlungen, welcher grundsätzlich ein Akteneinsichtsrecht des Verteidigers des Beschuldigten zur Konsequenz hat[1525], und zweitens aufgrund der zu benennenden Beweismittel in der Anklage[1526] auch ihre „Karten" im Hinblick auf die Beweislage offenlegen. Da § 147 Abs. 2 Satz 1 StPO nur dann ein früheres Akteneinsichtsrecht des Verteidigers verneint, wenn hierdurch eine Gefährdung des Untersuchungszwecks eintritt, ist eine frühzeitige Offenlegung der Beweislage dem deutschen Recht nicht fremd, im Einzelfall erfolgt diese sogar früher als im US-amerikanischen Strafprozess, in dem sie erst grundsätzlich nach dem arraignment im Rahmen des discovery-Verfahrens erfolgt.[1527] Im Gegensatz zum deutschen Recht folgt aus der Reziprozität des Antrags auf disclosure im US-amerikanischen Recht jedoch eine präklusionsbewehrte[1528] Offenlegungspflicht der Beweismittel des Beschuldigten. Neben der Offenlegung der eigenen Beweismittel durch den Beschuldigten müssen bereits zu diesem Zeitpunkt Einwendungen vorgebracht werden, z. B. gegen die Verwertung unzulässiger Beweismittel – sonst droht die Fiktion eines Verzichts[1529] auf diese Rüge.[1530] Dies dient der Verfahrensförderung, da hierdurch bereits außerhalb der Hauptverhandlung ein Anreiz für eine adäquate Aufbereitung des Sachverhalts durch den Beschuldigten geboten wird, womit unter Umständen die – für alle Beteiligten belastende[1531] – Hauptverhandlung vermieden oder zumindest auf stichhaltige Vorwürfe konzentriert und dadurch gestrafft werden kann.[1532]

Damit käme auch der „sanktionierten" Mitwirkungspflicht bzw. -obliegenheit des Beschuldigten im Vorhinein zur Hauptverhandlung Relevanz für eine mögliche Entwicklung im deutschen Recht zu.[1533] Inwieweit diesbezüglich rechtliche

1525 Argumentum e contrario aus § 147 Abs. 2 Satz 1 StPO.

1526 Vgl. § 200 Abs. 1 Satz 2 StPO.

1527 Hierzu: *Kautenburger-Behr*, 2004, S. 76.

1528 Vgl. FRCP 16 (d) (2) (C); hierzu: Kautenburger-Behr, 2004, S.57.

1529 Sog. waiver.

1530 Hierzu auch: *Kautenburger-Behr*, 2004, S. 57.

1531 Vgl. hierzu bereits die Ausführungen in Kapitel 1 A. II. 1.

1532 Zum Vorteil einer gut vorbereiteten Hauptverhandlung unter gleichzeitigem Hinweis auf Bedenken hinsichtlich einer zu befürchtenden Zunahme des Prozessstoffs auch bei Normalverfahren: *Spiekermann*, 2001, S. 157.

1533 Wie bereits oben dargestellt wurde, ist gerade die exzessive Inanspruchnahme von Antragsrechten durch die Verteidigung eine Mitursache für die außergewöhnliche Länge der Hauptverhandlung; hierzu: *Nehm/Senge*, NStZ 1998, 377, 389, sodass durch Präklusion eine Disziplinierung der Parteien und damit eine straffere Hauptverhandlung entstehen dürfte.

Hürden im deutschen Recht bestehen und möglicherweise zu überwinden sind, ist noch näher zu untersuchen.[1534]

3. *Zu erwartender Mehrwert durch die Einführung des Grundsatzes der Fristeinhaltung und Ablehnung von Fristverlängerungsanträgen*

Die im US-amerikanischen Recht grundsätzliche – bei Verstoß sanktionsbedrohte – Einhaltung von gesetzten Fristen durch alle Verfahrensbeteiligten dient sowohl psychologisch als auch faktisch der Konzentration und Effektivität des Verfahrens: Dadurch, dass alle Verfahrensbeteiligten davon ausgehen müssen, dass zu den angesetzten Terminen Ergebnisse vorliegen müssen und nicht erst – wie oftmals in der deutschen Rechtspraxis üblich – frühestens bei Eintritt der eingetragenen (Vor-)Frist ein Tätigwerden in Betracht gezogen wird, wobei dann oftmals aus Zeitnot unvollständig vorgetragen werden muss oder aber eine Fristverlängerung beantragt wird, wird das Verfahren gestrafft und möglicherweise sogar ein substantiellerer Sachvortrag von allen Verfahrensbeteiligten erzielt.

Dennoch müsste geregelt werden, dass ausnahmsweise eine Terminverschiebung bzw. eine Fristverlängerung zumindest aus dringenden Gründen möglich ist. Daneben sollten formelle Hürden im Sinne des Erfordernisses eines förmlichen Antrags unter Ausführung des dringenden Grundes geschaffen werden, wobei im Sinne der Anhebung der materiellen Hürde z. B. ein Katalog mit Regelbeispielen für das Vorliegen eines dringenden Grundes etabliert werden könnte. Ein gänzlicher Ausschluss dieser Gründe kann – vor allem mit Blick auf das Recht einen bestimmten Verteidiger wählen zu können[1535] – nicht erfolgen. Vielmehr musste dafür Sorge getragen werden, dass nur der missbräuchliche Gebrauch von Fristverlängerungs- und Terminverschiebungsanträgen eingedämmt wird.[1536] Dies könnte möglicherweise dadurch erreicht werden, dass eine Substantiierungslast definiert wird, so dass beim Vortrag der Überlastung konkret vorzubereitende Gerichtstermine benannt werden müssen oder bei Abwesenheit wegen Urlaubs darzulegen ist, dass trotz sorgfältiger Planung und Vorbereitung die Fristerfüllung wegen des vor Absehbarkeit des Fristablaufs geplanten Urlaubs nicht möglich ist. Dies könnte allerdings mit Blick auf die

---

1534 Vgl. hierzu die Ausführungen in Kapitel 5 B III. 7.

1535 Hierzu sowie zum generellen Konflikt zwischen der terminlichen Verhinderung des Verteidigers des Beschuldigten und der grundsätzlichen Terminshoheit des Richters ausführlich: *Kasten*, 2017, S. 1, 238 ff.

1536 In diese Richtung auch: *Kasten*, 2017, 253.

Rechtsprechung zumindest des BAG[1537], welche vom BVerfG mit Blick auf die Rechtsschutzgarantie gehalten wird,[1538] problematisch sein. Andererseits handelt es sich hierbei um Richterrecht, welches bei einer entsprechenden gesetzlichen Regelung überformt würde.

Bedenken bestehen im Hinblick auf die Umsetzbarkeit des Quasi-Verbots von Fristverlängerungen und Terminverschiebungen, als dieses Ziel nur bei entsprechender Sanktionierung eines Verstoßes erreichbar erscheint. Anders als im US-amerikanischen Recht scheint die Verhängung einer berufsrechtlichen Maßnahme gegen die Berufsverfahrensbeteiligten bei Überschreitung der Frist als unverhältnismäßig – vor allem auch vor dem Hintergrund des Art. 12 Abs.1 GG – und damit im deutschen Recht nicht umsetzbar zu sein. Andererseits ist zu berücksichtigen, dass auf Beschuldigten- bzw. Verteidigerseite keine Handlungspflicht besteht, sodass das bloße ungenutzte Verstreichenlassen einer Frist ohnehin keine unmittelbaren Auswirkungen hat. Dies lässt sich beispielsweise daran verdeutlichen, dass dem Angeschuldigten gem. § 201 Abs. 1 StPO mit Übermittlung der Anklageschrift ein Erklärungsrecht dergestalt eingeräumt wird, ob vor der Entscheidung über die Eröffnung des Hauptverfahrens die Vornahme einzelner Beweiserhebungen beantragt werden soll, oder ob Einwendungen gegen die Eröffnung des Hauptverfahrens vorgebracht werden sollen. Macht der Angeschuldigte hiervon bis zum Fristablauf keinen Gebrauch, entscheidet das Gericht ungeachtet einer entsprechenden Erklärung des Angeschuldigten über die Eröffnung. Nichts Anderes kann gelten, wenn die zu bestimmende Frist vorab von den Verfahrensbeteiligten abgestimmt worden war.

Auf Seiten der Staatsanwaltschaft besteht demgegenüber die Pflicht zum beschleunigten Betreiben des Verfahrens. Da durch das ungenutzte Verstreichenlassen der vorher vereinbarten Frist indiziert wird, dass das Verfahren nicht mit dem erforderlichen Beschleunigungswillen betrieben wird, wäre an das Ergreifen dienstrechtlicher Maßnahmen im Sinne von Weisungen zu denken. Denn die im Übrigen einzig möglichen Rechtsbehelfe der Dienstaufsichtsbeschwerde, das Vorgehen nach den §§ 198 ff. GVG, die Geltendmachung eines

---

1537 *BAG*, Beschluss vom 27.09.1994 - 2 AZB 18/94, NJW 1995, 1446, welches allerdings hauptsächlich darauf abstellt, dass ein „Anwalt regelmäßig erwarten kann, seinem ersten Antrag auf Verlängerung der Berufungsbegründungsfrist werde entsprochen, wenn einer der Gründe des § 519 II 3 ZPO vorgebracht wird“ ; vgl. daneben auch *BGH*, Beschluss vom 07.05.1991 - XII ZB 48/91, NJW 1991, 2080, wonach einem erstmaligen Fristverlängerungsantrag unter Verweis auf Arbeitsüberlastung und Urlaub grundsätzlich stattzugeben ist.

1538 *BVerfG*, Beschluss vom 12.01.2000 - 1 BvR 1621/99, NJW 2000, 1634, 1634 f.

Amtshaftungsanspruchs[1539], die Erhebung einer Verfassungsbeschwerde oder in Einzelfällen die Erhebung einer Untätigkeitsbeschwerde[1540] werden oftmals zahnlose Tiger sein;[1541] zumal sie davon abhängen, dass sie vom Beschuldigten angestrengt werden. Innerhalb der Sphäre des Staats ist gerade nicht zu erwarten, dass entsprechende Rechtsmittel eingelegt werden. Hinzu kommt, dass sie überwiegend[1542] auf nachträgliche Kompensation ausgerichtet und insofern nicht geeignet sind, die mit der überlangen Verfahrensdauer des Umfangsverfahrens einhergehenden Beeinträchtigungen zu bekämpfen. Die lediglich nachträgliche Berücksichtigung einer überlangen Verfahrensdauer[1543] kann die mit einem – zu langen – Umfangsverfahren einhergehenden negativen Konsequenzen[1544] ebenfalls nicht kompensieren.

Hierzu könnte der organisatorisch-kontrollierende Richter das ohne ausreichende Begründung erfolgte Verstreichenlassen der Frist der zuständigen Generalstaatsanwaltschaft anzeigen, woraufhin diese hierarchisch tätig werden könnte. Die Möglichkeit des Ergreifens dienstaufsichtlicher Maßnahmen lässt erwarten, dass zur Vermeidung derselbigen darauf hingewirkt wird, Fristen einzuhalten.

Hinsichtlich Terminverschiebungsanträgen bedarf es keiner Sanktionierung im eigentlichen Sinne; diesen sollte – wegen vorheriger Terminabstimmung – lediglich in Ausnahmefällen aufgrund entsprechender Begründung stattgegeben werden.

Gerade wegen der derzeit im Hinblick auf die Einhaltung von Fristen und Terminen wohl sehr inkonsequenten Praxis wird dieser Maßnahme große Wirkung im deutschen Recht zuerkannt.

1539 Insofern ist bereits zweifelhaft, ob dieser anwendbar wäre; hierzu: *Steinbeiß-Winkelmann*, „Amtshaftungsansprüche wegen überlanger Verfahrensdauer?“, NJW 2014, 1276.

1540 So auch: *Graf*, „Das neue Gesetz über den Rechtsschutz bei überlangen Gerichtsverfahren und strafrechtlichen Ermittlungsverfahren – Beschleunigungsimpuls für die Praxis oder neuer Anreiz für Verständigungen im Strafverfahren?“, NZWiSt 2012, 121, 122.

1541 In diese Richtung auch: *Graf*, NZWiSt 2012, 121, 122.

1542 Abgesehen von der Verzögerungsrüge nach § 198 Abs. 3 GVG, hierzu – wenn auch zu verwaltungsgerichtlichen Verfahren – auch: *Schenke*, „Rechtsschutz bei überlanger Dauer verwaltungsgerichtlicher Verfahren“, NVwZ 2012, 257, 260.

1543 Hierzu näher: *Streng* in: *Kindhäuser/Neumann/Paeffgen*, StGB, 5. Auflage 2017, § 46 Rn. 88 ff.

1544 Siehe hierzu bereits Kapitel 1 A II.

4. *Chancen und Risiken einer Stärkung der Kontrollbefugnisse des Gerichts im Hinblick auf die verfahrensfördernde Betreibung des Verfahrens durch die Staatsanwaltschaft*

Die erhöhte Kontrolldichte durch das und die vorverlagerte stärkere Einbeziehung des Gericht(s) in den USA bewirkt eine Konzentration des Verfahrens, welche hierzulande aufgrund oft mehrmals gewährter Fristverlängerungen, aber auch der – außer in Haftfällen und im Hinblick auf einen Verjährungseintritt – gänzlich fehlenden Frist für die Staatsanwaltschaft so in den meisten Fällen nicht gegeben ist. Zwei Problembereiche ergeben sich hier mit Blick auf die Frage, ob eine Übertragung auf Deutschland zu befürworten wäre: Allgemein formuliert erscheint fraglich, inwiefern sich eine (verstärkte) Beteiligung des Gerichts bereits im Vorverfahren positiv auswirken könnte;[1545] dies zum einen mit Blick auf die durch das 1. StVRG abgeschaffte gerichtliche Voruntersuchung,[1546] zum anderen im Hinblick darauf, dass dem deutschen Strafprozess regelmäßig eine Trennung des Ermittlungsrichters im Ermittlungsverfahren und des später innerhalb der Hauptverhandlung erkennenden Gerichts zugrunde liegt.[1547] Dies lässt sich jedoch nur durch eine nähere Betrachtung der Hintergründe für die Abschaffung der gerichtlichen Voruntersuchung beantworten.

Vor 1977 war die gerichtliche Voruntersuchung in den §§ 178 bis 197 StPO a.F. als für bestimmte gesetzlich geregelte Fälle[1548] zusätzlicher Verfahrensabschnitt zwischen Ermittlungs- und Hauptverfahren vorgesehen. Der zuständige Untersuchungsrichter war gem. § 189 StPO i.d. bis zum 01.01.1975 geltenden Fassung befugt, andere Behörden und Polizeibeamte mit der Vornahme von Ermittlungen mit dem Ziel der Erarbeitung einer Grundlage für die Entscheidung über die Eröffnung des Hauptverfahrens[1549] bzw. zur Erhebung solcher Beweise, deren Verlust zu befürchten ist oder die zur Verteidigung des Angeschuldigten erforderlich sind[1550], zu beauftragen. Zudem war seine Kompetenz nicht nur auf die

1545 Gegen eine allgemeine gerichtliche Kontrolle des Ermittlungsverfahrens votierend: *Schmitt* in: *Meyer-Goßner/Schmitt*, StPO, 64. Auflage 2021, Einl. Rn. 87; zu dieser Thematik auch: *Rieß*, „Gerichtliche Kontrolle des Ermittlungsverfahrens?", in: Festschrift für Friedrich Geerds zum 70. Geburtstag, Kriminalistik und Strafrecht, S. 501, 507 ff.

1546 BT-Drucks. 7/551 S. 38 rechte Spalte ff.; hierzu auch bereits: Ausführungen in Kapitel 2 B.

1547 Hierfür spricht der Wortlaut des § 199 Abs. 2 S. 2 StPO.

1548 Vgl. § 178 StPO i.d. bis zum 01.01.1975 geltenden Fassung.

1549 Vgl. § 190 Abs. 1 StPO i.d. bis zum 01.01.1975 geltenden Fassung.

1550 Vgl. § 190 Abs. 2 StPO i.d. bis zum 01.01.1975 geltenden Fassung.

von der Staatsanwaltschaft bezeichnete Tat beschränkt, sondern er war auch in dringenden Fällen zu weitergehenden Ermittlungen befugt[1551]. Eine Vernehmung des Beschuldigten hatte in diesem Verfahrensstadium unabhängig von einer bereits vorher erfolgten Vernehmung zwingend stattzufinden[1552].

Die gerichtliche Voruntersuchung wurde vor allem unter Hinweis auf das überkommene Misstrauen gegenüber der Staatsanwaltschaft[1553] sowie auf das antiquierte Relikt des Inquisitionsprozesses im eigentlichen Sinne[1554] abgeschafft. Zudem sollte die Abschaffung der Voruntersuchung der Beschleunigung des Verfahrens durch Vermeidung einer Doppel- bzw. Dreifachbearbeitung durch Staatsanwaltschaft, Ermittlungsrichter und späterem erkennenden Gericht, jedenfalls soweit hierdurch nicht bloße Kontrolltätigkeiten bewirkt würden, dienen.[1555]

Nicht anders als in der Begründung zum 1. StVÄG betont,[1556] müsste sich die Rolle des Richters im Ermittlungsverfahren vorliegend aber vor allem auf eine Kontrollfunktion im Hinblick auf organisatorische Aspekte beschränken. Die Kontrolldichte wäre zwar gegenüber dem status quo zu intensivieren, allerdings würde hierdurch die in der Gesetzesbegründung angedachte Begrenzung der richterlichen Tätigkeit auf das „verfassungsrechtliche Minimum“ im Vorverfahren[1557] nicht überschritten werden. Zum anderen wäre darauf zu achten, dass nicht erneut der Anschein des Misstrauens gegenüber der Staatsanwaltschaft geweckt wird. Die Kontrolle durch das Gericht dürfte sich daher grundsätzlich nicht auf die materiellen Ermittlungen,[1558] sondern lediglich auf den formellen Ablauf konzentrieren. Möglicherweise wäre noch eine (Evidenz-) Kontrolle zulässig, welche sich an der materiellen Prüfungskompetenz des Bundespräsidenten[1559] orientieren könnte. Im Endeffekt stellt die „Rechtfertigungspflicht“ für das Betreiben des Verfahrens in einem gewissen Zeitraum

---

1551 Vgl. § 191 Abs. 1 StPO i.d. bis zum 01.01.1975 geltenden Fassung.

1552 Vgl. § 192 Abs.1 StPO i.d. bis zum 01.01.1975 geltenden Fassung.

1553 BT-Drucks. 7/551 S.38 (linke Spalte).

1554 BT-Drucks. 7/551 S.38 (rechte Spalte).

1555 BT-Drucks. 7/551 S.38 (linke Spalte).

1556 BT-Drucks. 7/551 S.37 (rechte Spalte).

1557 Ähnlich: BT-Drucks. 7/551 S.37 (rechte Spalte).

1558 Wobei dies wohl auch unzulässig wäre, da eine „umfassende richterliche Prüfung des Ermittlungsverfahrens [...] dem geltenden Recht fremd [ist.]“, hierzu: *Kühne* in: LR-StPO, 27. Auflage, 2016, Einleitung Abschn. J, Rn. 9.

1559 Zum Streitstand betreffend die Prüfungskompetenz des Bundespräsidenten ausführlich: *Butzer* in: Maunz/Dürig, 94. EL 2021, GG Art. 82 Rn. 115.

seit der letzten status conference einen Anreiz für eine verstärkte Selbstkontrolle der Staatsanwaltschaft dar. Demzufolge läge aber kein Wiederaufleben des Inquisitionsprozesses vor.

Daher greifen die Gründe, die zur Abschaffung der gerichtlichen Voruntersuchung geführt haben, im Hinblick auf unterschiedliche Zielrichtungen von gerichtlicher Kontrolle des Verfahrenslaufs im Rahmen der status conferences und gerichtlicher Voruntersuchung in der beschriebenen Art nicht durch. Vielmehr würde hierdurch die bereits bestehende Kontrollkompetenz des Richters im Ermittlungsverfahren[1560] ergänzt. Andererseits könnte zugegebenermaßen – sofern der spätere in einer potenziellen Hauptverhandlung zuständige Richter in diesem dem Zwischenverfahren vorgelagerten früheren Verfahrensstadium bereits tätig würde – bereits zu einem früheren Zeitpunkt der vor allem von Beschuldigten gefürchtete pro inertia-Effekt eintreten. Von der Hand zu weisen ist indes auch nicht, dass dies regelmäßig spätestens im Zeitpunkt des § 199 Abs. 2 S.2 StPO ohnehin der Fall sein dürfte. Dementsprechend wäre es gerade hilfreich, wenn das Gericht bereits zu einem so frühen Zeitpunkt eingeschaltet wird, zu dem die Aktenlage als nicht zementiert hinsichtlich eines bestimmten Verfahrensergebnisses angesehen werden „muss". Dennoch wäre weiterhin zu gewährleisten, dass Zwangsmaßnahmen von einem vom späteren Spruchkörper zu unterscheidenden Ermittlungsrichter verhängt werden, um insoweit eine Befangenheit bei der Beurteilung des aus einer (rechtswidrigen) Zwangsmaßnahme potenziell folgenden Beweisverwertungsverbots[1561] auszuschließen.

Dieser Mechanismus erscheint als effektive Maßnahme.

5. *Entwicklungspotenzial einer Überwachung des Prozessfortschritts durch eine Datenbank für das deutsche Recht*

Als ebenfalls in diese Richtung gehend dürfte auch die Überwachung des Prozessfortschritts durch eine Datenbank außerhalb der status conferences eine sinnvolle Kontrollmaßnahme sein. Entsprechendes sieht das deutsche Strafprozessrecht bislang nicht vor, sodass auch dies eine sinnvolle Ergänzung sein könnte. Sofern die Datenbank übersichtlich gestaltet ist, erfordert die Kontrolle wenig Aufwand für den Richter, was die Wahrscheinlichkeit der Ausübung der Kontrolle erhöht und zugleich einen entsprechenden Anreiz zur konzentrierten

---

1560 Vgl. § 161a Abs. 3 StPO; §§ 23 ff. EGGVG; bzw. bei Maßnahmen mit Richtervorbehalt. Zu letzteren: *Kühne* in: LR-StPO, 27. Auflage 2016, Einl. Abschn. J, Rn. 9.

1561 Zu den unselbstständigen Beweisverwertungsverboten ausführlicher: *Paul*, „Unselbständige Beweisverwertungsverbote in der Rechtsprechung", NStZ 2013, 489.

Arbeit für alle Verfahrensbeteiligten bietet. Zudem kann bei der Integration eines speziellen Warnmechanismus, beispielsweise in Fällen, in denen in einem Verfahren ohne erkennbaren Grund zuvor gesetzte Fristen überschritten werden, von einem übergeordneten Richter überprüft werden, ob der zuständige Richter selbst eine ausreichende Betreibung des Verfahrens vornimmt. Unter Umständen sind in diesem Zusammenhang auch Entlastungsmaßnahmen für den zuständigen Richter zu ergreifen, wenn sich bei der Überprüfung eine Überlastung desselbigen herausstellt.

6. *Effektivierung des deutschen Strafprozesses durch Steigerung der Prognostizierbarkeit der Verfahrensentwicklung*

Die grundsätzlich im US-amerikanischen Recht forcierte Idee, auf eine größtmögliche Transparenz im Hinblick auf Verfahrensablauf und -ausgang hinzuwirken, sodass es den Verfahrensbeteiligten ermöglicht wird, entsprechende Prognosen über die Entwicklung des Prozesses anzustellen, wird als nachvollziehbar eingestuft. Bei der Untersuchung, ob Förderungspotenzial für den deutschen Strafprozess besteht, erscheinen jedoch die hierzu im US-amerikanischen Recht angewendeten Mittel nicht unproblematisch.

Die zur Verwirklichung der Idee der maximalen Vorhersehbarkeit des Verfahrensausgangs- und -ablaufs vorgeschlagene frühzeitige Einbindung und dauerhafte Zuständigkeit eines Richters in allen Anhörungen und in der möglicherweise anzuberaumenden Hauptverhandlung in einem konkreten Verfahren wird als sinnvoll und praktikabel eingestuft.[1562] Lediglich anzuordnende Zwangsmaßnahmen sollten von einem im Übrigen unbeteiligten Richter angeordnet werden. Zwar kann die Gefahr der Entstehung eines pro inertia-Effekts nicht ausgeschlossen werden; allerdings wird das Verständnis des Richters für das Verfahren und die Sorgfältigkeit gesteigert, da sich eine gründliche Auseinandersetzung mit der Angelegenheit im späteren Verlauf gewissermaßen auszahlt, da die Zuständigkeit erhalten bleibt.

Eine Teambildung zwischen den Berufs-Verfahrensbeteiligten[1563] für alle gleichgelagerten Fälle wird demgegenüber als nicht umsetzbar angesehen. So kann es je nach Größe des Gerichtsbezirks zwar möglich sein, dass z. B. in Wirtschaftsstrafverfahren oftmals dieselben Richter bzw. Kammern und dieselben

1562 Trotz der insoweit erörterten Bedenken aufgrund der bereits dargestellten Gründe, vgl. hierzu Kapitel 5 C III. 1. a) cc).

1563 Gemeint sind hiermit alle Berufs-Verfahrensbeteiligten einschließlich dem Richter, der qua definitione kein Verfahrensbeteiligter ist, vgl. bereits Kapitel 2 E.

Staatsanwälte wegen der Zuständigkeit für ein bestimmtes Dezernat zusammenwirken. Von Seiten der Verteidigung kann dies auch zutreffen; allerdings eben nur dann, wenn die Verteidigung für einen Beschuldigten übernommen wurde. Wegen der Wahlfreiheit des Beschuldigten bezüglich seines Verteidigers[1564] wird kein Spielraum dafür gesehen, dem Beschuldigten quasi einen Verteidiger „vorzugeben". Aus diesem Grund kann letzterer Idee für das deutsche Strafverfahren kein Entwicklungspotenzial zuerkannt werden

7. *Chancen des Transfers der Casamento benchmarks in den deutschen Strafprozess*

Nicht zuletzt kann auch der grundsätzliche Gedanke, dass es das Verfahren erheblich beeinflussen kann, ob eine – sofern sich das Verfahren gegen mehrere Beschuldigte richtet oder mehrere Vorwürfe Anklagegenstand sind – gemeinsame oder eine getrennte Verhandlung erfolgt, überzeugen. Aus der RiStBV ergibt sich insoweit aus Nr. 114, dass zusammenhängende Strafsachen[1565] in einer Anklage zusammenzufassen sind. Hiervon kann abgesehen werden, wenn die Erhebung der öffentlichen Klage wegen einer Tat durch die Aufklärung der anderen Taten erheblich verzögert würde und wenn gewichtige Interessen der Allgemeinheit oder des Beschuldigten nicht entgegenstehen. Während die staatsanwaltliche Verfügung über die Verbindung bzw. Trennung der Verfahren nicht justiziabel ist, kann ein entsprechender gerichtlicher Beschluss mit der Beschwerde angegriffen werden.[1566]

Die RiStBV spricht indes lediglich eine Empfehlung aus, wie vorzugehen ist, wenn die Erhebung der öffentlichen Klage durch die Aufklärung einer anderen Tat verzögert wurde. Sie behandelt jedoch gerade nicht den Fall, wie vorzugehen ist, wenn zwar mehrere Taten anklagereif sind, eine gemeinsame Verhandlung jedoch zu einer Verzögerung des Verfahrens führen wird. Daher wäre ergänzend eine Einführung einer an die Casamento benchmarks angelehnten Regelung sinnvoll. Denn hierdurch wird neben der Vermeidung einer „Mammut"-Hauptverhandlung auf eine weitgehend bundeseinheitliche Behandlung der Verfahren hingewirkt, was wiederum der Willkürfreiheit des Verfahrens dienlich sein kann.

1564 Hierzu: *Thomas/Kämpfer* in: MüKo StPO, 1. Auflage 2014, § 137 Rn. 6 mit Verweis auf: *BVerfG*, Urteil vom 11.03.1975 - 2 BvR 135-139/5 u.w.N.

1565 Vgl. §§ 2, 3 StPO.

1566 Hierzu auch: *Gertler* in: BeckOK StPO mit RiStBV und Mistra, Stand: 01.07.2021, § 114 RiStBV Vor Rn.1.

8. *Effektivierung des deutschen Strafprozesses durch sonstige Maßnahmen*

Demgegenüber ist die Idee, die Überlastung des Gerichts insgesamt, also auch unter Berücksichtigung anderer laufender Verfahren, zu vermeiden, um z. B. zu verhindern, dass etwaige nicht vorgesehene Fortsetzungstermine Terminkollisionen verursachen, als positiv zu bewerten, sodass eine potenzielle Implementierung in das deutsche Recht verfahrensförderlich erscheint.

Daneben weist die Einsetzung von pluralistisch besetzten Kommissionen aus verschiedenen Beteiligten Potenzial im Hinblick auf die zeitnahe Lösung von neu auftretenden Problemen, wie z. B. eine Vereinbarung über die Herangehensweise an bestimmte neu auftretende Verfahrensphänomene, der Umgang mit technischen Neuerungen oder die Erarbeitung von Reformvorschlägen bzgl. überholter Legislativakte, auf.[1567] Hierdurch kann gerade vermieden werden, dass diverse Strafverfahren – jedes für sich – durch eine parallel erfolgende Klärung derselben (z. B. verfassungsrechtlichen) Vorfragen verzögert werden. Außerdem kann durch die Zusammenarbeit von Vertretern aus den sich sonst im Gerichtssaal gegenübertretenden Seiten allgemein ein gewisses Grundverständnis füreinander und Vertrauen ineinander gefördert werden, was den jeweiligen Einzel-Verfahren zu Gute kommen dürfte.

II. Zwischenergebnis

Es hat sich mithin herausgestellt, dass einer Vielzahl von im US-amerikanischen Recht existierenden Mechanismen grundsätzlich Entwicklungspotenzial für das deutsche Strafprozessrecht zuerkannt werden kann. Dies betrifft vor allem die Durchführung von frühzeitig obligatorisch anzuberaumenden status conferences/pre trial conferences, die fakultative Durchführung von preliminary hearings vor der Hauptverhandlung, in denen vor allem die Verdachtslage überprüft werden kann, die Einführung präklusionsbewehrter Offenlegungspflichten von Beweismitten bzw. Einwendungen, das grundsätzliche Absehen von Fristverlängerungen, eine erhöhte organisatorische Kontrolldichte des Gerichts, die Überwachung des Prozessfortschritts durch eine Datenbank, die Vermeidung von Rückständen auch bezüglich anderer laufender Verfahren, die frühzeitige

1567 Entsprechende Ansätze enthält das deutsche Recht unter anderem im Lohnsteuerstrafrecht bei der systembedingten Arbeitsteilung zwischen Steuerfahndung und Hauptzollamt, wobei diese ein „Nacheinander“ der Aufgabenwahrnehmung darstellt, während es vorliegend um ein „Miteinander“ der Problembewältigung gehen soll.

Zuständigkeit des Richters im Vorverfahren für das konkrete Verfahren, die Einsetzung pluralistisch besetzter Kommissionen zur Bewältigung grundsätzlicher Probleme sowie die Casamento Benchmarks. Demgegenüber erscheint eine Einführung einer Teambildung zwischen den Berufs-Verfahrensbeteiligten aufgrund der Wahlfreiheit des Beschuldigten bezüglich seines Verteidigers als eher fernliegend.

III. Transformationsprobleme

Jenseits bereits diskutierter Erwägungen, die der Einführung dieser Mechanismen im deutschen Recht entgegenstehen könnten, stellt sich die Frage, ob und welche weiteren rechtlichen Transformationsprobleme bestehen.

1. Case Management

Es stellt sich die Frage, ob es (rechtlich gesehen) überhaupt denkbar ist, den Mechanismus des Case Managements nach amerikanischem Vorbild, hierbei insbesondere die verpflichtend durchzuführenden status conferences, in das deutsche Strafverfahren zu integrieren.

a) Vereinbarkeit einer frühzeitigen Anberaumung von Erörterungstermin(en) bzw. Status/Readiness conference(s)/ preliminary hearings im Ermittlungsverfahren mit deutschem Recht?

aa) Strukturelle Verortung einer solchen Konferenz im Strafverfahren und Zulässigkeit der frühzeitigen Beteiligung des Richters im Ermittlungsverfahren

Problematisch erscheint bereits, in welchem Verfahrensstadium eine solche Konferenz im deutschen Strafprozess strukturell verortet werden könnte. Grundsätzlich ist nach dem deutschen Strafprozessrecht die Staatsanwaltschaft Herrin des Ermittlungsverfahrens[1568]. Nur für besondere Zwangsmaßnahmen ist die richterliche Mitwirkung im Sinne einer Anordnung des Gerichts erforderlich.[1569] Die richterliche Zuständigkeit ist im Übrigen grundsätzlich erst im Zwischenverfahren eröffnet. Daher wäre zu erwägen, eine Statuskonferenz erst im Zwischenverfahren zu verorten. In praxi liegt der Schwerpunkt des sich

---

1568 Vgl. § 152 Abs. 1 StPO; *BVerfG*, Beschluss vom 26.11.1975 - 2 BvR 883/75, NJW 1976, 231; hierzu auch: *Griesbaum* in: KK-StPO, 8. Auflage 2019, § 163 Rn. 2 ff.

1569 Z. B. §§ 98b Abs. 1 Satz 1. Alt., 100 Abs. 1 1. Alt, 100e Abs.1 Satz 1, 105 Abs. 1 Satz 1 1. Alt. StPO.

außerhalb der Hauptverhandlung abspielenden Verfahrens allerdings im Ermittlungsverfahren;[1570] würde man demzufolge die Konferenz erst nach langjährigen Ermittlungen durch die Staatsanwaltschaft und die Polizei durchführen, können die unerwünschten negativen Auswirkungen eines langwierigen Verfahrens oftmals nicht mehr vermieden werden. Zudem ist jedenfalls nicht auszuschließen, dass aufgrund möglicherweise vorausgegangener umfangreicher Ermittlungen seitens der Staatsanwaltschaft gegen eine Einstellung zu diesem Zeitpunkt Vorbehalte bestehen. Deswegen wäre die Konferenz aus Effizienzgründen weit vorzuverlagern. Um durch ein frühzeitiges Zusammenkommen nicht die Ermittlungen zu gefährden, bietet es sich – sofern Zwangsmaßnahmen ergriffen werden – an, die Konferenz innerhalb einer kurzen Zeitspanne, ggf. in Anlehnung an das US-amerikanische Recht innerhalb von ein bis zwei Wochen – nach Durchführung einer offenen strafprozessualen Maßnahme, beispielsweise der Vollstreckung eines U-Haft- oder eines Durchsuchungsbefehls, anzusetzen. Zu diesem Zeitpunkt hat der Beschuldigte aufgrund der Zwangsmaßnahme ohnehin bereits Kenntnis vom laufenden Strafverfahren und die Staatsanwaltschaft besitzt regelmäßig bereits einen gewissen Umfang an Beweismitteln, da diese für die ergriffene Zwangsmaßnahme unerlässlich sind.

Um abzusichern, dass die offenen Zwangsmaßnahmen nicht selbst erst nach mehrjährigen Ermittlungsmaßnahmen ergriffen werden, könnte eine Einführung von Fristen für die Durchführung der strafprozessualen Maßnahmen erwogen werden; als Maßstab könnte hierfür eine Größenordnung von drei bis vier Monaten nach Einleitung des Ermittlungsverfahrens gewählt werden. Für die Umsetzbarkeit einer solchen Fristenlösung spricht der Umstand, dass die Anforderungen an das Vorliegen eines Anfangsverdachts z. B. für eine Durchsuchung recht niedrig sind[1571] und in der Regel jedenfalls der konkrete Vorgang, bezüglich dessen Beweismittel im Rahmen der Durchsuchung aufgefunden werden sollen, bekannt ist. Dementsprechend gibt es keine Rechtfertigung dafür, dass bei der Anordnung einer offenen Zwangsmaßnahme zu lange zugewartet wird. Auch hier wären allerdings entsprechende Ausnahmen und Verlängerungsmöglichkeiten für atypische Fälle vorzusehen, welche indes nicht zu großzügig

1570 In diese Richtung auch: *Kölbel* in: MüKo StPO, 1. Auflage 2016, § 160 Rn. 5 f.; ebenso: *Neuhaus* in: MAH Strafverteidigung, 2. Auflage 2014, § 15 Rn. 6; *Albrecht*, 2005, S. 199.

1571 So sollen zwar vage Anhaltspunkte und Vermutungen nicht ausreichen, allerdings aber auch kein hinreichender oder dringender Tatverdacht erforderlich sein; hierzu: *Köhler* in: *Meyer-Goßner/Schmitt*, StPO, 64. Auflage 2021, § 102 Rn. 2.

gehandhabt werden sollten. Exemplarisch ist insoweit der Fall zu nennen, dass durch die Durchführung einer offenen Zwangsmaßnahme der Ermittlungserfolg verdeckter strafprozessualer Maßnahmen vereitelt und damit die Ermittlungen nicht nur unerheblich erschwert würden.

In Wirtschaftsstrafverfahren, die den größten Teil der Umfangsverfahren ausmachen, werden regelmäßig Durchsuchungen durchgeführt. Sofern dies ausnahmsweise nicht der Fall ist und auch sonst keine offenen Zwangsmaßnahmen ergriffen werden, bietet sich als Anknüpfungspunkt für die Durchführung der status conference/pre trial conference eine Ein- bis Zwei-Wochen-Frist ab der ersten Vernehmung des Beschuldigten an. Durch die Ladung zu seiner Vernehmung ist er davon in Kenntnis gesetzt, dass ein Strafverfahren gegen ihn geführt wird, sodass durch die Durchführung einer status conference die Ermittlungen im Regelfall nicht beeinträchtigt sein dürften. Allerdings erfolgt auch die Vernehmung des Beschuldigten regelmäßig erst zu einem Zeitpunkt, in dem die (vermeintliche) Tatsachenlage bereits weitgehend geklärt ist[1572] und die Ermittlungen viel Zeit beansprucht haben. Das Risiko, dass bereits vor Erlass der Zwangsmaßnahme bzw. der Vernehmung des Beschuldigten zu viel Zeit in das Ermittlungsverfahren investiert wurde bzw. keine vorherige Kontrolle des Vorwurfs erfolgte, könnte durch die Einführung einer weiteren Frist minimiert werden: So könnte eine Frist für die Durchführung einer status conference ab Einleitung des Ermittlungsverfahrens von maximal drei bis vier Monaten festgesetzt werden, die unabhängig von der Durchführung von Zwangsmaßnahmen oder der Vernehmung des Beschuldigten ist, sodass auch in den Fällen, in denen keine Zwangsmaßnahme erfolgt[1573] innerhalb von drei bis vier Monaten eine richterliche Kontrolle der Rechtfertigung des Ermittlungsverfahrens erfolgen würde. Im Unterschied zum derzeitigen verkümmerten Zustand des Zwischenverfahrens[1574] sind die Ermittlungen zu diesem frühen Zeitpunkt noch nicht abgeschlossen, sodass ein höhere Chance für ein ergebnisoffenes Handeln der Strafverfolgungsorgane gegeben ist.[1575] Zweifel bestehen insoweit bezüglich der

---

1572 Vgl. insoweit nur den Wortlaut des § 163a Abs. 1 Satz 1 StPO: „spätestens vor dem Abschluß der Ermittlungen".

1573 Wie bereits oben dargestellt, dürfte dies in Wirtschaftsstrafverfahren, die den größten Teil der Umfangsverfahren ausmachen, die Ausnahme darstellen, da jedenfalls regelmäßig Durchsuchungen durchgeführt werden.

1574 Vgl. bereits die Ausführungen in Kapitel 2 C.

1575 Implizit zu dem (bestehenden) Bedürfnis, lediglich genügend ausermittelte Verfahren anzuklagen auch: *Stuckenberg* in: LR-StPO, 27. Auflage 2018, Vor § 198 Rn. 13, 18.

Frage, ob der Richter einer solchen Kontrollaufgabe nachkäme, oder ob es – vergleichbar dem derzeitigen verkümmerten Zustand des Zwischenverfahrens – lediglich einem „Abnicken" des bisherigen Geschehens gleichkommen würde. Dies kann zwar nicht in Gänze ausgeschlossen werden. Allerdings könnte die psychologische Hürde des Näheverhältnisses[1576] zur Staatsanwaltschaft, die den einzelnen Richter oftmals davon abhält, im Zwischenverfahren einen Nichteröffnungsbeschluss zu erlassen, im Ermittlungsverfahren geringer ausfallen, da zu diesem Zeitpunkt noch eine höhere Chance für ein ergebnisoffenes Handeln der Strafverfolgungsorgane gegeben ist.

Zu berücksichtigen ist in diesem Zusammenhang, dass Fristen grundsätzlich nur dann den mit ihnen befolgten Zweck erfüllen können, wenn die Nichteinhaltung der Frist eine Sanktion oder jedenfalls einen rechtlichen Nachteil bzw. die Kompensation durch einen rechtlichen Vorteil für den Betroffenen zur Folge hat. Da eine Art Präklusion der Zwangsmaßnahmen bei Überschreitung der Frist wegen der unter anderem damit einhergehenden potenziellen Gefährdung der Allgemeinheit[1577], nicht in Betracht kommt, könnte der rechtliche Nachteil bzw. der einzuräumende rechtliche Vorteil für den Beschuldigten lediglich anderweitig zu verorten sein, z. B. im Falle einer Verurteilung durch Berücksichtigung der Verzögerung im Rahmen der Strafzumessung zugunsten des Beschuldigten oder in schwerwiegenden Fällen durch Begründung eines relativen Beweisverwertungsverbots der im Rahmen einer verspätet durchgeführten Durchsuchung aufgefundenen Beweismittel. Durch eine Ausgestaltung als relatives Beweisverwertungsverbot könnte zugleich dem Prinzip der materiellen Wahrheit ausreichend Gewicht verliehen werden, da in diesem Zusammenhang ohnehin eine Vielzahl von Erwägungen anzustellen sind, ob im Einzelfall ein Beweisverwertungsverbot eingreifen soll oder nicht.

Ohne diese Sonderfrage jedoch im vorliegenden Zusammenhang abschließend klären zu können, kann jedoch festgehalten werden, dass es grundsätzlich als sinnvoll erachtet wird, ausufernde Ermittlungen ohne Kontroll- und „Ausgleich"-Element – ersteres, sofern keine Beteiligung des Richters erfolgt, letzteres, da der Beschuldigte nicht auf die Aktenlage einwirken kann – zu begrenzen.

Fraglich ist jedoch, ob eine so starke Einbindung des Richters im Vorverfahren überhaupt möglich ist. Durch eine stärkere Einbeziehung des Richters im Vorverfahren würde die Balance zwischen Staatsanwaltschaft und Gericht

---

1576 Hierzu auch: *Kühne* in: LR-StPO, 27. Auflage 2016, Einleitung Abschnitt B, Rn. 65.
1577 Beispielsweise bei anzuordnender U-Haft wegen Wiederholungsgefahr.

wiederhergestellt. Insoweit existieren gerade Stimmen, die die gewachsene faktische Bedeutung der Staatsanwaltschaft kritisieren.[1578] Andererseits könnte dies in das verfassungsrechtliche Gefüge der öffentlichen Gewalten eingreifen. Unproblematisch dürfte eine richterliche Kontrollbefugnis insoweit sein, als es sich lediglich um eine organisatorische Kontrolle im Sinne einer Kontrolle der bewirkten Ermittlungshandlungen und der konzentrierten Betreibung des Verfahrens handelt. In Betracht zu ziehen wäre insofern auch die bereits oben angesprochene Evidenzkontrolle[1579], durch die die Fortführung des Ermittlungsverfahrens hinsichtlich offensichtlich unhaltbarer Vorwürfe bereits zu diesem Zeitpunkt unterbunden werden kann.

Generell ist fraglich, ob durch eine frühere Einbeziehung des Gerichts und die hiermit einhergehende stärkere Kontrolle des Gerichts über die Tätigkeit der Staatsanwaltschaft ein Eingriff in die Befugnis der Staatsanwaltschaft zur „vollständige[n] und selbständige[n] Durchführung des Ermittlungsverfahrens"[1580] erfolgt. Zwar sieht auch das geltende Recht in gewissen Fällen die Mitwirkung eines (Ermittlungs-)Richters im Ermittlungsverfahren vor.[1581] Allerdings soll diesem keine Fachaufsicht im Sinne einer Kontrolle der von der Staatsanwaltschaft geführten Ermittlungen auf Vollständigkeit bzw. Zweckmäßigkeit zukommen.[1582] Dennoch stellt die Kontrollbefugnis – jedenfalls bezüglich der Anordnung strafprozessualer Zwangsmaßnahmen – historisch einen aufgrund von Art. 19 Abs. 4 GG gebotenen Ausgleich für den Wegfall der gerichtlichen Voruntersuchung dar.[1583] Nicht zuletzt bleibt die Verfahrensherrschaft der Staatsanwaltschaft in diesem Verfahrensstadium dadurch gewahrt, dass die Beteiligung des Richters gem. § 162 Abs. 1 Satz 1 StPO jedenfalls regelmäßig[1584] nur auf ihren Antrag hin erfolgt.

Freilich ist in diesem Zusammenhang auf die Existenz des Klageerzwingungsverfahrens[1585], welches ebenfalls das Bestehen einer Kontrollkompetenz der Entscheidungen der Staatsanwaltschaft im Vorverfahren voraussetzt, zu verweisen. Zwar setzt diese Kontrolle nachträglich an, während die hier angedachte

1578 *Albrecht*, 2005, S. 46; 205.

1579 Vgl. hierzu bereits die Ausführungen in Kapitel 5 B I. 4.

1580 *Kühne* in: LR-StPO, 27. Auflage 2016, Einleitung Abschnitt J, Rn. 41.

1581 Vgl. § 162 Abs. 1 Satz 1 StPO.

1582 *Wohlers* in: SK -StPO, 57. Lfg. 2008, § 162 Rn. 1.

1583 *Kühne* in: LR-StPO, 27.Auflage 2016, Einleitung Abschnitt J, Rn. 8.

1584 Ausnahme: § 165 StPO bei Gefahr im Verzug.

1585 Vgl. § 172 Abs. 2, 172 ff. StPO.

Kontrolle bereits zu einem früheren Zeitpunkt, nämlich im Zuge der laufenden Ermittlungen, zu erfolgen hätte. Soweit sich die Kontrolle auf eine organisatorische Überwachung beschränken würde, ist diesem Eingriff in die Verfahrensherrschaft der Staatsanwaltschaft indes kein größeres Gewicht beizumessen als dem Klageerzwingungsverfahren. Denn letztlich bleibt auch hier zumindest im Falle der organisatorischen Kontrolle das Anklagemonopol der Staatsanwaltschaft gewahrt.[1586] Soweit jedoch eine „Aussortierung der Vorwürfe" vom Gericht gegen den Willen der Staatsanwaltschaft vorgenommen werden könnte, kommt ein Tangieren des Anklagegrundsatzes sowie des Anklagemonopols der Staatsanwaltschaft in Betracht. Der Anklagegrundsatz betrifft die Entscheidungskompetenz der Staatsanwaltschaft hinsichtlich des Umfangs der (weiteren) Verfolgung der prozessualen Tat im Rahmen einer öffentlichen Klage, über den das Gericht nicht hinausgehen darf.[1587] Hierdurch wird gewährleistet, dass – anders als im früheren Inquisitionsprozess – jedenfalls keine Verfolgung durch ein Organ der Judikative initiiert werden kann.[1588] Solange gewährleistet ist, dass durch eine richterliche summarische Vorabüberprüfung der von der Staatsanwaltschaft angenommenen Vorwürfe allenfalls eine Reduzierung und keine Ausweitung der Vorwürfe bezweckt wird, würde der Anklagegrundsatz durch eine solche richterliche Kontrollkompetenz nicht verletzt werden.

Das gleiche gilt für das Anklagemonopol: Das Anklagemonopol betrifft die Entscheidungsbefugnis der Staatsanwaltschaft, ob die prozessuale Tat mittels öffentlicher Klage zu verfolgen ist.[1589] Wie bereits die Existenz des Zwischenverfahrens zeigt, wirkt das Anklagemonopol jedoch nur in eine Richtung: Es verbietet lediglich anderen Gewalten, Anklage zu erheben bzw. von sich aus Straftaten zu verfolgen;[1590] es soll hingegen nicht verhindern, dass eine von der Staatsanwaltschaft verfolgte Tat von Seiten des Gerichts nicht zur Anklage zugelassen wird. Insoweit sieht das Zwischenverfahren gerade eine eigenständige Prüfung des Vorliegens eines hinreichenden Tatverdachts durch das zuständige Gericht vor.[1591] Sofern mithin durch eine richterliche summarische Überprüfung der

---

1586 Zum vergleichbaren Fall des Klageerzwingungsverfahrens hierzu auch: *Graalmann-Scheerer* in: LR-StPO, 27. Auflage 2018, § 172 Rn. 1.

1587 Hierzu näher: *Kühne* in: LR- StPO, 27. Auflage 2016, Einleitung Abschnitt I Rn. 9 f.

1588 Hierzu m.w.N.: *Kühne* in: LR- StPO, 27. Auflage 2016, Einleitung Abschnitt I Rn. 9 f.

1589 Hierzu m.w.N.: *Kühne* in: LR- StPO, 27. Auflage 2016, Einleitung Abschnitt I Rn. 16.

1590 Hierzu: *Fischer* in: KK-StPO, 8. Auflage 2019, Einleitung, Rn. 5.

1591 Vgl. §§ 199 Abs. 1, § 203 StPO.

Vorwürfe im Ermittlungsverfahren lediglich eine Einschränkung der verfolgten prozessualen Tat erfolgt, wird das Anklagemonopol nicht verletzt.

Problematisch ist jedoch der Aspekt, dass dem Richter durch die zwingende Durchführung der status conferences im Besonderen sowie der Durchführung von Case Management-Maßnahmen im Allgemeinen Vorgaben im Hinblick auf seine Tätigkeit gemacht werden, insbesondere ist die Frage aufzuwerfen, ob darin ein Verstoß gegen die richterliche Unabhängigkeit aus Art. 97 Abs. 1 GG zu sehen ist. Soweit die richterliche Unabhängigkeit gem. Art. 97 Abs. 1 GG verfassungsrechtlich gewährleistet wird, erstreckt sie sich auf die sachliche Unabhängigkeit und damit auf die Wahrnehmung originärer Rechtsprechungsaufgaben.[1592] Mitumfasst sind hiervon alle diesen dienenden bzw. sie vorbereitenden Sach- und Verfahrensentscheidungen.[1593] Wie sich aus dem Wortlaut des Art. 97 Abs. 1 GG selbst ergibt, sind die Richter jedoch dem Gesetz unterworfen.[1594] Soweit mithin die Frage zu behandeln ist, ob eine Kodifizierung von Case Management-Maßnahmen, die den äußeren Rahmen der Tätigkeit des Richters im Sinne von strukturellen Vorgaben berühren, mit dem Grundsatz der richterlichen Unabhängigkeit vereinbar ist, wäre dies zu bejahen, sofern dies in verfassungsrechtlich ordnungsgemäßer Gesetzesform geschieht. Damit wäre dem Verfassungsrecht sogar gedient, indem entsprechende Gesetze erlassen würden, anstelle auf oben beschriebe Richtlinien der Exekutive (RiStBV) zurückzugreifen.[1595]

1592 Hierzu auch: *BVerfG*, Beschluss vom 27.04.1971 - 2 BvL 31/71, NJW 1971, 1308 f.; so auch: *Hillgruber* in: Maunz/Dürig, GG, 94 EL 2021, Art. 97 GG, Rn. 20.

1593 *BGH*, Urteil vom 31.01.1984, NJW 1984, 2531; *BVerwG*, Beschluss vom 08.02.1973, I WB 228/72, NJW 1973, 1059; hierzu auch: *Morgenthaler* in: BeckOK Grundgesetz, Stand: 15.05.2021, Art. 97 GG Rn. 5.

1594 Hierzu ausführlicher: *Morgenthaler* in: BeckOK Grundgesetz, Stand: 15.05.2021, Art. 97 Rn. 7 ff.

1595 Hierzu: *Graf* in: BeckOK StPO mit RiStBV und Mistra, Stand: 01.07.2021, RiStBV Einführung, Rn. 1 ff.; für den Bereich der Rechtsprechungsverwaltung auf das insoweit sogar vorliegende – rechtsstaatswidrige – defizitäre (Nicht-)Handeln des Gesetzgebers hinweisend: *Schütz*, Der ökonomisierte Richter - Gewaltenteilung und richterliche Unabhängigkeit als Grenzen Neuer Steuerungsmodelle in den Gerichten, 2005, S. 269 ff.; 303 f.

bb) *Résumé*

Zu konstatieren ist mithin, dass eine summarische rechtliche Überprüfung der von der Staatsanwaltschaft präsentierten Vorwürfe wie auch eine organisatorische Kontrolle mit dem Anklagegrundsatz und dem -monopol vereinbar sind.

b) *Vereinbarkeit der frühzeitigen Beteiligung eines Richters mit dem Gebot der Unparteilichkeit des Tatgerichts*

Im Übrigen könnte sich allerdings ein Problem aus der frühzeitigen Beteiligung des Richters im Ermittlungsverfahren ergeben. Teilweise wird die Unparteilichkeit[1596] des Tatgerichts nach geltender Rechtslage dadurch als tangiert angesehen, dass der Richter im Zwischenverfahren bereits darüber entscheiden muss, ob eine überwiegende Verurteilungswahrscheinlichkeit besteht.[1597] Dem wird allerdings entgegengehalten, dass die Maxime der Unparteilichkeit nicht jegliche Vorbefassung des Tatgerichts ausschließt.[1598] Vielmehr ist zu gewährleisten, dass die vom späteren Tatrichter vor der Hauptverhandlung getroffenen Entscheidungen nicht bereits als Präjudiz für den späteren Schuldspruch zu sehen sind.[1599] Daher soll die Tatverdachtsprüfung durch den Tatrichter im Zwischenverfahren noch keine Vorverurteilung in diesem Sinne und damit zulässig sein,[1600] da die Bejahung des Tatverdachts nach Aktenlage und die erforderliche richterliche Überzeugung nach Abschluss der Beweisaufnahme nicht deckungsgleich sind.[1601] Auch ein Befangenheitsgrund gem. § 23 Abs. 1 StPO liegt – nach einer Entscheidung des *BayOblG* aus dem Jahre 1954 – nur in einem höheren Rechtszug vor,

---

1596 Vgl. Art. 6 Abs.1 EMRK.

1597 Hierzu: *Wohlers*, in: *Heinrich u.a.*, FS Roxin, Strafrecht als Scientia Universalis, Festschrift für Claus Roxin zum 80. Geburtstag am 15.Mai 2011, S. 1313, 1314 ff.

1598 *Wenske* in: MüKo StPO, 1. Auflage 2016, § 199 Rn. 36 ff. mit Verweis auf: *Conen/Tsambikakis* in: MüKo-StPO, 1. Auflage 2014, § 24 Rn. 53 m.w.N. aus der EGMR-Rechtsprechung, u.w.N.

1599 *Wenske* in: MüKo StPO, 1. Auflage 2016, § 199 Rn. 36 ff., der dies allerdings gerade befürchtet; andererseits aber die „negative Kontrollfunktion“ des Richters hervorhebend: *Baumann*, Alternativ-Entwurf Novelle zur Strafprozessordnung, Reform der Hauptverhandlung, S. 39.

1600 *Wenske* in: MüKo-StPO, 1. Auflage 2016, § 199 Rn. 36 ff. m.w.N.

1601 *Wenske* in: MüKo- StPO, 1. Auflage 2016, § 199 Rn. 36 ff.; a.A. *Wohlers* in: FS Roxin, Strafrecht als Scientia Universalis, Festschrift für Claus Roxin zum 80. Geburtstag am 15.Mai 2011, S. 1313, 1325 f., der annimmt, dass die Tatverdachtsprüfung die Schwelle eines „prima facie case“ gar „weit“ übersteige.

wenn der Richter bei einer durch ein Rechtsmittel angefochtenen Entscheidung mitgewirkt hat.[1602] Dies kann allerdings im Einzelfall gem. § 24 StPO auch anders bewertet werden.[1603]

Dementsprechend ist die auf eine bloße Überwachung des Prozessfortschritts und insgesamt verstärkt auf eine organisatorische Funktion ausgerichtete Einbeziehung des späteren Tatgerichts bereits in ein vor dem Zwischenverfahren liegendes Verfahrensstadium erst recht zulässig, da sie keinen Bezug zum späteren Schuldspruch erkennen lässt. Etwas Anderes dürfte hinsichtlich der summarischen rechtlichen Überprüfung der von der Staatsanwaltschaft angenommenen Vorwürfe nicht gelten, da auch hier nicht bei einer mittels Rechtsmittel anfechtbaren Entscheidung mitgewirkt wird. Daher wäre insoweit die Unparteilichkeit des Richters gewahrt.

c) Zulässigkeit des Ziels der frühzeitigen Erledigung des Strafverfahrens außerhalb einer öffentlichen Hauptverhandlung

Gegen den jedenfalls mitverfolgten Zweck der frühzeitigen Zusammenkunft aller Verfahrensbeteiligten im Rahmen einer status conference – die frühzeitige Erledigung des Strafverfahrens möglichst durch Vermeidung einer öffentlichen Hauptverhandlung – bestehen nach der deutschen Rechtsordnung keine durchgreifenden rechtlichen Bedenken. So führte das *BVerfG* bereits in seinem Urteil vom 19.03.2013[1604] aus:

> *Es ist dem Gesetzgeber auch nicht versagt, unter Wahrung rechtsstaatlicher Grundsätze für Fälle einfach gelagerter und eindeutiger Sachverhalte – etwa bei einer sich mit den Ermittlungsergebnissen deckenden geständigen Einlassung schon im Ermittlungsverfahren oder bei einem auf frischer Tat angetroffenen Beschuldigten – ein vereinfachtes Verfahren zur Gewinnung der richterlichen Überzeugung von Schuld oder Unschuld des Angeschuldigten und der hieraus zu ziehenden Folgen ohne das Erfordernis einer öffentlichen Hauptverhandlung mit ihrer formalisierten Beweisaufnahme einzurichten, wie es die StPO mit dem Strafbefehlsverfahren gem. § 407 Absatz I und § 407 Absatz II StPO vorsieht.*

1602 *BayObLG*, Urteil vom 17.12.1954 - RevReg. 3 St 234/1954, BayObLGSt 1954, 158, 159, wobei insoweit noch differenziert wird zwischen Ermittlungs- und Untersuchungsrichter.

1603 Hierzu: *Scheuten* in: KK-StPO, 8. Auflage 2019, § 24 Rn 8 mit Verweis auf: *BVerfG*, Beschluss vom 26.01.1971- 2 BvR 443/69, NJW 1971, 1029, 1030; BGH, Urteil vom 09.09.1966 - 4 StR 261/66, NJW 1967, 62, 63 u.w.N.

1604 So das *BVerfG* bereits in seinem Urteil vom 19.03.2013 - BvR 2628/10, 2 BvR 2883/10, 2 BvR 2155/11, NJW 2013, 1058, 1068.

Zwar könnte die Frage aufgeworfen werden, ob die typischerweise Umfangsverfahren zugrundeliegenden wirtschaftsstrafrechtlichen Sachverhalte „einfach gelagert" sind. Wenn allerdings die Beurteilung der Schuldfrage aufgrund eines Geständnisses des Beschuldigten, dessen Glaubhaftigkeit sich oftmals leicht anhand der in diesen Fällen vielfach vorliegenden Dokumentenlage verifizieren lässt, oder aufgrund einer vom Beschuldigten in der status conference dargelegten Sachlage geklärt ist, dürfte es sich auch insoweit um einen rechtlich „einfach gelagerten" Sachverhalt handeln und damit eine Erledigung im Rahmen der status conference zulässig sein; jedenfalls solange dem Beschuldigten das Recht zugestanden wird, grundsätzlich eine durch die Öffentlichkeit kontrollierte Hauptverhandlung beantragen zu können.[1605] Denn insgesamt kommt es darauf an, dass – unter Abwägung mit weiteren einschlägigen Grundrechten und Verfahrensmaximen – die Strafzwecke, so weit wie im Rahmen praktischer Konkordanz möglich, verwirklicht werden.

d) Vereinbarkeit eines preliminary hearing mit dem deutschen Strafprozess

Eine mögliche Implementierung eines preliminary hearing in den deutschen Strafprozess setzt voraus, dass eine solche sich außerhalb einer Hauptverhandlung abspielende Anhörung im deutschen Strafprozess keinen mit deutschen Prozessmaximen und höherrangigem Recht unvereinbaren Fremdkörper darstellt. Strukturell ist anzumerken, dass vergleichbare Ansätze im deutschen Recht vorhanden sind:

Es drängt sich der Vergleich mit den Anwesenheitsrechten des Verteidigers und des Beschuldigten bei richterlichen Vernehmungen[1606] sowie der bereits existierenden Vorschrift des § 202a StPO auf. Während in ersterem Fall – nicht zuletzt durch das dem Beschuldigten und seinem Verteidiger zustehende Fragerecht – ein Teil einer potenziellen späteren Beweisaufnahme vorweggenommen und die Aussage des Zeugen auf seine Stichhaltigkeit überprüft werden kann, geht es bei letzterem um die Möglichkeit einer Zusammenkunft der Berufs-Verfahrensbeteiligten[1607] außerhalb der Hauptverhandlung. Wenn auch der Sinn

1605 In diese Richtung auch: *BVerfG*, Urteil vom 19.03.2013 - BvR 2628/10, 2 BvR 2883/10, 2 BvR 2155/11, NJW 2013, 1058, 1068; vgl. hierzu im Rahmen des Vorschlags der Einführung eines abgekürzten Verfahrens auch noch die Erwägungen in Kapitel 6 F.

1606 Vgl. § 168c Abs. 2 Satz 1 StPO.

1607 Gemeint sind die Berufs-Verfahrensbeteiligten und der Richter; hierzu bereits in Kapitel 2 E.

des § 168c Abs. 2 StPO ein anderer ist,[1608] so zeigt die Existenz dieser Norm, dass dem deutschen Strafprozess eine Antizipation eines Teils der potenziell später durchzuführenden Beweisaufnahme nicht gänzlich fremd ist. Ebenso wie bei der richterlichen Vernehmung kann die frühzeitige Mitwirkung aller Beteiligten im Ermittlungsverfahren einer „möglichst wahrheitsnahen Ereignisrekonstruktion" und damit dem Prinzip der Ermittlung der materiellen Wahrheit dienen.[1609]

e) Weitere relevante Aspekte

Desweiteren ist in der vorgelagerten summarischen Kontrolle durch einen Richter auch keine Verletzung des Grundsatzes des gesetzlichen Richters zu sehen. Denn dieser regelt im Wesentlichen lediglich, dass anhand abstrakt-genereller Merkmale zur Vermeidung von Willkür und Manipulation im Vorhinein feststehen muss, welcher Richter mit dem Fall betraut wird.[1610] Bei einer Vorsehung im Geschäftsverteilungsplan, welche bewirkt, dass ein bereits im Vorverfahren eingebundener Richter in diesem Fall später auch Vorsitzender Richter wird, steht dies jedoch anhand abstrakt-genereller Merkmale im Vorhinein fest, sodass im Einzelnen der jeweilige gesetzliche Richter tätig wird.

Soweit daneben im Rahmen einer status conference Terminabsprachen getroffen werden sollen, dient dies der Verwirklichung des in § 213 Abs. 2 StPO enthaltenen Koordinierungsgedankens und begegnet daher keinen rechtlichen Bedenken.

f) Zusammenfassung

Strukturell wäre die status conference damit an die Vorschriften der §§ 160b, 202a StPO mit erweitertem Rahmen anzulehnen: Zum einen sollte eine Anwesenheit aller Berufs-Verfahrensbeteiligten im weiteren Sinne[1611] gewährleistet sein, zum anderen kann nicht auf das Kriterium des „Erwägens der Eröffnung

---

1608 So dient diese Einwirkungsmöglichkeit vorrangig der Wahrung rechtlichen Gehörs des Beschuldigten und als Ausgleich der mit der privilegierten Verwertbarkeit der Zeugenaussage im Hauptverfahren verbundenen Nachteile hinsichtlich des im Rahmen der Vernehmung erzielbaren Beweisergebnisses: *BVerfG*, Beschluss vom 05.12. 2005 - 2 BvR 1964/05, NJW 2006, 672, 673; hierzu auch: *Kölbel* in: MüKo StPO, 1. Auflage 2016, § 168c StPO Rn. 1.

1609 *Kölbel* in: MüKo StPO, 1. Auflage 2016, § 168c StPO Rn. 1.

1610 Hierzu ausführlich: *Kühne* in: LR-StPO, 27. Auflage 2016, Einleitung Abschnitt J, Rn. 18.

1611 Vgl. hierzu bereits oben in Kapitel 2 E.

der Hauptverhandlung“[1612] abgestellt werden, sondern es wäre, da das Gericht in diesem Verfahrensstadium die Akte inhaltlich noch nicht kennen dürfte, eine allgemeinere Ausrichtung der Konferenz vorzusehen, welche zeitlich grundsätzlich spätestens drei bis vier Monaten nach Aufnahme der Ermittlungen zu veranschlagen wäre.

Insgesamt erscheint damit die verstärkte Kontrolle des Ermittlungsverfahrens durch den Richter – sofern es sich auf eine Kontrolle beschränkt – gerade mit Blick auf eine ökonomische Verfahrensführung sinnvoll.[1613] Da hierdurch allenfalls eine Beschränkung der Vorwürfe eintreten würde, ist hierin auch kein Verstoß gegen den Anklagegrundsatz bzw. das Anklagemonopol der Staatsanwaltschaft zu sehen.

Eine Kodifizierung von Case Management-Maßnahmen, die die Sphäre des Richters berühren, wäre mit dem Grundsatz der richterlichen Unabhängigkeit vereinbar, sofern dies in Gesetzesform geschieht. Hierdurch würde in verfassungsrechtlicher Hinsicht eine Verbesserung gegenüber dem status quo eintreten, da entsprechende Gesetze erlassen würden, statt auf oben beschriebe Richtlinien der Exekutive – die RiStBV – zurückzugreifen.[1614] Daneben liegt auch keine Verletzung des Grundsatzes des gesetzlichen Richters vor, da an der vorab anhand abstrakt-genereller Merkmale zu bestimmenden Zuständigkeit nichts geändert wird.

Eine Implementierung eines preliminary hearing in den deutschen Strafprozess durch eine Antizipation eines Teils der potenziell später durchzuführenden Beweisaufnahme kann zudem in Anlehnung an die Vorschriften der §§ 202a, 168c Abs. 2 StPO erfolgen.

Der Einführung von sog. status conferences/pre trial conferences bzw. der Durchführung von preliminary hearings im beschriebenen Sinne stehen damit

---

1612 Vgl. § 202a Satz 1 StPO.

1613 Hierfür sprechen auch die Erwägungen im Gesetzesentwurf der Bundesregierung, Entwurf eines Ersten Gesetzes zur Reform des Strafverfahrensrechts (1. StVRG), BT-Drucks. 7/551, S.38 (linke Spalte), woraus sich zum einen zwar eine Abschaffung der gerichtlichen Voruntersuchung ergibt, zum anderen aber aus einem Umkehrschluss zu den dortigen Erwägungen in der bloßen richterlichen Kontrolle des Ermittlungsverfahren gerade keine Beeinträchtigung einer ökonomischen Verfahrensführung gesehen wird.

1614 Hierzu: *Graf* in: BeckOK StPO mit RiStBV und Mistra, Stand01.07.2021, RiStBV Einführung, Rn. 1 ff.; für den Bereich der Rechtsprechungsverwaltung auf das insoweit sogar vorliegende – rechtsstaatswidrige – defizitäre (Nicht-)Handeln des Gesetzgebers hinweisend: *Schütz*, 2005, S. 269 ff.; 303 f.

keine rechtlichen Hürden entgegen – letztlich auch nicht, wenn das damit verfolgte Ziel die Erledigung des Verfahrens außerhalb einer öffentlichen Hauptverhandlung ist.

2. Differentiated Case Management

Betrachtet man das Differentiated Case Management, welchem überwiegend ein organisatorisch-rahmenbildender Charakter zukommt, stellt sich die Frage, ob rechtliche Gegenindikatoren betreffend eine mögliche Implementierung in das deutsche Recht vorhanden sind. Mit der Bejahung des Vorliegens der auf ein Umfangsverfahren hindeutenden Indizien, was unter den Punkt „Anwendung eines Differentiated Case Managements" zu fassen wäre, ginge nach den beschriebenen möglichen Mechanismen jedenfalls in einem weiteren Schritt eine Abwandlung des Strafprozessrechts[1615] für den Beschuldigten mit einher. Denn das Ziel des Differentiated Case Managements ist es letztlich, angepasst an das konkrete Verfahren adäquate Regelungen eingreifen zu lassen. So würde durch die Bejahung des Vorliegens eines Umfangsverfahrens im Ermittlungsverfahren die entsprechende Weiche dafür gestellt, dass bestimmte Mechanismen eingreifen, die in Teilen bereits dargestellt wurden bzw. im weiteren Verlauf der Arbeit noch näher darzustellen sein werden. Nicht auszuschließen ist, dass hierdurch Beschuldigtenrechte eingeschränkt werden, wenn auch zugleich entsprechende Kompensationen eingreifen.[1616] Ersteres ginge insbesondere mit der Einführung von Präklusionsvorschriften bei Verstoß gegen Mitwirkungsobliegenheiten,[1617] von Sanktionen bei Überschreitung von Fristen[1618] sowie der Auslagerung vieler derzeit im Hauptverfahren erörterter Aspekte in die status conferences[1619] einher, womit faktisch ein gewisser Kontrollverlust durch die Öffentlichkeit eintritt.

Andererseits ist die Abhängigkeit dieser Mechanismen von der Einstufung als Umfangsverfahren als umso kritischer anzusehen, als die bereits dargestellte Definition[1620] zwar eine gewisse Handhabbarkeit der Frage, ob ein Umfangsverfahren vorliegt, durch die Strafverfolgungsorgane zu einem frühen Zeitpunkt

1615 Im Hinblick auf die Zulässigkeit eines eigenen Strafprozessrechts für Umfangsverfahren vgl. noch die entsprechenden Erwägungen in Kapitel 6.

1616 Vgl. z.B. in Kapitel 5 B III. 7. b) aa) (10) mit Blick auf die Bestellung eines Pflichtverteidigers.

1617 Ausführlich hierzu in Kapitel 5 C. III. 2. b).

1618 Vgl. hierzu die Ausführungen in Kapitel 5 B. III. 7. b) aa) (10).

1619 Vgl. hierzu die Ausführungen in Kapitel 5 B. I 1. b) aa).

1620 Vgl. hierzu in Kapitel 1 C. II.

gewährleistet. Wie dargelegt wurde,[1621] weist sie indes entsprechende Fehleranfälligkeiten auf, die auf ihren Ursprung – Herleitung aufgrund praktischer Erfahrungen – und auf das mit ihr verfolgte Ziel – Verbesserung der (gelebten) Praxis – zurückzuführen sind.

Trotz alledem ist zu berücksichtigen, dass durch die Einstufung als Umfangsverfahren auch diverse dem Beschuldigten zugute kommenden Folgen ausgelöst werden: Insgesamt wird das Verfahren konzentriert und dadurch beschleunigt, wodurch die beschriebenen Belastungen minimiert werden. Zudem kann durch die Vermeidung von Verfahrensverzögerungen die Wahrheitsermittlung z. B. durch Verringerung des „Vergessens"-Effekts bei Zeugen und durch Erhalt eines unmittelbaren Eindrucks von der Hauptverhandlung beim Richter gefördert werden. Dadurch können im Vergleich zum status quo mit Blick auf das Ziel der Ermittlung der materiellen Wahrheit und der Verhängung einer schuldangemessenen Strafe im deutschen Strafprozess „gerechtere" Ergebnisse erzielt werden. Es lässt sich mit guten Gründen dahingehend spekulieren, dass sich im Falle einer optimalen Umsetzung der vorgeschlagenen Instrumentarien im Falle einer Einführung derselbigen die Vor- und Nachteile der speziellen für Umfangsverfahren möglicherweise einzuführenden Maßnahmen die Waage halten; wie sich die Praxis im Falle einer Einführung der dargestellten Mechanismen indes tatsächlich entwickeln würde, kann nicht abschließend abgeschätzt werden und müsste engmaschig beobachtet werden. Nicht zuletzt deshalb, um zu verhindern, dass die vom Gesetzgeber intendierte sorgfältig austarierte Waage der Rechte und Pflichten der Verfahrensbeteiligten im Verhältnis zu dem Ziel des Strafprozesses aus dem Gleichgewicht gebracht wird.[1622]

Wenn damit auch das Bedürfnis für eine Justiziabilität der Entscheidung über das Vorliegen eines Umfangsverfahrens regelmäßig gering sein dürfte, müsste angesichts der dennoch eintretenden Auswirkungen und zur Vermeidung willkürlicher Entscheidungen eine Justiziabilität in beide Richtungen ermöglicht werden: Sowohl für den Fall, dass rechtswidrigerweise vom Nichtvorliegen eines Umfangsverfahrens ausgegangen wird als auch für den Fall, dass fehlerhaft das Vorliegen eines Umfangsverfahrens bejaht wird.

Insoweit bliebe – insbesondere bei willkürlichem Handeln der Polizei bzw. der Staatsanwaltschaft – der Weg über § 23 EGGVG[1623], wonach auf Antrag die

---

1621 Hierzu in Kapitel 1 C. III.

1622 Bzw. noch stärker aus dem Gleichgewicht gebracht wird als es bei Umfangsverfahren wie dargestellt bereits ohnehin der Fall ist.

1623 Hierzu ausführlicher: *Ellbogen* in: MüKo StPO, 1. Auflage 2018, § 23 EGGVG, Rn. 1 ff.

ordentlichen Gerichte über die Rechtmäßigkeit der Einstufung als Umfangsverfahren bzw. entsprechend auch über die Nichteinstufung als Umfangsverfahren zu entscheiden hätten.

Letztlich liegt jedoch bei Gewährleistung der Justiziabilität der Entscheidung über die Einstufung eines Verfahrens als Umfangsverfahren in den damit einhergehenden Konsequenzen und damit in der Einführung eines Differentiated Case Managements per se keine Verletzung geltenden Rechts, sodass keine rechtlichen Gegenindikationen betreffend die Einführung eines Differentiated Case Managements bestehen.

3. Vermeidung von Terminverschiebungen/Fristverlängerungen sowie Einführung entsprechender Sanktionen

Betrachtet man den Ansatz der Vermeidung von Terminverschiebungen/Fristverlängerungen, bestehen rechtliche Bedenken zunächst im Hinblick auf die Umsetzbarkeit des Quasi-Verbots von Fristverlängerungen und Terminverschiebungen, als dieses Ziel auf den ersten Blick nur bei entsprechender Sanktionierung eines Verstoßes erreichbar erscheint. Anders als im US-amerikanischen Recht wird die Verhängung einer berufsrechtlichen Maßnahme gegen die Berufsverfahrensbeteiligten bei Überschreitung der Frist als unverhältnismäßig – vor allem auch vor dem Hintergrund des Art. 12 Abs.1 GG – und damit im deutschen Recht als nicht umsetzbar angesehen. Andererseits ist zu berücksichtigen, dass auf Beschuldigten- und Verteidigerseite keine Handlungspflicht[1624] besteht, sodass das bloße ungenutzte Verstreichenlassen einer Frist ohnehin keine Auswirkungen hat. Dies wird beispielsweise verdeutlicht durch § 201 Abs. 1 StPO, wonach dem Angeschuldigten mit Übermittlung der Anklageschrift ein Erklärungsrecht dergestalt eingeräumt wird, ob vor der Entscheidung über die Eröffnung des Hauptverfahrens die Vornahme einzelner Beweiserhebungen beantragt werden soll oder ob Einwendungen gegen die Eröffnung des Hauptverfahrens vorgebracht werden sollen. Macht der Angeschuldigte hiervon bis zum Fristablauf keinen Gebrauch, entscheidet das Gericht ungeachtet einer entsprechenden Erklärung des Angeschuldigten über die Eröffnung. Nichts Anderes kann gelten, wenn die zu bestimmende Frist vorab von den Verfahrensbeteiligten abgestimmt worden war. Wie im Falle entsprechender Verletzung von Mitwirkungsobliegenheiten zu verfahren ist, wird an anderer Stelle erörtert,[1625] sodass hierauf entsprechend verwiesen werden kann.

1624 Wegen des nemo tenetur-Grundsatzes.

1625 Vgl. hierzu die Ausführungen in Kapitel 5 B I 2.; 5 B III. 7.; 6 E.

Auf Seiten der Staatsanwaltschaft besteht, insbesondere in Haftsachen,[1626] demgegenüber die Pflicht zum beschleunigten Betreiben des Verfahrens. Da durch das ungenutzte Verstreichenlassen der vorher vereinbarten Frist gewissermaßen indiziert wird, dass das Verfahren nicht mit dem erforderlichen Beschleunigungswillen betrieben wird, wäre bei fehlender ausreichender Entschuldigung der Verzögerung an das Eingreifen dienstrechtlicher Maßnahmen im Sinne von Weisungen[1627] zu denken. Hierzu könnte der organisatorisch-kontrollierende Richter das ohne ausreichende Begründung erfolgte Verstreichenlassen der Frist der zuständigen Generalstaatsanwaltschaft anzeigen, woraufhin diese hierarchisch tätig werden könnte. Dieses Vorgehen lässt erwarten, dass ein gewisser psychologischer Druck aufgebaut wird, Fristen einzuhalten.

Hinsichtlich Terminverschiebungsanträgen bedarf es keiner Sanktionierung; diesen sollte – da die Termine vorher abgestimmt worden waren – lediglich in Ausnahmefällen aufgrund entsprechender Begründung stattgegeben werden. Rechtliche Bedenken bestehen hiergegen nicht.

4. Stärkung der Kontrollbefugnis des Gerichts im Hinblick auf die verfahrensfördernde Betreibung des Verfahrens durch die Staatsanwaltschaft

Die Implementierung einer höheren Kontrolldichte durch das Gericht im Hinblick auf die verfahrensfördernde Betreibung des Verfahrens durch die Staatsanwaltschaft erfordert wie bereits dargestellt ein Separieren der Zuständigkeit des eine Zwangsmaßnahme verhängenden Ermittlungsrichters vom späteren Spruchkörper. Nur so kann eine (Besorgnis der) Befangenheit bei der Beurteilung des aus einer rechtswidrigen Zwangsmaßnahme potenziell folgenden Beweisverwertungsverbots[1628] ausgeschlossen werden. Im Hinblick auf das Verhältnis zwischen Staatsanwaltschaft und Gericht kann auf die bereits im vorherigen Verlauf der Arbeit angestellten Erwägungen verwiesen werden.[1629] Unter dieser Prämisse wäre die potenzielle Einführung dieses Mechanismus mit deutschem Recht vereinbar.

1626 Hierzu: *Gaede* in: MüKo StPO, 1. Auflage 2018, Art. 5 EMRK, Rn. 81 ff.

1627 Ausführlich zum Weisungsrecht gegenüber dem Staatsanwalt: *Beining*, „Die Weisung an den Staatsanwalt", ZJS 2015, 546 ff.

1628 Zu den unselbstständigen Beweisverwertungsverboten ausführlicher: *Paul*, NStZ 2013, 489.

1629 Hierzu: Kapitel 5 B. III. 1. a) aa).

5. *Überwachung des Prozessfortschritts durch eine Datenbank*

Demgegenüber bestehen gegen eine automatisierte Überwachung des Prozessfortschritts durch eine Datenbank keine rechtlichen Bedenken, da keine Rechte ersichtlich sind, die in negativer Hinsicht tangiert werden könnten. Vielmehr würde sich diese Maßnahme ausschließlich positiv auswirken, indem vermeidbare Verfahrensverzögerungen reduziert würden.

6. *Vermeidung von Rückständen auch bezüglich anderer laufender Verfahren durch Eingriff bei erkennbarer Überlastung*

Fraglich ist indes, ob bei erkennbarer Überlastung des zuständigen Richters entsprechend eingegriffen werden kann, um so Rückstände bezüglich laufender Verfahren zu vermeiden.[1630] Hiermit würde die konzentrierte Bearbeitung von (neuen) Umfangsverfahren gefördert. In rechtlicher Hinsicht kommt insoweit ein Tangieren des Rechts des gesetzlichen Richters in Betracht. Ausweislich des Beschlusses des BVerfG[1631] vom 20.02.2018 ist jedoch eine Zuständigkeitsänderung auch bei bereits anhängigen Verfahren durch einen neuen Geschäftsverteilungsplan mit der Garantie des gesetzlichen Richters vereinbar, sodass bei erkennbarer Überlastung gewissermaßen eine „Notbremse" durch Neuerlass eines Geschäftsverteilungsplans gezogen werden könnte. Hierbei ist jedoch zu berücksichtigen, dass hiervon nicht in exzessivem Maße Gebrauch gemacht werden sollte, da durch den Neuerlass eines Geschäftsverteilungsplans gerade nicht nur ein einzelner, sondern alle Richter am jeweiligen Gericht betroffen wären. Insgesamt ist es Verfahren jedoch nicht dienlich, wenn mehrfach der Sachbearbeiter wechselt. Daher sollte von dieser Idee allenfalls zurückhaltend Gebrauch gemacht werden.

Darüberhinaus könnte durch einen entsprechenden Eingriff in das Dezernat eines Richters durch den gezielten Erlass eines neuen Geschäftsverteilungsplans aufgrund der Überlastung eines Richters die richterliche Unabhängigkeit in Frage gestellt werden. Denn der einzelne Richter könnte zur Vermeidung einer solchen Maßnahme – was hiermit gerade bezweckt wird – dazu verleitet werden, seine Tätigkeit anders auszuüben, worin eine mittelbare Beeinträchtigung

---

1630 Angesichts der Existenz von Überlastungsanzeigen und Pensenschlüssel dürfte dies nur dann notwendig werden, wenn ein Verfahren unerwartet umfangreich wird und der jeweilige Richter nicht selbst seine Überlastung anzeigt; insgesamt geht es nicht um eine disziplinarische sondern lediglich um eine organisatorische Maßnahme.

1631 *BVerfG*, Beschluss vom 20.02.2018 – 2 BvR 2675/17, NJW 2018, 1155, 1156.

gesehen werden könnte.[1632] Allerdings wird durch eine Neuverteilung der vom jeweiligen Richter sachlich zu entscheidenden Fälle aufgrund einer Überlastung eines Richters gerade nicht in die rechtsprechende Tätigkeit und damit nicht in die sachliche Unabhängigkeit eingegriffen, sodass die richterliche Unabhängigkeit durch einen solchen Eingriff nicht verletzt wird.

Demnach sind bezüglich der potenziellen Einführung dieses Mechanismus keine rechtlichen Kontraindikatoren vorhanden.

7.Einführung einer verstärkten Mitwirkung durch den Beschuldigten vor der Hauptverhandlung

a) Zur Einführung einer Mitwirkungspflicht

Näher zu betrachten ist der Gehalt einer Mitwirkungspflicht des Beschuldigten, welche eine Verpflichtung zur Offenlegung von Beweismitteln bzw. von Einwendungen im Rahmen der status conference/pre trial conference begründet. Ob eine solche besteht bzw. Bestehen kann, ist zu bezweifeln.[1633] Es wird jedenfalls verlangt, dass der Beschuldigte „zur Vermeidung eigener Nachteile […] taugliche und verfügbare Beweismittel bei seiner Verteidigung aus[…]nutzen […] oder von prozessualen Möglichkeiten Gebrauch […] machen [muss].“[1634] Fraglich ist insofern, ob damit nicht vielmehr eine Obliegenheit als eine tatsächliche Pflicht gemeint ist.[1635] Zu problematisieren ist vor allem, ob eine Verpflichtung des Beschuldigten bzw. seines Verteidigers, vorhandene Beweise frühzeitig, möglicherweise bevor der Sachverhalt ausermittelt ist, vorzulegen mit der Unschuldsvermutung[1636], dem nemo-tenetur-Grundsatz[1637] sowie dem fair-trial-Prinzip[1638] aus der EMRK im Allgemeinen vereinbar ist.

1632 Näher zum Umfang der richterlichen Unabhängigkeit: *Grzeszick* in: *Maunz/Dürig*, Grundgesetz-Kommentar, 94. EL 2021, Art. 20 GG, Rn. 236.

1633 Eine zumindest partielle Mitwirkungspflicht des Beschuldigten demgegenüber bejahend: *Schmitt* in: *Meyer-Goßner/Schmitt*, StPO, 64. Auflage 2021, Einl. Rn. 80, aber dennoch darauf hinweisend, dass jedenfalls keine aktive Mitwirkungspflicht bei einer Untersuchungshandlung eines Strafverfolgungsorgans oder eines Sachverständigen besteht.

1634 *Schmitt* in: *Meyer-Goßner/Schmitt*, StPO, 64.Auflage 2021, Einl. 80.

1635 Zur Abgrenzung noch sogleich.

1636 Art. 20 Abs. 3 GG, Art. 6 Abs. 2 EMRK.

1637 Art. 2 Abs. 1 i.V.m. Art. 1 Abs. 1 GG, Art. 6 Abs. 1 EMRK.

1638 Art. 6 Abs. 1 EMRK.

Während es sich bei dem Ursprungskonstrukt in den USA tatsächlich um eine – sanktionsbedrohte[1639] – Mitwirkungspflicht handelt, ist dies im deutschen Strafprozess nur schwer vorstellbar. Es stellt sich die Frage, ob nicht bereits die rechtliche Konstruktion einer mit Zwang durchsetzbaren Pflicht zur Entlastung an eine praktische Unmöglichkeit der Umsetzung grenzt. Exemplarisch kann folgende Verfahrenssituation geschildert werden: Der Beschuldigte bringt im Rahmen des discovery-Verfahrens keine entlastenden Beweismittel vor. Zwangsmaßnahmen sind insoweit allenfalls theoretisch denkbar in Form willensbrechender Zwangsmaßnahmen. Diese wären aber bereits deshalb unverhältnismäßig, da schon die Einleitung des Strafverfahrens an sich eine Grundlage für den Verdacht liefert, dass es möglicherweise gar keine entlastenden Beweismittel gibt – und die Präsentation derselbigen damit auch gar nicht möglich ist. Beispielsweise eine Durchsuchung mit dem Ziel des Auffindens entlastender Beweismittel würde ebenfalls faktisch ausscheiden, da das Durchsuchungsziel und -objekt unklar wären. Dementsprechend scheidet die Konstruktion einer – mit Zwang durchsetzbaren – Mitwirkungsverpflichtung in vielen Fällen per se aus. Etwas Anderes würde nur dann gelten, wenn der Beschuldigte im Rahmen der status conference oberflächliche Angaben zu einem Beweismittel zu seiner Entlastung gemacht hätte, die genauere Bezeichnung des Beweismittels bzw. dessen konkrete Offenlegung aber verweigert. Damit könnte die Situation eintreten, dass der (unschuldige) Beschuldigte andeutet, dass eine ihm nahestehende Person ihm ein Alibi geben könne, er diese (tatsächlich schuldige Person) aber nicht benennt, da er sie keiner Strafverfolgung aussetzen möchte. Würde man in diesem Fall Zwangsmittel zur Offenlegung des Zeugen ergreifen, würde der Beschuldigte zu seiner eigenen Entlastung gezwungen. Da sowohl die Staatsanwaltschaft als auch das Gericht sogar verpflichtet sind, auch entlastende Umstände zu ermitteln, dürfte jedenfalls eine Disponibilität über entlastende Umstände dem Beschuldigten indes nicht zustehen.[1640]

Möglicherweise könnte aus Verhältnismäßigkeitsgründen auf die Konstruktion einer Mitwirkungspflicht zugunsten einer –obliegenheit verzichtet werden.[1641]

1639 Siehe bereits oben; 2005 California Penal Code Section 1045.5 (b).

1640 Wobei dies wiederum in Widerspruch stehen dürfte mit den jedenfalls in der Praxis vorkommenden konsensualen Erledigungsformen, welche regelmäßig ein Formalgeständnis genügen lassen.

1641 Vgl. hierzu sogleich.

b) Zur Einführung einer durch eine Präklusionsvorschrift abgesicherten Mitwirkungsobliegenheit des Beschuldigten

Fraglich ist, ob die Einführung einer präklusionsbewehrten Obliegenheit des Beschuldigten, bereits vor der Hauptverhandlung Beweisanträge zu stellen bzw. Einwendungen z. B. im Sinne von Beweisverwertungsverboten geltend zu machen, rechtlich verankert werden könnte. Zwar wird auch in gewissem Maße im gelebten deutschen Strafprozessrecht von den Gerichten im Rahmen der Hauptverhandlung über die Fristenlösung[1642] sowie die Widerspruchslösung[1643] sowie nunmehr über das gesetzlich verankerte Fristenmodell in § 244 Abs. 6 Satz 3, Satz 4 StPO[1644] eine in diese Richtung gehende Motivation durchgesetzt. Da diese Regelungen jedoch erst sehr spät im Rahmen der Hauptverhandlung eingreifen, bieten sie keinerlei Anreiz für ein verfahrensförderliches Verhalten im Ermittlungsverfahren. Daher bietet die vom US-amerikanischen Strafprozessrecht abgeleitete Einführung einer durch eine Präklusionsvorschrift abgesicherten Mitwirkungsobliegenheit des Beschuldigten, welche in allen Verfahrensstadien gilt, durchaus Entwicklungspotenzial im deutschen Strafprozessrecht.

Im Hinblick auf den dennoch fortgeltenden Amtsermittlungsgrundsatz dürfte die Beeinträchtigung der Wahrheitsermittlung durch die Einführung einer Präklusion der nicht rechtzeitig vorgebrachten Umstände aus rein rechtlicher Sicht marginal sein. Wohl zu Recht wird jedoch teilweise darauf hingewiesen, dass der Druck des Beweisantragsrechts notwendig sei, um das Gericht zu sorgfältigen Ermittlungen anzuhalten.[1645] Andererseits hätte eine durch eine Präklusionsregelung abgesicherte frühzeitige Beweisantragsstellung – sofern sie mit dem deutschen Recht vereinbar wäre – den Vorteil, dass eine Prozessverschleppung durch sukzessiv gestellte Beweisanträge ausscheidet. Berechtigterweise erst später gestellte Beweisanträge wären weiterhin zuzulassen, sodass es eine Beeinträchtigung schutzwürdiger rechtlicher Interessen des Beschuldigten zumindest insoweit nicht gäbe. Zudem wäre eine Vermeidung einer – psychologischen Faktoren geschuldeten – faktischen Verengung des Handlungsspielraums auch mit Blick auf eine etwaige Einstellung des Verfahrens zu erwarten: Je

---

1642 Vgl. hierzu die Ausführungen in Kapitel 2 J IV. 1.

1643 Vgl. hierzu die Ausführungen in Kapitel 2 J III.

1644 Vgl. hierzu die Ausführungen in Kapitel 2 J.IV. 3.

1645 *Busch-Gervasoni* in: *Lüderssen/Volk/Wahle*, Festschrift für Wolf Schiller, 2014, S. 109, 11.

mehr Zeit und Aufwand das jeweilig ermittelnde Strafverfolgungsorgan[1646] in die Erforschung einer (vermeintlichen) Straftat investiert hat, desto wahrscheinlicher ist es, dass es die für die Begründung eines (hinreichenden) Tatverdachts herangezogenen Beweise als ausreichend für den Nachweis der begangenen Straftat im Prozess ansehen wird. Je später also – entlastende bzw. die bisherige Beweissituation erschütternde – Beweismittel durch den Beschuldigten präsentiert werden, desto geringer ist die Aussicht auf eine gänzliche Einstellung des Verfahrens ohne jedenfalls sanktionierungsähnlichen Charakter, wie dies bei § 153a StPO der Fall ist.[1647] Deswegen dürfte eine frühzeitige Offenlegung der Beweismittel für alle Verfahrensbeteiligten – sei es zur Vermeidung von Voreingenommenheit oder zur Ressourcenschonung – Anreize bieten.

Geht man beispielsweise davon aus, dass in einem Untreueverfahren eine Durchsuchung stattgefunden hat und hierbei die maßgeblichen Beweismittel gefunden wurden, erscheint aus folgenden Gründen die frühzeitige Offenlegung von Beweismitteln/Einwendungen sinnvoll: Zum einen könnten bereits in diesem Zusammenhang etwaige Zweifel an einer Rechtmäßigkeit der Zwangsmaßnahme, welche ggf. später ein Beweisverwertungsverbot begründen könnten,[1648] geäußert werden. Hierdurch – jedenfalls, wenn die nicht zu diesem frühen Zeitpunkt erfolgte Rüge entsprechend sanktioniert würde – würde verhindert, dass erst nach arbeitsintensiver Auswertung der beschlagnahmten Unterlagen, Computer etc. eine solche Rüge im späteren Gerichtsverfahren geltend gemacht wird. Zwar wird der Verteidiger in der Praxis meist eine Rüge bereits vor Anklageerhebung erheben, um zu bewirken, dass hierdurch ein Wegfall der voraussichtlichen Beweisbarkeit anzunehmen ist und damit die Verneinung eines hinreichenden

---

1646 Hierunter ist auch der Richter zu fassen; so auch: *Sickor*, Das Geständnis, Tübingen, 2014, S.182; jedenfalls nach einem Umkehrschluss aus der Formulierung „nichtrichterliche[s] Strafverfolgungsorgan“ so auch: *Hanack*, „Rechtsschutz bei Verletzung der Anordnungsvoraussetzung „Gefahr in Verzug“ in: *Hanack*, Festschrift für Peter Rieß zum 70. Geburtstag am 4. Juni 2002, S. 109; anderer Ansicht dürfte nach einem Umkehrschluss wohl *Hruschka*, Kant und der Rechtsstaat und andere Essays zu Kants Rechtslehre und Ethik, 2015, S.102 sein.

1647 So auch: *Peters* in: MüKo StPO, 1. Auflage 2016, § 153a, Rn. 2; ebenso: *Mavany* in: LR-StPO, 27. Auflage 2020, § 153a Rn. 2.

1648 Ausführlich zu Beweisverwertungsverboten im Allgemeinen: *Miebach* in: MüKo StPO, 1. Auflage 2016, § 261 Rn. 136 ff.; zur Annahme eines Beweisverwertungsverbots bei einer rechtswidrigen Durchsuchung: *BGH*, Urteil vom 06.10.2016 – 2 StR 46/15, NStZ 2017, 367 ff.

Tatverdachts durch die Staatsanwaltschaft erfolgt.[1649] Er ist hierzu aber nicht verpflichtet.[1650] In diesem Kontext ist auch zu beachten, dass die meisten Fehlurteile ihre Ursache im Ermittlungsverfahren haben;[1651] dies lässt auch den (erneuten) Schluss zu, dass mit zunehmender Dauer des Verfahrens der pro-inertia-Effekt wächst und im Hauptverfahren lediglich noch eine Verifizierung des im Vorverfahren ermittelnden Sachverhalts erfolgen soll.[1652]

Problematisch erscheint insoweit indes, dass eine Fortentwicklung der derzeitigen Situation eine Sanktionierung der verspäteten Rüge dergestalt voraussetzen würde, dass das Zurückhalten einer solchen Rüge eine Präklusion des Rügerechts begründet. Ob eine solche Lösung im Hinblick auf die neuere Rechtsprechung des BGH zur Widerspruchslösung[1653] vor allem im Hinblick auf sachbezogene Beweismittel wie die im Rahmen einer Durchsuchung beschlagnahmten Gegenstände wegen der zumindest zweifelhaften Dispositionsbefugnis des Verteidigers möglich wäre, bedarf eines näheren Blickes.[1654]

Ungeachtet der Möglichkeit einer Sanktionierung kommt jedoch eine frühzeitige Offenlegungsobliegenheit bzw. Obliegenheit zur Rüge von durch die Staatsanwaltschaft präsentierten Beweismitteln durch den Beschuldigten im Sinne einer (wachsenden)[1655] Mitverantwortung[1656] an einer aufgrund eines Verstoßes gegen die Obliegenheit erfolgenden Fehlverurteilung in Betracht.

aa) Zum Begriff der Obliegenheit

Klarstellend ist darzulegen, was genau unter dem stark zivilrechtlich geprägten Begriff der Obliegenheit[1657] zu verstehen ist. Hierunter kann man

1649 Ähnlich auch: *Burhoff*, „Praktische Fragen der "Widerspruchslösung"", StraFo 2003, 267, 269.

1650 In diese Richtung auch: *Burhoff*, StraFo 2003, 267, 269 unter Darstellung des spätesten Zeitpunkts des Widerspruchs und der Vorteile eines früheren Widerspruchs.

1651 Hierzu: *Zirn*, Mediation im strafrechtlichen Ermittlungsverfahren, Marburg, 2007, 89.

1652 Ähnlich auch: *Zirn*, 2007, 89.

1653 *BGH*, Urteil vom 06.10.2016 – 2 StR 46/15, NStZ 2017, 367 ff.; kritisch zur Widerspruchslösung im Allgemeinen unter Verweis darauf, dass der Verteidiger insoweit als „Subunternehmer der Justiz" tätig werde: *Schäuble*, 2017, S. 2, 175 ff.

1654 Vgl. Kapitel 5 B. III. 7. b) aa).

1655 Hierzu: *Schäuble*, 2017, S. 2 f.

1656 Hierzu ausführlich: *Schäuble*, 2017, S. 1 ff.; 10.

1657 Hierzu auch: *Hähnchen*, Obliegenheiten und Nebenpflichten – Eine Untersuchung dieser besonderen Verhaltensanforderungen im Privatversicherungsrecht und im allgemeinen Zivilrecht unter besonderer Berücksichtigung der Dogmengeschichte, S.

> *Nebenpflichten, genauer Verhaltenspflichten des damit Belasteten [verstehen, die] [..] dem Begünstigten zur Begrenzung oder Erfüllung seiner Leistungspflicht dienen* [1658]

beziehungsweise allgemeiner

> *Pflichten minderer (Zwang-)Intensität oder Voraussetzungen für den Erhalt eigener Rechtspositionen, […] als Verschulden gegen sich selbst oder generell als Gebote bzw. Pflichten im eigenen Interesse*[1659]

verstehen. In Abgrenzung zu einer Rechtspflicht dient die Erfüllung der Obliegenheit jedenfalls auch dem Interessenkreis des von der Obliegenheit Betroffenen, während eine Rechtspflicht regelmäßig ausschließlich auf die Befriedigung der Interessen des Anspruchsinhabers abzielt.[1660]

Auf den Strafprozess übertrug bereits Goldschmidt[1661] im Jahre 1925 die Anwendbarkeit des Obliegenheitsgedanken – wenn auch betitelt als „Prozessuale Last“. Er betont die grundsätzlich für alle Prozessakte geltende Zurechenbarkeit der Nachteile, die durch die Untätigkeit einer Partei entstehen, obwohl ihr Gelegenheit zur Äußerung zugestanden wurde.[1662] Er prägte in diesem Zusammenhang den Satz „Wer kann, soll!“[1663]. Zwar folge aus der Nichtäußerung des Beschuldigten im Strafprozess nicht zwingend ein prozessualer Nachteil; trete ein solcher indes ein, so sei dieser dem Beschuldigten wie sonst im Prozessrecht zuzurechnen.[1664] Allerdings könne die hierdurch entstehende „prozessuale Last“ – auch aufgrund der Geltung der Inquisitionsmaxime – nicht als vollwertig angesehen werden, da sie nicht selbständig zum prozessualen Nachteil führt, sondern letzterer zusätzlich von der Prozesslage und dem richterlichen Ermessen bedingt werde.[1665] Der Eintritt der unvollkommenen prozessualen Last hänge seiner Ansicht nach bereits von der abstrakten Verteidigungsmöglichkeit – gewissermaßen der Möglichkeit, sich zur Sache einzulassen – ab: „Wer

---

1; im Übrigen: *Goldschmidt*, Prozess als Rechtslage, 2, Neudruck,1986 (1925) Aalen, S. 339 (zur Übertragbarkeit ins Strafrecht); *Schmidt*, Die Obliegenheiten- Studien auf dem Gebiet des Rechtszwanges im Zivilrecht unter besonderer Berücksichtigung des Privatversicherungsrechts, Karlsruhe 1953, S. 102.

1658 *Hähnchen*, 2010, S. 263.

1659 *Hähnchen*, 2010, S. 1 f. m.w.N.

1660 Hierzu ausführlich: *Schmidt*, 1953, S. 104.

1661 *Goldschmidt*, 1986 (1925), S. 335 ff.

1662 *Goldschmidt*, 1986 (1925), S. 335 ff.

1663 *Goldschmidt*, 1986 (1925), S. 335 ff.

1664 *Goldschmidt*, 1986 (1925), S. 335 ff.

1665 *Goldschmidt*, 1986 (1925), S. 335 ff.

eine Beschuldigung schweigend hinnimmt, muß damit rechnen, daß darauf ihm ungünstige Schlüsse gezogen werden.“[1666] Im Vergleich dazu stellt er auf die konkrete Verteidigungsmöglichkeit ab. Seiner Ansicht nach bedarf es indes für die Annahme einer prozessualen Last letzterer nicht.[1667] Dem kann teils zugestimmt werden, wenngleich eher zur zweiten von Goldschmidt benannten Alternative – dem Bestehen einer prozessualen Last bei einer konkreten Verteidigungsmöglichkeit – tendiert wird. Denn aus dem bloßen Schweigen dürfen dem Beschuldigten keine Nachteile auferlegt werden.[1668]

Eine Ausformung prozessualer Beanstandungs-[1669] und Mitwirkungsobliegenheiten[1670] in der Sphäre des Beschuldigten existiert im deutschen Strafprozessrecht bereits de lege lata und durch entsprechendes Richterrecht. Neben der beispielsweise grundsätzlich im Rahmen der Widerspruchslösung[1671] bestehenden (Beanstandungs-)Obliegenheit, Beweisverwertungsverbote frühzeitig geltend zu machen[1672] sowie der gem. § 238 Abs. 2 StPO bestehenden (Beanstandungs-)Obliegenheit zur Rüge von unzulässigen, auf die Sachleitung bezogenen Anordnungen des Vorsitzenden[1673] kann in bestimmten Fällen eine (Mitwirkungs-)Obliegenheit bezüglich sonst nicht ermittelbarer[1674] bzw. nicht von der Amtsermittlungspflicht erfasster[1675] entlastender Beweismittel bestehen.[1676] Bei Verstoß gegen erste beiden Obliegenheiten erfolgt ein Ausschluss der Rügemöglichkeit im Rahmen der Revision.[1677] Hinzu tritt die Gruppe der

1666 *Goldschmidt*, 1986 (1925), S. 336.

1667 *Goldschmidt*, 1986 (1925), S. 335 ff.

1668 *BGH*, Beschluss vom 29.08.1974 - 4 StR 171/74, NJW 1974, 2295, 2296; näher zu den verschiedenen Formen des Schweigens auch: *Schneider*, „Zur strafprozessualen Verwertbarkeit des Schweigens von Beschuldigten“, NStZ 2017, 73, 126 ff.

1669 Näher zu diesem Begriff: *Schäuble*, 2017, S. 31

1670 Näher zu diesem Begriff: *Schäuble*, 2017, S. 31

1671 Zur Widerspruchslösung: *BGH*, Urteil vom 06.10.2016 – 2 StR 46/15, NStZ 2017, 367 ff.; kritisch zur Widerspruchslösung im Allgemeinen unter Verweis darauf, dass der Verteidiger insoweit als „Subunternehmer der Justiz“ tätig werde: *Schäuble*, 2017, S. 2, 175 ff.

1672 Hierzu: *Schäuble*, 2017, S. 2

1673 Hierzu: *Schäuble*, 2017, S. 2

1674 Näher zu diesem Begriff: *Schäuble*, 2017, S. 104 f.

1675 Näher zu diesem Begriff: *Schäuble*, 2017, S. 105 f.

1676 Hierzu ausführlich: *Schäuble*, 2017, S. 1; 102 ff.

1677 Hierzu ausführlich: *Wiedner* in: BeckOK StPO mit RiStBV und Mistra, Stand: 01.07.2021, § 337 Rn. 76 ff.

„formellen" Obliegenheiten, in welche z.B. die Einhaltung von für die Ausübung von Mitwirkungs- oder Beanstandungsobliegenheiten geltenden Fristen, fällt.[1678]

In diesem Zusammenhang ist zu berücksichtigen, dass eine Obliegenheit grundsätzlich mit rechtlichen Nachteilen für denjenigen, der gegen die Obliegenheit verstößt, verbunden ist. Es stellt sich daher die Frage, wie solche Konsequenzen aussehen könnten. Hierbei drängt sich, ähnlich wie im amerikanischen Recht, die Idee der Einführung von Cut-Off-Dates mit Präklusionswirkung auf. Zwar wird teilweise angenommen, es sei vorzugswürdig, erst eine an die potenziell verzögerte Geltendmachung eines Beweismittels anknüpfende Missbrauchskontrolle durchzuführen.[1679] Allerdings wird auch insoweit zugestanden, dass Letzteres nur solange realisierbar ist, als

> *genügende Möglichkeiten bestehen, dem Mißbrauch Einhalt zu gebieten, wenn er doch vorkommt.*[1680]

Dies dürfte gerade in Umfangsverfahren, in denen die Geltendmachung verspäteter Beweisanträge vergleichsweise häufig erfolgt[1681] und in denen jede Verzögerung noch größere Belastungen aller Prozessbeteiligten wie auch der Prozessgrundsätze zur Folge hat, nicht der Fall sein. Zwar bietet § 244 Abs. 6 Satz 2 StPO die Möglichkeit, mit Prozessverschleppungsabsicht gestellte Anträge unberücksichtigt zu lassen. Mit Blick auf die Schwierigkeit des Nachweises[1682] bleibt die Praxisrelevanz dieser Vorschrift zunächst abzuwarten; in der Vergangenheit versuchte sich die Rechtsprechung zur Lösung der Problematik der Prozessverschleppungsabsicht bereits mit der bereits dargestellten Fristenlösung bzw. mit dem zwischenzeitlich kodifizierten Fristenmodell zu behelfen.[1683]

Damit kommt die Konstruktion einer Obliegenheit des Beschuldigten, vor der Hauptverhandlung seine Beweismittel und Einwendungen gegen solche

---

1678 Näher zu diesem Begriff: *Schäuble*, 2017, S. 33; *Wiedner* in: BeckOK StPO mit RiStBV und Mistra, Stand: 01.07.2021, § 337 Rn. 77.

1679 Hierzu ausführlich: *Fahl*, Rechtsmißbrauch im Strafprozeß, 2004, Heidelberg, S. 154.

1680 *Fahl*, 2004, S. 154.

1681 So auch: *Bundesministerium der Justiz*, 2015, S. 143; dies allerdings bestreitend: *Witting*, in: *Hassemer/Kempf/Moccia*, In dubio pro libertate: Festschrift für Klaus Volk zum 65. Geburtstag, 2009, S. 885, 898.

1682 Ausführlicher zu der Problematik des Nachweises der Verschleppungsabsicht: *Trüg/Habetha* in: MüKo StPO, 1. Auflage 2016, StPO § 244 Rn. 320.

1683 Vgl. hierzu die Ausführungen in: Kapitel 2 J IV. 1., 3.; vgl. auch: *BGH*, Beschluss vom 09.05.2007 – 1 StR 32/07, NJW 2007 2501, 2504.

der Staatsanwaltschaft zu benennen unter gleichzeitiger Verbindung mit einer grundsätzlichen Präklusion späterer Beweiserhebung bei einem Verstoß in Betracht. Problematisch erscheint allerdings, ob diese Lösung mit der neueren Rechtsprechung des BGH zur Widerspruchslösung[1684] vereinbar ist. Danach gilt die Widerspruchslösung wegen der fehlenden Dispositionsbefugnis des Beschuldigten nicht für sachbezogene Beweismittel, sondern lediglich für solche, die sein seiner Disposition unterliegendes Aussageverhalten betreffen.[1685] Dieser Gedankengang ist zwar nachvollziehbar, allerdings – wegen der Nachrangigkeit des Richterrechts gegenüber positivem Recht – für den Gesetzgeber nicht zwingend. Damit stünde einer gesetzlich normierten Präklusionsvorschrift bezüglich einer Rüge der Erhebung eines einem ursprünglich einem Beweisverwertungsverbot unterliegenden Beweismittels die Rechtsprechung des BGH nicht entgegen.

bb) Zur Vereinbarkeit einer (präklusionssanktionierten) Offenlegungs- und/ oder Rügeobliegenheit mit deutschem Strafrecht

Allerdings stellt sich die Frage, ob die Einführung einer präklusionssanktionierten Offenlegungs- und Rügeobliegenheit gerade mit Blick auf die mit einer Präklusion einhergehenden Nachteile für den Beschuldigten mit dem deutschen Strafrecht insgesamt vereinbar wäre.

Zweifel im Hinblick auf eine mit einer Präklusion verbundenen Überschreitung einer zuvor gesetzten Frist zur Stellung von Beweisanträgen ergeben sich insoweit, als hierdurch Mitwirkungsobliegenheiten geschaffen werden, die über die sonstigen in der StPO vorgesehenen Mitwirkungsobliegenheiten hinausgehen. Die Ausgestaltung der bisher existierenden Mitwirkungsobliegenheiten lässt darauf schließen, dass diese grundsätzlich eine Ausnahme darstellen sollen im Gesamtgefüge des grundsätzlich vom Gericht zu erforschenden Sachverhalts.[1686] Soweit allerdings vertreten wird, dass der Untersuchung von für die Sachverhaltsaufklärung notwendigen Hinweisen Verstöße gegen Formalien nicht entgegengehalten werden sollen,[1687] insbesondere ein Beweisantrag nicht als verspätet zurückgewiesen werden soll,[1688] ist dem entgegenzuhalten, dass

1684 *BGH*, Urteil vom 06.10.2016 – 2 StR 46/15, NStZ 2017, 367 ff.

1685 *BGH*, Urteil vom 06.10.2016 – 2 StR 46/15, NStZ 2017, 367, 368, wobei hierunter auch Beweisverwertungsverbote wegen Verstößen gegen § 100a StPO erfasst sind.

1686 In diese Richtung auch: *Schäuble*, 2017, S. 106 f.

1687 In diesem Sinne: *Schäuble*, 2017, S. 107

1688 So: *Schäuble*, 2017, S. 107; *BGH*, Urteil vom 17.02.2005 - 4 StR 500/04, NStZ 2005, 395, in dem klargestellt wird, dass das Verfahrensrecht keine Präklusion auf Grund

auch die Amtsermittlungspflicht per se begrenzt und zudem nicht schrankenlos zu gewährleisten ist. Zum einen können nur solche Umstände ermittelt werden, bei denen zuvor ein Ermittlungsbedarf erkannt wurde; zum anderen ist auch hier eine praktische Konkordanz mit anderen betroffenen verfassungsrechtlichen Schutzgütern und Vorgaben herzustellen. Gibt es demnach einen gewichtigen Grund für die Verweigerung einer Nachforschung hinsichtlich eines verspätetet gestellten Beweisantrags, so stellt dies allenfalls einen gerechtfertigten Eingriff in die Inquisitionsmaxime dar. Ist andererseits ein gewichtiger Grund für die Verspätung vorhanden, so kann dem Beweisantrag nach Abwägung mit dem in Konkurrenz mit der Amtsermittlungspflicht stehenden verfassungsrechtlichen Belang im Einzelfall stattzugeben sein. Eben dies wird im Rahmen der Fristenlösung des BGH[1689] ohnehin bereits praktiziert.[1690]

Andererseits gilt jedenfalls bislang nicht bei jeder unterlassenen Beanstandung eine automatische Präklusion im weiteren Verfahren – z.B. im Revisionsverfahren.[1691] Dennoch wird dies faktisch in der Revisionsinstanz teilweise so gehandhabt.[1692] Eine über die bisher geltende Rechtslage hinausgehende Präklusionsmöglichkeit könnte jedoch gegen die Strafprozessmaximen verstoßen.

Problematisch ist eine Präklusion im Allgemeinen im Hinblick auf die Erforschung der materiellen Wahrheit als Ausfluss des Rechtsstaats-[1693] bzw. Schuldprinzips[1694], im Besonderen wegen des Verstoßes gegen § 246 Abs. 1 StPO, welcher die Ablehnung eines Beweisantrags allein wegen Verspätung verbietet. Dies dürfte damit eine grundsätzliche Präklusion von – entgegen der potenziell in Betracht zu ziehenden Mitwirkungsobliegenheit des Beschuldigten – nicht bereits im Rahmen eines vor der Hauptverhandlung liegenden Verfahrensstadiums, z. B im discovery-Verfahren, offengelegten entlastenden Beweismitteln verbieten. Die Vorschrift des § 246 Abs. 1 StPO stellt indes lediglich einfaches

---

Zeitablaufs kennt, weil dies dem Prinzip der materiellen Wahrheit widersprechen würde; dahingehend, dass dem Beschuldigten jedenfalls wichtige Entlastungsbeweise nicht abgeschnitten werden dürfen: *Perron*, „Das Beweisantragsrecht des Beschuldigten – Ursache oder Symptom der Krise des deutschen Strafprozesses?", ZStW 108 (1996), 128, 134.

1689 *BGH*, Beschluss vom 09.05.2007 - 1 StR 32/07, NJW 2007, 2501, 2504.

1690 Vgl. hierzu bereits Kapitel 2 J IV. 1.

1691 So auch: *Becker* in: LR-StPO, 27. Auflage 2020, § 244 Rn. 362; hierzu: *Schäuble*, 2017, S. 108.

1692 Näher hierzu: *Schäuble*, 2017, S. 108 ff.

1693 Hierzu: *Kühne* in: LR- StPO, 27. Auflage 2016, Einleitung Abschnitt H, Rn. 23.

1694 Hierzu: *Kühne* in: LR-StPO, 27. Auflage 2016, Einleitung Abschnitt H, Rn. 23.

Recht dar, welches entsprechend adaptiert werden könnte, sofern hiergegen kein höherrangiges Recht spricht. Maßgeblich dürfte daher sein, ob eine Verletzung des verfassungsrechtlich geschützten Schuldprinzips[1695] durch eine Präklusion eines Beweisantrags anzunehmen wäre. Tangiert ist insoweit vor allem der Teilaspekt der Erforschung der materiellen Wahrheit.[1696] Daneben wäre zudem eine Beeinträchtigung des Beweisantragsrechts, dem ebenfalls Verfassungsrang zuerkannt wird,[1697] des Rechts auf ein faires Verfahren[1698] sowie des Anspruchs auf rechtliches Gehör[1699] zu erwägen. Zu konstatieren ist indes, dass eine Präklusion der StPO jedoch nicht fremd ist,[1700] sodass eine gewisse Beeinträchtigung der Prozessmaximen insoweit bereits de lege lata in Kauf genommen wird.

(1) Zum Schuldprinzip und dem Prinzip der materiellen Wahrheit

Das Prinzip der Wahrheitserforschung stellt gewissermaßen die Legitimation[1701] für das und den Sinn[1702] des Verfahren(s) dar. Ohne die Erforschung der Wahrheit kann im deutschen Strafprozess keine gerechte Strafe verhängt werden.[1703] Auch wenn diesem Strafverfahrensziel damit eine sehr hohe Wertigkeit zukommt, so gilt das Prinzip der Erforschung der materiellen Wahrheit nicht uneingeschränkt. Es findet seine Schranken faktisch unter anderem in der Fehleranfälligkeit menschlicher Wahrnehmung[1704], in den (Grund-)Rechten des Beschuldigten, sodass beispielsweise trotz Notwendigkeit der Verwertung von Beweismitteln für die Wahrheitserforschung Beweisverwertungsverbote für

1695 *BVerfG*, Beschluss vom 25. Oktober 1966 – 2 BvR 506/63 –, BVerfGE 20, 323 ff.; vgl. hierzu auch: *Britz*, in: FS Wendt, S. 1107, 1115 ff.

1696 *Trüg/Habetha* in: MüKo StPO, 1. Auflage 2016, § 244 Rn. 4.

1697 *Trüg/Habetha* in: MüKo StPO, 1. Auflage 2016, § 244 Rn. 5; hierzu auch: *Spiekermann*, 2001, S. 47 f.

1698 Hierzu im Rahmen einer Beschneidung des Beweisantragsrechts wegen Prozessverschleppungsabsicht: *BVerfG*, Beschluss vom 06.10.2009 - 2 BvR 2580/08, NJW 2010, 592, 593 f.

1699 Art. 103 Abs. 1 GG.

1700 Z. B. § 25 Abs. 1 StPO; vgl. auch die von der Rechtsprechung aufgestellte Fristenlösung, das neue Fristenmodell in § 244 Abs. 6 Satz 3 StPO sowie die von der Rechtsprechung entwickelte Widerspruchslösung: *BGH*, Urteil vom 06.10.2016 – 2 StR 46/15, NStZ 2017, 367 ff.; vgl. hierzu auch die Ausführungen in Kapitel 2 J. IV. 1., 3.

1701 *Kühne* in: LR-StPO, 27. Auflage 2016, Einleitung Abschnitt B, Rn. 13, 20.

1702 Ähnlich auch: *Kühne* in: LR-StPO, 27. Auflage 2016, Einleitung Abschnitt B, Rn. 20; so auch: *Weßlau*, 2002, S. 19 f.

1703 So auch: *Kühne* in: LR-StPO, 27. Auflage 2016, Einleitung Abschnitt B, Rn. 20.

1704 Hierzu auch: *Kühne* in: LR-StPO, 27. Auflage 2016, Einleitung Abschnitt H, Rn. 30.

unter Verstoß gegen das allgemeine Persönlichkeitsrecht bzw. die Menschenwürde erlangte Beweismittel gelten können.[1705] Mithin ist die Prämisse, dass keine Wahrheitserforschung um jeden Preis[1706] erfolgt,[1707] zu beachten.

Grundsätzlich kommt der Erforschung der materiellen Wahrheit ein höheres Gewicht zu als prozessökonomischen Erwägungen.[1708] Allerdings ist zu berücksichtigen, dass eine wechselseitige Beeinflussung[1709] der durch prozessökonomische Erwägungen bewirkten Konzentration des Verfahrens, welche wiederum einen besseren Überblick der Verfahrensbeteiligten über den Verfahrensstoff gewährleistet,[1710] sowie der Erforschung der materiellen Wahrheit, besteht.[1711] Jedenfalls sind aber insbesondere Beeinträchtigungen der Erforschung der materiellen Wahrheit aufgrund prozesswirtschaftlicher Erwägungen systemimmanent, da Grenzen gezogen werden, wo die Rechtspflege sich selbst hierdurch ihre Legitimierung entziehen würde.[1712]

Demzufolge stellt die Verfolgung prozessökonomischer Ziele in diesem Zusammenhang nicht per se eine gewichtige Beeinträchtigung des Grundsatzes der Wahrheitserforschung dar. Vielmehr ist ein Ausgleich zwischen den widerstreitenden, sich gegenseitig bedingenden und begrenzenden Prinzipien, zu finden.

Konkret bezogen auf eine Beschränkung des Beweisantragsrechts durch Präklusion, besteht bei Nichtzulassung eines relevanten Beweismittels, jedenfalls sofern das Gericht nicht aufgrund seiner Amtsermittlungspflicht weitere Ermittlungen für geboten hält, ein Risiko einer Fehlverurteilung. Dieses wird in

---

1705 *Küng-Hofer*, Die Beschleunigung des Strafverfahrens unter Wahrung der Rechtsstaatlichkeit, 1984, S. 17; zu den Beweisverboten ausführlich auch: *Gössel* in: LR-StPO, 27. Auflage 2016, Einleitung Abschnitt L.

1706 So: *BGH*, Urteil vom 14.06.1960 - 1 StR 683/59, NJW 1960, 1580, 1582; in diese Richtung mit Blick auf die Existenz von Beweisverwertungsverbote auch: *BGH*, Urteil vom 27.01.1978 - RiZ (R) 3/77, NJW 1978, 1425, 1426.

1707 In diese Richtung auch: *Kühne* in: LR- StPO, 27. Auflage 2016, Einleitung Abschnitt H, Rn. 29.

1708 So auch: *Trüg/Habetha* in: MüKo StPO, 1. Auflage 2016, § 244 Rn. 318.

1709 Zur sog. Interpendenz der wesentlichen Strukturvorgaben und der Ziele des Strafprozesses auch: *Gössel*, in: Ständige Deputation des Deutschen Juristentages, Gutachten, 1994, C 1, C 7.

1710 Hierzu bereits: Kapitel 1 A II 3., III.

1711 Zum Zusammenhang zwischen dem Beschleunigungsprinzip und der Ermittlung der materiellen Wahrheit auch: *Kudlich*, Erfordert das Beschleunigungsgebot eine Umgestaltung des Strafverfahrens?, 2010, C16.

1712 *Gollwitzer* in: *Gössel/Kauffmann*, Strafverfahren im Rechtsstaat, 1985, S. 141, 157.

der Literatur teils, insbesondere aufgrund des Machtungleichgewichts im Hinblick auf die nicht bestehenden Zwangsbefugnisse bezüglich Beweismitteln des Beschuldigten, als unzumutbar angesehen.[1713] In diese Richtung geht auch die Annahme des Bundesverfassungsgerichts: Nur wenn die Amtsaufklärung nicht eine Stattgabe des verspätet gestellten Beweisantrags gebietet, kann insofern eine potenzielle Begrenzung des Prinzips der materiellen Wahrheit als zulässig erachtet werden.[1714] Auf der anderen Seite ist zu berücksichtigen, dass in der derzeitigen Praxis oftmals vor Ausschöpfung aller Beweismittel eine Einstellung gegen empfindliche Geldauflagen erfolgt.[1715]

Problematisch ist die grundsätzliche Maßgeblichkeit der materiellen Wahrheit für eine Vielzahl strafprozessualer Entscheidungen unter dem Aspekt, dass grundsätzlich niemand erkennen kann, ob es sich bei dem Ergebnis des Strafprozesses um die tatsächliche materielle Wahrheit handelt.[1716] Teils wird sogar vertreten, dass die Erforschung der materiellen Wahrheit mit den beschränkten Möglichkeiten des Strafprozesses ohnehin utopisch sei.[1717] So kann selbst der Beschuldigte, der ein zutreffendes Geständnis ablegt, nicht ermessen, ob er nicht unbewussterweise von einem Dritten manipuliert worden war, was ohne entsprechende Beweismittel niemals aufgeklärt werden kann. Nur ein hypothetischer allwissender Dritter wäre in der Lage zu beurteilen, ob das Ergebnis des Prozesses tatsächlich das Geschehene widerspiegelt. Daraus wird teilweise geschlussfolgert, dass die Legitimierung des Strafprozesses – jedenfalls soweit kein grundsätzliches Parteiprinzip herrscht – im Hinblick auf den Anspruch, die materielle Wahrheit zu erforschen, nur aufgrund des grundsätzlichen Mitbestimmungsrechts des Beschuldigten, welches sich z. B. im Beweisantragsrecht

1713 *Spiekermann*, 2001, S. 158; zu der Thematik auch ausführlicher: *Perron*, 1995, S. 84 ff.; bezüglich der schwachen Beteiligungsrechte des Beschuldigten und seines Verteidigers im „entschieden inquisitorisch geprägten“ Ermittlungsverfahren: *Fezer*, „Reduktion von Beweiserfordernissen - Systemverändernde Tendenzen in der tatrichterlichen Praxis und der Gesetzgebung“, StV 1995, 263, 268.

1714 *BVerfG*, Beschluss vom 06.10.2009 - 2 BvR 2580/08, NJW 2010, 592, 594.

1715 Ähnlich unter Verweis auf die Missbrauchsanfälligkeit wegen der Ausnutzung der Machtverhältnisse: *Weßlau/Deiters* in: SK-StPO, 5.Auflage 2016, § 153a Rn. 17.

1716 In diese Richtung auch: *Schulz*, „Ist der Wahrheitsanspruch des Strafprozesses noch zu retten?“in: *Prittwitz/Manoledakis*, Strafrechtsprobleme an der Jahrtausendwende: deutsch-griechisches Symposium,1999, S. 89.

1717 *Weßlau*, 2002, S. 65; 104; ebenso: *Schünemann* in: *Gamm/Raisch/Tiedemann*, Strafrecht, Unternehmensrecht, Anwaltsrecht, 1988, S. 461, 474 f.

widerspiegelt, gewahrt werden könne.[1718] *Schäuble* geht insoweit noch einen Schritt weiter, indem er ausführt:

> *Die Beteiligung des Beschuldigten an der Sachverhaltsermittlung und die auf der Kehrseite entstehende Prozessverantwortung*[1719] *des Beschuldigten für das Verfahrensergebnis bilden neben der amtlichen Wahrheitsermittlung eine zweite Legitimationsgrundlage des Strafurteils.*[1720]

Ob dem gerade mit Blick auf Art. 1 Abs. 1 GG zugestimmt werden kann, erscheint jedenfalls fraglich. Denn dies würde dazu führen, dass der Beschuldigte jedenfalls den Strick am Galgen vor seiner Hinrichtung anbringt,[1721] unabhängig davon, ob er agiert oder untätig bleibt. Noch etwas pointierter formuliert benutzt man den Beschuldigten für eine Verschiebung der Verantwortung des Staats auf den Privaten. Das Strafurteil und die darauf aufbauende spätere Bestrafung stellen die Ausprägung des staatlichen Strafanspruchs dar. Es wäre sehr weit hergeholt, wollte man einen vergleichbaren Anspruch des Beschuldigten auf seine eigene Bestrafung konstruieren.[1722] Indem also gerade auch das Untätigbleiben des Beschuldigten zur Legitimation des Strafurteils herangezogen werden soll, wird er insoweit zum Objekt[1723] degradiert, da seine freie Willensausübung keine Auswirkungen darauf haben kann, ob ihm ein Teil der Prozessverantwortung auferlegt wird. Denn sowohl bei einer Selbstbelastung als auch bei einem Untätigbleiben würde man ihm eine Mitwirkung an seinem eigenen Urteil bescheinigen. Durch diese Alternativlosigkeit der Entstehung der prozessualen Verantwortung für das zu treffende Urteil wird der Beschuldigte unabhängig von der konkreten Situation zur „vertretbaren Größe“[1724] im Sinne der Objektformel[1725] herabgewürdigt. Soweit dies durch einen Verweis auf die

---

1718 *Weßlau*, 2002, 197 ff.

1719 *Schäuble* selbst räumt im weiteren Verlauf der Arbeit ein, dass jedenfalls im deutschen Recht der Legitimationswirkung der Prozessverantwortung des Beschuldigten für das Strafurteil minimale Bedeutung zukommt: Näher zu diesem Begriff: *Schäuble*, 2017, S. 65.

1720 *Schäuble*, 2017, S. 27.

1721 Dies einräumend: *Schäuble*, 2017, S. 28.

1722 In diese Richtung hinsichtlich der Verneinung eines Anspruchs des Beschuldigten aus Art. 6 EMRK auf Strafverfolgung gegen sich selbst auch: *BGH*, Beschluss vom 15.01.2003 - 1 StR 506/02, NStZ-RR 2003, 172.

1723 Zur „Objektformel“ ausführlich: *Herdegen* in: *Maunz/Dürig*, GG, 94. EL 2021, Art. 1 Abs. 1 Rn. 36 m.w.N.

1724 *Herdegen* in: *Maunz/Dürig*, GG, 94. EL 2021, Art. 1 Abs. 1 Rn. 36.

1725 Zur „Objektformel“ ausführlich: *Herdegen* in: *Maunz/Dürig*, GG, 94. EL 2021, Art. 1 Abs. 1 Rn. 36 m.w.N.

Einräumung von zum Teil weitreichenderen Beteiligungsrechten zu kompensieren versucht wird, kann auch eine Kompensation nicht die Verletzung des unantastbaren Menschenwürdeanspruchs negieren. Dementsprechend ist diese weitgehende These abzulehnen.

Vielmehr stellen sich die Beteiligungsrechte und -obliegenheiten als notwendige Konsequenz aus dem Prinzip der Wahrheitserforschung dar. Wie bereits dargestellt wurde, setzt dieses Prinzip denknotwendig nicht voraus, dass tatsächlich die vollständige materielle Wahrheit ermittelt wird, da dies gar nicht möglich wäre und auch nicht intendiert ist. Aufgabe der Rechtsprechung ist vielmehr, dass lediglich die relativ-objektive Wahrheit zu ermitteln sei.[1726] Das Ziel der zumindest größtmöglichen Annäherung des Prozessergebnisses an das tatsächliche Geschehen[1727] findet damit in der Ermittlung der relativ-objektiven Wahrheit weiterhin seine Berechtigung. Werden mithin Abstriche bei den Beteiligungsrechten aufgrund einer Obliegenheitsverletzung gemacht, so wird hierdurch lediglich das ohnehin nicht vollständig zu verwirklichende Prinzip der materiellen Wahrheit tangiert. Die Legitimationswirkung des ergehenden Strafurteils wird demgegenüber hiervon nicht tangiert. Daneben würde durch die Einführung präklusionsbewehrter Mitwirkungsobliegenheiten des Beschuldigten nicht grundsätzlich eine Verletzung des Schuldprinzips bzw. des Prinzips der Wahrheitserforschung eintreten.

(2) Zu den Strafzwecken

Zweifelhaft erscheint demgegenüber, ob bei einer materiell fehlerhaften Entscheidung, der eine Präklusion eines möglicherweise wichtigen Beweismittels, dem dies bei der Prüfung, ob der Amtsaufklärungsgrundsatz eingreift, „nicht anzusehen war“, vorausging, die Strafzwecke[1728] noch zu erreichen sind. Für die Vergeltung[1729] und wohl auch für die Spezialprävention[1730] mag erforderlich sein, dass der „richtige“ „Täter“ für das „richtige“ Delikt in der „richtigen Art und Weise“ bestraft wird. Der Strafzweck der Generalprävention scheint demgegenüber

---

1726 *Gössel*, in: Ständige Deputation des Deutschen Juristentages, Gutachten, 1994, C 1, C 25.

1727 *Weßlau*, 2002, S. 24.

1728 Ausführlich zu den Strafzwecken: *Roxin / Greco*, Strafrecht - Allgemeiner Teil, Bd. I, 5. Auflage, 2020, § 3 Rn. 1 ff.

1729 In diese Richtung: *Roxin /Greco*,, 2020, § 3 Rn. 2 f.

1730 Insoweit dürfte sich nämlich der einzelne Täter nur dann „bessern“, wenn er von einer gerechten Behandlung ausgeht; fühlt er sich willkürlicher Behandlung ausgesetzt, dürfte dies nicht zur Wertestabilisierung beitragen.

unabhängig davon erreichbar, ob im Prozess tatsächlich die materielle Wahrheit erforscht wurde – Voraussetzung ist lediglich, dass die Allgemeinheit davon ausgeht, dass der „Richtige" in der „richtigen" Art und Weise bestraft wurde.[1731] An dieser Maßgabe ist das gesamte Strafverfahrensrecht ausgerichtet; die geltenden Regelungen dienen vor allem der Wahrheitsfindung durch Anwendung von Strategien zur Fehlervermeidung[1732], was reflexartig die Vermeidung einer willkürlichen Entscheidung und damit grundsätzlich[1733] Rechtsstaatlichkeit zur Folge hat. Allein die rein auf eine „fiktive Wahrheit" gestützte Bestrafung kann dem Gerechtigkeitsbedürfnis der Bevölkerung[1734] und damit auch den mit den Strafzwecken verfolgten Zielen nicht gerecht werden. Dementsprechend würden auch die Strafzwecke nicht per se durch die Einführung einer präklusionsbewehrten Mitwirkungsobliegenheit des Beschuldigten beeinträchtigt.

(3) Zum Beweisantragsrecht und dem Recht auf ein faires Verfahren

Im Rahmen seiner Ausführungen zur Fristenlösung bei der Ablehnung von Beweisanträgen hat das *BVerfG* bereits ausgeführt, dass das Prinzip einer funktionstüchtigen Strafrechtspflege bzw. der Beschleunigungsgrundsatz in gewissen Grenzen als Rechtfertigung für eine Einschränkung des Beweisantragsrechts herangezogen werden kann und damit auch kein Verstoß gegen das Recht auf ein faires Verfahren vorliegt.[1735]

1731 Ähnlich, allerdings mit der Annahme, dass bis auf die Vergeltung alle Strafzwecke jedenfalls kurzfristig auf diese Art erreichbar sind: *Schulz* in: *Prittwitz/Manoledakis*, S. 89, 95; vgl. auch: *Britz*, JM 2019, 256, 259.

1732 *Kühne* in: LR-StPO, 27. Auflage 2016, Einleitung Abschnitt B, Rn. 23.

1733 Nicht in Abrede gestellt werden soll mit dieser These, dass es durchaus denkbare, der Wahrheit dienliche Methoden gibt, deren Anwendung rechtsstaatlichen Anforderungen nicht genügen würde, so z. B. eine (wahrheitsgemäße) Aussage, die durch Folter erwirkt wurde; andererseits dienen auch insofern die auf die Erforschung der Wahrheit gerichteten Normen, z. B. § 136a StPO, einer Fehlervermeidung: Eine durch Folter erwirkte Aussage kann, muss aber nicht wahrheitsgemäß sein. Möglicherweise wurde sie nur getätigt, um die Tortur zu beenden. Insofern dient auch eine Nichtanwendung von Folter der Fehlvermeidung.

1734 *Weigend* in: Festschrift für Ruth Rissing-van Saan zum 65. Geburtstag am 25. Januar 2011, S. 749, 751 f.

1735 *BVerfG*, Beschluss vom 06.10.2009 - 2 BvR 2580/08, NJW 2010, 592, 593.

(4) Zum Anspruch auf rechtliches Gehör

Letztlich kann auch eine Beschränkung des Beweisantragsrechts durch Präklusion desselbigen bei Verstoß gegen eine Mitwirkungs- bzw. Einwendungsobliegenheit – jedenfalls bei entsprechender Kodifizierung – zwar eine Beschränkung[1736], aber keine Verletzung des Anspruchs auf rechtliches Gehör[1737] des Beschuldigten darstellen.[1738] Das Bundesverfassungsgericht führt zu diesem Justizgrundrecht[1739] Folgendes aus:[1740]

> *Der Anspruch auf rechtliches Gehör (Art. 103 I GG) verpflichtet das entscheidende Gericht, die Ausführungen der Prozessbeteiligten zur Kenntnis zu nehmen und in Erwägung zu ziehen.*

Dies betrifft auch das Recht, sein gesetzlich geregeltes Antragsrecht in Anspruch zu nehmen[1741] und zu allen relevanten Gegebenheiten Stellung zu beziehen.[1742] Das grundrechtsgleiche Recht des Anspruchs auf rechtliches Gehör ist indes in besonderem Maße normgeprägt.[1743] Dementsprechend dürften Einschränkungen, die mit entsprechenden strafprozessualen Bedürfnissen begründet und kodifiziert werden, entweder bereits den Eingriff entfallen lassen, weil die entsprechende Normprägung dahin ginge, den Anspruch auf rechtliches Gehör auf einen bestimmten zeitlichen Bereich einzuschränken, sodass bei einer anschließenden Präklusion gar kein Eingriff mehr gegeben wäre, oder aber jedenfalls durch die Kodifikation verfassungsrechtlich gerechtfertigt sein.

Demnach würde auch der Anspruch auf rechtliches Gehör nach der oben beschriebenen Regelung gewahrt. Nimmt der Beschuldigte diesen in einem frühen Verfahrensstadium nicht wahr, so ist dies Ausprägung seiner Subjektstellung im Strafverfahren, welche sich aus Art. 1 Abs. 1 GG herleiten lässt.[1744] Hiernach ist gerade die Entscheidung des Beschuldigten, ob und wie er seine Rechte nutzen möchte, anzuerkennen.[1745] Die im weiteren Prozessverlauf möglicherweise

---

1736 Zur Beeinträchtigung des Anspruchs auf rechtliches Gehör durch Beschränkung des Beweisantragsrechts im Allgemeinen: *Spiekermann*, 2001, S. 74.

1737 Vgl. Art. 103 Abs. 1 GG.

1738 So auch: *Kudlich* in: MüKo StPO, 1. Auflage 2014, Einleitung, Rn. 75.

1739 *Kühne* in: LR-StPO, 27.Auflage 2016, Einleitung Abschnitt I, Rn. 75.

1740 So z. B.: *BVerfG*, Beschluss vom 09.03.2015 – 1 BvR 2819/14, NJW 2015, 1746 ff.

1741 Hierzu z. B. *BVerfG*, Beschluss vom 17.05.1983 – 2 BvR 731/80, NJW 1983, 2762, 2763.

1742 *Remmert* in: *Maunz/Dürig*, GG, 94. EL 2021, Art. 103 Abs.1, Rn. 76.

1743 So auch: *Kudlich* in: MüKo StPO, 1. Auflage 2014, Einleitung, Rn. 75.

1744 *Schäuble*, 2017, S. 9

1745 *Schäuble*, 2017, S. 9

eintretende Präklusionswirkung wäre aufgrund einer entsprechenden gesetzlichen Regelung ebenfalls nicht als Verletzung des Anspruchs auf rechtliches Gehör anzusehen. Daher bestehen keine Bedenken im Hinblick auf eine Beeinträchtigung des Rechts auf rechtliches Gehör.

(5) Zum Widerstreit der Prozessmaximen und deren Ausgleich

Es besteht jedoch ein Widerstreit der mit der Beschleunigung des Verfahren durch Einführung der Präklusionsvorschriften prinzipiell eintretenden besseren Überschaubarkeit des Verfahrens und der durch die Präklusion wiederum eintretenden Außerachtlassung weiterer möglicherweise relevanter Komponenten durch den Beschuldigten, wodurch Abstriche bei der Würdigung des Sachverhalts gemacht werden. Dieser Konflikt ist jedoch typisch für den Strafprozess. Zutreffend wird daher vertreten, dass

> *das Strafverfahrensrecht [...] das Ausmaß der Wirkung miteinander wettstreitender, anerkannter Gerechtigkeitskonzepte [definiert.]*[1746]

Für die Bewältigung solcher Konflikte schlägt *Gollwitzer* folgendes Vorgehen vor:[1747]

> *Die sich teils deckenden oder ergänzenden, teils aber auch kollidierenden Zielsetzungen können nicht in eine feste Rangordnung gebracht, die Konflikte nicht im Sinne eines absoluten Vorrangs einzelner Ziele gelöst werden. Ähnlich wie bei kollidierenden Normen des Verfassungsrechts verbietet es sich generell, ein Ziel allein unter Verdrängung der anderen durchzusetzen. Die bestehenden Antinomien sind dadurch auszugleichen, daß nach Lösungen gesucht wird, bei denen das Grundanliegen aller Zielsetzungen zum Tragen kommt. Eine solche praktische Konkordanz ist nicht ohne Abstriche bei den aus den einzelnen Zielsetzungen abzuleitenden Forderungen möglich. Sie setzt eine abwägende Wertung der Bedeutung der einzelnen Verfahrensziele für den zu lösenden Einzelfall voraus.*

Berücksichtigt man diese Vorgehensweise, ist das Grundanliegen, das mit den verschiedenen beschriebenen Instrumentarien verfolgt wird, maßgebend: Die vorliegend in Wettstreit miteinander stehenden strafprozessualen Mechanismen dienen denselben (Fern-) Zielen. Sowohl durch die mit einer Präklusion einhergehenden Beschleunigung als auch durch die Gewährung eines nicht beschränkten Beweisantragsrechts soll prinzipiell dem Prinzip der materiellen Wahrheit, damit dem Rechtsstaatsprinzip, der Gerechtigkeit und nicht zuletzt den Strafzwecken gedient werden. Da die stringente Befolgung beider Grundsätze,

---

1746 So auch: *Kühne* in: LR-StPO, 27. Auflage 2016, Einleitung Abschnitt B, Rn. 45.

1747 *Gollwitzer* in: *Gössel/Kauffmann*, Strafverfahren im Rechtsstaat, 1985, S. 141, 151 f.

obwohl beide dem gleichen Verfahrensziel förderlich sind, nicht möglich ist, sowohl der Beschleunigung in Umfangsverfahren als auch dem Beweisantragsrecht jedoch etwa die gleiche Bedeutung im Hinblick auf die Wahrheitsfindung zukommt, muss ein möglichst schonender Ausgleich erfolgen. Dieser ist dergestalt zu vollziehen, dass grundsätzlich das Beweisantragsrecht des Beschuldigten bestehen bleibt, auch wenn eine Vielzahl von Beweisanträgen gestellt werden, welche die Dauer des Verfahrens negativ beeinflussen, und damit trotz der einerseits der Wahrheitsfindung dienlichen Funktion andererseits auch wiederum die Wahrheitsermittlung erschweren. Das Beweisantragsrecht wird indes moduliert im Sinne einer Begrenzung, wenn dem Beschuldigten ausreichend Zeit zur Verfügung stand, seine Beweisanträge zu stellen und kein schutzwürdiges Interesse erkennbar ist, wieso noch Beweisanträge nach einem bestimmten Zeitpunkt gestellt werden sollen. Wichtig ist in diesem Zusammenhang, um dem Beweisantragsrecht des Beschuldigten angemessen Rechnung tragen zu können, dass dies nur für Umfangsverfahren gelten kann, da im „Normalverfahren" bei der Durchführung von oftmals maximal zwei oder drei Verhandlungstagen nicht erkennbar ist, inwiefern eine Vielzahl von Beweisanträgen grundsätzlich geeignet sein soll, die Wahrheitsermittlung zu erschweren. Eine Erstreckung auf Allgemeinverfahren würde daher angesichts des nicht ersichtlichen zwingenden Erfordernisses für die Effektivierung des Strafprozesses und die Wahrheitsermittlung in diesem einen nichtgerechtfertigten Eingriff in das Beweisantragsrecht des Beschuldigten darstellen. Zum anderen sind die Beschuldigtenrechte dadurch zu wahren, dass eine Ausnahme der grundsätzlichen Präklusion des Beweisantragsrechts nach Ablauf einer bestimmten Frist für solche Fälle vorzusehen ist, in denen die unterbliebene Beantragung der Erhebung des Beweismittels vor Ablauf der Frist ausreichend „entschuldigt"[1748] ist oder aber jedenfalls nicht auf Nachlässigkeit der Partei[1749] basierte. Hierbei könnte man sich an der zu § 296 Abs. 1 ZPO sowie zu § 531 Abs. 2 S.1 Nr. 3 ZPO ergangenen Judikatur orientieren.[1750] Um nicht bloß eine Verlagerung des Problems dahingehend

---

1748 Vgl. auch § 296 Abs. 1 ZPO.

1749 Vgl. § 296 Abs. 2 ZPO; § 531 Abs. 2 S. 1 Nr. 3 ZPO.

1750 Näher zur genügenden Entschuldigung im Sinne des § 296 Abs. 1 ZPO: *Huber* in: *Musielak/Voit*, ZPO, 18. Auflage 2021, § 296 Rn. 24 f.; *Saenger* in: *Saenger* ZPO, 9. Auflage 2021, § 296 Rn. 39 f. mit Verweis auf: *BGH,* Urteil vom 25.03.1987- IVa ZR 224/85, NJW 1988, 60, 62; *BGH*, Urteil vom 15.03.1990-VII ZR 61/89 u.w.N. ; zur groben Nachlässigkeit: *Saenger* in: *Saenger*, ZPO, 9. Auflage 2021, § 296 Rn. 46 mit Verweis auf: *BGH*, Urteil vom 20.03.1997-VII ZR 205/96, NJW 1997, 2244, 2245 u.w. N.

vorzunehmen, dass die grundsätzliche Präklusion durch eine pauschale Begründung zur „Entschuldigung“ bzw. zur „fehlenden Nachlässigkeit“ umgangen werden kann, sollte die Glaubhaftmachung der behaupteten Gründe für die Verzögerung verlangt werden (können)[1751]. Zudem sollte eine Obliegenheit zur schnellstmöglichen Erhebung des Beweisantrags nach Kenntnisnahme von der Beweismittelrelevanz aufgenommen werden. Insoweit käme eine Orientierung an der „Unverzüglichkeit“ in Betracht; fraglich ist indes, ob dieser Begriff im Rahmen des Strafprozessrechts hinreichend bestimmt wäre. Allerdings wäre zu beachten, dass im Rahmen der zivilrechtlichen Rechtsprechung dieser Begriff zwischenzeitlich konkretisiert wurde,[1752] sodass auch im Strafprozessrecht hierauf zurückgegriffen werden könnte.

Um eine „Waffengleichheit“ herzustellen, ist aber zu verlangen, dass die Präklusion für beide „Parteien“[1753], also auch für die Staatsanwaltschaft – bei dieser jedoch nur hinsichtlich belastender Beweismittel – zu gelten hat; allerdings sollten bei der Staatsanwaltschaft im Hinblick auf die Verpflichtung zur Amtsermittlung, die nicht nur dem Richter, sondern jedem für den konkreten Fall zuständigen Strafverfolgungsorgan zukommt,[1754] und die Objektivitätsverpflichtung im weiteren Maße Ausnahmen von der Präklusion vorgesehen werden als für den Beschuldigten. Dies dürfte auch der Vorstellung des Bundesverfassungsgerichts[1755] entsprechen:

> *Dies bedeutet allerdings nicht, dass im Strafverfahren – unter dem Gesichtspunkt der „Waffengleichheit“ (vgl. BVerfGE 110, 226 [253] = NJW 2004, 1305) – in der Rollenverteilung begründete verfahrensspezifische Unterschiede in den Handlungsmöglichkeiten von StA und Verteidigung in jeder Beziehung ausgeglichen werden müssten (vgl. BVerfGE 63, 45 [67] = NJW 1983, 1043; BVerfGE 63, 380 [392f.] = NJW 1983, 1599; BVerfGE 122, 248*

1751 Entsprechend § 531 Abs. 2 S. 2 ZPO; § 296 Abs. 4 ZPO.

1752 Hierzu näher: *Armbrüster* in: MüKo BGB, 8. Auflage 2018, § 121 Rn. 7 ff. mit Verweis auf: *BGH*, Urteil vom 28.06.2012 - VII ZR 130/11, NJW 2012, 3305, 3306; *BGH*, Urteil vom 24.01.2008 - VII ZR 17/07, NJW 2008, 985, 986 u.w.N.

1753 Bei Verwendung dieses Begriffs ist der Verfasserin bewusst, dass es sich beim deutschen Strafprozess nicht um einen Parteiprozess handelt; da die Institution der Präklusion aber dem parteibasierten Zivilprozess entnommen wird und sich faktisch bei der potenziell einzuführenden präklusionsbewehrten Mitwirkungsobliegenheit zwei Verfahrensbeteiligte gegenüberstehen, wird der Begriff hier als sehr treffend erachtet.

1754 Hierzu: *Kühne* in: LR- StPO, 27. Auflage 2016, Einleitung Abschnitt I, Rn. 30.

1755 *BVerfG*, Urteil vom 19.03.2013 – 2 BvR 2628/10, 2 BvR 2883/10, 2 BvR 2155/11, NJW 2013, 1058, 1060.

[272] = NJW 2009, 1469) vielmehr sind angesichts der besonderen, zur Objektivität verpflichtenden Stellung der StA Differenzierungen möglich.

Zu berücksichtigen ist insoweit vor allem, dass es schwerwiegende Konsequenzen für das Vertrauen der Bevölkerung in die Strafrechtspflege und damit die Strafzwecke hätte, wenn ein schuldiger Straftäter aufgrund einer Fristversäumung der Staatsanwaltschaft straflos bliebe.[1756] Möglicherweise könnte sich die Beurteilung, ob eine Präklusion des Antragsrechts bezüglich der Einführung eines belastenden Beweismittels auf Seiten der Staatsanwaltschaft in Betracht kommt, an der Handhabung der Abwägungslehre im Rahmen der relativen Beweisverwertungsverbote[1757] orientieren; d. h. die Frage, ob eine Präklusion eingreift, könnte sich beispielsweise an der Schwere der Tat und an dem Verschuldensgrad der Staatsanwaltschaft für die Verspätung orientieren.

Problematisch erscheint die Frage, wie damit umzugehen ist, wenn beide „Parteien“ bei Ablauf der Frist ihre Beweisanträge gestellt haben, durch den von dem Gegenüber gestellten Beweisantrag aber offenbar wird, dass prinzipiell weitere Beweiserhebungen von Nöten gewesen wären. Dies erscheint deswegen als zumindest theoretisch herausfordernde Frage, da eine Gewährung einer Fristverlängerung in eine vorprozessuale Endlosschleife münden könnte, wodurch die Eröffnung des Hauptverfahrens grundsätzlich unbegrenzt hinausgeschoben werden würde. In der Verfahrensrealität dürfte sich das Problem allerdings weniger auswirken; denn es müsste der Staatsanwaltschaft obliegen, bei Erhebung des Vorwurfs bereits die Beweismittel zu präsentieren, auf die der Anfangsverdacht gestützt wird, und der Beschuldigte daraufhin alle ihm als relevant erscheinenden Beweisanträge bis zum Ablauf der Frist stellen kann. Hierdurch dürfte sich die Notwendigkeit, Gegenbeweis gegen potenzielle zusätzliche Beweismittel der Staatsanwaltschaft, welche erst kurz vor Fristablauf präsentiert werden, nur im Ausnahmefall stellen. In diesen Ausnahmefällen käme dann aber die Zulassung von Beweisanträgen zum Tragen, wenn die „Parteien“ zu zulässigerweise erst nun als relevant angesehenen Tatsachen noch Beweis anbieten möchten. Durch die hierdurch eintretende Vorab-Kontrolle durch den Richter ist einem Missbrauch weitgehend vorgebeugt. Zudem ist nicht zuletzt der Richter ohnehin zur Amtsermittlung verpflichtet. Erscheint ihm demnach eine Sachfrage weiter offen, so hat er diesbezüglich Nachermittlungen anzuordnen.[1758]

1756 *Spiekermann*, 2001, S. 159.

1757 Hierzu: *Miebach* in: MüKo StPO, 1. Auflage 2016, § 261 Rn. 137 f.

1758 Im Hinblick auf die bloße Existenz des Beweisantragsrechts, welche den Richter verpflichtet das zu tun, was ihm ohnehin aufgrund der Amtsermittlungspflicht obliegt,

Um den Anforderungen des Bestimmtheitsgrundsatzes zu genügen, müsste auch geregelt werden, auf wessen fehlendes Verschulden hinsichtlich einer Verspätung abzustellen[1759] und wie bei einem unverteidigten Angeklagten mit der Präklusionsregelung umzugehen wäre.[1760] Letzteres müsste dahingehend geregelt werden, dass eine Präklusion nur bei einem verteidigten Beschuldigten in Betracht kommt. Im Übrigen ist darauf zu verweisen, dass in vorliegender Arbeit lediglich die wesentlichen Konturen einer denkbaren Bewältigungsstrategie für Umfangsverfahren zu skizzieren sind, während Detailfragen nicht diskutiert werden sollen.

Dementsprechend kann eine Einführung einer präklusionsbewehrten Mitwirkungsobliegenheit des Beschuldigten bei entsprechend differenzierter Regelung einen Ausgleich zwischen den tangierten Verfahrensgrundsätzen der Beschleunigungsmaxime und dem Prinzip der materiellen Wahrheit schaffen.

(6) Zur Öffentlichkeitsmaxime

Fraglich ist zudem, ob das Öffentlichkeitsprinzip beeinträchtigt würde, wenn die Beweisanträge grundsätzlich vorprozessual zu erledigen wären. Die Öffentlichkeitsmaxime gilt für die strafprozessuale Hauptverhandlung. Bereits die Existenz des Strafbefehlsverfahrens zeigt, dass das Prinzip der Öffentlichkeit darüberhinausgehend keinen zwingenden Charakter hat.[1761] Zudem ist auch in der derzeitigen Situation, in der in Anzahl und hinsichtlich des Zeitraums unbegrenzt Beweisanträge gestellt werden können, eine Beeinträchtigung der Öffentlichkeitsmaxime zu sehen.[1762] Um dennoch eine Kontrolle durch die Öffentlichkeit – sofern es zu einer Hauptverhandlung kommt – zu ermöglichen, könnte man daran denken, dass der vorprozessuale Ablauf und damit auch die gestellten Beweisanträge sowie die Entscheidung des Gerichts über den jeweiligen Antrag zu Beginn der Hauptverhandlung zu verkünden sind.[1763]

---

skeptisch: *Witting* in: *Hassemer/Kempf/Moccia*, In dubio pro libertate: Festschrift für Klaus Volk zum 65. Geburtstag, 2009, S. 885, 886.

1759 Vor diesem Hintergrund kritisch: *Perron*, „Beschleunigung des Strafverfahrens mit rechtsstaatlichen Mitteln", JZ 1994, 823, 827 f.; hierzu ebenfalls: *Spiekermann*, 2001, S. 157.

1760 Zu dieser Fragen kritisch: *Perron*, JZ 1994, 823, 827; *Spiekermann*, 2001, S. 157.

1761 In diese Richtung auch: *Weßlau*, 2002, S. 82.

1762 Vgl. hierzu bereits die Ausführungen in Kapitel 1 A. IV. 3.

1763 Ähnlich wie bei der Durchführung von strafprozessualen Absprachen außerhalb der Hauptverhandlung, §§ 273 Abs. 1 Satz 2, Abs. 1a Satz 1 StPO.

(7) Zur Vereinbarkeit mit den Verteidigungsrechten des Beschuldigten

Näher zu beleuchten ist die Frage, ob eine „präklusionsbewehrte" Mitwirkungsobliegenheit die Verteidigungsrechte des Beschuldigten verletzt.[1764] Grundsätzlich umfasst dieses Recht zum einen die Möglichkeit der Einwirkung auf den verhandelten Sachverhalt durch Stellung eigener Beweisanträge, zum anderen aber die prozessual-taktisch ausgerichtete Entscheidung des Zeitpunkts eines anzubringenden Beweisantrags.[1765] Nur so kann die Verteidigung ihre Verteidigungsstrategie verwirklichen und beispielsweise zunächst den Verlauf der Beweisaufnahme abwarten, um zu sehen, ob eine ausreichende Belastung des Beschuldigten überhaupt erfolgt und insoweit entlastende Beweismittel erforderlich sind.[1766] Problematisch erscheint jedenfalls der Umstand, dass unter Umständen erst am Ende der Hauptverhandlung ersichtlich wird, dass der Richter – trotz noch erforderlichen Ermittlungsbedarfs – von der vollständigen Aufklärung des Sachverhalts ausgeht.[1767] Sofern insoweit die Stellung eines Beweisantrags wegen Fristablaufs unzulässig ist, läge ein Eingriff in das als wichtigstes Verteidigungsrecht[1768] qualifizierte Beweisantragsrecht vor. Andererseits wäre insoweit noch die revisionsrechtliche Kontrolle als Korrektiv vorhanden. Aufgrund der hohen Hürden und der de facto geringen Erfolgsaussichten eines Revisionsantrages dürfte allein die Existenz einer revisionsrechtlichen Kontrolle jedoch nicht ausreichen. Allerdings bleibt es dem Verteidiger wie auch dem Beschuldigten unbenommen, Beweisanregungen geltend zu machen. Sind diese substantiiert, wird das Gericht aufgrund seiner Amtsermittlungspflicht den Sachverhalt erforschen müssen, sodass letztlich die Verteidigungsrechte ausreichend gewahrt sind.

1764 Zur parallelen Problematik der Beschränkung des Beweisantragsrechts nach Ablauf einer vom Gericht gesetzten Frist nach Abschluss der Beweisaufnahme ebenfalls in diese Richtung: *Bundesministerium der Justiz*, 2015, S. 143 ff.

1765 *Bundesministerium der Justiz* , 2015, S. 143 ff.

1766 *Bundesministerium der Justiz*, 2015, S. 143 ff.

1767 In diese Richtung auch: *Witting* in: *Hassemer/Kempf/Moccia*, In dubio pro libertate: Festschrift für Klaus Volk zum 65. Geburtstag, 2009, S. 885,897; ebenso: *Spiekermann*, 2001, S. 74.

1768 So: *RG*, Urteil vom 09.02.1892, g. W. Rep. 3755/91, RGSt 22, 335, 336; hierzu auch: *Spiekermann*, 2001, S. 74.

(8) *Zum Amtsermittlungsgrundsatz und zur Objektivität der Ermittlungen*

Untrennbar verknüpft mit der Frage nach der Präklusion von Beweisantragsrechten bzw. Einwendungen ist daneben aber eine Risikoabschätzung, ob hierdurch nicht de facto der Amtsermittlungsgrundsatz bzw. die Objektivität der Ermittlungen tangiert werden. Zu befürchten bleibt nämlich, dass im Hinblick auf eine solche Obliegenheit des Beschuldigten, die Staatsanwaltschaft trotz der bestehenden Objektivitätsverpflichtung[1769] versucht sein könnte, die Beweisführung hinsichtlich der entlastenden Umstände vollständig in die Sphäre des Beschuldigten zu transferieren. Daneben steht zu befürchten, dass die Präklusionsregelung ungeachtet der potenziell bestehenden Amtsaufklärungspflicht angewendet würde. Allerdings würde eine – potenziell einzuführende – Regelung, bei deren Vollzug aufgrund eines Rechtsmissbrauchs der sie Anwendenden negative Konsequenzen für den Beschuldigten entstehen, – in Anlehnung an die Rechtsprechung des BVerfG zum strafprozessualen Deal[1770] – nur dann gegen Strukturprinzipien und damit auch gegen den Amtsermittlungsgrundsatz[1771] verstoßen, wenn:

> *die verfassungswidrige Praxis auf die Vorschrift selbst zurückzuführen, mithin Ausdruck eines strukturbedingt zu dieser Praxis führenden normativen Regelungsdefizits ist. [...] Verfassungswidrig wäre das gesetzliche Regelungskonzept nur, wenn die vorgesehenen Schutzmechanismen in einer Weise lückenhaft oder sonst unzureichend wären, die eine gegen das Grundgesetz verstoßende [...] Praxis fördert, das Vollzugsdefizit also durch die Struktur der Norm determiniert wäre.*

Hiervon ist allerdings deshalb nicht auszugehen, da direkt gegen eine andere Vorschrift, nämlich § 160 Abs. 2 StPO sowie zudem gegen die Amtsermittlungspflicht des Gericht verstoßen würde; da aus der bloßen Obliegenheit, für dem Beschuldigten bekannte Umstände bis zu einer gesetzten Frist Beweismittel zur Entlastung anzubieten keine Einschränkung der Verpflichtung der Staatsanwaltschaft und des Gerichts folgt, umfassend zu ermitteln, wäre ein Vollzugsdefizit auch nicht in der Regelung angelegt. Der Schutzmechanismus läge gerade unter anderem in der Fortgeltung des § 160 Abs. 2 StPO und der Inquisitionsmaxime. Dass der Schutz insoweit lückenhaft wäre, ist nicht ersichtlich.

1769 Vgl. § 160 Abs. 2 StPO.

1770 *BVerfG*, Urteil vom 19.03.2013 – 2 BvR 2628/10, 2 BvR 2883/10, 2 BvR 2155/11, NJW 2013, 1058,1070.

1771 Zum Amtsaufklärungsgrundsatz als grundlegendem Prinzip: *Kühne* in: LR- StPO, 27. Auflage 2016, Einleitung Abschnitt I, Rn. 31.

(9) Zum Nemo-tenetur-Grundsatz

Näher zu beleuchten ist zudem, ob sich aus der präklusionsbewehrten Mitwirkungsobliegenheit ein mittelbar-faktischer Mitwirkungszwang ergeben kann. Denn der Beschuldigte könnte aufgrund der später drohenden Präklusion verspätet vorgebrachter Beweise bzw. verspäteter Rügen genötigt sein, Beweise vorzulegen oder Rügen zu erheben.[1772] Eine Mitwirkungspflicht wäre im Hinblick auf den nemo-tenetur- Grundsatz, welcher Ausfluss der Menschenwürde und des Allgemeinen Persönlichkeitsrechts ist,[1773] unzulässig. Allerdings schützt der nemo-tenetur-Grundsatz nur vor einer – auch mittelbaren – Pflicht zur Mitwirkung an der Selbstbelastung.[1774]

Goldschmidt[1775] führt zu dieser prozessualen Last aus, dass die Vorschrift des § 136 Abs. 1 Satz 2 StPO, die eine Konkretisierung des nemo-tenetur-Grundsatzes darstellt, lediglich keine Verpflichtung des Beschuldigten zur Äußerung zu den Vorwürfen begründet, jedoch hierin nicht zugleich ein Verbot der Berücksichtigung nicht getätigter entlastender Angaben als „grobes Verschulden gegen sich selbst“[1776] zu sehen sei. Als Ausfluss des Inquisitionsprozesses schütze die Vorschrift den Beschuldigten nur vor einer Verpflichtung, gegen sich selbst aussagen zu müssen. Allerdings entfalle hierdurch nicht die

> *Last, die ihm gebotene Gelegenheit zur Beseitigung der gegen ihn vorliegenden Verdachtsgründe und zur Geltendmachung der zu seinen Gunsten sprechenden Tatsachen‘ (§ 136 II StPO) wahrzunehmen.*[1777]

Die negative Mitwirkungsfreiheit[1778] umfasst die grundsätzliche Freiheit von Zwang – im Sinne von „Mangel an Selbstbestimmtheit“[1779] – zur Vornahme „von aktiven Handlungen, die [...] [dem Beschuldigten] strafprozessual zum Nachteil gereichen könnten.“[1780] Nach diesem Verständnis darf kein Zwang zur Vornahme von *belastenden* Maßnahmen konstruiert werden. Gegen eine Mitwirkungsobliegenheit im Hinblick auf die *Abwehr* belastender Maßnahmen im

---

1772 Hierzu auch: *Spiekermann*, 2001, S. 159.

1773 Hierzu: *Kühne* in: LR- StPO, 27. Auflage 2016, Einleitung Abschnitt J, Rn. 87.

1774 Hierzu: *Kühne* in: *Löwe-Rosenberg*, StPO, 27. Auflage 2016, Einleitung Abschnitt J, Rn. 88.

1775 *Goldschmidt*, 1986 (1925), S. 339.

1776 *Goldschmidt*, 1986 (1925), S. 339.

1777 *Goldschmidt*, 1986 (1925), S. 339.

1778 Hierzu: *Schuhr* in: MüKo StPO, 1. Auflage 2014, Vorb. zu den §§ 133 ff., Rn. 91 ff.

1779 So auch: *Schuhr* in: MüKo StPO, 1. Auflage 2014, Vorb. zu den §§ 133 ff., Rn. 91.

1780 *Schuhr* in: MüKo StPO, 1. Auflage 2014, Vorb. zu den §§ 133 ff., Rn. 91.

Sinne einer Rügeobliegenheit bzw. auf die Präsentation von *entlastenden* Beweismitteln bestehen damit keine Bedenken.

(10) Zum Grundsatz von Treu und Glauben

Dennoch wird teilweise davon ausgegangen, dass eine Mitwirkung am Strafverfahren durch den Beschuldigten – zumindest nach den Grundsätzen von Treu und Glauben – „absurd" sei.[1781] Diese Bewertung ist allerdings zumindest partiell im Kontext mit der Annahme zu sehen, dass das Strafverfahren anders als der Zivilprozess „weit entfernt von Disponibilitäten für die am Verfahren Beteiligten" sei.[1782] Diese früher zutreffende Ansicht vermag in Zeiten der Existenz u. a. des § 257c StPO nicht mehr durchzugreifen. Gegen die Anwendbarkeit der Grundsätze von Treu und Glauben wird zudem vorgebracht, dass es unzumutbar sei, vom Beschuldigten gegenüber seinem „Angreifer" – gemeint ist die Staatsanwaltschaft – noch Loyalität zu fordern; dies stelle selbst einen Verstoß gegen Treu und Glauben dar.[1783] Weitgehend Einigkeit dürfte allerdings dahingehend bestehen, dass unabhängig von einer Anwendbarkeit des Grundsatzes von Treu und Glauben im Strafprozess jedenfalls Rechtsmissbrauch im Strafverfahren nicht zuzulassen ist.[1784] Schutzwürdige Interessen des Beschuldigten, ihm vorliegende entlastende Beweismittel im Strafverfahren zurückhalten und erst verspätet vorlegen zu dürfen, sind allerdings nicht erkennbar; insbesondere Gründe für die Schutzwürdigkeit der hiermit möglicherweise beabsichtigten Prozessverschleppung sind nicht ersichtlich. Verteidigungstaktische Erwägungen können insoweit das grundsätzliche Bestreben aller Verfahrensbeteiligten, einen Prozess nicht weiter auszudehnen, als unbedingt erforderlich, nicht überwiegen. Sie können allenfalls insoweit gewichtig sein, als aus einem Geheimhaltungsbedürfnis heraus zunächst versucht wird, Informationen zurückzuhalten für den Fall, dass es möglicherweise nicht darauf ankommt. Jedenfalls außerhalb solcher Fälle kann der grundsätzliche Gedanke, dass es gegen „Treu und Glauben" oder jedenfalls gegen allgemeine Rechtsmissbrauchsverbote verstößt, bereits zu einem frühen Zeitpunkt vorliegende entlastende Beweismittel ohne Entschuldigungsgrund erst im Gerichtsverfahren zu präsentieren, als durchaus naheliegend angesehen werden.[1785]

1781 So ausführlich: *Kempf*, Rechtsmißbrauch im Strafprozeß, StV 1996, 507, 509.

1782 *Kempf*, „Rechtsmißbrauch im Strafprozeß", StV 1996, 507, 509.

1783 Hierzu ausführlich: *Fahl*, 2004, S. 88.

1784 In diese Richtung auch: *Fahl*, 2004, Heidelberg, S. 9.

1785 In diese Richtung auch – zumindest in Ausnahmefällen – bereits in einem obiter dictum der BGH: *BGH*, Urteil vom 18.03.1986 – 1 StR 51/86, NStZ 1986, 371;

Im Übrigen stellt sich in diesem Zusammenhang die Frage, ob bei solch schwierigem und weitreichendem Hintergrund der Mitwirkungsobliegenheit des Beschuldigten nicht ein Schutzmechanismus dergestalt eingebaut werden müsste, dass diese Regelung entweder nur greifen kann, wenn der Beschuldigte verteidigt ist, oder aber dem Beschuldigten im Umfangsverfahren generell ein Pflichtverteidiger beizuordnen ist. Letzteres wird in vielen Fällen spätestens ab dem Zwischenverfahren[1786] ohnehin der Fall sein, da, sofern das Verfahren vor der Wirtschaftsstrafkammer angeklagt wird, bereits § 140 Abs. 1 Nr. 1 StPO einschlägig ist, oftmals aber auch § 140 Abs. 1 Nr. 2 StPO eingreifen dürfte. Jedenfalls dürfte in den wirtschaftsstrafrechtlich geprägten Fällen regelmäßig aufgrund der Schwierigkeit der Sach- und Rechtslage § 140 Abs. 2 StPO anzuwenden sein. Da die Problematik nach hiesiger Konzeption allerdings bereits ins Ermittlungsverfahren vorverlagert wird, reicht die Bestellung eines Pflichtverteidigers im Zwischenverfahren nicht aus. Nach der Neukonzeption des § 140 Abs. 1 Nr. 1 StPO durch das Gesetz zur Neuregelung des Rechts der notwendigen Verteidigung[1787] kommt indes nach § 141 Abs. 2 Nr. 3 StPO jedenfalls dann in vorliegend relevantem Kontext eine Beiordnung eines Pflichtverteidigers in Betracht, wenn zu erwarten ist, dass die Hauptverhandlung mindestens von dem Landgericht eröffnet wird und sich der Beschuldigte nicht selbst verteidigen kann. Für die Fälle, in denen de lege lata keine Beiordnung vorgesehen ist bzw. in denen der Beschuldigte nicht ohnehin die Bestellung eines Pflichtverteidigers beantragt[1788] – käme zum einen die Vorverlagerung der Bestellung eines Pflichtverteidigers bereits ins Ermittlungsverfahren in Betracht. Dies könnte entweder durch eine weite Auslegung der Regelung des § 141 Abs. 2 Nr. 3 StPO erfolgen, wonach erforderlich ist, dass der Beschuldigte sich nicht selbst verteidigen kann oder aber durch die Einführung einer Regelung wie sie beispielsweise in den Vorschriften der § 407 Abs. 2 Satz 2 StPO, § 234a StPO enthalten ist. Um einen umfassenden Schutz der Beschuldigtenrechte zu gewährleisten, kommt auch eine Kombination beider Mechanismen in Betracht, damit in Fällen, in denen keine Pflichtverteidigerbestellung nach dem Gesetz vorgesehen ist, die strenge Präklusionsregelung nicht eingreift.

---

einen ähnlichen Gedanken verfolgt auch die „Fristenlösung“: *BGH*, Beschluss vom 09.05.2007 - 1 StR 32/07, NJW 2007, 2501, 2504, hierzu bereits oben: Kapitel 2 J IV 1.

1786 Vgl. § 141 Abs. 2 Nr. 4 StPO.

1787 BGBl. 2019 I S. 2128.

1788 Vgl. § 141 Abs. 1 Satz 1 StPO.

Zwar widerspricht dieser weitgehende Schutz auf den ersten Blick der in § 244 Abs. 6 Satz 4 StPO vorgesehenen geringeren Schutzintensität. Andererseits dürfte es sich auch dem Beschuldigtem als juristischem Laien aufdrängen, dass nach Abschluss der Beweisaufnahme grundsätzlich jedenfalls nicht zeitlich unbegrenzt noch Beweisanträge in der Hauptverhandlung abgehandelt werden können, während dies im Vorverfahren als eher überraschend eingestuft werden kann, sodass die Schutzwürdigkeit des unverteidigten Beschuldigten in letzterem Fall höher einzustufen ist.

(11) Zwischenergebnis

Demzufolge wäre eine grundsätzlich für alle Strafverfahren geltende Annahme einer Mitwirkungsobliegenheit des Beschuldigten, bereits frühzeitig entlastende Beweisanträge zu stellen, welche bei Verspätung in eine Präklusion der Beweisanträge mündet, zu weitgehend. Im Rahmen eines Umfangsverfahrens wäre es jedoch – unter Gewährleistung einer adäquaten Verteidigung des Beschuldigten – zur Aufrechterhaltung einer konzentrierten, den Anforderungen an das Mündlichkeits- und Unmittelbarkeitsprinzip genügenden, Hauptverhandlung als dem Strafprozess dienlich anzusehen und rechtlich möglich, eine präklusionsbewehrte Mitwirkungsobliegenheit des Beschuldigten einzuführen.

(12) Sonstiges

Bezüglich der Einsetzung von pluralistisch besetzten Kommissionen bestehen keinerlei (verfassungs-)rechtliche Bedenken, da die Maßnahme außerhalb des konkreten Verfahrens erfolgt und für alle Beteiligten nur günstige Wirkungen vorbringt.

Im Hinblick auf die Einführung der Casamento benchmarks auf gesetzlicher Grundlage, welche über die derzeit geltenden RistBV hinausgehen, bestehen ebenfalls keine rechtlichen Bedenken.

C. Résumé

Der vorgenommene Vergleich im engeren Sinne hat gezeigt, dass den Strafverfolgungsbehörden in den USA insgesamt größere Freiheiten zukommen als es im deutschen Strafverfahren der Fall ist, insbesondere mit Blick auf das sehr weitgehende Opportunitätsprinzip. Aus Sicht des deutschen Strafprozesses besonders hervorzuheben ist die Parteirolle des Staatsanwalts und die damit in Wechselwirkung stehenden Komponenten der schwächeren Rolle des US-amerikanischen Strafrichters sowie der formelle Wahrheitsbegriff des US-amerikanischen Strafprozess im Vergleich zum materiellen bzw. relativ-objektiven Wahrheitsbegriff des deutschen Strafprozesses. Hieraus resultiert in den USA die Wahrheitsermittlung durch ein „Duell" zwischen Staatsanwaltschaft und Beschuldigtem bzw. dessen Verteidiger. Hierdurch wird wiederum der Boden bereitet für Mechanismen wie dem guilty plea bzw. dem plea bargaining, die gerade wegen eines anderen Wahrheitsermittlungsansatzes derzeit offensichtlich aus systematischen Gründen nicht in das deutsche Recht integrierbar wären. Freilich existieren im deutschen Strafprozess zwar ebenfalls konsensuale Elemente, welche jedoch insgesamt noch als Fremdkörper einzustufen sind. Die weitere Entwicklung des Strafprozesses, nicht zuletzt die weiterhin – teils rechtswidrig – praktizierte Absprachenpraxis, bedarf weiter stetiger Beobachtung und möglicherweise Anpassung. Theoretisch denkbar ist die Einführung konsensualer Elemente vor allem in Umfangsverfahren, in denen ohnehin die althergebrachten Strafzwecke nur eingeschränkt zu verwirklichen sind. Jedenfalls vor derzeitigem vor allem verfassungsrechtlichen Hintergrund und Verständnis sind einer Entwicklung des Strafprozesses in Richtung eines stärker parteigeprägten Verfahrens jedoch Grenzen gesetzt.[1789]

Nach einem konkreten Vergleich des Ablaufs des Strafverfahrens liegt insgesamt der vorsichtige Schluss nahe, dass das inquisitorische System durchaus seine Berechtigung hat, sofern der „Normalprozess“ mit Hauptverhandlung durchgeführt wird. Da gerade dies in Umfangsverfahren jedoch meist sehr aufwändig ist bzw. bereits die vorgeschalteten Verfahrensstadien sehr viel Zeit in Anspruch nehmen, bietet sich für diese Fälle eine verstärkte Integration von aus dem adversatorischen System entnommenen Mechanismen in den deutschen Strafprozess an.

Insgesamt ist zu konstatieren, dass den dargestellten im US-amerikanischen Recht wurzelnden Instrumentarien auch großes Transformationspotenzial in deutschen strafprozessualen Umfangsverfahren zukommt und jedenfalls in weiten Teilen auch eine Integrierbarkeit im deutschen Recht denkbar ist.

Das Konstrukt der status conference betreffend lässt sich festhalten, dass einer Integrierung einer solchen unter richterlicher Leitung bereits zu einem frühen Zeitpunkt im Ermittlungsverfahren geführten Konferenz ins deutsche Strafprozessrecht keine durchgreifenden rechtlichen Bedenken entgegenstehen. Zur Sicherstellung, dass die damit bezweckten Auswirkungen in größtmöglichem Umfang eintreten, ist eine zeitliche Vorgabe für die erstmalige Durchführung einer status conference im Ermittlungsverfahren zu schaffen. Dies ist mit einer zeitlichen Vorgabe im Sinne einer Fristsetzung für die Durchführung

---

1789 Daher soll dies in vorliegender Arbeit nicht weiterverfolgt werden.

von Zwangsmaßnahmen zu koppeln. Offen ist, ob und wie eine Absicherung der Einhaltung dieser Frist gewährleistet werden könnte. Da dies letztlich allein auf dienstrechtlicher Ebene erfolgen kann, soll dies in vorliegender Arbeit nicht näher vertieft werden. Dienlich ist insofern jedenfalls eine – auch unabhängig von der Durchführung von Zwangsmaßnahmen erfolgende – Kontrolle des bisherigen Ermittlungsfortschritts durch das Gericht nach etwa drei- bis viermonatiger Dauer des Ermittlungsverfahrens. Zu diesem Zeitpunkt kann spätestens die (erste) status conference stattfinden. Insgesamt bietet sich eine Orientierung der status conference an den Vorschriften der §§ 160b, 202a StPO an.

Da in diesem Rahmen vor allem eine organisatorische Kontrolle erfolgt, ist dies auch mit dem Grundsatz der Gewaltenteilung vereinbar. Soweit daneben die Frage aufgeworfen wurde, ob die frühere Einbeziehung und die damit einhergehende größere Kontrolle durch das Gericht einen Eingriff in die Befugnisse der Staatsanwaltschaft zur vollständigen und selbständigen Durchführung des Ermittlungsverfahrens darstellt, ist dies zu verneinen. Soweit eine summarische Überprüfung der Vorwürfe in Rede steht, wird der Anklagegrundsatz – wegen der allenfalls erfolgenden potenziellen Reduzierung der Anklagevorwürfe und der damit gerade nicht erfolgenden Initiierung der Strafverfolgung durch die Judikative nicht tangiert. Auch mit Blick auf das Anklagemonopol der Staatsanwaltschaft stehen einer summarischen rechtlichen Prüfung der von der Staatsanwaltschaft präsentierten Vorwürfe keine der o.g. rechtlichen Hürden entgegen.

Des Weiteren bleibt auch trotz der frühzeitigen Beteiligung des Richters im Ermittlungsverfahren dessen Unparteilichkeit unberührt, da gerade kein Präjudiz für das Hauptverfahren geschaffen wird.

Im Hinblick auf die Verpflichtung zur Durchführung von Case Management-Maßnahmen im Allgemeinen wird auch die richterliche Unabhängigkeit des die Konferenz leitenden Richters nicht verletzt, da bei einer gesetzlichen Verankerung einer solchen Aufgabe und Kompetenz gerade der in Art. 97 Abs. 1 GG enthaltene Gesetzesvorbehalt konkretisiert wurde, wodurch der Bedeutung der Unabhängigkeit des Richters viel eher Geltung verschafft wird als durch Regelung entsprechender Einzelmechanismen in der von der Exekutive erstellten RiStBV.

Flankierend ist festzustellen, dass das Ziel einer frühzeitigen Erledigung des Strafverfahrens außerhalb einer öffentlichen Hauptverhandlung zulässig ist, soweit hierbei das Schuldprinzip gewahrt bleibt. Insgesamt besteht Entwicklungspotenzial dahingehend, frühzeitig in die Diskussion über etwaige Beilegungsmöglichkeiten einzusteigen. Weiteres Entwicklungspotenzial besteht hinsichtlich der Anwendung eines – noch näher zu konkretisierenden – abgekürzten Verfahrens aufgrund eines Geständnisses des Beschuldigten.[1790] Damit ist die Einführung frühzeitiger status conferences der Bewältigung von Umfangsverfahren dienlich. Insgesamt wird eine frühzeitige Information des Beschuldigten über das Ermittlungsverfahren angestrebt.[1791] Durch die im Rahmen der status conferences erfolgende, obligatorische frühzeitige und sodann regelmäßige Zusammenkunft werden die Berufsverfahrensbeteiligten angehalten, kontinuierlich den Verfahrensfortschritt nachzuweisen. Positiver Nebeneffekt ist hierbei, dass alle Beteiligten faktisch gezwungen werden, sich von Beginn an eingehend mit dem Verfahrensstoff auseinanderzusetzen, wodurch ein konstruktiveres Vorgehen zu erwarten ist. Vor allem kann die regelmäßig einseitig belastend geprägte Aktenlage frühzeitig um die Perspektiven des Beschuldigten ergänzt werden, wodurch die Wahrheitsfindung gefördert werden kann. Nebenbei können organisatorische Aspekte zwischen den Verfahrensbeteiligten[1792] abgestimmt werden. Hierdurch kann eine professionelle Atmosphäre zwischen den Beteiligten geschaffen werden, die der Vermeidung späterer Konflikte dient. Durch das im Rahmen der status conference erfolgende Case Screening sollen Vorwürfe, bei denen der Tatverdacht aus tatsächlichen wie aus rechtlichen Gründen nicht aufrechterhalten bleiben kann, aussortiert werden. Da dies zu einem frühen Zeitpunkt erfolgt, werden Ressourcen optimal genutzt, da sie lediglich insoweit verwendet werden, wie sie für das Verfahrensergebnis tatsächlich benötigt werden. Nicht zuletzt können bereits in diesem Zusammenhang Termine abgestimmt werden – womit dem in § 213 Abs. 2 StPO enthaltenen Koordinierungsgedanken Rechnung getragen wird –, sodass Verzögerungen durch Terminverschiebungen, welche wegen vorheriger fehlender Terminabsprache entstehen, allein aus diesem Grund minimiert werden. Zwar sieht auch das deutsche Recht bereits die Durchführung entsprechender Erörterungen in § 213 Abs. 2 StPO vor. Diesen können einzelne der genannten positiven Wirkungen ebenfalls zukommen. Da zu diesem Zeitpunkt jedoch die Ermittlungen bereits abgeschlossen sind, kann eine optimale Ressourcenverwertung nicht mehr erfolgen. Dementsprechend sind bei der Einführung von status conferences nach dem beschriebenen Muster

1790 Vgl. hierzu näher: Kapitel 6 F.

1791 Insoweit ist zu berücksichtigen, dass entsprechende Ansätze hierfür dem deutschen Recht nicht fremd sind. So wird dem Beschuldigten im Steuerstrafverfahren entweder unmittelbar die Einleitung eines Strafverfahrens durch die Betriebsprüfung mitgeteilt (§ 397 Abs. 3 AO) oder aber die Einleitung ist nachträglich anhand des Einleitungsvermerks rekonstruierbar (§ 397 Abs. 2 AO).

1792 Gemeint sind die Berufs-Verfahrensbeteiligten sowie der Richter; vgl. hierzu bereits in Kapitel 2 E.

viel weitergehende Auswirkungen zu erwarten, sodass insbesondere diesem Mechanismus besonderes Entwicklungspotenzial im deutschen Recht zuerkannt werden kann.

Die Einstufung eines Verfahrens als Umfangsverfahren und das daran angepasste, insbesondere eine Anpassung von Fristen sowie eine erhöhte Kontrolldichte, ist per se als rein prozessförderlich und damit auch als dem deutschen Strafprozess dienlich anzusehen. Im Einzelfall kann eine Beeinträchtigung der Rechte des Beschuldigten insbesondere aufgrund willkürlichen Handelns zu besorgen sein, sodass in jedem Fall eine Justiziabilität gegeben sein sollte. Insoweit bleibt – insbesondere bei willkürlichem Handeln der Polizei bzw. der Staatsanwaltschaft – der Weg über § 23 EGGVG[1793], wonach auf Antrag die ordentlichen Gerichte über die Rechtmäßigkeit der Einstufung als Umfangsverfahren bzw. entsprechend auch über die Nichteinstufung als Umfangsverfahren zu entscheiden haben.

Die Frage, ob die Einführung etwaiger Cut-Off-Deadlines für Verständigungen im deutschen Strafprozess förderlich sein könnte, kann angesichts des weiten Spielraums, der einerseits dem Richter bezüglich des Setzens entsprechender Fristen zukäme, sowie der Vielzahl der von den Verfahrensbeteiligten im Einzelnen verfügbaren Interessen abstrakt nicht abschließend beantwortet werden. Möglicherweise kann eine zeitlich beschränkte Einführung von Cut-Off-Deadlines im Rahmen einer Erprobungsphase Erkenntnisse darüber liefern, wie hilfreich diese für Deals wären. Sodann kann der praktische Nutzen einer solchen Maßnahme, die letztlich etliche oben beschriebene negative Auswirkungen vermeiden und dem Strafprozess insgesamt damit dienlich sein kann, gegen die rechtlichen Bedenken, die konkret gegen diese Maßnahme sprechen, abgewogen werden.

Des Weiteren ist die Einführung von fakultativen preliminary hearings in Umfangsverfahren dienlich. Insbesondere die in diesem Rahmen mögliche Befragung der Belastungszeugen kann dazu führen, dass sich eine Hauptverhandlung erübrigt, da sich herausstellt, dass die Zeugenaussage nicht belastbar ist und damit die Erhärtung eines Tatverdachts in der Hauptverhandlung nicht erfolgen wird. Anträge müssen insofern zur Disziplinierung der Parteien, aber auch zur Gewährleistung, dass die Parteien entsprechend vorbereitet im Rahmen des preliminary hearing agieren, sieben Tage vor dem Termin eingereicht werden. Eine außergerichtliche Vernehmung der Belastungszeugen ist auch

1793 Hierzu ausführlicher: *Ellbogen* in: MüKo StPO, 1. Auflage 2018, § 23 EGGVG, Rn. 1 ff.

rechtlich zulässig. Ebenso wie bei der richterlichen Vernehmung kann die frühzeitige Mitwirkung aller Beteiligten im Ermittlungsverfahren einer „möglichst wahrheitsnahen Ereignisrekonstruktion" und damit dem Prinzip der Ermittlung der materiellen Wahrheit dienen.[1794]

Aufgrund des bereits sehr weitgehenden Akteneinsichtsrecht im deutschen Strafprozess besteht kein besonderes Bedürfnis der Einführung des discovery-Verfahrens an sich. Jedoch kann unabhängig davon die im Rahmen des discovery-Verfahrens existierende präklusionsbewehrte Mitwirkungsobliegenheit des Beschuldigten im Hinblick auf die frühzeitige Benennung entlastender Beweismittel sowie die Geltendmachung von Einwendungen die Effizienz des deutschen Strafprozesses steigern. Denn hierdurch wird bereits außerhalb der Hauptverhandlung ein Anreiz für eine adäquate Aufbereitung des Sachverhalts durch den Beschuldigten geboten, womit gegebenenfalls die – für alle Beteiligten belastende[1795] – Hauptverhandlung vermieden oder zumindest auf stichhaltige Vorwürfe konzentriert und dadurch gestrafft werden kann.[1796] Demzufolge ist zwar eine grundsätzlich für alle Strafverfahren geltende Annahme einer Mitwirkungsobliegenheit des Beschuldigten im Sinne einer bereits frühzeitigen Stellung entlastender Beweisanträge und der bei Nichteinhaltung eintretenden Präklusion zu weitgehend. Im Rahmen eines Umfangsverfahrens ist es aufgrund der zu vermeidenden negativen Auswirkungen desselbigen und zur Gewährleistung einer konzentrierten, den Anforderungen an das Mündlichkeits- und Unmittelbarkeitsprinzip genügenden, Hauptverhandlung, welche letztlich auch dem Schutz des Beschuldigten dient, geeignet, erforderlich und angemessen, präklusionsbewehrte Mitwirkungsobliegenheiten einzuführen. Zwar werden einzelne Beschuldigtenrechte hierdurch tangiert. Hierfür besteht jedoch eine Rechtfertigung, sodass keine Verletzung der beeinträchtigten Grundrechte anzunehmen wäre.

Zudem ist eine Änderung des Umgangs mit Fristen angezeigt. Grundsätzlich sollten Fristverlängerungen und Terminverschiebungen in Umfangsverfahren ausgeschlossen werden,[1797] wobei gleichzeitig durch Anwendung des

---

1794 *Kölbel* in: MüKo StPO, 1. Auflage 2016, § 168c StPO Rn. 1.

1795 Vgl. hierzu bereits obige Ausführungen.

1796 Zum Vorteil einer gut vorbereiteten Hauptverhandlung unter gleichzeitigem Hinweis auf Bedenken hinsichtlich einer zu befürchtenden Zunahme des Prozessstoffs auch bei Normalverfahren: *Spiekermann*, 2001, S. 157.

1797 Hierbei handelt es sich um ein Novum im deutschen Strafprozess, wenngleich ähnliche Ansätze im Beweisantragsrecht vorhanden sind.

Differentiated Case Managements darauf zu achten wäre, dass die festgesetzten Fristen ausreichend lang bemessen sind, um eine ordnungsgemäße Bearbeitung zu gewährleisten. Eine Absicherung durch eine entsprechende Sanktionierung bei Verstößen dient insgesamt der Disziplinierung der Parteien und fördert einen gehaltvollen Sachvortrag.[1798] Im Hinblick auf das Ziel der Wahrheitsermittlung sollten jedoch in Ausnahmefällen Fristverlängerungen zugelassen werden, wobei im Vergleich zur bestehenden Verfahrenskultur höhere Hürden für einen Verlängerungsantrag einzuführen wären. So sollte eine Fristverlängerung nur aus dringenden Gründen, gegebenenfalls nur bei entsprechender Beifügung einer anwaltlichen Versicherung über die Hintergründe, gewährt werden.

Im Hinblick auf die Frage, wie dem Gebot, grundsätzlich keine Fristverlängerungen zuzulassen, Geltung verschafft werden kann, ist zu konstatieren, dass auf Beschuldigten- und Verteidigerseite ohnehin keine Handlungspflicht besteht, sodass das ungenutzte Verstreichenlassen einer Frist allenfalls Auswirkungen beim Vorliegen einer präklusionsbewehrten Mitwirkungsobliegenheit haben kann. Auf Seiten der Staatsanwaltschaft besteht indes die Pflicht zum beschleunigten Betreiben des Verfahrens, sodass eine Überschreitung einer Frist der Generalstaatsanwaltschaft angezeigt und dort auf Erteilung einer Weisung hingewirkt werden kann.

Hinsichtlich Terminverschiebungsanträgen bedarf es keiner Sanktionierung; diesen sollte – da die Termine vorher abgestimmt worden waren – lediglich in Ausnahmefällen aufgrund entsprechender Begründung stattgegeben werden. Rechtliche Bedenken bestehen hiergegen nicht.

Darüber hinaus stellt die Einführung einer organisatorischen Kontrolle durch das Gericht insbesondere im Hinblick auf die verfahrensfördernde Betreibung des Verfahrens durch die Staatsanwaltschaft Neuland im deutschen Strafprozess dar, bietet jedoch erhebliche Vorteile, da hierdurch eine Disziplinierung der Staatsanwaltschaft und damit eine Vermeidung unnötiger Verzögerungen bewirkt wird. Es ist indes weiterhin zu gewährleisten, dass Zwangsmaßnahmen von einem vom späteren Spruchkörper zu unterscheidenden Ermittlungsrichter verhängt werden, um insoweit beispielsweise eine Befangenheit bei der Beurteilung des aus einer (rechtswidrigen) Zwangsmaßnahme potenziell folgenden Beweisverwertungsverbots[1799] auszuschließen.

1798 In Abgrenzung zu rein prozesstaktisch und unter Umständen zur Prozessverschleppung sukzessive gestellten Anträge und Stellungnahmen; in diese Richtung auch: *Bundesministerium der Justiz*, , 2015, S. 143.

1799 Zu den unselbstständigen Beweisverwertungsverboten ausführlicher: *Paul*, NStZ 2013, 489 ff.

Die Überwachung des Prozessfortschritts außerhalb der status conferences in Umfangsverfahren durch eine Datenbank stellt eine sinnvolle, das deutsche Strafprozessrecht ergänzende Kontrollmaßnahme dar. Sofern die Datenbank übersichtlich gestaltet ist, erfordert die Kontrolle wenig Aufwand für den Richter, was die Wahrscheinlichkeit der Ausübung der Kontrolle erhöht und zugleich für einen entsprechenden Anreiz zur konzentrierten Arbeit für alle Verfahrensbeteiligten bietet. Rechtliche Bedenken bestehen insoweit nicht.

Der wünschenswerte Aspekt der „maximalen Vorhersehbarkeit“ kann dadurch erreicht werden, dass der bereits in den status conferences bzw. pre trial conferences oder im preliminary hearing zuständige Richter später auch im Hauptverfahren zuständig sein soll. Da es entsprechende Anhörungen mit dem Richter vor dem Zwischenverfahren bislang noch nicht gibt, ist auch dies eine neue Maßnahme im deutschen Strafprozess, der aus den bereits dargestellten Gründen im Gesamtkontext mit den übrigen Ergänzungen entsprechende Bedeutung zukommt. Indes kann die Idee, entsprechende Teams zwischen Staatsanwaltschaft, Gericht und Verteidigern zu bilden, die in möglichst vielen Fällen zusammenarbeiten, aus Rechts- und Praktikabilitätsgründen nicht überzeugen.

Demgegenüber ist auch der Ansatz, eine Förderung der Bearbeitung von Umfangsverfahren durch eine Vermeidung von Rückständen bei anderen Verfahren – notfalls mittels Änderung von Zuständigkeiten – zu erwirken, als organisatorisch sinnvolle Maßnahme einzustufen, die ergänzend zu den vorhandenen Instrumentarien der Überlastungsanzeige und der Pensenschlüssel im deutschen Prozessrecht hinzutritt. Mit Blick auf die Garantie des gesetzlichen Richters muss insofern eine neue ordnungsgemäße Geschäftsverteilung erfolgen. Letztlich ist von dieser Maßnahme jedoch zurückhaltend Gebrauch zu machen, da mit einer gehäuften Änderung der Geschäftsverteilung weitere Ineffizienz durch häufige Änderung des Sachbearbeiters einher gehen kann.

Als sinnvolle Maßnahme mit Entwicklungspotenzial für das deutsche Strafprozessrecht kann jedoch die Einführung pluralistisch besetzter Gremien zu Lösung übergreifend auftretender neuer Probleme angesehen werden. Diesbezüglich bestehen keinerlei (verfassungs-)rechtliche Bedenken, da die Maßnahme außerhalb des konkreten Verfahrens erfolgt und für alle Beteiligten ausschließlich günstige Wirkungen vorbringt.

Auch die Einführung der Casemento benchmarks lässt eine entsprechende positive Beeinflussung der Behandlung von Umfangsverfahren erwarten. Da die RiStBV insoweit lediglich eine Empfehlung ausspricht, wie vorzugehen ist, wenn die Erhebung der öffentlichen Klage durch die Aufklärung einer anderen Tat verzögert wurde, jedoch gerade nicht den Fall behandelt, wie vorzugehen ist, wenn zwar prinzipiell mehrere Taten anklagereif sind, eventuell eine gemeinsame Verhandlung zu einer Verzögerung des Verfahrens führen wird, ist eine Einführung einer an die Casamento benchmarks angelehnten Regelung sinnvoll. Denn hierdurch wird neben der Vermeidung einer Mammut-Hauptverhandlung auch auf eine weitgehend bundeseinheitliche Behandlung der Verfahren hingewirkt, was wiederum der Willkürfreiheit des Verfahrens dienlich sein kann. Im Hinblick auf die Einführung der Casamento benchmarks auf gesetzlicher Grundlage, welche über die derzeit geltenden RistBV hinausgehen, bestehen keine rechtlichen Bedenken.

Kapitel 6: Der modifizierte deutsche Strafprozess betreffend Umfangsverfahren

Die Bewältigung von Umfangsverfahren im deutschen Strafprozess erfordert eine Konsumierung eines konkreten umfassenderen Lösungsansatzes. Damit frühzeitig die Weichen dafür gestellt werden können, dass negative Auswirkungen von Umfangsverfahren vermieden oder jedenfalls begrenzt werden können[1800], ist ein ex-ante-Ansatz zu verfolgen[1801]. „Ex-post"- „Lösungen"[1802] wie z. B. die vermehrte Einstellung von Verfahren bei Eintritt immenser negativer Auswirkungen der in dieser Arbeit beschriebenen Art sind dabei außen vor zu lassen.

Zwar wird die bisherige Ausgestaltung wie auch die Anwendung der StPO Umfangsverfahren derzeit nicht gerecht, sodass eine entsprechende Anpassung der StPO erforderlich erscheint. Nur so besteht eine realistische „Überlebenschance" im Kampf mit diesen „Monstern"[1803]. Dennoch existiert aber eine Vielzahl an Instrumentarien in der StPO, die bereits auf Beschleunigung angelegt sind,[1804] sodass es keiner Gesamtreform bedurfte, sondern lediglich der Einführung zusätzlicher Elemente wie auch einer konsequenteren Handhabung bereits existierender Instrumentarien. Aufzugreifen ist zudem, ob die Instrumentarien auf Umfangsverfahren beschränkt bleiben sollen oder ob eine Ausweitung auf den Strafprozess insgesamt erforderlich ist.

Eine beschränkte Einführung von strafprozessualen Instrumentarien für Umfangsverfahren setzt die Zulässigkeit eines in gewissem Maße[1805] modifizierten Strafprozessrechts für Umfangsverfahren voraus. Hiergegen wird teils vorgebracht, dass für alle Verfahren und Beschuldigten die gleichen Regeln gelten

---

1800 Vgl. bereits in Kapitel 1 B II 1.

1801 Vgl. hierzu in Kapitel 1 C I.; II.

1802 Der Begriff "Lösungen" wäre in diesem Zusammenhang als euphemistische Beschreibung eines Noteingriffs zu verstehen.

1803 Zum Begriff „Monster-Prozess": *Terhorst*, DRiZ 1988, 296, 297.

1804 Vgl. Kapitel 2.

1805 Es geht gerade nicht um die Einführung einer gesonderten Strafprozessordnung für Umfangsverfahren, sondern um die Modifizierung einzelner Instrumentarien für Umfangsverfahren.

müssten, wobei immer das Hauptziel die Ermittlung der materiellen Wahrheit sein müsse.[1806] Kritiker könnten hinsichtlich dieses Vorschlags einer vom Normalverfahren abweichenden Prozessführung in Umfangsverfahren vorbringen, dass hierdurch die Privilegierung der Beschuldigten in Umfangsverfahren[1807] gegenüber Beschuldigten in Normalverfahren ausgeweitet werde. Dem kann entgegengehalten werden, dass durch die vorgeschlagene Herangehensweise die Benachteiligung der Beschuldigten in einem Umfangsverfahren gegenüber den Beschuldigten in einem Normalverfahren[1808] erst ausgeglichen wird. Zudem wird lediglich der ohnehin bestehende status quo entsprechend in einen gesetzlichen Rahmen gegossen.[1809] Des Weiteren dient das Strafprozessrecht letztlich der Umsetzung der im materiellen Strafrecht vorgesehenen Rechtsfolgen: Eine Ungleichbehandlung im Strafverfahren fußt gerade auf der Ausgestaltung des materiellen Strafrechts, sodass mit den Mitteln des Strafprozessrechts allein ohnehin nur eine Abschwächung der Symptomatik, jedoch keine Heilung der Ursache erfolgen kann.[1810] Außerdem ist hervorzuheben, dass eine Ungleichbehandlung nicht per se unzulässig ist, sondern lediglich dann, wenn kein sachlicher Grund für die Ungleichbehandlung vorliegt und diese damit willkürlich ist bzw. wenn sie nach der sog. neuen Formel des BVerfG[1811] unverhältnismäßig ist. Danach müssen Differenzierungsgründe

> *von solcher Art und solchem Gewicht bestehen, daß sie die ungleiche Behandlung rechtfertigen.*[1812]

Die Zulässigkeit eines „eigenen" Strafprozessrechts für Umfangsverfahren setzt damit voraus, dass wesentlich Gleiches ohne sachlichen Grund ungleich behandelt wird. Bei der Behandlung von Beschuldigten in einem „Normal"verfahren und solchen in einem Umfangsverfahren handelt es sich zwar um vergleichbare Sachverhalte, sodass bei einer unterschiedlichen Behandlung eine

---

1806 So: *Hamm*, StV 2013, 652.

1807 Vgl. hierzu bereits die Ausführungen in Kapitel 1 A IV. 5. a).

1808 Vgl. hierzu bereits die Ausführungen in Kapitel 1 A IV. 5. b).

1809 Unter Verweis auf eine „Normative Partikularisierung" und darauf, dass „von einem universalistischen (Strafprozeß) Recht nur noch sehr bedingt gesprochen werden kann": *Bussmann*, in: *Dose/Voigt*, Kooperatives Recht, S. 185, 187.

1810 In die gleiche Richtung: *Bussmann*, in: *Dose/Voigt*, Kooperatives Recht, S. 185, 187.

1811 Hierzu ausführlicher: *Jarass*, „Folgerungen aus der neueren Rechtsprechung des BVerfG für die Prüfung von Verstößen gegen Art. 3 I GG", NJW 1997, 2545, 2547 f.

1812 So z. B. *BVerfG*, Beschluss vom 31.05.1988 - 1 BvL 22/85, NJW 1988, 3258, 3259 f.; hierzu ebenfalls: *Jarass*, NJW 1997, 2545, 2549.

Ungleichbehandlung gegeben ist. Wie die Differenzierung des Prozessrechts aber auch in anderen Teilbereichen[1813] des Strafrechts zeigt, ist dies jedoch nicht per se unzulässig, sondern ist davon abhängig, ob die Ungleichbehandlung durch einen sachlichen Grund gerechtfertigt werden kann.[1814]

Insbesondere die mit einem nach den Regeln des derzeitigen Normalverfahrens durchgeführten Umfangsverfahren einhergehenden negativen Auswirkungen für die Prozessbeteiligten wie auch für die Erreichung der Strafzwecke an sich,[1815] stellen einen gewichtigen Grund für eine Anpassung des Prozessrechts dar. Sachliche Gründe für eine Differenzierung bestehen vorliegend u.a. in der Aufrechterhaltung der Strafzwecke, der Praktikabilität[1816], sowie auch in finanziellen Gesichtspunkten[1817]. Da indes die damit einhergehenden erheblichen Konzentrationsanforderungen an die Prozessbeteiligten, welche zugleich eine besondere Arbeitsintensität im Hinblick auf das einzelne Verfahren bedeuten, mit gleichbleibenden Ressourcen nicht für alle Verfahren umsetzbar wären, liegt eine Notwendigkeit einer entsprechenden Änderung vor, die jedoch nicht pauschal für alle Verfahren, sondern gerade lediglich für die, die sie dringend benötigen, eingeführt werden kann und soll. In einfach gelagerten Sachverhalten wäre eine Adaption gerade gar nicht nötig. In diesen wären vor einer etwaigen Hauptverhandlung bzw. vor Erlass eines Strafbefehls stattfindende status conferences in der Regel schlicht überflüssig oder schlimmstenfalls sogar kontraproduktiv, da gegebenenfalls hierdurch eine unnötige Aufblähung erfolgen würde. Bereits hieraus folgt, dass gerade ein Differenzierungsgrund von einem besonderen Gewicht besteht, der die ungleiche Behandlung rechtfertigt. Der Schaffung einer strafprozessualen Regelung für Umfangsverfahren stehen demzufolge keine verfassungsrechtlichen Bedenken entgegen, soweit die Differenzierung aufgrund der Unterschiede zwischen Normal- und Umfangsverfahren sowie des teils recht starken Eingriffs in die Beschuldigtenrechte, welche in Allgemeinverfahren unverhältnismäßig erschienen, geboten ist.

1813 Vgl. den Jugendstrafprozess im Vergleich zum Erwachsenenstrafprozess; das steuerstrafrechtliche Ermittlungsverfahren im Vergleich zum Ermittlungsverfahren im Kernstrafrecht.

1814 Hierzu: *P. Kirchhof* in: *Maunz/Dürig*, GG, 94. EL 2021, Art. 3 Abs. 1 GG Rn. 264 f.; ebenso: *Jarass* in: *Jarass/Pieroth*, GG, 16. Auflage 2020, Art. 3 Rn. 18 f.

1815 Vgl. hierzu die Ausführungen in Kapitel 1 A.

1816 Dies als zulässigen Differenzierungsgrund ansehend: *Jarass* in: *Jarass/Pieroth*, 16. Auflage 2020, Art. 3 Rn. 19.

1817 Zur Zulässigkeit dieses Differenzierungsgrundes auch: *Jarass* in: *Jarass/Pieroth*, 16. Auflage 2020, Art. 3 Rn. 19.

Die potenziell für Umfangsverfahren im deutschen Strafprozess verfahrensförderlichen Instrumentarien lassen sich von der Aufnahme der Ermittlungen an im Rahmen eines Neun-Punkte-Plans für Umfangsverfahren im deutschen Strafprozess zusammenfassen:

A. Einführung eines Differentiated Case Managements

Sobald feststeht, dass ein Verfahren aus ex ante-Sicht die Merkmale für ein Umfangsverfahren erfüllt,[1818] sollten im Sinne eines Differentiated Case Managements Ermittlungen und insbesondere Zwangsmaßnahmen unter verstärkter Beobachtung der Konzentrationsmaxime durchgeführt werden. Gegen im Einzelfall fehlerhafte und insbesondere willkürlich getroffene Entscheidungen kann ein Rechtsmittel nach § 23 EGGVG eingelegt werden.

Sofern nicht – wie es regelmäßig der Fall ist – ohnehin bereits eine Spezialzuständigkeit bei Polizei und Staatsanwaltschaft eingreift, ist zu überprüfen, ob die Sachbearbeitung durch „allgemeine" Strafverfolgungsorgane fachlich und zeitlich gewährleistet werden kann; sofern dies zu verneinen ist, schließt sich entweder die Bildung einer speziellen Arbeitsgruppe und die Hinzuziehung von Verstärkung in Form von Manpower und gegebenenfalls Fachleuten an. Darüberhinaus ist sicherzustellen, dass nach einer Durchsuchung aufgefundene Beweismittel, insbesondere Unterlagen, schnellstmöglich – bestenfalls innerhalb einer Woche – überblicksmäßig gesichtet und in Kooperation mit der Staatsanwaltschaft zumindest grob ausgewertet werden.

B. Einführung von pretrial bzw. status conferences und preliminary hearings

Spätestens innerhalb von zwei Wochen nach Durchführung und Abschluss einer (offenen) Zwangsmaßnahme, innerhalb von ein bis zwei Wochen nach einer Vernehmung des Beschuldigten oder bei Fehlen einer Zwangsmaßnahme bzw. einer Vernehmung innerhalb von drei bis vier Monaten nach Einleitung eines Ermittlungsverfahrens ist eine status conference zwischen Staatsanwaltschaft, Verteidigung und Gericht durchzuführen, in der die Vorwürfe inklusive der zu diesem Zeitpunkt bestehenden Beweislage erörtert werden. Aus Praktikabilitätsgründen nehmen neben der Staatsanwaltschaft ihre Ermittlungspersonen teil. Gegebenenfalls sind bereits in diesem Stadium, sofern notwendig, Fachleute

1818 Hierzu in Kapitel 1 C II. 4.

hinzuzuziehen, damit fachspezifische Verständnisprobleme bei allen Beteiligten ausgeräumt werden können.[1819] Im Rahmen der status conference wäre daneben auch zu erörtern, ob einzelne Vorwürfe oder sogar das Verfahren insgesamt einer Erledigung zugeführt werden können. Außerdem sollte dem Beschuldigten Gelegenheit hinsichtlich der Einräumung der Tatvorwürfe gegeben werden. In diesem Fall kann[1820] erörtert werden, ob eine Erledigung im schriftlichen Verfahren erfolgen könnte. Eine andere Möglichkeit wäre die Erörterung einer Verkürzung des Verfahrens dergestalt, dass das Zwischenverfahren übersprungen wird, da ohnehin die anzuklagenden Vorwürfe bereits vorab abgestimmt wurden, und kurzfristig eine Hauptverhandlung anberaumt wird.[1821] Schwieriger stellt sich die die Sachlage dar, wenn der Beschuldigte sich nicht geständig zeigt. Insoweit bestehen de lege lata keine Möglichkeiten der Vermeidung des Durchlaufens des gewohnten Ablaufs des Strafverfahrens.

Im Rahmen der status conference ist unabhängig vom Verhalten des Beschuldigten jedenfalls der weitere Zeitplan abzustimmen.

Überdies bietet das frühzeitige Zusammenwirken der Beteiligten eine Chance dahingehend, dass eine „Konfliktverteidigung“ vermieden und in sachlicher Hinsicht verfahrensfördernde[1822] Anträge gestellt werden. Bei Staatsanwaltschaft und Gericht könnte zudem frühzeitig der Fixierung falscher Vorstellungen hinsichtlich des dem Strafverfahren zugrunde liegenden Sachverhalts vorgebeugt werden, womit zugleich präventiv der pro inertia-Effekt minimiert wird und eine frühzeitige Einstellung des Ermittlungsverfahrens wegen fehlenden hinreichenden Tatverdachts erfolgen kann. Sofern Anklage erhoben wird, erfolgt durch die bereits von beiden Seiten aufgearbeitete Tatsachengrundlage durch den Richter im Zwischenverfahren eine Kontrolle im Sinne einer Durchführung von „Checks and Balances“, sodass das Zwischenverfahren seiner angedachten Funktion als „Filter“ gerecht wird. Ungerechtfertigte Anklagen werden damit

---

1819 So könnten z. B. bei einem Abrechnungsbetrug im medizinischen Bereich die jeweiligen medizinischen Hintergründe erläutert werden, damit beurteilt werden kann, ob eine Abrechnung tatsächlich falsch erfolgte oder ob bei einer Verneinung dieser Frage damit bereits der Tatverdacht entfällt.

1820 Insbesondere, wenn das Verfahren nicht zu einer Einstellung insbesondere gem. § 153a StPO gebracht werden kann oder soll.

1821 Vgl. hierzu noch sogleich die Ausführungen in Kapitel 6 F.

1822 In Abgrenzung zu rein zur Prozessverschleppung gestellten Anträgen; in diese Richtung auch: *Viering*, Absprachen als verfahrensökonomische Lösung des Schuldnachweisproblems im Strafverfahren – Voraussetzungen und Grenzen unter Berücksichtigung der ökonomischen Analyse des Rechts, 2009, Frankfurt, S. 51 ff., 62.

nicht erst in der Hauptverhandlung oder gar in der Rechtsmittelinstanz, sondern bereits zu einem früheren Zeitpunkt identifiziert, wodurch die Belastungen, welche eine Hauptverhandlung mit sich bringt, erst dann eintreten, wenn eine belastbare Anklage vorliegt. Die Wahrnehmung dieser Funktion durch den Richter könnte durch die Einführung einer Begründungspflicht für den (Nicht-) Eröffnungsbeschluss und dessen Kontrolle durch ein Beschwerderecht des Beschuldigten sichergestellt werden.

Vor dem anberaumten Hauptverhandlungstermin kann auf Antrag des Beschuldigten eine „Voranhörung" im Sinne eines preliminary hearing bzw. einer Readiness conference durchgeführt werden. Die im Rahmen der späteren Hauptverhandlung zu präsentierenden Beweismittel, insbesondere die Zeugen, können in diesem Rahmen vom Beschuldigten bzw. dessen Verteidiger z. B. einem Kreuzverhör unterzogen werden und dem Beschuldigten steht die Möglichkeit offen, entlastendes Beweismaterial zu präsentieren. Im Rahmen der Anhörung zu stellende Anträge sind spätestens sieben Tage vorher mitzuteilen. Daneben können im Stadium des preliminary hearing Gespräche über eine außergerichtliche Erledigung des Verfahrens geführt werden.

C. Case Flow Management

Angezeigt ist daneben die Einführung eines Case Flow Managements dergestalt, dass der Prozessfortschritt vom zuständigen Richter engmaschig zu kontrollieren ist, womit gleichzeitig ein gewisser Rechtfertigungsdruck bei fehlender Konzentration des Vorgehens der Beteiligten aufgebaut wird.

D. Ausweitung des Strafbefehlsverfahrens oder Einführung eines neuen schriftlichen Verfahrens

In geeigneten Fällen sollte noch mehr als bisher auf das Strafbefehlsverfahren zurückgegriffen werden. Zudem wäre zu erwägen, das Strafbefehlsverfahren in geeigneten Fällen bei Umfangsverfahren auch in einem Bereich anzuwenden, in dem höhere Strafen zu erwarten sind und somit prinzipiell nicht mehr die Strafgewalt des Amtsgerichts besteht.[1823] Ergänzend ist ein neues schriftliches Verfahren[1824] einzuführen. Bei schwereren Straftaten könnte das Gericht nach Ausermittlung des Sachverhalts in geeigneten Fällen im Zwischenverfahren

---

1823 Vgl. hierzu bereits Kapitel 3 G. I.

1824 Hierzu bereits ausführlicher: Kapitel 3 G. II.

beschließen, dass ein Schuldspruch aufgrund Aktenlage ergehen soll, insbesondere weil die Angelegenheit im Rahmen einer Hauptverhandlung nur ungenügend erörtert werden kann. Eine Differenzierung zwischen diesen beiden Verfahrensarten könnte dergestalt erfolgen, dass bei Vergehen wie gehabt – jedoch auch bei erwartetem höheren Strafrahmen als es bisher der Fall war – das Strafbefehlsverfahren durchgeführt wird, bei Verbrechenstatbeständen hingegen der Richter entscheidet, ob eine Hauptverhandlung erfolgen soll oder ob eine Aburteilung im schriftlichen Verfahren für sinnvoll erachtet wird.

In allen schriftlichen Verfahrensarten ist es nach hiesiger Ansicht nicht zuletzt wegen der Höhe des nach der Erweiterung möglichen Strafrahmens erforderlich, eine vorherige Stellungnahme des Beschuldigten einzuholen, damit die Aktenlage, auf Grund derer zu entscheiden ist, um die Perspektive des Beschuldigten erweitert werden kann. Die Einführung eines Falls der notwendigen Verteidigung sichert die Beschuldigtenrechte hierbei ab.

E. Einführung präklusionsbewehrter Fristen für Beweisanträge und Einwendungen bereits vor Eröffnung des Hauptverfahrens

Des Weiteren sind präklusionsbewehrte Fristen für Beweisanträge und Einwendungen bereits vor Eröffnung des Hauptverfahrens einzuführen. Hierdurch kann die beabsichtigte Konzentration des Verfahrens und das Case-Flow-Management abgesichert werden, indem alle Beteiligten angehalten werden, entsprechende Beweisanträge bereits vor Eröffnung des Hauptverfahrens zu stellen sowie Rügen vorzunehmen. Dadurch ist bereits vor Eintritt in die Hauptverhandlung der zeitliche Rahmen abgrenzbar, wodurch die Gefahr einer Überschreitung der Frist in § 229 StPO vermieden wird. Fraglich ist, ob eine Beweisantrags- bzw. Einwendungsobliegenheit (erst) im Zwischenverfahren bestehen oder ob diese nicht ins Ermittlungsverfahren vorverlagert werden sollte. Für letzteres spricht, dass das Ermittlungsverfahren regelmäßig den größten Anteil an der Verfahrensdauer einnimmt und die Vorteile des Offenlegens von Verfahrensfehlern bzw. bestimmten Beweismitteln in diesem Verfahrensstadium den größtmöglichen Effekt entfalten können. Allerdings wurde dem Beschuldigte in diesem Zeitpunkt ggf. noch gar keine Akteneinsicht gewährt, sodass dies seine weitere Verteidigungstaktik gefährden könnte. Dementsprechend bietet es sich an, im Rahmen der im Ermittlungsverfahren stattfindenden status conferences – soweit dies die Ermittlungen nicht gefährdet – von Seiten der Staatsanwaltschaft zu verlangen, dass die jeweiligen Beweismittel konturiert werden, womit ebenfalls bereits eine gewisse Entwicklung des Verfahrens absehbar wird. Erst hierdurch wird der Beschuldigte in die Lage versetzt, selbst eigene Beweis- und sonstige Anträge zu konturieren. Nur soweit dies möglich ist, kann eine spätere Präklusion der dennoch nicht vorgebrachten Beweisanträge und Einwendungen angedacht werden. Es ist indes zu erwarten, dass die Staatsanwaltschaft sich regelmäßig – sofern ein entsprechendes Akteneinsichtsgesuch wegen Gefährdung des Untersuchungszwecks[1825] abgelehnt wurde – auch bezüglich einer Konturierung der Beweismittel auf diesen Passus zurückziehen wird, sodass eine Konturierung voraussichtlich nicht erfolgen würde. Daher käme die als sinnvoll erachtete Vorverlagerung der Mitwirkungsobliegenheit in das Ermittlungsverfahren nur in den Fällen in Betracht, in denen dem Beschuldigten Akteneinsicht gewährt wurde. Mit Gewährung der Akteneinsicht kann mithin eine entsprechende angemessene Fristsetzung erfolgen, nach deren Ablauf gestellte Anträge und vorgebrachte Einwendungen als präkludiert gelten. Spätestens im Zwischenverfahren, in dem sodann eine aufbereitete Beweislage vorliegt, könnte dadurch auf einer recht belastbaren Grundlage eine sinnvolle Entscheidung getroffen werden, ob das Verfahren eröffnungsreif ist oder ob nachermittelt werden muss oder ob es gar aus rechtlichen Gründen nicht weiter betrieben werden soll.

Daher gilt über den bislang diskutierten Vorschlag hinausgehend die Einwendungs- und Beweisantragsobliegenheit bereits für das Ermittlungsverfahren, jedoch beschränkt auf die Fälle, in denen Akteneinsicht gewährt wurde, sodass mit Gewährung der Akteneinsicht auch eine entsprechende Fristsetzung erfolgen kann.

Um zu gewährleisten, dass die von Beschuldigtenseite anzustellenden Erwägungen mit dem entsprechenden Know-How getroffen werden können und durch eine dennoch erfolgende Versäumung entsprechend gesetzter Fristen keine grundsätzliche Beeinträchtigung des Beschuldigten in seiner Verteidigung vorliegt, muss die Einführung präklusionsbewehrter Fristen mit der Einführung einer notwendigen Verteidigung gekoppelt werden, sodass in Umfangsverfahren immer ein Fall der notwendigen Verteidigung gegeben ist.

F. Einführung eines abgekürzten Verfahrens bei geständigem Beschuldigten durch Modifizierung des beschleunigten Verfahrens nach §§ 417 ff. StPO

Zudem bietet sich für die Fälle, in denen sich der Beschuldigte bereits im Ermittlungsverfahren geständig zeigt, im weitesten Sinne in Anlehnung an

---

1825 Vgl. § 147 Abs. 2 Satz 1 StPO.

das Verfahren nach einem guilty plea die Durchführung eines abgekürzten Verfahrens an.

Durch das Überspringen des Zwischenverfahrens und der Beschränkung der Beweisaufnahme auf eine Verifizierung des Geständnisses des Beschuldigten[1826] kann eine deutliche Reduzierung der Verfahrensdauer erreicht werden. Zwar wird hierbei eine gewisse Disponibilität des Zwischenverfahrens eingeführt, womit eine weitere Ausprägung des Parteiprozesses[1827] im deutschen Strafprozess etabliert würde. Wie bereits die Einführung des § 257c StPO als konsensuales und damit dem deutschen Strafprozess von seinen Grundzügen her wesensfremdes Element aufzeigt, spricht grundsätzlich nichts gegen die Einführung einzelner Elemente aus dem Parteiprozess, sofern dabei erhöhtes Augenmerk auf die Wahrung der verfassungsrechtlichen und strafprozessualen Grundsätze gerichtet wird. Insgesamt ist indes sicherzustellen, dass – entsprechend den Vorgaben des BVerfG zum strafprozessualen Deal – kein bloßes Formalgeständnis vorliegt,[1828] sondern dass die objektive Beweislage mit dem Geständnis des Beschuldigten vereinbar ist.[1829] Dies kann durch eine Einführung einer Verfahrensart erfolgen, die an das bereits existente beschleunigte Verfahren nach § 417 ff. StPO angelehnt ist.[1830] In seiner derzeitigen Ausgestaltung kann es selbst bei Erweiterung seines Anwendungsbereichs zur Bewältigung von Umfangsverfahren nicht herangezogen werden, nicht zuletzt weil in Umfangsverfahren regelmäßig kein einfach gelagerter Sachverhalt vorliegt.[1831]

Zudem ist grundsätzlich wegen der notwendigen Auswertung einer Vielzahl von Unterlagen bzw. Zeugenaussagen die Durchführung einer sofortigen Verhandlung in der vom Gesetzgeber vorgegebenen Konzeption[1832] so

1826 Vgl. die aktuelle Verfahrenskultur bei Absprachen.

1827 Vgl. bisher z. B. § 257c StPO.

1828 Hierzu: *BVerfG*, Urteil vom 19.03.2013 – 2 BvR 2628/10, 2 BvR 2883/10, 2 BvR 2155/11, BVerfG NJW 2013, 1058, 1063; ebenfalls: *BGH*, Beschluss vom 07.02.2012 - 3 StR 335/11, NStZ- RR 2012, 256.

1829 In eine ähnliche Richtung geht im Hinblick auf eine Beschränkung der Beweisaufnahme in der Hauptverhandlung – insofern sogar weitergehend – auch Nr. 111 Abs. 4 RiStBV; hierzu kritisch: *Gertler* in: BeckOK StPO mit RiStBV und MiStra, Stand: 01.07.2021, § 111 RiStBV Rn. 10.

1830 Vgl. in diese Richtung bereits in Kapitel 3 I.

1831 Vgl. hierzu die Ausführungen in Kapitel 3 H.

1832 Gem. § 418 Abs. 1 Satz 2 StPO sollen zwischen dem Eingang des Antrags bei Gericht und dem Beginn der Hauptverhandlung nicht mehr als sechs Wochen liegen, wobei diese Frist nur ausnahmsweise ausgeschöpft werden soll, sodass regelmäßig entweder sofort oder spätestens innerhalb von ein bis zwei Wochen die Hauptverhandlung

nicht möglich. Dennoch bietet sich ein Rückgriff auf den äußeren Rahmen des beschleunigten Verfahrens an.

Denn jedenfalls die klare Beweislage würde insbesondere bei einem geständigen Beschuldigten regelmäßig vorliegen.[1833] Da der Beschuldigte einen Anspruch auf die Durchführung des vollständigen Verfahrens hat, bedarf es seiner Zustimmung zur Verkürzung des Verfahrens durch Überspringen des Zwischenverfahrens.[1834] Diese Zustimmung könnte konkludent durch Abgabe des Geständnisses gegeben werden, da letztlich eine Beschleunigung des Strafverfahrens ebenso den Interessen des Beschuldigten dient. Um zu gewährleisten, dass der Beschuldigte den Schutz des Zwischenverfahrens nicht „versehentlich" durch Abgabe eines Geständnisses verliert, ohne die hiermit einhergehende Abgabe einer konkludenten Zustimmung zu kennen, müsste ein Fall der notwendigen Verteidigung vorliegen,[1835] da dann sein Verteidiger auf die mit einem Geständnis einhergehenden möglichen Rechtsfolgen hinweisen könnte. Eine Belehrung durch das Gericht beim unverteidigten Beschuldigten kann nicht denselben Schutz vor einem Rechtsverlust bieten, da ein entsprechender Hinweis des Gerichts dem Beschuldigten als regelmäßig juristischem Laien nicht die weitreichenden Folgen aufzeigt.

Zur Gewährleistung, dass bei einem geständigen Beschuldigten, der mit seinem Geständnis lediglich den ihm tatsächlich vorgeworfenen Sachverhalt einräumt, eine Hauptverhandlung nicht vorschnell trotz entgegenstehender rechtlicher Bedenken durchgeführt wird, könnte durch Rückgriff auf § 419 Abs. 2 StPO in der Hauptverhandlung eine Entscheidung im beschleunigten Verfahren abgelehnt werden.

Allerdings wird ähnlich wie beim Strafbefehlsverfahren der Zuständigkeitsbereich des Strafrichters bzw. des Schöffengerichts in den in dieser Arbeit behandelten Umfangsverfahren regelmäßig überschritten sein, sodass dieser zu erweitern ist.

Zur Stärkung der Praxisrelevanz des beschleunigten Verfahrens in diesen Fällen ist mindestens eine entsprechende gesetzliche Soll-Vorschrift aufzunehmen,

---

durchzuführen ist; hierzu: *Schmitt* in: *Meyer-Goßner/Schmitt*, StPO, 64. Auflage 2021, § 418 Rn.5.

1833 Hierzu: *Temming* in: BeckOK StPO mit RiStBV und Mistra, Stand: 01.07.2021, § 417 Rn.4.

1834 So *Kühne*, in: LR-StPO, 27. Auflage 2016, Einleitung Abschnitt G, Rn. 37.

1835 Entsprechend § 418 Abs. 4 StPO.

dass bei einem geständigen Beschuldigten in einem Umfangsverfahren das beschleunigte Verfahren durchzuführen sein soll.

Festzuhalten bleibt damit, dass durch die Abkürzung des Verfahrens eine Beschleunigung unter Aufrechterhaltung der prozessualen Maximen erfolgt: Durch den sofortigen Übergang in das Hauptverfahren unter Überspringung des Zwischenverfahrens ist das Öffentlichkeitsprinzip gewahrt; eine Verkürzung wird dadurch bewirkt, dass von vornherein bereits feststeht, dass bei einer Vielzahl von Zeugen, die alle denselben Tathergang bezeugen würden, nicht alle Zeugen geladen werden müssen, da es ohnehin lediglich um einen Abgleich des Geständnisses mit der objektiven Beweislage geht. Zudem wird durch eine von Beginn an feststehende Kooperation aller Beteiligten ein „Gegeneinander" z. B. im Sinne einer Konfliktverteidigung vermieden.

G. Verstärkte Kontrolle des Ermittlungsverfahrens im Zwischenverfahren

Des Weiteren ist eine verstärkte Kontrolle des Ermittlungsverfahrens im Zwischenverfahren zu gewährleisten. Dies gilt insbesondere, wenn sich der Beschuldigte nicht bereits im Ermittlungsverfahren geständig einlässt und auch keine anderweitige Erledigung im Ermittlungsverfahren erfolgt. Dieses Ziel kann möglicherweise dadurch erreicht werden, dass eine Begründungspflicht für den (Nicht-) Eröffnungsbeschluss des Gerichts konstruiert wird, womit verhindert wird, dass das Zwischenverfahren als bloße Formalität behandelt wird. Zudem kann durch die Einführung eines Beschwerderechts des Beschuldigten gegen den Eröffnungsbeschluss erreicht werden, dass eine Kontrolle der bisherigen Ermittlungen und der Entscheidung des Gerichts über die Eröffnung des Hauptverfahrens erfolgt, bevor im umfassenderen Hauptverfahren – insbesondere in der zur Bewältigung komplexer rechtlicher Fragen ungeeigneten Hauptverhandlung – mit den bereits im Ermittlungsverfahren angelegten Problemen zu kämpfen ist.

H. Abschaffung des Laienrichterelements

Maßgebliche Bedeutung kommt zudem der Abschaffung des Laienrichterelements in Umfangsverfahren zu. Sofern es zu einer Hauptverhandlung kommt, wird hierdurch den Laienrichtern zum einen die Belastung durch den Strafprozess erspart,[1836] zum anderen wird das Erfordernis von Unterbrechungen, z. B. wegen Krankheit, verringert, was im weitestreichenden Fall sogar ein „Platzen"

1836 Vgl. hierzu bereits Kapitel 1 A II 1.

des Prozesses wegen einer Überschreitung der Unterbrechungsfristen[1837] verhindern kann. Zudem besteht ein geringeres Risiko einer Erschwerung des Prozesses wegen einer Mitwirkung eines (aus persönlichen Gründen) befangenen Richters. Daneben besteht auch immer das virulente Risiko, dass aufgrund der Überforderung der Laienrichter eine sachlich-falsche Entscheidung getroffen wird, sodass insgesamt durch die Abschaffung des Laienrichtertums wenig bis gar keine Nachteile, hierfür jedoch erhebliche Vorteile eintreten können.

I. Präsentationsmöglichkeit der Anklageschrift

Nicht zuletzt wäre bei sehr umfangreichen bzw. komplexen Anklageschriften die Möglichkeit einer an die Stelle der Verlesung der Anklage tretenden Präsentationsmöglichkeiten zu regeln, wobei insofern Mindestanforderungen an die Konkretheit des Vorwurfs nicht unterschritten werden dürften. Es wäre damit sicherzustellen, dass das bei generalklauselartigen Regelungen bestehende Risiko des Missbrauchs weitestgehend ausgeschlossen wird. Insgesamt soll damit zwar das Verständnis für alle Beteiligten, insbesondere auch für die nicht aktenkundigen Schöffen – sofern diese überhaupt noch bei Umfangsverfahren mitwirken –[1838], gefördert, jedoch die Anforderungen an die Informations- und Umgrenzungsfunktion nicht herabgestuft werden.

J. Anforderung an die Ressourcenausstattung

Möglicher Angriffspunkt wäre zudem, wie eine Konzentration in der oben beschriebenen Art mit der vorhandenen Personalausstattung zu bewerkstelligen sein könnte. Die Sichtung und grobe Auswertung insbesondere von beschlagnahmten Unterlagen gerade in Wirtschaftsprozessen erfordern einen immensen Arbeitsaufwand. Andererseits wird dieser lediglich verlagert – erfolgen müsste dieser Schritt ohnehin. Es wird damit vor allem ein erhöhtes Organisationsmanagement, aber auch eine erhöhte Arbeitsintensität – welche durch eine Verteilung der erforderlichen Schritte über einen kürzeren Zeitraum entsteht – von der Staatsanwaltschaft und ihren Ermittlungsbeamten – sowie außerhalb der staatlichen Strukturen von Seiten der Verteidigung des Beschuldigten – gefordert. Werden innerhalb kürzester Zeit von denselben Sachbearbeitern mehrere Durchsuchungen in unterschiedlichen Umfangsverfahren durchgeführt, wird

1837 Vgl. § 229 Abs. 4 StPO, § 229 Abs. 1-3 StPO; hierzu bereits Kapitel 1 A II 2.
1838 Vgl. hierzu bereits Kapitel 6 H.

sich die beschriebene Konzentration nicht bewerkstelligen lassen. Die Strafverfolgungsorgane werden aber voraussichtlich bereits aus Eigeninteresse eine solche Parallelität vermeiden wollen. Eine Motivation für die Durchführung mehrere Durchsuchungen in parallel laufenden Umfangsverfahren könnte jedoch die in mehreren Verfahren drohende Verjährung sein. Es dürfte jedoch per bereits unzulässig sein, eine Durchsuchung allein wegen des damit einhergehenden verjährungsunterbrechenden Charakters[1839] durchzuführen, wenn absehbar ist, dass daraufhin längere Zeit das Strafverfahren nicht weiter betrieben werden kann. Ein solches Vorgehen würde bereits an Rechtsmissbrauch grenzen.[1840]

Zudem würden insgesamt letztlich durch das beschriebene Vorgehen voraussichtlich Ressourcen geschont, wodurch die Funktionstüchtigkeit der Strafrechtspflege insgesamt gewahrt bliebe. Denn durch eine von Beginn an erfolgende, zügige und konzentrierte Bearbeitung können spätere Verzögerungen und damit zusammenhängender Arbeitsaufwand oftmals vermieden werden. Eine konzentrierte Sachbearbeitung trägt darüberhinaus zu einer korrekten Erfassung des Sachverhalts bei, während eine „zerstückelte“ Sachbearbeitung dazu führen kann, dass einzelne Puzzleteile gedanklich verloren gehen, wodurch das Bild im Ganzen ein anderes wird. Außerdem würde – anders als in der derzeitigen Praxis der nach bisweilen rechtsstaatswidrig abgeschlossenen Deals erfolgenden Einstellungen – das geltende Prozessmodell eingehalten.

Festzuhalten bleibt, dass mit den skizzierten Instrumentarien in weitem Umfang negative Auswirkungen vermieden werden können.

K. Fazit

Zu konstatieren ist, dass die Einführung von für Umfangsverfahren verfahrensförderlicher Mechanismen wünschenswert ist. Die hierdurch eintretende Differenzierung zwischen Normal- und Umfangsverfahren ist auch rechtlich zulässig, da sie aufgrund der Eigenheiten der Prozessarten gerechtfertigt und eine nach den erhöhten Anforderungen von Umfangsverfahren für alle Verfahren geltende Behandlung mit den existenten Ressourcen schlicht unmöglich, zugleich aber

1839 Vgl. § 78 c Abs. 1 Satz 1 Nr. 4 StGB.

1840 Zum Streitstand bezüglich der verjährungsunterbrechenden Wirkung einer Unterbrechungshandlung, die nur zu diesem Zweck durchgeführt wird, auch: *Sternberg-Lieben/Bosch* in: *Schönke/Schröder*, StGB; 30. Auflage 2019, § 78c StGB, Rn. 3.

auch nicht erforderlich oder schlimmstenfalls sogar kontraproduktiv ist, da ggf. hierdurch sogar eine unnötige Aufblähung erfolgt.

Die Bewältigung von Umfangsverfahren kann durch folgende Trias gefördert werden: Die Weiterentwicklung bereits existierender deutscher Mechanismen – teils durch Inspiration durch ähnliche Mechanismen im US-amerikanischen Recht –, durch Abschaffung von für Umfangsverfahren unpassender Strukturen sowie durch Transfer von im US-amerikanischen Recht entstandenen Mechanismen. Hierzu zählen die Einführung eines Differentiated Case Managements und von pre trial bzw. status conferences sowie preliminary hearings, die Etablierung eines Case Flow Managements, die Ausweitung des Anwendungsbereichs des Strafbefehlsverfahrens, die Einführung präklusionsbewehrter Fristen für Beweisanträge und Einwendungen bereits vor Eröffnung des Hauptverfahrens, die Implementierung eines abgekürzten Verfahrens bei einem geständigen Beschuldigten durch Modifizierung des beschleunigten Verfahrens nach §§ 417 ff. StPO, die verstärkte Kontrolle des Ermittlungsverfahrens im Zwischenverfahren sowie abschließend die Abschaffung des Laienrichtertums und nicht zuletzt die Einführung einer Präsentationsmöglichkeit der Anklageschrift.

Kapitel 7: Thesen

Festzuhalten ist, dass Umfangsverfahren eine Belastung der Beteiligten des Strafprozesses wie auch eine Strapazierung der Prozessmaximen darstellen, wodurch nicht zuletzt zumindest die Effektivität der Erreichung der Strafzwecke in Frage gestellt wird. Insgesamt konnte und kann bei der derzeitigen Handhabung der Umfangsverfahren keine Verfahrensrechtskonformität (mehr) verbrieft werden. Die Entstehung von Umfangsverfahren ist auf eine Vielzahl von Gründen organisatorischer, verfahrensrechtlicher aber auch aufgrund einer wachsenden Komplexität der dem Strafverfahren zugrundeliegenden Materie – insbesondere in Wirtschaftsstrafsachen – zurückzuführen.

Den wuchernden Auswüchsen der Umfangsverfahren ist Einhalt zu bieten, bevor die Justiz weiter gelähmt wird und die gelebte Praxis sich von dem kodifizierten Recht noch weiter entfernt. Damit überhaupt effektiv gehandelt werden kann, muss frühzeitig darauf hingewirkt werden, dass ein Umfangsverfahren als ein solches – im Rahmen eines zu etablierenden Differentiated Case Managements – ex ante enttarnt wird. Es wurde bislang lediglich vereinzelt versucht, Kriterien heranzuziehen, die jedoch einzeln betrachtet das Phänomen nicht zu erfassen geeignet waren. Viele dieser in der Literatur diskutierten Kriterien sind erst ex post feststellbar und damit für eine von Beginn an adäquate Behandlung und Weichenstellung zur weitgehenden Vermeidung der mit einem Umfangsverfahren einhergehenden negativen Folgen per se untauglich. Als Ausgangspunkt für die Konstruktion von Bewältigungsinstrumentarien dient daher die Definition des Phänomens „Umfangsverfahren“. Insoweit wurde folgender Ansatz entwickelt:

Als Umfangsverfahren sind ex ante solche Strafverfahren einzustufen,

(1) die Straftaten im Bereich des § 74c Abs. 1 Satz 1 GVG betreffen und besondere Kenntnisse des betreffenden Fachbereichs erforderlich machen,

oder

(2) die Delikte außerhalb des § 74 c Abs. 1 Satz 1 GVG zum Gegenstand haben, wenn mindestens zwei der folgenden sieben Merkmale erfüllt sind:

- (1) Besonders viele Tatopfer;
- (2) Besonders viele Beschuldigte;
- (3) Besonders viele Zeugen;
- (4) Besonders umfangsreiche sachliche Beweismittel;

- (5) Anwendung spezieller, aufwändigerer, nur im Rahmen von Katalogstraftaten zulässiger Ermittlungsmaßnahmen (§§ 100a, 100c, 100f StPO);
- (6) In erheblichem Maß erforderlicher Sachverstand;
- (7) Sachverhalte mit grenzüberschreitenden Bezügen.

Davon ausgehend wurde die bereits existierende Fülle von Bewältigungsstrategien für die Behandlung von Umfangsverfahren näher beleuchtet. Diesbezüglich ist zu konstatieren, dass bereits erhebliche gesetzgeberische Aktivitäten, insbesondere durch das Gesetz zur effektiveren und praxistauglicheren Ausgestaltung des Strafverfahrens vom 17.08.2017, zu verzeichnen sind, welche als durchweg positiv, jedoch teils nicht weitgehend genug einzustufen sind. Nicht zuletzt sind daher auch – wohl aus entsprechender Verzweiflung der Gerichte – bei der Judikative zu verbuchende Lösungsansätze[1841] zu erwähnen, die per se als hilfreich, nur wegen fehlender Kodifizierung und dadurch teilweise als den Beschuldigten einseitig belastend, zu charakterisieren sind.

Deutlich umfassender ist jedoch der in der eher allgemein, aber reflexartig die Thematik der Umfangsverfahren berührenden, bereits seit Jahrzehnten geführten Diskussion über potenzielle Reformmöglichkeiten vertretene Vorrat an möglichen Reformansätzen. Unabhängig davon, ob man Maßnahmen im Rahmen eines „Komplett-Pakets" in einer Gesamtreform oder als Einzel-Initiativen umsetzen möchte, ob eher vorhandene Mittel modifiziert oder komplett neue Maßnahmen eingeführt werden sollen, müssen sich diese an höherrangigem Recht messen lassen. Besonderes Potenzial wird solchen Regelungen zuerkannt, welche eine Vorverlagerung von Problembewältigungen bewirken, sodass Konflikte entweder erst gar nicht entstehen oder frühzeitig zu lösen sind. Einige der in der Literatur diskutierten Ideen wurden in vorliegender Arbeit aufgegriffen und in ein Gesamtkonzept eingefügt und fortentwickelt. Zur Bereicherung des bereits in vielen Facetten vorhandenen Diskussionsstandes und zur Bewertung der potenziellen Umsetzbarkeit teils für das deutsche Strafprozessrecht innovativ anmutender Ansätze wurde ein Blick in das US-amerikanische Strafprozessrecht und den dortigen Umgang mit Umfangsverfahren im Speziellen und des dortigen Case Managements im Allgemeinen geworfen. Hierdurch konnten – insbesondere im Bereich des Case Managements – Anregungen gefunden werden, wie die bereits in der Literatur vertretenen Ansichten im deutschen Strafprozessrecht potenziell integrierbar sind und darüber hinaus auch weitere

1841 Vgl. z. B. Widerspruchslösung; Fristenlösung.

Vorschläge für die mögliche Etablierung von Mechanismen zur Bewältigung von Umfangsverfahren generiert werden.

Eine Einführung dieser Instrumentarien nur für Umfangsverfahren ist mit Blick auf die dahinterstehenden Gründe und den Benefit für das Strafprozessrecht insgesamt auch als zulässig anzusehen.

Damit kann als abschließende Anregung für eine Fortentwicklung des Strafprozessrechts zur Bewältigung von Umfangsverfahren folgender Neun-Punkte-Plan, der in seiner Gesamtheit die maximale Wirkung herstellen dürften, dargestellt werden:

1. Einführung eines Differentiated Case Managements;
2. Einführung von pre trial bzw. status conferences und preliminary hearings, auch bereits im Ermittlungsverfahren;
3. Einführung eines Case Flow-Managements;
4. Ausweitung des Strafbefehlsverfahren und die Einführung eines neuen schriftlichen Verfahrens;
5. Einführung präklusionsbewehrter Fristen für Beweisanträge und Einwendungen bereits vor Eröffnung des Hauptverfahrens;
6. Einführung eines abgekürzten Verfahrens bei geständigem Beschuldigten durch Modifizierung des beschleunigten Verfahrens nach §§ 417 ff. StPO;
7. Verstärkte Kontrolle des Ermittlungsverfahrens im Zwischenverfahren;
8. Abschaffung des Laienrichterelements;
9. Einführung einer Präsentationsmöglichkeit der Anklageschrift.

Insgesamt erscheint daher gerade vor dem Hintergrund weiterer strafprozessualer Herausforderungen mit Umfangs-/Mammut-/Großverfahren ein Handeln und das Ergreifen adäquater Mechanismen – im weiteren Sinne nach dem Vorbild der US-Amerikaner – dringend erforderlich.

Literaturverzeichnis

Albrecht, Hans-Jörg, Rechtstatsachenforschung zum Strafverfahren, Empirische Untersuchungen zu Fragestellungen des Strafverfahrens zwischen 1990 und 2003, München 2005. [zitiert als: *Albrecht*, 2005, *S.*]

Alsberg, Max, „Ein Jahr neuer Strafprozeß- Erfahrungen und Vorschläge", JW 1925, S. 888 ff.

Alschuler, Albert, „The Changing Purposes of Criminal Punishment: A Retrospective of the Past Century an Some Thoughts about the Next", The University of Chicago Law Review, 2003, Volume 70, Number 1, 1 ff. [zitiert als: *Alschuler*, The University of Chicago Law Review, 2003, Volume 70, Number 1, 1, *S.*]

Altenhain, Karsten/Dietmeier, Frank/May, Markus, Die Praxis der Absprachen in Strafverfahren, 2013, Baden-Baden.

Altenhain, Karsten/Hagemeier, Ina/Haimerl, Michael, Die Praxis der Absprachen in Wirtschaftsstrafverfahren, 2007, Baden-Baden.

Altenhain, Karsten/Jahn, Matthias /Kinzig, Jörg, Die Praxis der Verständigung im Strafprozess – Eine Evaluation der Vorschriften des Gesetzes zur Regelung der Verständigung im Strafverfahren vom 29. Juli 2009, 2020, Baden-Baden.

Anggelis, John Chris, "Procedure-Pre-Trial Conference", 38 Ky. L.J. (1950), 302 ff. [zitiert als: *Anggelis*, 38 Ky. L.J. (1950), 302, *S.*]

Bailey, F. Lee/Fishman, Kenneth J., Criminal Trial Techniques, 1994, London.

Bakke, Holly / Solomon, Maureen, "Case differentiation: an approach to individualized case management", 73 Judicature 17 1989-1990, 2 ff."

Barton, Stephan, "Strafverteidigungs-Aktivitäten im Justizalltag", StV 1984, 394 ff.

Baumann, Jürgen, Alternativ-Entwurf Novelle zur Strafprozessordnung, Reform der Hauptverhandlung, 1985, Tübingen.

Baumann, Thomas, „Staatsanwaltschaftliche Ermittlungstätigkeit in Deutschland – Umfang und Struktur der Verfahrenserledigung", Wista 2015, 81 ff.

Beck, Susanne, "Ausweitung der Befugnisse der Polizei im Ermittlungsverfahren – Effizienz vor Rechtsschutz?", ZRP 2011, 21 ff.

Berckhauer, Friedrich Helmut, "Die Erledigung von Wirtschaftsstraftaten durch Staatsanwaltschaften und Gerichte", ZStW 89 (1977), 1015 ff. [zitiert als: *Berckhauer*, ZStW 89 (1977), 1015, *S.*]

Bertram, Günter, "Empfehlen sich Änderungen des Strafverfahrensrechts mit dem Ziel, ohne Preisgabe rechtsstaatlicher Grundsätze den Strafprozeß, insbesondere die Hauptverhandlung, zu beschleunigen?", NK 1994, 2186 ff.

Beulke, Werner, „Der Grundsatz der Unmittelbarkeit der Hauptverhandlung, Neue Entwicklungen, Chancen und Anfechtungen“, in: Böttcher, Reinhard/ Huther, Edda / Rieß, Peter (Hrsg.), Verfassungsrecht – Menschenrechte – Strafrecht: Kolloquium für Walter Gollwitzer zum 80. Geburtstag am 16. Januar 2004 in München, 2004, Berlin, S. 1 ff.

Billis, Emmanouil, Die Rolle des Richters im adversatorischen und im inquisitorischen Beweisverfahren, 2015, Berlin. [zitiert als: *Billis*, 2015, *S.*]

Boas, Gideon, The Miloševic trial, 2007, Cambridge.

Boers, Klaus, „Wirtschaftskriminologie – Vom Versuch, mit einem blinden Fleck umzugehen“, MSchrK 2001, 335 ff. [zitiert als: *Boers*, MSchrK 2001, 335, *S.*]

Börner, René, "§ 243 III 1 StPO und der Große Senat für Strafsachen – Die Folgen eines unvollkommenen Anklagesatzes –", NStZ 2011, 436 ff. [zitiert als: *Börner*, NStZ 2011, 436, *S.*]

Böttger, Markus, Wirtschaftsstrafrecht in der Praxis, 2. Auflage, 2014, Köln. [zitiert als: *Bearbeiter* in: Böttger, Wirtschaftsstrafrecht in der Praxis, Kapitel …, Rn …]

Brand, Christian/Hotz, Dominik, „„Der VW-Skandal“ unter wirtschaftsstrafrechtlichen Vorzeichen“, NZG 2017, 976 ff.

Brettel, Hauke/Schneider, Hendrik, Wirtschaftsstrafrecht, 3. Auflage 2021, Baden-Baden. [zitiert als: *Brettel/Schneider*, 2021, §…Rn. …]

Brinkmann, Tobias, Das Kollektiv als Täter, Diskussion um das Verbandsstrafrecht, 2013, Hamburg. [zitiert als: *Brinkmann*, 2013, S …]

Britz, Guido, „Court TV? – Zum Stand der Diskussion um § 169 Satz 2 GVG“, JM 2015, 127 ff.

Britz, Guido, „Die Verlesung des Anklagesatzes nach § 243 Abs. 3 S. 1 StPO: eine reformbedürftige Vorschrift?“, in: Jung, Heike/Luxenburger, Bernd/Wahle, Eberhard (Hrsg.), Festschrift für Egon Müller, 2008, Baden-Baden, S. 107 ff. [zitiert als: *Britz*, „Die Verlesung des Anklagesatzes nach § 243 Abs. 3 S. 1 StPO: eine reformbedürftige Vorschrift?“, in: FS Müller, 2008, 107, *S.*]

Britz, Guido, Fernsehaufnahmen im Gerichtssaal – ein rechtsvergleichender Beitrag zum Öffentlichkeitsgrundsatz im Strafverfahren, 1999, Baden-Baden.

Britz, Guido, “Gefängnis und Gefangenschaft aus literarischer Sicht: ein Streifzug“, JM 2019, 254 ff. [zitiert als: *Britz*, JM 2019, 254]

Britz, Guido, „Le „deal“ en France: Absprachen im französischen Strafverfahren“, JM 2018, 167.

Britz, Guido, "Rechtsverweigerung und „Rambazamba“: die Folgen (über-)langer Strafverfahren", JM 2018, 301.

Britz, Guido, „Strafrecht und Menschenwürde – eine phänomenologische Betrachtung“, in: Jochum, Heike (Hrsg.), Festschrift für Rudolf Wendt zum 70. Geburtstag „Freiheit, Gleichheit, Eigentum – Öffentliche Finanzen und Abgaben“, 2015, Berlin, S. 1107-1129. [zitiert als: *Britz*, Strafrecht und Menschenwürde – eine phänomenologische Betrachtung in: FS Wendt, S. 1107, *S.*]

Bruns, Hans-Jürgen, „Empfiehlt es sich, besondere strafprozessuale Vorschriften für Großverfahren einzuführen?“, in: Ständige Deputation des Deutschen Juristentages (Hrsg.), Verhandlungen des fünfzigsten Deutschen Juristentages, 1974, München, K 7-K88.

Bundesministerium der Justiz und für Verbraucherschutz, Bericht der Expertenkommission zur effektiveren und praxistauglicheren Ausgestaltung des allgemeinen Strafverfahrens und des jugendgerichtlichen Verfahrens, 2015, Berlin. [zitiert als: *Bundesministerium der Justiz*, 2015, *S.*]

Burhoff, Detlef, „Praktische Fragen der "Widerspruchslösung"“, StraFo 2003, 267. [zitiert als: *Burhoff*, StraFo 2003, 267, *S.*]

Busch-Gervasoni, Ulrich, „Nach dem Urteil des Bundesverfassungsgerichts zur Verständigung im Strafprozess: Auswirkungen und praktischer Reformbedarf für das Strafverfahren aus staatsanwaltlicher Sicht“, in: Lüderssen, Klaus/ Volk, Klaus / Wahle, Eberhard (Hrsg.) Festschrift für Wolf Schiller, Zum 65. Geburtstag am 12. Januar 2014, 2014, Baden-Baden, S. 109-126. [zitiert als: *Busch-Gervasoni*, in: *Lüderssen/Volk/Wahle*, Festschrift für Wolf Schiller, 2014, S. 109, *S.*]

Bussmann, Kai-Detlef, „Absprachen in Wirtschaftsstrafprozessen: die Berücksichtigung von Systemlogik und Komplexität durch Verfahren“, in: Dose, Nicolai/Voigt, Rüdiger, Kooperatives Recht, 1995, Baden-Baden, S. 185-210. [zitiert als: *Bussmann* in: Kooperatives Recht, S. 185, *S.*]

Bussmann, Kai-Detlef, „Ausbau und Legitimierung des Strafjustizsystems durch prozedurale Anpassung- Absprachen im Strafrecht“, in: Sack, Fritz, Privatisierung staatlicher Kontrolle: Befunde, Konzepte, Tendenzen, 1996, Baden-Baden, S. 303-319.

Bussmann, Kai-Detlef/Lüdemann, Christian, Klassenjustiz oder Verfahrensökonomie?, Aushandlungsprozesse in Wirtschafts- und allgemeinen Strafverfahren, 1995, Pfaffenweiler. [zitiert als: *Bussmann/Lüdemann*, 1995, *S.*]

Church, Thomas, Justice Delayed -The Pace of Litigation in Urban Trial Courts, 1978, Williamsburg. [zitiert als: *Church*, 1978, S.]

Couzens, Richard/Bigelow, Tricia A., Sex Crimes: California Law and Procedure, 2010-2018, Eagan. [zitiert als: *Couzens/Bigelow*, *§…*]

Dahs, Hans, "Bewältigung großer Strafprozesse – um welchen Preis?", NJW 1974, 1538–1543. [zitiert als: *Dahs*, NJW 1974, 1538, *S.*]

Däubler-Gmelin, Herta, "Schwerpunkte der Rechtspolitik in der neuen Legislaturperiode", ZRP 1999, 81.

Dencker, Friedrich, "Beschleunigung des Strafprozesses – Vereinfachte Feststellung von Sachverhalten, die von den Verfahrensbeteiligten als »unstreitig« bezeichnet werden", StV 1994, 503.

Dencker, Friedrich, „Strafrechtsreform im Einführungsgesetz? – Die Bagatelldelikte im Entwurf des StGB", JZ 1973, 144.

Dengler, Christoph Clemens, Die richterliche Kontrolle der Abschlussverfügung der Staatsanwaltschaft im Ermittlungsverfahren, Eine rechtsvergleichende Analyse anhand des US-amerikanischen Rechts unter besonderer Berücksichtigung des Rechts Kaliforniens, 2003, Frankfurt am Main. [zitiert als: *Dengler*, 2003, *S.*]

Dessecker, Axel/Geissler-Frank, Isolde, Empirische Forschungsarbeiten zum Strafverfahren und Strafverfahrensrecht, Eine Sekundäranalyse, 1995, Freiburg.

Dölle, Hans, „Der Beitrag der Rechtsvergleichung zum deutschen Recht" in: von Caemmerer, Ernst (Hrsg.), Hundert Jahre deutsches Rechtsleben, Festschrift zum hundertjährigen Bestehen des Deutschen Juristentages 1860-1960, 1960, Karlsruhe, S. 19-47.

Drobnig, Ulrich/Dopffel, Peter, „Die Nutzung der Rechtsvergleichung durch den deutschen Gesetzgeber", RabelsZ, 46, 253.

Dubber, Markus Dirk, "American Plea Bargains, German Lay Judges, and the Crisis of Criminal Procedure", 49 Stan. L. Rev. 547. [zitiert als: *Dubber*, 49 Stan. L. Rev. 547, *S.*]

Dubber, Markus, Einführung in das US-amerikanische Strafrecht, 2005, München. [zitiert als: *Dubber*, 2005, S.]

Eisenberg, Ulrich, Beweisrecht der StPO, 10. Auflage 2017, München.

Elsner, Beatrix, Entlastung der Staatsanwaltschaft durch mehr Kompetenzen für die Polizei? Eine deutsch-niederländisch vergleichende Analyse in rechtlicher und rechtstatsächlicher Hinsicht, 2008, Göttingen.

Elsner, Beatrix, "Entlastung der Staatsanwaltschaft durch Übertragung von Einstellungsbefugnissen auf die Polizei?", ZRP 2010, 49.

Engelhard, Hans, „Ist eine große Strafprozeßreform notwendig?", in: Eyrich, Heinz, Festschrift für Kurt Rebmann zum 65. Geburtstag, 1989, München, S. 45-62. [zitiert als: *Engelhard*, in: Eyrich, Festschrift für Kurt Rebmann zum 65. Geburtstag, 1989, S. 45, *S.*].

Epping, Volker/Hillgruber, Christian, Beck'scher Online Kommentar Grundgesetz, 47. Edition 15.05.2021, München. [zitiert als: *Bearbeiter* in: BeckOK Grundgesetz, Stand: 15.05.2021, *Art.*, *Rn.*]

Erb, Volker et. al, Löwe-Rosenberg, Die Strafprozessordnung und das Gerichtsverfassungsgesetz: Grosskommentar, 27. Auflage 2016, Band 1 (§§ 1- 47), Berlin. [zitiert als: *Bearbeiter* in: LR-StPO, 27. Auflage 2016,§ ..., *Rn*...]

Erb, Volker et. al, Löwe-Rosenberg, Die Strafprozessordnung und das Gerichtsverfassungsgesetz: Grosskommentar, 27. Auflage 2019, Band 3/1 (§§ 94-111a), Berlin. [zitiert als: *Bearbeiter* in: LR-StPO, 27. Auflage 2019, § ..., *Rn*...]

Erb, Volker et. al, Löwe-Rosenberg, Die Strafprozessordnung und das Gerichtsverfassungsgesetz: Grosskommentar, 27. Auflage 2020, Band 5/1 (§§ 151-157), Berlin. [zitiert als: *Bearbeiter* in: LR-StPO, 27. Auflage 2020, § ..., *Rn*...]

Erb, Volker et. al, Löwe-Rosenberg, Die Strafprozessordnung und das Gerichtsverfassungsgesetz: Grosskommentar, 27. Auflage 2018, Band 5/2 (§§ 158-211), Berlin. [zitiert als: *Bearbeiter* in: LR-StPO, 27. Auflage 2018, § ..., *Rn*...]

Erb, Volker et. al, Löwe-Rosenberg, Die Strafprozessordnung und das Gerichtsverfassungsgesetz: Grosskommentar, 27. Auflage 2020, Band 6 (§§ 212- 255a), Berlin. [zitiert als: *Bearbeiter* in: LR-StPO, 27. Auflage 2020, § ..., *Rn*...]

Erb, Volker et. al, Löwe-Rosenberg, Die Strafprozessordnung und das Gerichtsverfassungsgesetz: Grosskommentar, 27. Auflage 2021, Band 7 (§§ 256- 295), Berlin. [zitiert als: *Bearbeiter* in: LR-StPO, 27. Auflage 2021, § ..., *Rn*...]

Erb, Volker et. al, Löwe-Rosenberg, Die Strafprozessordnung und das Gerichtsverfassungsgesetz: Grosskommentar, 26. Auflage 2009, Band 8 (§§ 374-448), Berlin. [zitiert als: *Bearbeiter* in: LR-StPO, 26. Auflage 2009, § ..., *Rn*...]

Erb, Volker, „Legalitäts- und Opportunitätsprinzip als normative Prinzipien", in: Geisler, Claudius, Das Ermittlungsverhalten der Polizei und die Einstellungspraxis der Staatsanwaltschaften, 1999, Wiesbaden, S. 27-38.

Erb, Volker / Schäfer, Jürgen, Münchener Kommentar zum StGB, 4. Auflage 2020, Band 1 (§§ 1- 37), München. [zitiert als: *Bearbeiter* in: MüKo StGB, 4. Auflage 2020, § ..., *Rn*...].

Erb, Volker / Schäfer, Jürgen, Münchener Kommentar zum StGB, 4. Auflage 2020, Band 2 (§§ 38 – 79b), München. [zitiert als: *Bearbeiter* in: MüKo StGB, 4. Auflage 2020, § ..., *Rn*...].

Erb, Volker / Schäfer, Jürgen, Münchener Kommentar zum StGB, 3. Auflage 2019, Band 5 (§§ 263-297), München. [zitiert als: *Bearbeiter* in: MüKo StGB, 4. Auflage 2020, § ..., *Rn*...].

Erhard, Christopher, "Sind aus Sicht der Praxis nach dem Verständigungsurteil des BVerfG Reformen des Strafprozesses erforderlich? – Anmerkungen eines Tatrichters", StV 2013, 655. [zitiert als: *Erhard*, StV 2013, 655, *S.*].

Eser, Albin, „Adversatorische und inquisitorische Verfahrensmodelle – Ein kritischer Vergleich mit Strukturalternativen“ in: Schroeder, Friedrich-Christian, Die strafprozessuale Hauptverhandlung zwischen inquisitorischem und adversatorischem Modell – eine rechtsvergleichende Analyse am Beispiel des deutschen und des zentralasiatischen Strafprozess-rechts", 2014, Frankfurt am Main, S. 11-29. [zitiert als: *Eser* in: Schroeder, Die strafprozessuale Hauptverhandlung zwischen inquisitorischem und adversatorischem Modell – eine rechtsvergleichende Analyse am Beispiel des deutschen und des zentralasiatischen Strafprozess-rechts, S. 11, *S.*]

Eser, Albin, Comparative Criminal Law – Development, Aims, Methods, 2017, München.

Eser, Albin, „Funktionswandel strafrechtlicher Prozeßmaximen: Auf dem Weg zur 'Reprivatisierung' des Strafverfahrens?", ZStW 104, (1992), 361 ff.

Eser, Albin, Schönke/Schröder, Strafgesetzbuch, Kommentar zum StGB, 30. Auflage 2019, München. [zitiert als: *Bearbeiter* in: Schönke/Schröder, StGB, Auflage, *§…, Rn…*]

Eser, Albin, „Strafrechtsvergleichung: Entwicklung – Ziele – Methoden", in: Eser, Albin/Perron, Walter, Strukturvergleich strafrechtlicher Verantwortlichkeit und Sanktionierung in Europa: zugleich ein Beitrag zur Theorie der Strafrechtsvergleichung 2015, Berlin, S. 929-1137. [zitiert als: *Eser* in: *Eser/Perron*, Strukturvergleich, S. 929, *S.*]

Fahl, Christian, Rechtsmißbrauch im Strafprozeß, 2004, Heidelberg. [zitiert als: *Fahl*, 2004, *S.*]

Fezer, Gerhard, „Reduktion von Beweiserfordernissen – Systemverändernde Tendenzen in der tatrichterlichen Praxis und der Gesetzgebung", StV 1995, 263.

Fezer, Gerhard, „Richterliche Kontrolle der Ermittlungstätigkeit der Staatsanwaltschaft vor Anklageerhebung?", in: Stree, Walter et al. (Hrsg.), Gedächtnisschrift für Horst Schröder, 1978, München, 407-423.

Fischer, Thomas, „Ein Jahr Absprache-Regelung, Praktische Erfahrungen und gesetzlicher Ergänzungsbedarf", ZRP 2010, 249–251.

Fischer, Thomas, „Konfliktverteidigung, Mißbrauch von Verteidigungsrechten und das Beweisantragsrecht", StV 2010, 423.

Fischer, Thomas, „Rechtsmißbrauch und Überforderung der Strafjustiz", NStZ 1997, 212. [zitiert als: *Fischer*, NStZ 1997, 212, *S.*]

Fischer, Thomas, „Regelung der Urteilsabsprache – ein Appell zum Innehalten", NStZ 2007, 433.

Forster, Susanne, "Rahmenbedingungen, Vorgaben, Grundlagen und Entwicklung des Strafrechts in England und Wales", in: Sieber, Ulrich/Cornils, Karin (Hrsg.), Nationales Strafrecht in rechtsvergleichender Darstellung, 2010, Berlin, S. 127 [zitiert als: *Forster*, in: *Sieber/Cornils*, Nationales Strafrecht in rechtsvergleichender Darstellung, 2010, S. 127 ff.

Francuski, Ramona, Prozeduralisierung im Wirtschaftsstrafrecht, Baden-Baden 2014. [*Francuski*, 2014, *S.*]

Fromm, Ingo, Strafverteidigung in Umfangsverfahren, NJW 2013, 982–985. [zitiert als: *Fromm*, NJW 2013, 982]

Gaede, Karsten, „Schlechtverteidigung – Tabus und Präklusionen zum Schutz vor dem Recht auf wirksame Verteidigung?- Zugleich Besprechung zu BGH 1 StR 341/07, Beschluss vom 15. August 2007 (HRRS 2007 Nr. 967 – Rügen unwirksamer Verteidigung) und BGH 1 StR 273/07, Beschluss vom 11. September 2007 (HRRS 2007 Nr. 900 – verschärfte Widerspruchslösung bei unterlassener Belehrung über das Recht auf konsularischen Beistand)“, HRRS 2007, 402.

Geisler, Claudius, "Anspruch und Wirklichkeit des Legalitätsprinzips", in: Geisler (Hrsg.), Das Ermittlungsverhalten der Polizei und die Einstellungspraxis der Staatsanwaltschaften, 1999, Wiesbaden, S. 11. [zitiert als: *Geisler*, in: *Geisler*, Das Ermittlungsverhalten der Polizei und die Einstellungspraxis der Staatsanwaltschaften, 1999, S. 11, *S.*]

Geisler, Claudius, „Stellung und Funktion der Staatsanwaltschaft im heutigen deutschen Strafverfahren“, ZStW 93, 1109.

Gist, Nancy E., Differentiated Case Management, Bureau of Justice Fact Sheet, 1995, Washington D.C.

Gless, Sabine, „Konsensuale Verfahrenserledigung in größeren Wirtschaftsstrafverfahren- Chancen und Risiken“ in: Umfangreiche Wirtschaftsstrafverfahren in Theorie und Praxis- 2. Züricher Tagung zum Wirtschaftsstraf-recht, 2008, Zürich, S. 115. [zitiert als: *Gless*, in: Umfangreiche Wirtschaftsstrafverfahren in Theorie und Praxis- 2. Züricher Tagung zum Wirtschaftsstrafrecht, Zürich, 2008, S. 115, *S.*]

Goldschmidt, James, Der Prozess als Rechtslage, 2, Neudruck,1986 (1925), Aalen. [zitiert als: *Goldschmidt*, 1986 (1925), S.]

Gollwitzer, Walter, „Gerechtigkeit und Prozeßwirtschaftlichkeit, einige Gedanken zum knappen Gut der Rechtsgewährung“, in: Gössel, Karl Heinz/Kauffmann, Hans (Hrsg.), Strafverfahren im Rechtsstaat, Festschrift für Theodor Kleinknecht zum 75. Geburtstag am 18. August 1985, 1985, München, S. 141–171. [zitiert als: *Gollwitzer* in: *Gössel/Kauffmann*, Strafverfahren im Rechtsstaat, 1985, S. 141, *S.*]

Gössel, Karl Heinz, „Empfehlen sich Änderungen des Strafverfahrensrechts mit dem Ziel, ohne Preisgabe rechtsstaatlicher Grundsätze den Strafprozeß, insbesondere die Hauptverhandlung, zu beschleunigen?“, in: Ständige Deputation des Deutschen Juristentages (Hrsg.), Band 1, Gutachten, 1994, München, C 1-C 94. [zitiert als: *Gössel*, in: Ständige Deputation des Deutschen Juristentages, Gutachten, 1994, C 1, *S.*]

Gössel, Karl Heinz, „Quo vadis, Strafverfahren?, Zweckmäßigkeit versus Gerechtigkeit: Vom rechtsstaatlichen Strafprozess zum geheimen Willkürverfahren in der babylonischen Gefangenschaft der Justiz“, in: Weßlau, Edda/Wohlers, *Wolfgang* (Hrsg.), Festschrift für Gerhard Fezer zum 70. Geburtstag am 29. Oktober 2008, 2008, Berlin, S. 495–530.

Graf, Jürgen-Peter, Beck'scher Online-Kommentar StPO, 40. Edition, Stand 01.07.2021, München. [zitiert als: *Bearbeiter* in: BeckOK StPO mit RiStBV und Mistra, Stand: 01.07.2021, § …, *Rn*…].

Graf, Jürgen-Peter, „Das neue Gesetz über den Rechtsschutz bei überlangen Gerichtsverfahren und strafrechtlichen Ermittlungsverfahren – Beschleunigungsimpuls für die Praxis oder neuer Anreiz für Verständigungen im Strafverfahren?“, NZWiSt 2012, 121. [zitiert als: *Graf*, NZWiSt 2012, 121, *S.*]

Grauhan, Hans-Friedrich, Bewältigung von Großverfahren durch Beschränkung des Prozeßstoffs, GA 1976, 225–242. [zitiert als: *Grauhan*, GA 1976, 225, *S.*]

Greacen, John, “Issues in Criminal Case-Flow Measurement”, 45 Judges J. 38 2006, S. 38.

Greacen Associates, Developing Effective Practices in Criminal Caseflow Management- A Manual Pre-pared for the California Administrative Office of the Courts 2005, Revised 2012, California. [zitiert als: *Greacen Associates*, *S.*]

Große Strafrechtskommission des deutschen Richterbundes im Auftrag des Bundesministeriums der Justiz, „Das Verhältnis von Gericht, Staatsanwaltschaft und Polizei im Ermittlungsverfahren, strafprozessuale Regeln und faktische (Fehl-?) Entwicklungen“, Miltenberg, 2008.

Gröner, Kerstin, Strafverteidiger und Sitzungspolizei, 1998, Berlin.

Grube, Friederike Charlotte, Richter ohne Robe, Laienrichter in Strafsachen im deutschen und anglo-amerikanischen Rechtskreis: eine rechtsgeschichtliche und rechtsvergleichende Untersuchung unter besonderer Berücksichtigung verfassungsrechtlicher Aspekte, 2005, Frankfurt am Main. [zitiert als: *Grube*, 2005, *S.*]

Grünwald, Gerard, „Empfiehlt es sich, besondere strafprozessuale Vorschriften für Großverfahren einzuführen?“, Gutachten für den 50. Deutschen Juristentag, in: *Kötz, Hein* (Hrsg.), Verhandlungen des fünfzigsten Deutschen Juristentages, Hamburg 1974, Bd. 50, 1974, München, C 1 ff. [zitiert als: *Grünwald* in: Verhandlungen des fünfzigsten Deutschen Juristentages, Hamburg 1974, C 1, *S.*]

Gyroff, Eduard, „Wirtschaftsstrafverfahren: Entstehung eines neuartigen Verfahrenstyps?“, NK 2005, 142 [zitiert als: *Gyroff*, NK 2005, 142, *S.*]

Haas, Volker, Strafbegriff, Staatsverständnis und Prozessstruktur, Zur Ausübung hoheitlicher Gewalt durch Staatsanwaltschaft und erkennendes Gericht im deutschen Strafverfahren, 2008, Tübingen. [zitiert als: *Haas*, 2008, *S.* …]

Habenicht, Gerhard, „Wirtschaftskriminalität- Erscheinungsformen und Bekämpfung", in: Mehrings, Josef (Hrsg.), Wirtschaftsrechtliche Vorträge, Ringvorlesung d. Fachbereichs Wirtschafts- u. Rechtswiss. d. Univ. Oldenburg im WS 1985/86, 1986, Oldenburg, 155 ff.

Habetha, Jörg, „Effektivität bestimmt das Handeln", StV 2017, I (Heft 3).

Hahn, Carl, Die gesammten Materialien zu den Reichsjustizgesetzen, 1885, Band 3.1: Die gesammten Materialien zur Strafprozeßordnung und dem Einführungsgesetz zu derselben vom 1. Februar 1877, Bd. I, 2. Auflage 1885, Berlin.

Hahn, Carl, Die gesammten Materialien zu den Reichsjustizgesetzen, Band 3.2: Die gesammten Materialien zur Strafprozeßordnung und dem Einführungsgesetz zu derselben vom 1. Februar 1877, Bd II, 2. Auflage 1886, Berlin.

Hähnchen, Susanne, Obliegenheiten und Nebenpflichten – Eine Untersuchung dieser besonderen Verhaltensanforderungen im Privatversicherungsrecht und im allgemeinen Zivilrecht unter besonderer Berücksichtigung der Dogmengeschichte, 2010, Tübingen,. [zitiert als: *Hähnchen*, 2010, *S.*]

Hamm, Rainer, „Absprachen im Strafverfahren?, Grundlagen, Gegenstände und Grenzen", ZRP 1990, 337.

Hamm, Rainer/ Leipold, Klaus, Beck'sches Formularbuch für den Strafverteidiger, 6. Auflage 2018, München. [zitiert als: *Bearbeiter* in: Beck'sches Formularbuch für den Strafverteidiger, *Abschnitt*]

Hamm, Rainer, „Wie kann das Strafverfahren jenseits der Verständigung künftig praxisgerechter gestaltet werden- sind Reformen des Strafprozesses erforderlich?, Vorgeschichte und Folgen der BVerfG-Entscheidung zu § 257c StPO", StV 2013, 652–655. [zitiert als: *Hamm*, StV 2013, 652, S.]

Hanack, Ernst-Walter, „Rechtsschutz bei Verletzung der Anordnungsvoraussetzung „Gefahr in Verzug"", in: Hanack, Ernst-Walter (Hrsg), Festschrift für Peter Rieß zum 70. Geburtstag am 4. Juni 2002, 2002, Berlin, S. 109.

Hannich, Rolf, Karlsruher Kommentar zur Strafprozessordnung, 8. Auflage 2019, München. [zitiert als: *Bearbeiter* in: KK-StPO, 8. Auflage 2019, § …, Rn…]

Hassemer, Winfried, „Symbolisches Strafrecht und Rechtsgüterschutz", NStZ 1989, 553 ff.

Hay, Peter, US-amerikanisches Recht, Ein Studienbuch, 7. Auflage, München,2020. [zitiert als: *Hay*, 2020, *Rn.*]

Heghmanns, Michael, Das Zwischenverfahren im Strafprozess, Entwicklung, Zustand und Vorschläge zu einer Reform, 1991, München.

Henry, "Serious Fraud, Long Trials and Criminal Justice", THE DENNING LAW JOURNAL, 1992, 75. [zitiert als: *Henry*, THE DENNING LAW JOURNAL, 1992, 75, *S.*]

Hesel, Gerd Johannes, Untersuchungen zur Dogmatik und den Erscheinungsformen "modernen" Strafrechts, 2004, Marburg. [zitiert als: *Hesel*, 2004, *S.*]

Hey, Andreas, Die ökonomische Analyse ausgewählter Wirtschaftsstraftaten im historischen Normenkontext, 2001, Berlin. [zitiert als: *Hey*, 2001, *S.*]

Hoffmann, Thomas-Michael, „Die Untätigkeitsbeschwerde der Staatsanwaltschaft bei Nichtentscheidung über die Eröffnung des Hauptverfahrens, – Versuch einer neuen Grenzziehung", NStZ 2006, 256 ff.

Hruschka, Joachim, Kant und der Rechtsstaat und andere Essays zu Kants Rechtslehre und Ethik, 2015, München.

Huber, Rainer, „Möglichkeiten der Beschleunigung von Wirtschaftsstrafverfahren", NStZ 1996, 530.

Jahn, Matthias, „Entwicklungen und Tendenzen zwei Jahre nach Inkrafttreten des Verständigungsgesetzes", StV 2011, 497.

Jahn, Matthias/Schmitz, Alexandra, „Rechtsmissbrauch im Strafverfahren bei Verweigerung notwendiger Mitwirkungshandlungen?, Dargestellt am Problem der fehlenden Zustimmung zur Nachtragsanklage durch den Angeklagten", wistra 2001, 328 ff.

Jarass, Hans, „Folgerungen aus der neueren Rechtsprechung des BVerfG für die Prüfung von Verstößen gegen Art. 3 I GG", NJW 1997, 2545. [zitiert als: *Jarass*, NJW 1997, 2545]

Jarass, Hans/ Kment, Martin, Jarass/Pieroth, Grundgesetz für die Bundesrepublik Deutschland, Kommentar, 16. Auflage 2020, München. [zitiert als: *Bearbeiter* in: Jarass/Pieroth, 16. Auflage 2020, *Art…, Rn…*]

Jescheck, Hans Heinrich, „Rechtsvergleichung als Grundlage der Strafprozessreform", ZstW 86 (1974), S. 761. [zitiert als: *Jescheck*, ZstW 86 (1974), S. 761, *S.*]

Judge, Brendan, "No Easy Solutions to the Problem of Criminal Mega-trials", NOTRE DAME LAW REVIEW 1990-1991, 211–240. [zitiert als: *Judge*, 66 Notre Dame L. Rev. 1990-1991, 211, *S.*]

Jung, Heike, Die Bekämpfung der Wirtschaftskriminalität als Prüfstein des Strafrechtssystems, 1979, Berlin. [zitiert als: *Jung*, 1979, *S.*]

Jung, Heike, „Mediation im Strafverfahren: ein Widerspruch in sich?", in: Stern, Klaus / Grupp, Klaus, Gedächtnisschrift für Joachim Burmeister, 2005, München, S. 171.

Jung, Heike, „Über die Wahrheit und ihre institutionellen Garantien", JZ 2009, 1129.

Kaiser, Günther / Meinberg, Volker, „"Tuschelverfahren" und "Millionärsschutzparagraph"? Empirische Erkenntnisse zur Einstellung nach § 153a I StPO am Beispiel Wirtschaftskriminalität", NStZ 1984, 343 ff. [zitiert als: *Kaiser/Meinberg*, NStZ 1984, 343, *S.*]

Kasten, Francis, Die „Terminshoheit" des Gerichts und das Recht auf Verteidigung, 2017, Tübingen. [zitiert als: *Kasten*, 2017, *S.*]

Kausch, Erhard, Der Staatsanwalt – ein Richter vor dem Richter?, 1980, Berlin.

Katholnigg, Oskar, Strafgerichtsverfassungsrecht, Kommentar zu den allgemeinen und den die Strafrechtspflege regelnden Vorschriften des Gerichtsverfassungsgesetzes, des Einführungsgesetzes zum Gerichtsverfassungsgesetz und des Gesetzes zur Wahrung der Einheitlichkeit der Rechtsprechung der obersten Gerichtshöfe des Bundes, 3., überarb. und erg. Auflage 1999, Köln. [zitiert als: *Bearbeiter* in: Katholnigg, 3. Auflage 1999, *§ .., Rn…*]

Kautenburger-Behr, Daniel, Zum Rederecht des Verteidigers nach Verlesung des Anklagesatzes, Zugleich Untersuchung zur Vereinbarkeit des opening statement des adversatorischen Verfahrens mit dem deutschen Strafprozess, 2004, Aachen. [zitiert als: *Kautenburger-Behr,* 2004, *S.]*

Kelker, Brigitte, „Die Rolle der Staatsanwaltschaft im Strafverfahren – Objektives Organ der Rechtspflege oder doch „parteiischer" Anwalt des Staates?", ZStW Bd. 118, (2006), 389.

Kempf, Eberhard, "Rechtsmißbrauch im Strafprozeß", StV 1996, 507.

Kincaid, Clarence, "Pre-trial conference procedure in California", UCLA Law Review 1957, 4 (3), 377.

Kindhäuser, Urs/Neumann, Ulfried/Paeffgen, Hans-Ulrich, Strafgesetzbuch, 5. Auflage, 2017, Baden-Baden. [zitiert als: *Bearbeiter* in: *Kindhäuser/Neumann/ Paeffgen*, StGB, 5. Auflage 2017, *§ …, Rn.*]

Kintzi, Heinrich, „Möglichkeiten der Vereinfachung und Beschleunigung von Strafverfahren de lege ferenda", DRiZ 1994, 325–334. [zitiert als: *Kintzi*, DRiZ 1994, 325.]

Klemke, Olaf/Elbs, Hansjörg, Einführung in die Praxis der Strafverteidigung, 4. Auflage 2019, Heidelberg.

Knauer, Christoph / Kudlich, Hans / Schneider, Hartmut, Münchener Kommentar zur StPO, 1. Auflage 2014, Band 1 (§§ 1 – 150), München. [zitiert als: *Bearbeiter* in: MüKo StPO, 1. Auflage 2014, *§ … Rn.*].

Knauer, Christoph / Kudlich, Hans / Schneider, Hartmut, Münchener Kommentar zur StPO, 1. Auflage 2016, Band 2 (§§ 151 – 332), München. [zitiert als: *Bearbeiter* in: MüKo StPO, 1. Auflage 2016, *§ … Rn.*].

Knauer, Christoph / Kudlich, Hans / Schneider, Hartmut, Münchener Kommentar zur StPO, 1. Auflage 2018, Band 3/2 (GVG, EGGVG, EMRK, EGStPO,

EGStGB, ZSHG, StrEG, JGG, G 10, AO), München. [zitiert als: *Bearbeiter* in: MüKo StPO, 1. Auflage 2018, § … *Rn.*].

Koch, Karsten, „Das Zwischenverfahren im Strafprozeß – Mauerblümchen oder verborgener Schatz?, Zugleich ein Beitrag zum Diskussionspapier der Regierungskoalition zur Reform des Strafverfahrens", StV 2002, 222–225. [zitiert als: *Koch*, StV 2002, 222, *S.*]

Kohlmann, Günter, „Überlange Strafverfahren"- bekannt, bedenklich, aber nicht zu vermeiden?", in: Gamm, Otto Friedrich/Raisch, Peter/ Tiedemann, Klaus(Hrsg.), Strafrecht, Unternehmensrecht, Anwaltsrecht, Festschrift für Gerd Pfeiffer zum Abschied aus dem Amt als Präsident des Bundesgerichtshofes, 1988, Köln, S. 203–223. [zitiert als: *Kohlmann* in: *Gamm /Raisch / Tiedemann* , Strafrecht, Unternehmensrecht, Anwaltsrecht, Festschrift für Gerd Pfeiffer zum Abschied aus dem Amt als Präsident des Bundesgerichtshofes, 1988, S. 203, *S.*]

Krauß, Detlef, „Zur Funktion der Prozeßdogmatik", in: Jung, Heike/Müller-Dietz, Heinz (Hrsg.), Dogmatik und Praxis des Strafverfahrens, Beiträge anlässlich des Colloquiums zum 65. Geburtstag von Gerhard Kielwein, 1989, Köln, S.1. [zitiert als: *Krauß*, in: *Jung/Müller-Dietz*, Dogmatik und Praxis des Strafverfahrens, 1989, S.1, *S.*]

Kremnitzer, Mordechai, Some Reflections on Comparative Criminal Law, in: Beck, Susanne/Burchard, Christoph/ Fateh-Moghadam, Bijan (Hrsg.), Strafrechtsvergleichung als Problem und Lösung, 2011, Baden-Baden, S. 29. [zitiert als: *Kremnitzer*, "Some Reflections on Comparative Criminal Law", in: *Beck/Burchard/Fateh-Moghadam*, Strafrechtsvergleichung als Problem und Lösung, 2011, S. 29, *S.*]

Kropp, Christian, „Viktimologie – Die Lehre vom Opfer", Jus 2005, 686.

Kudlich, Hans, Erfordert das Beschleunigungsgebot eine Umgestaltung des Strafverfahrens?, Verständigung im Strafverfahren; Fristsetzung für Beweisanträge; Beschränkung der Geltendmachung von Verfahrensgarantien, 2010, München. [zitiert als: *Kudlich*, Erfordert das Beschleunigungsgebot eine Umgestaltung des Strafverfahrens?, 2010, *S.*]

Kudlich, Hans, "Exportgüter und Exportbeschränkungen, Der Strafrechtsexport aus rechtstheoretischer Sicht", in: Streng, Franz/ Kett-Straub, Gabriele (Hrsg.), Strafrechtsvergleichung als Kulturvergleich, Beiträge zur Evaluation deutschen "Strafrechtsexports" als "Strafrechtsimport", 2012, Tübingen, S. 169.

Kunz, Karl-Ludwig, „Die Kulturgebundenheit des Strafrechts und seine Übertragbarkeit in fremde Rechtskreise", in: Streng, Franz / Kett-Straub, Gabriele (Hrsg.), Strafrechtsvergleichung als Kulturvergleich, Beiträge zur Evaluation deutschen "Strafrechtsexports" als "Strafrechtsimport", 2012, Tübingen, S. 145.

Küng-Hofer, Rolf, Die Beschleunigung des Strafverfahrens unter Wahrung der Rechtsstaatlichkeit, 1984, Frankfurt am Main.

Lelieur, Juliette, Diskussionsbericht über die I. Arbeitssitzung, in: Eser, Albin/ Rabenstein, Christiane (Hrsg.), Strafjustiz im Spannungsfeld von Effizienz und Fairness, Konvergente und divergente Entwicklungen im Strafprozess-recht = Criminal justice between crime control and due process: convergence and divergence in criminal procedure systems: internationales Kolloquium 8.-11. Mai 2002 auf Schloss Ringberg, 2004, Berlin, S. 63–73. [zitiert als: *Lelieur*, in: *Eser/Rabenstein*, Strafjustiz im Spannungsfeld von Effizienz und Fairness, 2004, S. 63, *S.*]

Lemke-Küch, Harald, Der Laienrichter – überlebtes Symbol oder Garant der Wahrheitsfindung? – Eine rechtsgschichtliche Untersuchung über das „moderne" Volksgericht in Deutschland seit Beginn des 19. Jahrhunderts, 2014, Frankfurt am Main. [zitiert als: *Lemke-Küch*, 2014, *S.* …]

Leonard, Taylor C., "The Pressure to Plead: How Case Management Mediation Will Alter Criminal Plea Bargaining", 2014 J. Disp. Resol. 161. [zitiert als: *Leonard*, 2014 J. Disp. Resol. 161, *S.*]

Lindemann, Michael, „Das Gemeinwohl als ambivalente Zielvorgabe für ein funktionstüchtiges Verfahren in Wirtschaftsstrafsachen", in: Kempf, Eberhard (Hrsg.), Gemeinwohl im Wirtschaftsstrafrecht, 2013, Berlin, S. 279–302. [zitiert als: *Lindemann*, in: *Kempf*, Gemeinwohl im Wirtschaftsstrafrecht, 2013, *S.*]

Lindemann, Michael, Voraussetzungen und Grenzen legitimen Wirtschaftsstrafrechts, Eine Untersuchung zu den materiell- und prozessrechtlichen Problemen der strafrechtlichen Aufarbeitung von Wirtschaftskriminalität, Tübingen 2012. [zitiert als: *Lindemann*, 2012, *S.*]

Loritz, Hartmut, Kritische Betrachtungen zum Wert des strafprozessualen Zwischenverfahrens, 1996, Berlin.

Lüderssen, Klaus, „Die Verständigung im Strafprozeß – Überlebensstrategie oder Paradigmawechsel?", StV 1990, 415. [zitiert als: *Lüderssen*, StV 1990, 415, *S.*]

Lützner, Axel, "USA" in: Gropp, Walter (Hrsg.), Besondere Ermittlungsmaßnahmen zur Bekämpfung der organisierten Kriminalität: ein rechtsvergleichendes Gutachten im Auftrag des Bundesministeriums der Justiz und des Bayerischen Staatsministeriums der Justiz, 1993, Freiburg, S. 721-814. [zitiert als: *Lützner* in: Gropp, Besondere Ermittlungsmaßnahmen zur Bekämpfung der organisierten Kriminalität, 1993, S. 721, *S.*]

Mahoney, Barry/Sipes Dale Anne, "Toward Better Management of Criminal Litigation, 72 Judicature",1988, 29. [zitiert als: *Mahoney/Sipes*, 72 Judicature, (1988), 29, *S.*]

Maier, Julio, „Ist das Strafverfahren noch praktikabel?“, in: Hirsch, Hans Joachim (Hrsg.), Krise des Strafrechts und der Kriminalwissenschaften?, Tagungsbeiträge eines Symposiums der Alexander von Humboldt-Stiftung, Bonn-Bad Godesberg, veranstaltet vom 1. bis 5. Oktober 2000 in Bamberg, Heft 129, 2001, Berlin, S. 245–256. [zitiert als: *Maier* in: *Hirsch*, Krise des Strafrechts und der Kriminalwissenschaften?, 2001, S. 245, *S.*]

Mansdörfer, Marco, Zur Theorie des Wirtschaftsstrafrechts, Zugleich eine Untersuchung zu funktionalen Steuerungs- und Verantwortlichkeitsstrukturen bei ökonomischem Handeln, 2011, Heidelberg, Neckar. [zitiert als: *Mansdörfer*, 2011, *S. …*]

Mayer, Herbert, Kissel / Mayer, Gerichtsverfassungsgesetz, Kommentar, 10. Auflage 2021, München. [zitiert als: *Bearbeiter* in: *Kissel/Mayer*, 10.Auflage 2021, GVG, *§…, Rn…].*

McConkie, Daniel S., THE LOCAL RULES REVOLUTION IN CRIMINAL DISCOVERY, 39 Cardozo L. Rev., (2017), S. 37.

Meier, Bernd-Dieter, Kriminologie, 6. Auflage 2021, München.

Meindl, James/Miller, Neal, “Delayed Punishment, An overview and future directions”, in: Castro, Nicolas (Hrsg.), Psychology of punishment, New research, 2013, New York, S. 87. [zitiert als: *Meindl/Miller*, in: *Castro*, Psychology of punishment, S. 87.]

Meixner, Robin, Das Widerspruchserfordernis des BGH bei Beweisverwertungsverboten, 2015, Hamburg.

Meltzer, Janet N., “Preindictment Speedy Trial Right Under The Speedy Trial Act”, 45 Brook. L. Rev. 1978-1979, 1049. [zitiert als: *Meltzer*, 45 Brook. L. Rev. 1978-1979, 1049, *S.*]

Meyer, Frank, „Zurück zur gesetzlichen Beweistheorie?, Beobachtungen zu den Legitimationsanforderungen an ein künftiges Abspracheverfahren“, ZStW 119 (2007), 633.

Meyer, Jürgen, Der Urkundenbeweis in der Hauptverhandlung, 1999, Frankfurt am Main. [zitiert als: *Meyer*, 1999, S.]

Meyer-Goßner, Lutz/Schmitt, Bertram, Strafprozessordnung, 64. Auflage 2021, München.

Meyer-Goßner, Lutz/Ströber, Hubert, „Reform des Rechtsmittelsystems in Strafsachen“, ZRP 1996, 354. [zitiert als: *Meyer-Goßner/Ströber*, ZRP 1996, 354.]

Meyer-Ladewig, Jens/Nettesheim, Martin/von Raumer, Stefan, Europäische Menschenrechtskonvention, 4. Auflage 2017, Baden-Baden.

Michaelsen, Horst, „Möglichkeiten der Beschleunigung und Kosteneinsparung im Wirtschaftsstrafverfahren“, Kriminalistik, 1982, 498–501. [zitiert als: *Michaelsen*, Kriminalistik 1982, 498, *S.*]

Miller, Justin, "The Preliminary Hearing," American Bar Association Journal vol. 15, no. 7 (1929), 414. [zitiert als: *Miller, Justin*, American Bar Association Journal vol. 15, no. 7 (1929), 414, *S.*]

Möstl, Markus, „Grundrechtliche Garantien im Strafverfahren“, in: Breuer, Rüdiger/Isensee, Josef/Kirchhof, Paul (Hrsg.), Handbuch des Staatsrechts, Grundrechte, Wirtschaft, Verfahren, Gleichheit Bd. 8, 3., völlig neubearb. und erw. Auflage 2010, Heidelberg „ S.587. [zitiert als: *Möstl* in: *Breuer/Isensee/Kirchhof*, Grundrechte, 2010, S. 587, *S.*]

Müller, Eckhart, Münchener Anwaltshandbuch Strafverteidigung, 2. Auflage 2014, München. [zitiert als: *Bearbeiter* in: MAH Strafverteidigung, 2. Auflage 2014, *§ …, Rn…*]

Müller, Egon, „Der Grundsatz der Waffengleichheit im Strafverfahren“, NJW 1976, 1063 ff.

Müller, Egon, „Einige Bemerkungen zur Bedeutung der Europäischen Menschenrechtskonvention für das Ermittlungsverfahren in der Bundesrepublik Deutschland“, in: Brüssow, Rainer/Koch, Ludwig (Hrsg.), Strafverteidigung und Strafprozess, Festgabe für Ludwig Koch, 1989, Heidelberg, S. 191–197.

Musielak, Hans-Joachim/Voit, Wolfgang, Zivilprozessordnung, 18. Auflage 2021, München. [zitiert als: *Bearbeiter* in: *Musielak/Voit*, ZPO, 18. Aufl. 2021, *§ … Rn...*]

Naucke, Wolfgang, Tendenzen in der Strafrechtsentwicklung, 1975, Karlsruhe.

Nehm, Kay /Senge, Lothar, „Ursachen langer Hauptverhandlungen – dargestellt am Beispiel von 3 Strafverfahren“, NStZ 1998, 377. [zitiert als: *Nehm/Senge*, NStZ 1998, 377, *S.*]

Neuenbäumer, Anke/ Zitelmann, Ernst – Die Begründung der Rechtsvergleichung als Wissenschaft, 2014, Hamburg.

Otto, Hans Jochen, Generalprävention und externe Verhaltenskontrolle – Wandel vom soziologischen zum ökonomischen Paradigma in der nordamerikanischen Kriminologie?, 1982, Freiburg. [zitiert als: *Otto*, 1982, S.]

Ostrom, Brian u.a., National Center for State Courts, Effective Criminal Case Management, Success in Criminal Caseflow Management: Lessons from the field, 2020, Williamsburg, S. 2. [zitiert als: *Ostrom u.a.*, 2020, *S. …*]

Örücü, Esin, “Methodological Aspects of Comparative Law”, European Journal of Law Reform 8, S. 40.

Neubauer, David/Fradella, Henry, America's courts and the criminal justice system, 13. Auflage, 2018, Belmont.

Park, Tido, „Wirtschaftsstrafverfahren in der Praxis“, NK 2005, 147. [zitiert als: *Park*, NK 2005, 147, *S.*]

Paul, Tobias, „Unselbständige Beweisverwertungsverbote in der Rechtsprechung“, NStZ 2013, 489. [zitiert als: *Paul*, NStZ 2013, *S.*]

Paulsen, Monrad, „Grundzüge des amerikanischen Strafprozesses“, ZStW 77 (1965), 637. [zitiert als: *Paulsen*, ZStW 77 (1965), 637, *S.*]

Pemberton, Judith A./Ratfield, Tod M., “California's Trial Court Delay Reduction Act: A First Look”, 1 J.F.K. U. L. Rev. 1988, 87. [zitiert als: *Pemberton/Ratfield*, 1 J.F.K. U. L. Rev. 1988, 87, *S.*]

Perri, Frank S., Defending White Collar Crime in State Court, Challenges and Solutions, The Champion 2008, 18–22. [zitiert als: *Perri*, The Champion 2008, *S.*]

Perron, Walter, „Beschleunigung des Strafverfahrens mit rechtsstaatlichen Mitteln“, JZ 1994, 823. [zitiert als: *Perron*, JZ 1994, 823, *S.*]

Perron, Walter, Das Beweisantragsrecht des Beschuldigten im deutschen Strafprozeß- Eine Untersuchung der verfassungsrechtlichen und verfahrensstrukturellen Grundlagen, gesetzlichen Regelungen und rechtstatsächlichen Auswirkungen sowie eine Erörterung der Reformperspektiven unter rechtsvergleichender Berücksichtigung des adversatorischen Prozeßmodells, 1995, Berlin. [zitiert als: *Perron*, 1995, *S.*]

Perron, Walter, „Das Beweisantragsrecht des Beschuldigten – Ursache oder Symptom der Krise des deutschen Strafprozesses?“, ZStW 108 (1996), 128.

Perron, Walter, Die Beweisaufnahme im Strafverfahrensrecht des Auslands. Rechtsvergleichendes Gutachten im Auftrag des Bundesministeriums der Justiz, 1995, Freiburg.

Perron, Walter, "Funktion und Zusammensetzung des Gerichts im Ermittlungs- und Hauptverfahren", in: Eser, Albin(Hrsg.), Strafjustiz im Spannungsfeld von Effizienz und Fairness, op. 2004, Berlin, 291. [zitiert als: *Perron* in: *Eser*, Strafjustiz im Spannungsfeld von Effizienz und Fairness, op. 2004, 291, *S.*]

Petermann, Kerstin, Strafverteidigung in Wirtschaftsstrafverfahren zwischen Rechtsmissbrauch, Konflikt und Konsens, 2014, Frankfurt am Main. [zitiert als: *Petermann*, 2014, *S.*]

Peters, Karl, „Anmerkung zum Beschluß des KG 1. StS v. 10. 5.1971 – l Ws 33 u. 35/71“, JR 1971, 340 f.

Pues, Anni, „Gruppenvertretung der Nebenklage im Strafprozess- Eine rechtsvergleichende Studie zum prozessualen Umgang mit einer besonderen Verfahrenssituation“, StV 2014, 304 ff.

Rabel, Ernst, Aufgabe und Notwendigkeit der Rechtsvergleichung, 1925, München.

Radbruch, Gustav, Der Geist des englischen Rechts, 2. Auflage, 1947, Heidelberg.

Radtke, Henning/Hohmann, Olaf, Strafprozessordnung: Kommentar, 2011, München. [zitiert als: *Bearbeiter* in: *Radtke/Hohmann*, StPO, 2011, § … *Rn*..]

Rebmann, Kurt, „Strafprozessuale Bewältigung von Großverfahren", NStZ 1984, 241 ff. [zitiert als: *Rebmann*, NStZ 1984, 241, *S.*]

Rebmann, Kurt, „Terrorismus und Rechtsordnung, Erfahrungen mit den Rechtsänderungen der vergangenen Jahre- Vorschläge de lege ferenda", DRiZ 1979, 363.

Reitz, John, "How to Do Comparative Law", The American Journal of Comparative Law 46, 617.

Rieß, Peter, „Die Zukunft des Legalitätsprinzips", NStZ 1981, 2.

Rieß, Peter, „Gerichtliche Kontrolle des Ermittlungsverfahrens?", in: Schlüchter, Ellen (Hrsg.), Festschrift für Friedrich Geerds zum 70. Geburtstag, Kriminalistik und Strafrecht, Lübeck, S. 501-518.

Rieß, Peter, Löwe-Rosenberg, Die Strafprozeßordnung und das Gerichtsverfassungsgesetz: Großkommentar, 24. Auflage 1987, Band 3 (§§ 198 bis 295) [zitiert als: *Bearbeiter* in: LR-StPO, 24. Auflage, § …, Rn …]

Rieß, Peter, „Prolegomena zu einer Gesamtreform des Strafverfahrensrechts", in: Schäfer, Karl/Hassenpflug, Helwig (Hrsg.), Festschrift für Karl Schäfer zum 80. Geburtstag am 11. Dezember 1979, Berlin, New York 1980, 155-222.

Roberts, Julian/ Stalans, Loretta, „Crime, Criminal Justice and Public Opinion", in: Tonry, Michael, The handbook of Crime and Punishment, 2000, Oxford, S. 31. [zitiert als: *Roberts/Stalans*, in: *Tonry*, The handbook of Crime and Punishment, 2000, *S.*]

Rosenau, Henning, „Plea bargaining in deutschen Strafgerichtssälen, Die Rechtsvergleichung als Auslegungshilfe am Beispiel der Absprachen im Strafverfahren betrachtet", in: Paeffgen, Hans-Ullrich, (Hrsg.), Strafrechtswissenschaft als Analyse und Konstruktion: Festschrift für Ingeborg Puppe zum 70. Geburtstag, 2011, Berlin, S. 1597–1628. [zitiert als: *Rosenau* in: Strafrechtswissenschaft als Analyse und Konstruktion: Festschrift für Ingeborg Puppe zum 70. Geburtstag, 2011, S.1597, *S.*]

Roxin, Claus, / Greco, Luis: Strafrecht – Allgemeiner Teil, Bd. I, Grundlagen, Der Aufbau der Verbrechenslehre, 5. Auflage, 2020,München. [zitiert als: *Roxin / Greco*, 2020, § … Rn.]

Roxin, Claus, „Über die Reform des deutschen Strafprozeßrechts", in: *Töpper, Bernhard* (Hrsg.), Wie würden Sie entscheiden?, Festschrift für Gerd Jauch zum 65. Geburtstag, 1990, München, S. 183–200. [zitiert als: *Roxin*, in: *Töpper*, Wie würden Sie entscheiden?, 1990, S. 183, *S.*]

Rüping, Hinrich, „Der Mißbrauchsgedanke im Strafprozeßrecht und sein Mißbrauch", JZ 1997, 865 ff.

Satzger, Helmut, „Chancen und Risiken einer Reform des strafrechtlichen Ermittlungsverfahrens“, in: Ständige Deputation des Deutschen Juristentages (Hrsg.), Verhandlungen des 65. Deutschen Juristentages Bonn 2004, Bd. I, Gutachten C zum 65. Deutschen Juristentag, 2004, München,C 32 ff. [zitiert als: *Satzger* in: Gutachten C zum 65. Deutschen Juristentag, 2004, C 32, *S.*]

Säcker, Franz Jürgen et al., Münchener Kommentar zum Bürgerlichen Gesetzbuch, Band 1 (§§ 1- 240), 8. Auflage 2018, München. [zitiert als: *Bearbeiter* in: MüKo BGB, 8. Auflage 2018, *§…*, *Rn…*]

Saenger, Ingo, Zivilprozessordnung, Handkommentar, , 9. Auflage 2021, Baden-Baden. [zitiert als: *Bearbeiter* in: Saenger, ZPO, 9. Auflage 2021, *§…*, *Rn…*]

Sättele, Alexander, „Zur Inbegriffsrüge bei fehlerhafter Anordnung und fehlerhaftem Abschluss des Selbstleseverfahrens- ein kurzer Beitrag zu BGH NJW 2010,3382“, WiJ 2012, 120.

Schaefer, Hans-Christian, „Die Neufassung der Richtlinien für das Straf- und Bußgeldverfahren“, NJW 1977, 21.

Schäuble, Johannes, Strafverfahren und Prozessverantwortung – Neue prozessuale Obliegenheiten des Beschuldigten in Deutschland im Vergleich mit dem US-amerikanischen Recht, 2017, Berlin. [zitiert als: *Schäuble*, 2017, *S.*]

Schenke, Wolf-Rüdiger, „Rechtsschutz bei überlanger Dauer verwaltungsgerichtlicher Verfahren“, NVwZ 2012, 257, 260.

Schlachetzki, Nikolas, Die Polizei – Herrin des Strafverfahrens?, Eine Analyse des Verhältnisses von Staatsanwaltschaft und Polizei, 2003, Berlin.

Schmid, Niklaus, Strafverfahren und Strafrecht in den Vereinigten Staaten, 2. Auflage1993, Heidelberg. [zitiert als: *Schmid*, 1993, S.]

Schmidt, Gerhard, „Großverfahren und Strafprozeßrecht“, JR 1974, 320, 323 [zitiert als: *Schmidt*, JR 1974, 320, *S.*]

Schmidt, Reimer, Die Obliegenheiten – Studien auf dem Gebiet des Rechtszwanges im Zivilrecht unter besonderer Berücksichtigung des Privatversicherungsrechts, 1953, Karlsruhe. [zitiert als: *Schmidt*, 1953, *S.*]

Schneider, Hartmut, „Zur strafprozessualen Verwertbarkeit des Schweigens von Beschuldigten“, NStZ 2017, 73.

Scholz, Rupert/ Herdegen, Matthias/ Klein, Maunz/Dürig, Grundgesetz-Kommentar, 94. EL 2021, München. [zitiert: *Bearbeiter* in: *Maunz/ Dürig*, GG, 94. EL 2021, *Art. … Rn.*.]

Schröder, Lars-Hendrik, Das verwaltungsrechtlich organisatorische Verhältnis der strafverfolgenden Polizei zur Staatsanwaltschaft, 1996, Frankfurt am Main.

Schulz, Joachim, „Ist der Wahrheitsanspruch des Strafprozesses noch zu retten?“ in: Prittwitz, Cornelius/Manoledakis, Ioannis (Hrsg.), Strafrechtsprobleme an der Jahrtausendwende: deutsch-griechisches Symposium 1999, Rostock, S. 89-97. [zitiert als: *Schulz* in: *Prittwitz/Manoledakis, S. …*]

Schumann, Karl F., Der Handel mit Gerechtigkeit, Funktionsprobleme der Strafjustiz und ihre Lösungen, am Beispiel des amerikanischen plea bargaining, 1977, Frankfurt am Main. [zitiert als: *Schumann*, 1977, *S.*]

Schünemann, Bernd, „Absprachen im Strafverfahren? Grundlagen, Gegenstände und Grenzen“, in: Ständige Deputation des Deutschen Juristentages (Hrsg.), Verhandlungen des achtundfünfzigsten deutschen Juristentages, Band I: Gutachten, 1990, München, B1- B178. [zitiert als: *Schünemann* in: Ständige Deputation des Deutschen Juristentages, Verhandlungen des achtundfünfzigsten deutschen Juristentages, 1990, B1, B …]

Schünemann, Bernd, „Der Richter im Strafverfahren als manipulierter Dritter? Zur empirischen Bestätigung von Perseveranz – und Schulterschlußeffekt“, StV 2000, 159 ff.

Schünemann, Bernd, „Die informellen Absprachen als Überlebenskrise des deutschen Strafverfahrens“ in: Arzt, Gunther (Hrsg.), Festschrift für Jürgen Baumann zum 70. Geburtstag, : 22. Juni 1992, 1992, Bielefeld, 361-382. [zitiert als: *Schünemann*, in: FS Baumann, 1992, 361, *S.*]

Schünemann, Bernd, „Reflexionen über die Zukunft des deutschen Strafverfahrens“, in: Gamm, Otto Friedrich/Raisch, Peter/ Tiedemann, Klaus (Hrsg.), Strafrecht, Unternehmensrecht, Anwaltsrecht, Festschrift für Gerd Pfeiffer zum Abschied aus dem Amt als Präsident des Bundesgerichtshofes, 1988, Köln, S. 461–484. [zitiert als: *Schünemann*, in: *Gamm/Raisch/Tiedemann*, Strafrecht, Unternehmensrecht, Anwaltsrecht, 1988, S.]

Schünemann, Bernd, „Wohin treibt der deutsche Strafprozess?“, ZStW 114 (2002), 1-62. [zitiert als: *Schünemann*, ZStW 114 (2002), 1, *S.*]

Schünemann, Bernd, „Zur Kritik des amerikanischen Strafprozessmodells“, in: Weßlau, Edda/Wohlers, Wolfgang (Hrsg.), Festschrift für Gerhard Fezer zum 70. Geburtstag am 29. Oktober 2008, 2008, Berlin, S. 555–575. [zitiert als: *Schünemann*, in: *Weßlau/Wohlers*, Festschrift für Gerhard Fezer zum 70. Geburtstag am 29. Oktober 2008, 2008, S. 555, *S.*]

Schütz, Carsten, Der ökonomisierte Richter – Gewaltenteilung und richterliche Unabhängigkeit als Grenzen Neuer Steuerungsmodelle in den Gerichten, 2005, Berlin. [zitiert als: *Schütz*, 2005, *S.*]

Senge, Lothar, „Missbräuchliche Inanspruchnahme verfahrensrechtlicher Gestaltungsmöglichkeiten – wesentliches Merkmal der Konfliktverteidigung? Abwehr der Konfliktverteidigung“, NStZ 2002, 225. [zitiert als: *Senge*, NStZ 2002, 225, *S.*]

Sickor, Jens, Das Geständnis, 2014, Tübingen..

Sittenthaler, Siegfried, „Zur Abwicklung von Großverfahren", in: Richterwoche (Hrsg.), Global business und Justiz: Vorträge gehalten bei der Richterwoche 2000 vom 22. Mai bis 26. Mai 2000 am Semmering, 2000, Wien, S. 109–120. [zitiert als: *Sittenthaler*, in: Richterwoche, Global business und Justiz: Vorträge gehalten bei der Richterwoche 2000 vom 22. Mai bis 26. Mai 2000 am Semmering, 2000, *S.* …]

Sommer, Ulrich, "Psychologie der richterlichen Entscheidungsfindung", ZRP 2017, 60.

Spiekermann, Monika, Der Mißbrauch des Beweisantragsrechts, 2001, Berlin. [zitiert als: *Spiekermann*, 2001, *S.*]

Steinbeiß-Winkelmann, „Amtshaftungsansprüche wegen überlanger Verfahrensdauer?", NJW 2014, 1276.

Steinberg, Georg, „Verdacht als quantifizierbare Prognose?", JZ 2006, 1045 ff.

Strauß, Michael, „Das Ende der Ermittlungsbefugnis der Staatsanwaltschaft, NStZ 2006, 556. [zitiert als: *Strauß*, NStZ 2006, 556, *S.*]

ter Veen, Heino, Strukturanalyse strafrechtlicher Großverfahren am Landgericht Hamburg, Baden-Baden, 1998. [zitiert als: *ter Veen*, 1998, S.]

Terhorst, Bruno, „Informelle Absprachen im Strafprozeß", DRiZ 1988, 296.

Theile, Hans, Wirtschaftskriminalität und Strafverfahren, Systemtheoretische Überlegungen zum Regulierungspotential des Strafrechts, 2009, Tübingen.

Thielmann, Jochen, „Richter als Hüter der Staatskasse?", ZRP 2005, 123.

Thoste, Werner, Der Monstreprozeß, Seine Mängel und ihre Beseitigung, 1935, Jena.

Tiedemann, Klaus, „Welche strafrechtlichen Mittel empfehlen sich für eine wirksamere Bekämpfung der Wirtschaftskriminalität?, Gutachten für den 49. Deutschen Juristentag" in: Ständige Deputation des Deutschen Juristentages (Hrsg.) Verhandlungen des Deutschen Juristentages, 1972, München, C 1-C106. [zitiert als: *Tiedemann*, Gutachten 1972, *S.*]

Tiedemann, Klaus, Wirtschaftskriminalität und Wirtschaftsstrafrecht in den USA und in der Bundesrepublik Deutschland, [erw. Fassung e. Vortrages, den d. Verf. am 8. Oktober 1977 im Bundeshaus zu Bern (Schweiz) aus Anlass d. 50jährigen Bestehens d. Ges. für d. Gesamte Kriminologie (vormals Kriminalbiolog. Ges.) gehalten hat], 1978, Tübingen.

Tiedemann, Klaus, Wirtschaftsstrafrecht, Einführung und Allgemeiner Teil mit wichtigen Rechtstexten, 5., aktualisierte u. erw. Auflage, 2017München . [zitiert als: *Tiedemann*, 2017, *Rn.*]

Trück, Thomas, „Strafprozessuale Verständigungen auf dem Prüfstand des BVerfG- mehr Fragen als Antworten“, ZWH 2013, 169. [zitiert als: *Trück*, ZWH 2013, 169, *S.*]

Trüg, Gerson, Lösungskonvergenzen trotz Systemdivergenzen im deutschen und US-amerikanischen Strafverfahren, Ein strukturanalytischer Vergleich am Beispiel der Wahrheitserforschung, 2003, Tübingen. [zitiert als: *Trüg*, 2003, *S.*]

Valerius, Brian, „438 Tage, 93 Wochen, ein Monat – Unterschiedliche Fristen für Urteilsabsetzung und Revisionsbegründung im Strafprozess“, NJW 2018, 3429. [zitiert als: *Valerius*, NJW 2018, 3429, *S.*]

Viering, Tobias, Absprachen als verfahrensökonomische Lösung des Schuldnachweisproblems im Strafverfahren, Voraussetzungen und Grenzen unter Berücksichtigung der ökonomischen Analyse des Rechts, Frankfurt am Main. 2009. [zitiert als: *Viering*, 2009, *S.*]

Volk, Klaus, Der Laie als Strafrichter in: Hanack, Ernst-Walter, Festschrift für Hanns Dünnebier zum 75. Geburtstag am 12. Juni 1982., 1982, Berlin, S. 373 -389.

Volk, Klaus / Beukelmann, Stephan, Münchener Anwaltshandbuch Verteidigung in Wirtschafts- und Steuerstrafsachen, 3. Auflage 2020, München. [zitiert als: *Bearbeiter* in: Münchener Anwaltshandbuch Verteidigung in Wirtschafts- und Steuerstrafsachen, *§ …*, *Rn…*]

von Heintschel-Heinegg, Bernd, Beck'scher Online Kommentar StGB, München, 50. Edition, Stand 01.05.2021. [zitiert als: *Bearbeiter* in: BeckOK StGB, Stand: 01.05.2021 *§ …*, *Rn…*].

Wabnitz, Heinz-Bernd / Janovsky, Thomas/ Schmitt, Lothar, Handbuch des Wirtschafts- und Steuerstrafrechts, 5. Auflage, 2020 München. [zitiert als: *Bearbeiter* in: *Wabnitz/Janovsky/Schmitt*, Handbuch des Wirtschafts- und Steuerstrafrechts, 5. Auflage 2020, *Kapitel*, *Rn…*]

Walther, Susanne, Communication over Confrontation: Modern Criminal Procedure in Transformation, in: Eser, Albin, Strafjustiz im Spannungsfeld von Effizienz und Fairness, 2004, Berlin, S. 367-381. [zitiert als: *Walther* in: *Eser*, Strafjustiz im Spannungsfeld von Effizienz und Fairness, 2004, S. 367, *S.*]

Wassermann, Rudolf, „Stuttgarter Extremistenprozeß geplatzt“, NJW 1994, 1708.

Waßmer, Martin, „Rechtsstaatswidrige Verfahrensverzögerungen im Strafverfahren als Verfahrenshindernis von Verfassungs wegen“, ZStW 108 (2006), 159. [zitiert als: *Waßmer*, ZStW 108 (2006), 159, *S.*]

Weber, Ulrich, „Der Mißbrauch prozessualer Rechte im Strafverfahren“, GA 122 (1975), 289. [zitiert als: *Weber*, GA 122 (1975), 289, *S.*]

Wehnert, Anne, „Die tatsächliche Ausgestaltung der Absprachepraxis in staatsanwaltschaftlichen Wirtschaftsermittlungsverfahren aus anwaltlicher Sicht", StV 2002, 219. [zitiert als: *Wehnert*, StV 2002, 219, *S.*]

Weichbrodt, Korinna, Das Konsensprinzip strafprozessualer Absprachen, 2006, Berlin. [zitiert als: *Weichbrodt*, 2006, *S.*]

Weigend, Thomas, „Abgesprochene Gerechtigkeit- Effizienz durch Kooperation im Strafverfahren?", JZ 1990, 774. [zitiert als: *Weigend*, JZ 1990, 774, *S.*]

Weigend, Thomas, „Die Reform des Strafverfahrens, Europäische und deutsche Tendenzen und Probleme", ZStW 104, 486. [zitiert als: *Weigend*, ZStW 104, 486, *S.*]

Weigend, Thomas, „Eine Prozeßordnung für abgesprochene Urteile? : Anmerkungen zu den Entscheidungen BGHSt 43, 195 und BGH", NStZ 1999, 57.

Weigend, Thomas, Rechtsvergleichende Bemerkungen zur Wahrheitssuche im Strafverfahren, in: Fischer, Thomas / Bernsmann, Klaus (Hrsg.), Festschrift für Ruth Rissing-van Saan zum 65. Geburtstag: am 25. Januar 2011, 2011, Berlin, S. 749-766. [zitiert als: *Weigend* in: Festschrift für Ruth Rissing-van Saan zum 65. Geburtstag am 25. Januar 2011, S. 749, *S.*]

Weigend, Thomas, "Wechselverhör in der Hauptverhandlung", ZStW 100 (1988), 733. [zitiert als: *Weigend*, ZStW 100 (1988), 733, *S.*]

Wesemann, Horst, „Umfangsverfahren- das Ende der Unschuldsvermutung!", in: Arbeitsgemeinschaft Strafrecht des Deutschen Anwaltvereins (Hrsg.), Strafverteidigung im Rechtsstaat, 25 Jahre Arbeitsgemeinschaft Strafrecht des Deutschen Anwaltvereins, 2009, Baden-Baden, S. 891–906. [zitiert als: *Wesemann* in: Arbeitsgemeinschaft Strafrecht des Deutschen Anwaltvereins, Strafverteidigung im Rechtsstaat, 2009, S. 891, *S.*]

Weßlau, Edda, Das Konsensprinzip im Strafverfahren – Leitidee für eine Gesamtreform?, 2002, Baden-Baden. [zitiert als: *Weßlau*, 2002, *S* …]

Wieneck, Thomas, "Das beschleunigte Verfahren gem. §§ 417 ff. StPO", JuS 2018, 249.

Wierig, Angela, Nazis Inside- 401 Tage NSU-Prozess, 2018, Hamburg. [zitiert als: *Wierig*, 2018, S.9]

Wilhelm, Heinrich, „Anmerkung zu LG Mühlhausen, Beschluß vom 16. 6. 2006 – 500 Js 53638/05 – 6 Kls", NStZ 2007, 358 ff. [zitiert als: *Wilhelm*, NStZ 2007, *S.*]

Witting, Peter, "Die Fristsetzung bei ‚missbräuchlicher' Beweisantragsstellung – eine akzeptable Präklusion des Beweisantragsrechts?" in: Hassemer, Winfried/ Kempf, Eberhard/ Moccia, Sergio (Hrsg.), In dubio pro libertate: Festschrift für Klaus Volk zum 65. Geburtstag, 2009, München, S. 885-899. [zitiert als: *Witting* in: *Hassemer/Kempf/Moccia*, In dubio pro libertate: Festschrift für Klaus Volk zum 65. Geburtstag, 2009, S. 885, S.]

Wohlers, Wolfgang, „Vorbefassung durch Erlass des Eröffnungsbeschlusses", in: Heinrich, Manfred u.a., Strafrecht als Scientia Universalis, Festschrift für Claus Roxin zum 80. Geburtstag am 15.Mai 2011, 2011, Berlin, S. 1313-1327. [zitiert als: *Wohlers* in: FS Roxin, Strafrecht als Scientia Universalis, Festschrift für Claus Roxin zum 80. Geburtstag am 15.Mai 2011, S. 1313, *S.*]

Wolter, Jürgen, „Strafverfahrensrecht und Strafprozeßreform", GA 132 (1985), 49.

Wolter, Jürgen, Systematischer Kommentar zur Strafprozessordnung; mit GVG und EMRK, 5. Auflage 2016, Band 3 (§§ 137-197), Köln. [zitiert als: *Bearbeiter* in: SK-StPO, 5. Auflage 2016, *§... Rn...*]

Wolter, Jürgen, Systematischer Kommentar zur Strafprozessordnung; mit GVG und EMRK, 5. Auflage 2016, Band 9 (GVG; EGGVG), Köln. [zitiert als: B*earbeiter* in: SK-StPO, 5. Auflage 2016, *§...* Rn...]

Zirn, Volker, Mediation im strafrechtlichen Ermittlungsverfahren, Marburg, 2007. [zitiert als: *Zirn*, 2007, *S.*]

www.ingramcontent.com/pod-product-compliance
Ingram Content Group UK Ltd.
Pitfield, Milton Keynes, MK11 3LW, UK
UKHW020715041026
15590UKWH00002B/673

9 783631 856918